第四届中国特色社会主义理论与实践论坛
2017

新时代中国特色社会主义的理论与实践

中国特色社会主义理论研究会 编
石 河 子 大 学

李君如 主编

中 国 社 会 科 学 出 版 社

图书在版编目(CIP)数据

新时代中国特色社会主义的理论与实践 / 李君如主编 . —北京：中国社会科学出版社，2018.8
ISBN 978-7-5203-3879-0

Ⅰ.①新… Ⅱ.①李… Ⅲ.①中国特色社会主义—理论研究 Ⅳ.①D616

中国版本图书馆 CIP 数据核字(2018)第 286376 号

出 版 人	赵剑英
责任编辑	田 文
责任校对	张爱华
责任印制	王 超

出　　版	中国社会科学出版社
社　　址	北京鼓楼西大街甲 158 号
邮　　编	100720
网　　址	http://www.csspw.cn
发 行 部	010-84083685
门 市 部	010-84029450
经　　销	新华书店及其他书店
印　　刷	北京明恒达印务有限公司
装　　订	廊坊市广阳区广增装订厂
版　　次	2018 年 8 月第 1 版
印　　次	2018 年 8 月第 1 次印刷
开　　本	710×1000　1/16
印　　张	20.5
插　　页	2
字　　数	347 千字
定　　价	86.00 元

凡购买中国社会科学出版社图书，如有质量问题请与本社营销中心联系调换
电话：010-84083683
版权所有　侵权必究

目　录

"治理":十八大以来中国改革发展的最大特点 …………… 李君如(1)
论"四个全面"战略布局的理论价值和指导意义 …………… 孙肖远(12)
广东坚定新发展理念自信的探索 ………………………… 温宪元(20)
家国关系的新时代阐释及现实意义 …………… 付　洪　袁　颖(32)
论实现党的作风建设常态化的科学内涵 ………………… 李兴元(42)
新时代的中国传统文化观研究 …………………………… 张　新(51)
全面深化改革是推进"四个全面"的强大动力 … 孙兰英　于　蕾(57)
新发展理念和唯物史观 …………………………………… 胡振平(64)
制度自信是中国特色社会主义的首要自信 ……………… 任晓伟(77)
全面从严治党研究的两种理论立场分析 ………………… 王为全(87)
县域在协调推进"四个全面"战略布局中的使命担当
　　——兼论习近平总书记关于县域治理的论述 ……… 李勇华(96)
关于马克思主义大众化建设的思考 …………………… 刘毅强(108)
新时代文化强国战略的四个维度 …………… 张卫良　胡文根(115)
广东践行"四个坚持、三个支撑、两个走在前列"的
　　几个着力点 ………………………………………… 宋善文(119)
引领民族复兴的科学理论体系 ………………………… 孙占元(125)
论党内法规体系和法律规范体系的统筹推进 ………… 周敬青(134)
深入开展中国梦基层宣传教育研究
　　——基于哈尔滨市调研分析 ……………………… 胡永琴(139)
论新时代反腐败斗争思想的科学内涵 ………… 王小元　桂西丹(151)
反腐败斗争压倒性胜利的六大观测标识 ……………… 董　瑛(160)
当代大学生的马克思主义信仰问题探究 ……………… 冉鸿燕(171)
"四个全面"治国方略的内在联系 ……………………… 张　彬(182)

新时代治国理政的哲学思维方式研究 …………………… 姜华有（191）
新时代互联网治理思想探析 ………………… 徐　曼　王忠丽（200）
习近平经济思想新境界探析
　　——以邓小平经济思想为观照 …………………… 高云坚（211）
"共同价值"思想的哲学解读与现实路径 ………………… 陈文旭（220）
改革开放：发展新时代中国特色社会主义的强大动力 ……… 滕明政（232）
推进全面从严治党的实质：先进性和纯洁性建设 …………… 张文雅（249）
新时代　新扶贫
　　——"精准扶贫"思想的哲学思考 ………………… 徐莉薇（260）
无所畏惧与有所畏惧的变奏：兼谈当代中国共产党人的
　　"崇高感" ……………………………………………… 王东红（268）
新时代群众路线的唯物史观解读 ……………………………… 刘　会（281）
坚定不移走出振兴发展新路 …………………………………… 崔洪亮（288）
2017年中国特色社会主义理论体系研究综述 ……… 侯衍社　刘大正（294）

后记 …………………………………………………………………（323）

"治理"：十八大以来中国改革发展的最大特点

李君如

这个世界真奇妙。当我们刚跨入 21 世纪的时候，学术界还在讨论"什么叫'治理'"，"'治理'和'管理'有什么区别"。不到 10 年，"治理"就已经成为中国社会绝大多数人的共识，甚至成为中国政治的基本用语。如果要问党的十八大以来，中国改革发展的最大特点是什么？就是"治理"。治理，已经成为当代中国的大课题。以习近平同志为核心的党中央之所以能够在十八大后形成和提出治国理政新理念新思想新战略，反映的就是这一新的实践新的特点。

一　从强调"问题导向"讲起

党的十八大以来，有一个提法已经深入人心，这就是"要有强烈的问题意识"，或者说"要有鲜明的问题导向"。

本来，在工作中要敢于从"问题"出发，善于"发现问题、分析问题、解决问题"，是辩证唯物论的方法论。毛泽东的哲学名著《矛盾论》讲的就是这个道理。在《反对党八股》中，毛泽东说过："什么叫问题？问题就是事物的矛盾。哪里有没有解决的矛盾，哪里就有问题。既有问题，你总得赞成一方面，反对另一方面，你总得把问题提出来。提出问题，首先就要对于问题即矛盾的两个基本方面加以大略的调查和研究，才能懂得矛盾的性质是什么，这是发现问题的过程。大略的调查和研究可以发现问题，提出问题，但是还不能解决问题。要解决问题，还须作系统的周密的调查工作和研究工作，这就是分析的过程。提出问题也要用分析，不然，对着模糊杂乱的一大堆事物的现象，你就不能知道问题即矛盾的所在。"因此，毛泽东号召全党在反对形式主义的时候，要"学会应用马克思主义的方法去观察问题、提出问题、分析问题和解决问题"。①党的十八大以来强调领导中国改革发展必须坚持"以问题为导向",实行的就是毛泽东倡导的这种辩证唯物主义的矛盾论的方法论。

但是,十八大以来强调的"强烈的问题意识""鲜明的问题导向"又不是一般意义上的方法论要求。十八大后开展的群众路线教育实践活动,从"照镜子、正衣冠"开始,到"洗洗澡、治治病",一开始就强调在开展批评与自我批评时必须集中讲问题,而不要摆成绩。特别是中央巡视组和各地党委巡视组,在巡视过程中都明确要求党委和干部在接受检查时必须只讲问题,一改过去先讲成绩、后讲问题的工作汇报方式。正如习近平总书记在党的十八届三中全会上明确指出的:"我们强调,要有强烈的问题意识,以重大问题为导向,抓住关键问题进一步研究思考,着力推动解决我国发展面临的一系列突出矛盾和问题。"②记得在群众路线教育实践活动刚开始时,我们许多领导同志对此都感到不那么习惯。在中央巡视组进驻各部门各单位时,也要通过大量思想政治工作,甚至一遍又一遍修改汇报稿,才能让大家逐渐接受这样一种"集中讲问题"的工作方式。

这里,我们就要思考一下,为什么要这样强调"问题导向"呢?

毫无疑问,讲问题就是为了解决问题,抓住重大问题就是为了突破重大难题,抓住关键问题就是为了治理产生这些问题的政治生态环境。一句话,抓问题就是为了治问题,就是为了治理。

需要指出的是,治理包括管治的要求,又不等于管治。治理就是要通过民主和法治两个轮子,形成良性循环的制度和机制,充分发挥人民群众的积极性、创造性、主动性,促使问题得到顺利解决,使得发展能够在改革的推动下和稳定的保障下有序地推进。实践告诉我们,改革开放就是直面问题、解决问题的过程。国家发展起来前,问题不少,国家发展起来后,问题也不会少。老的问题解决了,新的问题又会产生,老的问题也会以新的形式出现。而且,在今天经济全球化的年代,中国与世界的联系越来越紧密,内外矛盾也会交织在一起,情况极为复杂。于是,怎么样治理好中国,包括怎么样掌握和治理好政权、怎么样治理好社会、怎么样治理好市场包括企业等问题就突出了。因此,习近平总书记提出全面深化改革

---

① 《毛泽东选集》第3卷,人民出版社1991年版,第839页。
② 《习近平谈治国理政》,外文出版社2014年版,第74页。

的总目标，是完善和发展中国特色社会主义制度，推进国家治理体系和治理能力的现代化。这对中国共产党来讲，是一个全新的认识和全新的课题。

二　治理缘何成为今天中国改革发展的关键词

那么，我们党在今天为什么要把"治理"提到如此重要的地位呢？

历史告诉我们，一个领导人有一个领导人要解决的时代课题，一个时期有一个时期要完成的时代使命。今天的中国，需要解决的时代课题，集中起来，就是国家治理问题。我们今天学习习近平治国理政新理念新思想新战略，也是当今中国的实践和时代向我们提出的重要任务。

第一，这是改革开放三十多年的实践向我们党提出的时代课题。

回顾历史，旧中国不仅贫穷落后，而且一盘散沙，但是我们在毛主席领导下，不到三年就恢复了国民经济，治理了社会的污泥浊水。总结我们的经验，就是毛主席讲的四个字："组织起来"。我们将全中国绝大多数人组织在政治、军事、经济、文化及各种组织里，创造了一个又一个奇迹。

但是，历史就是这样复杂，当组织起来的人成为难以流动的"单位人"时，人民群众的无限创造性就被束缚住了。针对这种情况，改革开放一开始，邓小平提出了一个国家治理的新方针，也是四个字："活跃起来"，文件语言是"激发社会的生机和活力"。四十年的改革开放，中国发生了天翻地覆的变化。溯源这些变化，就在于改革把中国社会内在的生机和活力极大地激发了出来。

历史的辩证法又一次告诉我们，事物总是一分为二的。就在我们把中国搞活的同时，出现了许多乱象，特别是党内腐败，从滋生到蔓延，引起人们对党运国运的担心。针对这种情况，邓小平提出了一整套"两手抓"的方针，一手抓物质文明、一手抓精神文明；一手抓改革开放、一手抓打击犯罪；一手抓民主、一手抓法制等。国内外政治风波发生前后，我们又提出要处理好改革发展稳定的关系，后来又强调要构建社会主义和谐社会，建设一个活而有序的社会。实践告诉我们，要解决这一问题，必须以时不我待的紧迫性、敢于担当的责任心、踏石留印抓铁有痕的魄力和劲头，采取大刀阔斧、雷厉风行的行动，向乱象开刀，果断治乱。这样，就把建设一个什么样的国家治理体系、怎样治理国家的问题提到了我们面前。十八大报告中提出了"治国理政"这一命题，强调"要始终把改革创新精神贯彻到治国理政各个环节""法治是治国理政的基本方式"。这就是以习近平同志为核心的党中央所处的时代背景及其肩负的时代使命。

时代提出的课题，也是时代提出的难题。搞活，不能搞乱；治乱，不能治死。不论搞活，还是治乱，都必须有利于并确保"两个一百年"目标的实现。为破解这一难题，十八大以来，以习近平同志为核心的党中央殚精竭虑、夙夜奉公，先是统一思想，把全党全国人民的思想认识统一到中国特色社会主义新要求、统一到"两个一百年"和中国梦的奋斗目标上来；继而秉持"治国必先治党，治党务必从严"的理念，从制定"八项规定"开始，中央政治局带头，一手抓群众路线教育实践活动，一手抓惩治腐败，"老虎""苍蝇"一起打，改善了党在群众中的形象；接着，制订了"全面深化改革"和"全面依法治国"这两个被称为"姊妹篇"的纲领性文件，把国家治理包括依法治国的问题提到了改革总目标的高度上来；在此基础上，进一步制定了全面建成小康社会决胜阶段的经济社会发展规划和全面从严治党的《准则》和《条例》。这样，我们就形成了治国理政的新战略，即全面建成小康社会、全面深化改革、全面依法治国、全面从严治党相辅相成、相互促进、相得益彰的"四个全面"战略布局。

从中我们可以清楚地看到，治理问题被提到重要议事日程上来，是实践和时代提出的课题。习近平治国理政新理念新思想新战略回答的，就是国家治理新的实践提出的重大课题。

第二，这是现代化特别是信息化大潮迅猛发展向我们党提出的时代课题。

在当今世界，像中国这样一个大国的治理问题，已经不能离开这个国家所处的国际环境和时代条件，因此，研究中国的社会主义问题，研究中国的国家治理或治国理政问题，都不能脱离今天的时代变动特点、远离时代大潮的发展趋势。

今天的世界发生了什么样的变化？今天的时代有什么样的特点？这里我们不可能对世界和平与发展的新变动、地缘政治的新情况作全面的分析，我们只讲两件事。一件事是，最能够反映经济全球化走向的世界经济论坛即达沃斯论坛，这两年关注的重点是信息化和低碳化；另一件事是，这两年一个新的论坛突兀而起，吸引了全球的眼光，这就是乌镇论坛，即在我国浙江乌镇举办的世界互联网大会。把这两件事同我们身边的变化联系起来，大家都可以感受到：信息化，在我们的生活中，已经成为这个时代最基本最广泛最深刻的元素。

这里，我们不作抽象的概括，只作具象的描述。也就是说，只要看一看我们身边发生的事，就可以对今天时代潮流的发展走势有所感悟、有所体会。

走进地铁，可以发现几乎每个人都在低头看手机。有的看新闻，有的读短信，有的看视频，有的玩游戏，也有的在读网络小说。这种景象，十年前有吗？没有。

走进社区，各个快递公司的送货车，来来去去。有送信件书籍的，有送吃的、穿的，有送家用电器、护肤品的，什么都有送的。这种景象，十年前有吗？没有。

与快递公司迅速发展相联系的，是淘宝网、天猫商城、京东商城进入亿万家庭的生活，网店成为人们购物的首选。这种景象，十年前有吗？没有。

再看看中国各大城市，满大街跑的共享单车，解决了多少人的短途出行问题。一种呼唤了多少年的绿色、低碳、环保、健康的出行方式，一下子实现了。这种景象，十年前有吗？三年前都没有。

至于哪个地方发生了什么事，大到像天津港的大爆炸，小到四川凉山小学生写的"饭做好，去叫妈妈，妈妈已经死了"这样悲伤的作文，都可以通过互联网迅速地传遍海内外。这种情况，十年前有吗？也没有。

仅仅从这些例子上，就可以看到世界发生了多大的变化！这种种变化，概而言之，就是信息化、现代化。这样的变化，不仅深刻，而且广泛，既有正面的影响，也有负面的效应，已经直接传递到老百姓的日常生活领域。研究中国特色社会主义的发展走势，研究当今中国的国家治理，不能不看到日常生活中发生的这些与时代潮流变化相联系的巨大变化。

也就是说，信息化不仅改变了世界的通信方式，而且深刻地改变了人类的生产方式、生活方式、交往方式。现在，我们一方面享受着信息化时代的好处，另一方面也面对着信息化带来的巨大挑战。信息化给我们的公共安全、国家安全和执法管理、司法活动，乃至于如何保护公民个人的隐私等，都提出了许多新难题。信息扁平式传递方式可以突破我们建立的纵向管控系统，而信息的透明性增加了监督的广泛性，如果我们的工作考虑不周，就会引起网民吐槽。至于网络犯罪、网络治理更已成为社会治理和国际斗争中不容忽视的新问题。我们的国家治理必须面对这样的现实。

在这样的时代潮流冲击下，过去那种不重视以人为本的国家治理方式还能保证国家长治久安吗？过去那种垂直的僵硬的行政管理体系还能继续下去吗？过去那种说了可以不做、做了无人监督的局面还能够维持下去吗？换言之，这些变化对我们这样的执政党提出了什么要求呢？这是我们必须认真思考的。思考的结果，就是党要顺应时代发展的潮流，更好地坚持以人民为主体，全心全意为人民服务；更广泛地推进民主政治建设，包括发挥互联网在民主政治建设中的作用，扩大公民有序的政治参与；更自觉地推进依法治国，特别是党要更自觉地坚持在宪法和法律范围内活动，尊重和保障人权，接受人民群众的监督；更务实地以保障和改善民生为出发点发展国民经济；更有力地推进反腐倡廉，把权力关进制度的笼子；更努力地维护世界和平，参与全球经济治理，促进共同发展。诸如此类的思考，汇总起来，就是一个目标：完善和发展有中国特色的社会主义制度，推进国家治理体系和治理能力现代化。

从中我们可以清楚地看到，治理问题的提出，以习近平同志为核心的党中央治国理政新理念新思想新战略的形成和提出，是今天的信息化、现代化带来的时代大变动大发展向我们党提出的时代课题。

第三，归根到底，这是当代中国社会发展规律向我们党提出的时代课题。

社会发展是有规律的，经济建设要合乎规律，政治、文化和社会建设都要合乎规律。领导中国这样一个大国，更不能任性，不能不顾社会发展的客观规律。领导者的重要作用，就是要在认识社会发展规律的过程中，驾驭其发展的逻辑。毛泽东之所以能够领导中国革命走向胜利，就在于他做到了这一点。我们读一读他的名著《中国革命和中国共产党》《新民主主义论》就可以知道了。他以国情为基本依据，揭示近代中国的社会主要矛盾，然后分析中国革命的对象、动力、性质和革命的前途等，再进一步分析这样的革命要建立的国家应该有什么样的政治、经济、文化，走向什么样的目标。学习毛泽东思想，最重要的就是要学习其研究和解决中国问题的方法论，尊重历史的辩证法。

改革开放以来，我们党从中国和世界社会主义运动的历史经验中，进一步认识到，要治理好我们的国家和社会，必须不断深化对共产党执政规律、社会主义建设规律、人类社会发展规律的认识。改革开放之初，我们就提出要清醒地认识到我国现在处在并将长期处在社会主义初级阶段，我们要解决的社会主要矛盾是人民日益增长的物质文化需要同落后的社会生产之间的矛盾。根据这样的认识，我们解决这一社会主要矛盾，就要坚持以经济建设为中心，一面坚持四项基本原则，一面通过改革开放解放和发展社会生产力。为此，就要在改革中突破传统生产关系的束缚，建立和发展社会主义市场经济体制。而要发展市场体系，就要解决市场经济发展中出现的新问题，包括怎样认识公有制为主体、多种所有制经济共同发展的所有制结构问题，以及同非公有制经济发展相联系的新的社会阶层问题；包括怎样推动经济发展方式的转变问题，以及增长与发展的关系问题；也包括怎样认识政府和市场的关系问题，以及政府怎么用好宏观调控机制问题。为此，就要伴随着社会主义市场经济的完善和发展，进一步改革和完善上层建筑，从执政党建设着手，改革和完善党的领导方式和执政方式；进而就要在转变经济发展方式的同时，全面深化改革，进一步解决国家治理体系和治理能力的现代化问题，解决国家制度现代化问题，完善和发展中国特色社会主义制度。这就是中国改革的实践逻辑。

尊重历史的辩证法，就是尊重中国改革的实践逻辑。我们从"文化大革命"走出来后，果断决定工作重点转移，启动改革开放的轮子，并在实践中开辟中国特色社会主义道路，形成了邓小平理论，就是这种实践逻辑的应用。我们在国内外政治风波以后，一面推进以社会主义市场经济为目标的经济体制改革和其他各方面改革，处理好改革发展稳定的关系；一面强调要抓好执政党建设，形成了"三个代表"重要思想，也是这种实践逻辑的应用。进入21世纪后，我们强调要转变经济发展方式，构建社会主义和谐社会，形成了科学发展观，也是这种实践逻辑的应用。今天，我们从新的历史起点出发，提出要以坚定的道路自信、理论自信、制度自信和文化自信，为实现中华民族伟大复兴的中国梦而奋斗，要学习以习近平同志为核心的党中央治国理政新理念新思想新战略，坚持"四个全面"战略布局，同样是这种实践逻辑的要求。掌握了这种历史辩证法，就能够真正按照党中央的要求，把学习习近平总书记系列重要讲话同学习马克思列宁主义、毛泽东思想、邓小平理论、"三个代表"重要思想、科学发展观结合起来，深刻理解党的科学理论既一脉相承又与时俱进的内在联系。

从中我们可以清楚地看到，以习近平同志为核心的党中央治国理政新理念新思想新战略的形成和提出，是当代中国社会发展规律向我们党提出的时代课题，是党中央尊重历史的辩证法，形成的国家治理新思想大战略。我们学习以习近平同志为核心的党中央治国理政新理念新思想新战略就是要学习这种历史发展的辩证法,更加自觉地在中国特色社会主义道路上完成我们承担的历史使命。

三 "3+1"的治理

党的十八大以来的治理,是全面治理。概括地说,是"3+1"的治理。"3"就是治党、治国、治军,"1"就是参与全球治理。

治党。治党在中国的必要性在于中国共产党是中国长期执政的政党,是带领人民治理国家的核心领导,因此,"治国必先治党、治党务必从严"。党的十八大以来,习近平总书记作出了"全面从严治党"的战略决策。一抓思想政治教育,如开展群众路线教育实践活动、"三严三实"专题教育、"两学一做"学习教育;二抓惩治腐败和反对特权,如打"老虎"、拍"苍蝇"、开展"猎狐"行动,如清理干部办公用房、专车、住房和秘书配备等。党的十八届六中全会进一步提出严肃党内政治生活,净化党内政治生态,在"不敢腐"的基础上进一步构建"不能腐""不想腐"的治党机制。

治国。治党是为了更好地治国。全面深化改革的总目标,就是要推进国家治理体系和治理能力现代化,完善和发展中国特色社会主义制度。党中央作出"全面依法治国"的决定,也是为了构建现代化的国家治理体系。党的十八大以来,以习近平同志为核心的党中央综合运用民主(特别是协商民主)、法治、德治(特别是弘扬社会主义核心价值观)这三大国家治理手段和治理途径,全面推进政权治理、市场治理、社会治理,形成了全面推进国家治理的新态势新格局。尤其是在政权治理、市场治理和社会治理的全过程中始终坚持党的领导,并把党的治理和这三大治理结合起来,形成了一个中国特色社会主义的国家治理体系构架。与此同时,党中央把国家治理能力的现代化和国家治理体系的现代化有机地结合起来,提升各级干部依法办事的制度执行力。尽管现代化的国家治理体系还在完善中,但我们已经从中看到了中国特色社会主义制度走向更加成熟更加定型的大趋势。

治军。军队是国家机器的重要组成部分。党领导的人民军队是巩固和发展人民民主专政的坚强柱石。党的十八大以来,坚持党对军队的绝对领导,围绕着建设一支听党指挥、能打胜仗、作风优良部队的强军目标,一手抓军队反腐败斗争,一手深化国防和军队改革,完成了军兵种机关整编,实施联勤保障体制改革,构建军委、战区两级联合作战指挥体制,彻底突破了长期实行的总部体制,大军区体制,大陆军体制,立起了军队新体制的"四梁八柱"。

参与全球治理。由于中国已经不是一个封闭的国家,而是不断扩大开放、参与全球治理的国家,因此我们不仅要推进国家治理体系和治理能力现代化,还要在全面对外开放中和世界各国一起推进全球治理体系改革。以 G20 峰会为标志,中国进入了全球治理的序列当中。党的十八大以来,中国不仅以联合国为主要平台参与全球治理,还倡议共同建设"一带一路"、建立丝路基金、开设亚洲基础设施投资银行和金砖国家开发银行,为探索全球治理新形式新机制作出了重要贡献。特别是,中国提出的"人类命运共同体"理念,实际上已经成为多极化世界和全球化经济的治理目标。

四　进行具有许多新的历史特点的伟大斗争

显然,党的十八大以来我们经历了一场严肃的尖锐的斗争。坚持以问题为导向,推进"3+1"的全面治理,就是一场历史性的伟大斗争。这是我们必须清醒认识到的。

在党的十八大报告中,有一个论断可能许多人没有注意到。这个论断就是:"发展中国特色社会主义是一项长期的艰巨的历史任务,必须准备进行具有许多新的历史特点的伟大斗争。"[①] 在庆祝中国共产党成立 95 周年大会上,习近平总书记在重申了这一重要论点后说:"这就告诫全党,要时刻准备应对重大挑战、抵御重大风险、克服重大阻力、解决重大矛盾,坚持和发展中国特色社会主义,坚持和巩固党的领导地位和执政地位,使我们的党、我们的国家、我们的人民永远立于不败之地。"[②]

许多人之所以在学习贯彻十八大精神的时候没有注意到这一论断,是因为当年我们还没有经历这些"具有许多新的历史特点的伟大斗争",对这样的斗争还没有切身体验。有的人可能还认为这只是一句一般的标语口

[①] 胡锦涛:《坚定不移沿着中国特色社会主义道路前进,为全面建成小康社会而奋斗》,第 13 页。

[②] 习近平:《在庆祝中国共产党成立 95 周年大会上的讲话》,第 7 页。

号，没有实质意义。党的十八大以来仅仅四年多时间，我们再回过头来读十八大报告，就可以发现这绝不是一句一般的标语口号，而是具有许多丰富而深刻内涵的科学论断——严格讲，是被实践验证了的科学预言。

"新的伟大斗争"的伟大目标，就是我们常讲的"两个一百年"奋斗目标，即到建党 100 年时全面建成小康社会，到建国 100 年时把我国建设成为富强民主文明和谐的社会主义现代化国家，实现中华民族伟大复兴的中国梦。

其中，近期目标就是从十八大起到 2020 年，全面建成小康社会。而时间只有八年，按天数算，也就不到 3000 天。

这 8 年、3000 天里，会发生什么事？这些事具有哪些"新的历史特点"？四年之后的今天，要比四年之前看得更清楚。

从世界经济来看，已经延续九年的国际金融危机，及其带来的全球经济增长乏力的情况何时有转机，至今看不到头，贸易保护主义和民粹主义却开始抬头，对我国经济发展特别是对外开放带来了严重的挑战。

从地缘政治和我国周边环境来看，美国在亚太"再平衡"旗号下，或亲自出马，或挑唆我们邻国，给我们制造各种各样的麻烦，妄图遏制我们和平发展，让我们吞下损害我国主权、安全和发展利益的苦果。

从国家安全来看，政治安全、国土安全、军事安全、经济安全、文化安全、社会安全、科技安全、信息安全、生态安全、资源安全、核安全等相互联系，特别是传统安全和非传统安全相互交织，给国家安全形势带来了十分严峻的挑战。

从国内经济发展态势来看，已经形成改革开放以来没有过的经济新常态，经济运行的固有矛盾没有缓解，总需求低迷和产能过剩并存的格局尚未根本改变，经济下行压力还在加大，推进供给侧结构性改革难度也大。

从社会建设和生态文明建设来看，基本公共服务对老百姓"欠账"过多，大气污染、水污染、土地污染问题要经过很长时间坚持不懈的努力才能解决。

从思想文化领域来看，各种社会思潮此起彼伏，价值取向多元化，特别是"虚拟"世界的管理遇到从来没有过的新问题，国际交流中形成强有力的文化软实力还需要经过长期的努力和奋斗。

从反腐倡廉形势来看，在形成"不敢腐"的震慑力后，解决"不能腐""不想腐"还须时日，干部队伍中出现的"不作为"等新问题影响了工作效率，严肃党内政治生活、净化党内政治生态更要久久为功、持续努力。

诸如此类斗争，都是"具有许多新的历史特点的伟大斗争"，是对中国共产党新的严峻考验。这些考验，有的是十八大之前已经存在，现在更复杂更严重；有的是十八大时有所预料的，但是问题的严重性超出了我们的想象；有的是十八大时没有预料到的，现在不仅发生了而且发展很快。

在这种复杂情况下，怎么把握好国际国内两个大局，区分好时代大潮和历史逆流、区分好时代潮流和暂时困难的问题就突出了。以习近平同志为核心的党中央的治国理政新理念新思想新战略就是在这样的时代大背景和斗争中形成的。

我们应该认识到，党中央治国理政的新理念新思想新战略，就是中国共产党从十八大后新的历史起点出发，在中国特色社会主义最新实践中形成的马克思主义中国化的最新成果，具有丰富的科学内涵和核心要义。这一科学的思想理论，围绕着中华民族从站起来、富起来到强起来的历史性飞跃进程中建设一个社会主义现代化强国的目标，探索我们应该治理成一个什么样的国家、怎样治理国家这个重大问题，提出了当代中国治国理政的纲领、目标、布局、任务和动力，以及实现目标任务的根本政治保证、法治保证、思想文化保证、安全保证和国际环境保证等，贯穿着马克思主义的立场、观点、方法。这一具有内在逻辑联系的科学思想体系，是中国特色社会主义理论体系的重要组成部分，是我们治国富国强国的行动指南。

综上所述，我们在十八大以来进行"具有许多新的历史特点的伟大斗争"的过程中，以习近平同志为核心的党中央带领我们，面对各种喧嚣的国际风潮和国内社会思潮，始终保持着马克思主义的清醒和定力，正确把握时代潮流及其发展大趋势，毫不动摇地向着"两个一百年"的奋斗目标和中国梦，在治国理政的实践和理论上取得了前所未有的历史性进步，把中国特色社会主义伟大事业推进到了一个新的发展阶段。

（作者单位：中共中央党校）

论"四个全面"战略布局的理论价值和指导意义

孙肖远

党的十八大以来，以习近平同志为核心的党中央从坚持和发展中国特色社会主义全局出发，主动应对我国所处时代变化和实践发展，积极回应人民群众的重大关切，逐步形成了全面建成小康社会、全面深化改革、全面依法治国、全面从严治党的战略布局，从而确立了我们党在新的历史条件下治国理政的总方略。"四个全面"战略布局运用马克思主义世界观和方法论，在探索和把握新形势下中国特色社会主义发展规律、改革规律、依法治国规律、从严治党规律中，深化了我们党对共产党执政规律、社会主义建设规律、人类社会发展规律的认识。"四个全面"战略布局是基于实现"两个一百年"目标对党和国家各项工作的战略部署，蕴含着内涵丰富、逻辑严密的治国理政思想，集中体现了中国特色社会主义理论逻辑和实践逻辑的辩证统一，为实现马克思主义中国化的又一次新飞跃提供了重要的理论准备。

一 中国特色社会主义理论体系的时代创新

"四个全面"战略布局是党中央治国理政新理念新思想新战略的重要组成部分，既是战略举措集成又是战略思想体系，坚持科学社会主义基本原则，从战略层面出发系统地回答了坚持和发展中国特色社会主义的一系列时代课题，与邓小平理论、"三个代表"重要思想、科学发展观既一脉相承又与时俱进，丰富和发展了中国特色社会主义理论体系。

1. 中国特色社会主义全面发展理论的新发展

从"小康社会"到"全面小康"，从"全面建设小康社会"到"全面建成小康社会"，从"三位一体""四位一体"到"五位一体"总布局，从"人的全面发展""全面协调可持续发展"到"四个全面"，中国特色社会主义建设事业渐次展开，全面发展脉络日益清晰，体现了社会主义现代化建设的客观规律和本质要求。改革开放之初，邓小平提出了"小康社会"和"中国式现代化"的时代命题，"现代化建设的任务是多方面的，各个方面需要综合平衡，不能单打一"。① 江泽民提出努力促进人的全面发展是建设社会主义新社会的本质要求，"我们建设有中国特色社会主义的各项事业，我们进行的一切工作，既要着眼于人民现实的物质文化生活需要，同时又要着眼于促进人民素质的提高，也就是要努力促进人的全面发展"。② 胡锦涛提出构建社会主义和谐社会，"坚持'五个统筹'，促进社会主义物质文明、政治文明、精神文明建设与和谐社会建设全面发展"。③ 中国特色社会主义是全面发展的社会主义，习近平将"全面小康"融入中国梦之中，将"五位一体"总布局纳入到中国特色社会主义全面发展的大格局中，将全面建成小康社会的目标瞄准经济社会水平和人的素质的全面提升，实现不分地域、不分人群、不分领域的全面小康，形成全面建成小康社会重要战略思想，丰富和发展了中国特色社会主义全面发展理论。中国特色社会主义全面发展理论着眼于我国社会主义经济、政治、文化、社会、生态文明和人的素质的全面发展，着眼于中国特色社会主义各项事业相互促进、协调发展，这一理论的新发展为全面建成小康社会和基本实现社会主义现代化展现了美好图景，指明了科学路径。

2. 中国特色社会主义改革开放理论的新发展

改革开放是由我国社会主义发展所处的历史阶段及其面临的社会主要矛盾决定的，是时代特征和中国国情相结合自主推进社会主义建设的理性选择。以开放带动改革，以改革促进开放，互动相促、融合并进，是中国改革开放取得显著成效的成功之路。邓小平是中国改革开放的总设计师，他在作出现在的世界是开放的世界的判断之后，指出"中国要谋求发展，摆脱贫穷和落后，就必须开放"。④ 对内开放就是改革，"改革是全面的改革，不仅经济、政治，还包括科技、教育等各行各业"。⑤ 党的十一届三中全会以来，我们党在改革开放的实践进程中，对改革开放的目的、性质和意义，改革开放的目标、步骤和战略，以及经济改革与其他领域改革的关

---

① 《邓小平文选》第2卷，人民出版社1994年版，第250页。
② 《江泽民文选》第3卷，人民出版社2006年版，第294页。
③ 胡锦涛：《深刻认识构建社会主义和谐社会的重大意义》，《人民日报》2005年2月20日。
④ 《邓小平文选》第3卷，人民出版社1993年版，第266页。
⑤ 同上书，第117页。

系、改革发展稳定的关系等重大理论和实践问题，在实践探索的基础上作出了系统回答。经过30多年的渐进式改革，改革进入了攻坚期和深水区，各个领域各个环节改革的关联性、互动性明显增强。习近平指出，"改革开放是一个系统工程，必须坚持全面改革，在各项改革协同配合中推进。"① 党的十八届三中全会提出了全面深化改革总目标，并明确了深化经济体制、政治体制、文化体制、社会体制、生态文明体制和党的建设制度改革的具体目标，更加注重改革的系统性、整体性、协同性，更加注重提高改革决策的科学性，更加注重调动群众推进改革的积极性、主动性、创造性。党的十八大以来，以习近平同志为核心的党中央对深化改革开放进行了科学谋划和战略部署，在改革理论和政策上实现了一系列重大突破，形成了全面深化改革重要战略思想，丰富和发展了中国特色社会主义改革开放理论。中国特色社会主义改革开放理论深刻揭示了建设社会主义现代化国家的动力源泉，深刻阐明了我国抓住和用好重要战略机遇期实现内外联动发展的路径选择，这一理论的新发展为我国始终保持社会主义生机活力，实现中华民族伟大复兴确定了宏伟目标、明确了根本任务。

3. 中国特色社会主义国家治理理论的新发展

改革开放以来，从"大民主"到"使民主制度化、法律化"，从"人治"到"改革党和国家领导制度及其他制度"，从建立社会主义市场经济体制到中国特色社会主义法律体系的形成，从实行基层群众自治制度到创新社会治理体制，中国特色社会主义政治发展道路的探索过程，也是依法治国基本方略的形成和实施过程。邓小平深刻总结"文化大革命"的惨痛教训，他指出，"没有民主就没有社会主义，就没有社会主义的现代化；""没有广泛的民主是不行的，没有健全的法制也是不行的。"② 民主与法制犹如一枚硬币的两面，密不可分。实践表明，社会主义民主需要用社会主义法制来保障。党的十五大提出依法治国基本方略，党的十六大将依法治国作为建设社会主义政治文明的重要内容，提出，"发展社会主义民主政治，最根本的是要把坚持党的领导、人民当家作主和依法治国有机统一起来。"党的十八大以来，随着全面深化改革进程的加快，如何确保在法治轨道上推进改革，如何使改革的成果得到制度保障，对我国法治建设提出

---

① 《习近平关于全面深化改革论述摘编》，中央文献出版社2014年版，第35页。
② 《邓小平文选》第2卷，人民出版社1994年版，第168、189页。

新的要求。习近平提出："法律是治国之重器，法治是国家治理体系和治理能力的重要依托。"① 全面依法治国重要战略思想提出全面推进依法治国总目标以及必须坚持"五个原则"、建设"五大法治体系""三个共同推进"和"三个一体建设"等一系列论断，回答了法治统一性、法治系统性、法治协调性的问题，标志依法治国取得新的拓展、达到新的境界，丰富和发展了中国特色社会主义国家治理理论。中国特色社会主义国家治理理论深刻阐明了改革是社会主义国家继续前进的必由之路，而法治是坚持和发展中国特色社会主义的本质要求和必要保障，将国家治理体系和治理能力现代化作为全面深化改革的总目标并提出一系列全面深化改革战略举措，标志了这一理论的新发展。

4. 中国特色社会主义党的建设理论的新发展

从严治党，是我们党的优良传统和宝贵经验，也是我们党的一贯方针。改革开放初期，邓小平总结经验、面向未来，提出了思想路线是先导、政治路线是关键、组织路线是保证的执政党建设思想，开创了"党要管党、从严治党"新时期党的建设伟大工程。世纪之交，综合国力竞争日趋激烈，改革发展处于关键时期。江泽民指出："党的性质、党在国家和社会生活中所处的地位、党肩负的历史使命，要求我们治国必先治党，治党务必从严。"② 党的十八大坚持党要管党、从严治党，提出全面加强党的思想建设、组织建设、作风建设、反腐倡廉建设、制度建设，增强自我净化、自我完善、自我革新、自我提高能力，全面提高了党的建设科学化水平。以习近平同志为核心的党中央深刻把握新形势下从严治党的特点和规律，提出"增强从严治党的系统性、预见性、创造性、实效性"③的新要求，把思想建设和制度治党紧密结合起来，把建章立制和执行落实有机统一起来，治标和治本统筹兼顾，自律和他律双管齐下，将从严的要求贯穿党的建设各个方面，开创了从严治党的新境界。聚焦伟大事业与伟大工程、党的建设与治国理政的内在统一，全面从严治党重要战略思想提出的一系列新思想、新观点、新举措，丰富和发展了中国特色社会主义党的建设理论。党的领导是中国特色社会主义最本质特征，是做好一切工作的根

---

① 《习近平关于全面依法治国论述摘编》，中央文献出版社2015年版，第6页。
② 《江泽民文选》第2卷，人民出版社2006年版，第496页。
③ 习近平：《在党的群众路线教育实践活动总结大会上的讲话》，《人民日报》2014年10月9日。

本保证,坚持党的领导必须依规管党治党,始终保持马克思主义政党的先进性纯洁性,这一理论的新发展为我们党取得具有许多新的历史特点伟大斗争的决定性胜利提供了思想政治组织保证。

二 运用马克思主义哲学指导实践的光辉典范

马克思主义哲学是我们党指导革命、建设和改革的看家本领。习近平指出:"马克思主义哲学深刻揭示了客观世界特别是人类社会发展一般规律,在当今时代依然有着强大生命力,依然是指导我们共产党人前进的强大思想武器。""四个全面"战略布局是辩证唯物主义和历史唯物主义基本原理在当代中国社会主义实践中的科学运用,是坚持科学社会主义理论逻辑和中国社会发展历史逻辑辩论统一的光辉典范。按照"四个全面"战略布局的内在逻辑和思想内涵,实现"两个一百年"奋斗目标,就要科学把握和始终坚持以下辩证统一关系。

1. 坚持社会主义初级阶段理论与全面建成小康社会的辩证统一

习近平参观《复兴之路》展览时郑重提出了实现中国梦的宏伟目标,在新的历史起点上开启了"新三步走"战略。全面建成小康社会是第一步目标;建成社会主义现代化国家是第二步目标;实现中华民族伟大复兴是第三步目标,也是中华民族近代以来最伟大的梦想。实现中国梦的历史进程与社会主义初级阶段在时间上是相契合的。党的十三大系统阐述了党在社会主义初级阶段的基本路线和时间表,明确提出,从生产资料私有制的社会主义改造基本完成,到社会主义现代化的基本实现,至少需要上百年时间,这个阶段都属于社会主义初级阶段。我国在进入社会主义社会以后,必须经历一个社会主义初级阶段,来解决西方国家在资本主义制度下已经解决了的现代化问题。基本实现现代化达到中等发达国家的水平,还不是实现中华民族伟大复兴的最终目标,全面建成小康社会的实践也表明了全面建成社会主义现代化国家的长期性、复杂性、艰巨性。1992年初,邓小平南方谈话强调:"基本路线要管一百年,动摇不得。只有坚持这条路线,人民才会相信你,拥护你。"[①] 党的基本路线是在十一届三中全会上确立的,如果从那时算起,社会主义初级阶段的历史时期就要超过21世纪中叶。用邓小平提出的"三步走"发展战略来考察,社会主义初级阶段

---

① 《邓小平文选》第3卷,人民出版社1993年版,第370—371页。

的历史任务并不仅仅局限于基本实现现代化，而是要实现更高水平的现代化，充分体现社会主义的本质特征和优越性。只有到那个时候，才意味着实现了中华民族伟大复兴的中国梦，社会主义可以从初级阶段进入中级阶段。坚持社会主义初级阶段理论与全面建成小康社会的辩证统一，就是要把全面建成小康社会放到实现中华民族伟大复兴的长远目标中去定位，既树立信心又苦干实干，善于抓住机遇加快发展；就是要把全面建成小康社会放在我国仍处于并将长期处于社会主义初级阶段的基本国情中去把握，既积极进取又实事求是，不干超越发展阶段的事情。

2. 坚持以经济建设为中心与社会主义社会全面发展的辩证统一

党的十八大确定的社会主义现代化建设"五位一体"总体布局，是由社会主义社会全面发展的本质要求决定的，体现了人类社会是由生产力和生产关系、经济基础和上层建筑构成有机整体的历史发展规律。中国特色社会主义经济建设、政治建设、文化建设、社会建设和生态文明建设是相互联系、相互促进的有机整体，其中，经济建设提供雄厚物质基础，政治建设提供有力政治保证，文化建设提供强大精神动力，社会建设提供和谐社会条件，生态文明建设提供良好生态环境。这五大领域整体建设、协调推进，为实现经济社会全面发展和人的全面发展开辟前进道路。在人类社会有机整体的运行中，"物质生活的生产方式制约着整个社会生活、政治生活和精神生活的过程"。① 全面深化改革，立足我国长期处于社会主义初级阶段的最大实际，坚持发展仍是解决我国所有问题的关键，坚持以经济建设为中心，发挥经济体制改革对政治体制改革、文化体制改革、社会体制改革、生态文明体制改革和党的建设制度改革的牵引作用，推动生产关系同生产力、上层建筑同经济基础相适应。坚持以经济建设为中心与社会主义社会全面发展的辩证统一，就是要把经济建设这个中心放到社会主义现代化建设"五位一体"总体布局中去定位，既统筹兼顾又突出重点，妥善处理中国特色社会主义事业中的重大关系；就是要把经济体制改革放到全面深化改革全局中去谋划，既注重其牵引性又注重与其他改革的联动性、协同性，整体推进国家治理体系和治理能力现代化。

3. 坚持改革、重点突破与全面深化推进的辩证统一

我国改革是循着由易到难、从局部到全局、从增量到存量的次序以渐进

---

① 《马克思恩格斯文集》第 2 卷，人民出版社 2009 年版，第 591 页。

方式推进的。改革进入攻坚期和深水区后，面临的都是留下来的比较难啃的硬骨头，所涉及的都是一些重大利益关系的调整，深化改革触及的都是牵动全局的敏感问题和重大问题。全面深化改革"既呼唤坚定果敢的行动、百折不回的信念，也呼唤全面系统的认识论、攻坚克强的方法论"①。全面深化改革是一个高度集成的系统工程，必须处理好重点突破和整体推进、摸着石头过河和加强顶层设计的关系。改革的重点突破和整体推进是相辅相成的，如果不注重相关领域改革的协同配合，就会造成改革的"短板"，进而影响改革的整体效应。但改革的整体推进，也不能全面开花、平均用力、齐头并进，而要抓好主要矛盾和矛盾的主要方面，在重要领域和关键环节上力求取得重点突破，以点带面，牵引和带动相关领域和环节的改革。"全面深化改革需要加强顶层设计和整体谋划，加强各项改革的关联性、系统性和可行性研究"②。这就是要在深入调查研究的基础上，从改革全局出发，围绕改革的战略目标、战略重点、优先顺序、主攻方向、工作机制、推进方式等，提出改革的总体方案、路线图、时间表。同时要注重发挥基层干部群众的首创精神，在试点探索取得经验后全面推进。加强顶层设计和"摸着石头过河"也是相辅相成的，要求把"自上而下"与"自下而上"的改革有机结合起来，在顶层决策与基层探索的良性互动中深化推进。

4. 坚持依法治国与以德治国的辩证统一

法治是治理国家和治理社会的基本方式，但法治的作用不是万能的，良法善治必须是法治与德治相结合，全面依法治国包括以德治国的要求。习近平指出："法律是成文的道德，道德是内心的法律，法律和道德都具有规范社会行为、维护社会秩序的作用。治理国家、治理社会必须一手抓法治、一手抓德治，既重视发挥法律的规范作用，又重视发挥挥道德的教化作用，实现法律和道德相辅相成、法治和德治相得益彰。"③ 坚持依法治国和以德治国相结合，是实现全面依法治国总目标必须坚持的原则，是坚持走中国特色社会主义法治道路的内在要求。在全面依法治国进程中坚持依法治国与以德治国的辩证统一，一方面要发挥好法律的规范作用，既要强化法律对道德建设的促进作用，又要以法治体现道德理念；另一方面要

---

① 习近平：《改革让中国道路越走越宽广》，《人民日报》2015年2月27日。
② 习近平：《关于〈中共中央关于全面深化改革若干重大问题的决定〉的说明》，《求是》2013年第22期。
③ 习近平：《加快建设社会主义法治国家》，《求是》2015年第1期。

发挥好道德的教化作用，既要强化道德对法治文化的支撑作用，又以道德滋养法治精神。为贯彻科学立法、严格执法、公正司法、全民守法营造良好的法治环境，为确立宪法精神、法治观念、法治思维、法治文化营造良好的人文环境，必须将社会主义核心价值观融入法治建设，引导人们自觉履行法定义务、社会责任、家庭责任，形成守法光荣、违法可耻的社会氛围和有法必依、违法必究的法治环境。

5. 坚持发扬党的优良传统和作风与加强执政党建设的辩证统一

党的优良传统和作风是中国共产党在长期革命斗争中形成的宝贵精神财富，是新的历史条件下加强执政党建设的锐利武器。理论联系实际、密切联系群众、批评与自我批评"三大作风"以及谦虚谨慎、不骄不躁、艰苦奋斗的作风和民主集中制的原则等，是我们党作为马克思主义政党的显著标志，是党带领人民继续前进的传家宝和政治优势。邓小平强调，"执政党的党风问题是有关党的生死存亡问题。"① 党风是理论见之于实践的一种表现，并通过一定的风貌和形象表现出来，而党风建设是党的思想、政治、组织和反腐倡廉等建设的本质内容的外在反映和综合体现。习近平指出："我们党是一个具有长期奋斗历史和优良革命传统的党，也是一个紧跟时代步伐、善于与时俱进的党。党的建设必须坚持继承和创新相结合，结合时代条件发扬党的光荣传统和优良作风。"② 作为长期执政的大党，我们党正面临着提高执政能力和拒腐防变的双重考验，党内存在种种不可忽视的问题，对党的优良传统和作风继承和发扬得不够是重要原因之一。继承与发扬是辩证的统一，二者相辅相成、缺一不可。一方面，党的优良传统和作风是马克思主义政党性质的具体体现，保持共产党人的政治本色，必须坚定不移、始终不渝地身体力行，将其融入贯彻党的路线方针政策的实践之中；另一方面，党的优良传统和作风与任何事物一样都不是一成不变的，提高党的建设科学化水平，必须结合实现党的历史使命和全面从严治党的要求，与时俱进、开拓创新，不断赋予党的优良传统和作风新的时代内涵。

（作者单位：江苏省社会科学院马克思主义研究所）

---

① 《邓小平文选》第2卷，人民出版社1994年版，第358页。
② 习近平：《在陕西调研时的讲话》，《人民日报》2015年2月17日。

广东坚定新发展理念自信的探索

温宪元

自信标定方向，自信决定前途。党的十八大以来，以习近平同志为核心的党中央毫不动摇地坚持和发展中国特色社会主义，向全党郑重提出"创新、协调、绿色、开放、共享"的新发展理念，是党中央治国理政的重要组成部分，反映了我们党对现代化发展规律的新认识，是关系我国发展全局的一场深刻变革。坚定新发展理念自信，对于更好地在中国特色社会主义道路上创造全面建成小康社会的历史辉煌，进一步聚合全面深化改革正能量，增创发展新优势具有重大现实意义和深远历史意义。本文探讨了广东在实践进程中以深化改革开放砥砺前行、以人民至上的价值取向、以蕴含的理论内涵特质、以高远的战略目标引领坚定新发展理念自信的探索。

一 以深化改革开放砥砺前行坚定新发展理念自信

广东在全国改革发展大局中具有举足轻重的地位，肩负着光荣而艰巨的使命。2012年12月，党的十八大结束后习近平总书记首次到地方调研就选择了广东。[①] 2014年，在全国两会参加广东代表团审议时曾指出："广东是经济大省，不仅地区生产总值要支撑全国，结构调整也要支撑全国，必须在推动经济结构战略性调整上走在前列，当好创新驱动发展的排头兵。"[②] 这既是对广东寄予的殷切厚望，也是借这方热土，宣示党中央将改革开放继续推向前进的坚定决心。近5年来，广东以习近平总书记提出的"走在前列""当好排头兵"精神统领全省全面深化改革工作，坚决贯

---

① 《供给侧结构性改革 广东交靓卷》，《广州日报》2017年5月18日。
② 《广东GDP何以能连续28年领跑全国？》，《南方日报》2017年2月26日。

彻落实中央的改革部署，敢啃"硬骨头"，抓准"牛鼻子"，种好"试验田"，书写了敢为人先的新篇章。

中国改革开放以来的经济奇迹，地方经济的贡献功不可没。广东经济在全国始终名列前茅，至2016年，已经连续28年在全国省域经济中排名第一。[①] 2016年，广东地区生产总值79512.05亿元人民币，同比增长7.5%，高于同期全国经济增速。2017年第一季度，广东地区生产总值达到19438.05亿元，依旧名列全国第一。广东经济总量规模大，有着强大的工业支撑，工业结构向高端化方向发展。2016年，广东先进制造业完成增加值同比增长9.5%，高技术制造业完成增加值增长11.7%，占规模以上工业增加值的比重分别达到49.3%和27.6%。2016年，广东高技术制造业完成投资同比增长20.6%，先进制造业完成投资增长11.0%，工业技改投资增长32.8%。广东全面深化改革的探索实践和攻坚克难，不仅不辱使命，更是中国"改革不停顿，开放不止步"的最佳注解。

多年来，广东按照中央部署启动全面深化改革的系统方案，按照中央关于全面深化改革的总体设计、统筹协调、整体推进的部署精神，紧紧围绕使市场在资源配置中起决定性作用来深化经济体制改革；紧紧围绕建设社会主义核心价值体系、社会主义文化强国来深化文化体制改革；紧紧围绕更好保障和改善民生、促进社会公平正义来深化社会体制改革；紧紧围绕建设美丽广东来深化生态文明体制改革；紧紧围绕提高科学执政、民主执政、依法执政水平来深化党的建设制度改革。

遵循开放促改革，推动全面深化改革继续领先，充分发挥改革开放先行先试的经验优势和制度优势，用足毗邻港澳的地缘优势，以开放促改革是广东改革开放四十年实践的宝贵经验。自贸区是中国深化改革开放的试验田，是以开放促改革的制度平台，应全面用好自贸区优势，加大投资体制、贸易体制、商事制度、行政审批制度改革力度，降低经济运行的制度性交易成本，全面充分释放发展活力。广东率先健全同国际贸易投资规则相适应的体制机制，完善法治化、国际化、便利化、市场化的营商环境，先行先试构建开放型经济新体制，促进广东自贸区改革红利加速释放，形成了广东自贸区独有的制度优势与制度竞争力，形成了有利于培育新的比较优势和竞争优势的制度安排。

---

① 《供给侧结构性改革 广东交靓卷》，《广州日报》2017年5月18日。

广东率先"破题"供给侧结构性改革,创造了新的"广东经验"。供给和需求是经济活动的逻辑起点,二者互为条件、相互转化。新常态下,两者都是制约经济发展的因素,但在当前和今后一个时期,矛盾的主要方面在供给侧。为此,按照中央要求"在适度扩大总需求的同时,着力加强供给侧结构性改革、着力提高供给体系质量和效率"①,也是"十三五"时期广东经济治理思路的方向和经济改革的关键点。广东作为较早进入经济发展新常态的地区,以供给侧结构性改革为突破口,在全国率先出台了《广东省供给侧结构性改革总体方案(2016—2018年)》及去产能、去库存、去杠杆、降成本、补短板五份行动计划②,把改善供给作为主攻方向,作为正确认识经济形势后选择的经济治理药方,实现由低水平供需平衡向高水平供需平衡跃升。广东牢记党中央嘱托、砥砺前行,力推供给侧结构性改革,多项国家级改革试点在广东落地,"广东经验"结出累累硕果。③搭乘供给侧结构性改革的快车,广东经济逆势而上,2016年GDP达到7.95万亿元,连续28年稳居全国第一,夯实了全国经济强省头把交椅的地位。广东率先"破题"供给侧结构性改革,以创新驱动提升供给能力,以质量引领扩大有效供给,利用"三去一补一降"重要抓手,促进整个经济结构的调整,把实体经济做大、做优、做强,成效显著,成为新的"广东经验"风靡全国,释放"蝴蝶效应",为有效应对经济下行压力、保持经济社会平稳健康发展、实现"十三五"良好开局提供了强力支撑。

二 以人民至上的价值取向践行坚定新发展理念自信

以人民至上为价值取向是中国发展的核心问题。马克思主义认为,人是历史的创造者,是历史发展的主体。在马克思主义的语境下,发展问题归根到底是人的发展问题,任何时候谈发展,都不能离开人。新发展理念与传统发展理念的区别就在于坚持马克思主义人民至上的发展理念,以现实的人作为发展目的,指向人的"整体发展"。在新发展理念条件下,作为社会发展的动力和结果,人的发展是根本,社会的发展为人的发展提供

---

① 引自《供给侧结构性改革从"攻坚"迈向"深化"》,《中国经济时报》2017年1月5日。
② 《广东GDP何以能连续28年领跑全国?》,《南方日报》2017年2月26日。
③ 《供给侧结构性改革 广东交靓卷》,《广州日报》2017年5月18日。

保障，二者内在统一。新发展理念秉承"发展为了人民，发展依靠人民，发展成果由人民共享"的发展价值，追求一种"美好生活"，即一种"更加充实"而非"更加富裕"的生活，不单纯依靠 GDP 的增长作为评判发展的指标。《中共中央关于制定国民经济和社会发展第十三个五年规划的建议》中强调："共享是中国特色社会主义的本质要求。必须坚持发展为了人民、发展依靠人民、发展成果由人民共享，作出更有效的制度安排，使全体人民在共建共享发展中有更多获得感，增强发展动力，增进人民团结，朝着共同富裕方向稳步前进。"充分体现了人民至上的价值取向，在发展的目的上诠释了新时期改革发展的指向性问题。中国共产党除了最广大人民的利益，没有自己特殊的利益。党在任何时候都把群众利益放在第一位，党在自己的工作中实行群众路线，一切为了群众，一切依靠群众，从群众中来，到群众中去，把党的正确主张变为群众的自觉行动。贯彻落实新发展理念，推动人民至上、共享发展的政策措施，才能让人民群众有更多获得感。

当前，广东社会与民生发展整体呈现向好的发展态势，在改善民生与经济发展的关系方面，既通过发展经济，为持续改善民生奠定坚实物质基础，又通过持续不断改善民生，为经济发展创造更多有效需求，实现两者良性循环，人民生活得到持续改善，社会善治格局初现。劳动就业在经济下行压力较大的情况下保持稳中有增的态势，失业率维持在较低水平；居民收入增幅快于经济增长，城乡收入差距有效缩小；教育现代化扎实推进，教育公平逐步提升；医疗卫生体制改革继续深化，卫生强省建设扬帆起航；惠及全省人民的社会保障体系不断完善和健全，低收入住房困难群体住房保障持续强化，底线民生保障水平赶超晋位；新时期精准扶贫深入实施，基本消除绝对贫困；社会组织蓬勃发展，社会服务水平显著提升；基层治理创新百花齐放，社会大局和谐稳定；加快农业转移人口市民化，新型城镇化顺利推进。真正体现了实现国家富强、民族振兴、人民幸福的中国特色社会主义成功之路。这也正是广东坚定新发展理念自信的实践底气所在。

三 以蕴含的理论内涵特质奠定坚定新发展理念自信

新发展理念是在中国特色社会主义理论体系指导和引领下逐步形成的。新发展理念创造性地回答了新常态下我们要实现什么样的发展、怎样实现发展的重大问题，是顺应时代潮流、发展优势的战略抉择，是我们党关于发展理论的重大升华，与我们党用成功实践诠释建设什么样的社会主义、怎样建设社会主义，从理论上探索回答建设什么样的党、怎样建设党等一系列重大问题一脉相承，凝聚着几代中国共产党人治国理政的经验和智慧。新发展理念作为合规律性与合目的性的高度统一，有着全方位体现中国特色社会主义理论体系所秉持的马克思主义世界观方法论的内涵特质。我们坚定新发展理念自信的理论底气，也正在于此。

坚持人民性是新发展理念的核心特质。按照唯物史观，社会主义是人民为自己创造幸福的道路选择。高扬人民性，坚持发展为了人民、发展依靠人民、发展成果由人民共享，是新发展理念贯穿始终的核心价值精髓。从新发展理念的内涵特质看，无论是坚持"一个中心、两个基本点"，还是坚持解放和发展社会生产力；无论是坚持实现共同富裕，还是坚持促进人的全面发展；无论是坚持实施"五位一体"总体布局，还是坚持实现社会主义现代化奋斗目标，无一不是以人民至上为基本出发点和归宿的。例如"五位一体"的总体布局，建设社会主义市场经济，是以加快提升人民共富水准为价值取向；建设社会主义民主政治，是以实现和保障人民当家作主权利为价值取向；建设社会主义先进文化，是以满足人民精神文化需求为价值取向；建设社会主义和谐社会，是以实现人民安康幸福为价值取向；建设社会主义生态文明，是以实现人与自然和谐发展为价值取向。人民是实践的主体，也是价值的主体。正因为有了人民性的内涵特质，新发展理念才能获得一往无前的伟力。

崇尚科学性是新发展理念的基本特质。新发展理念具有科学性的根本之点，在于符合本国的具体国情和社会发展规律，是中国特色社会主义道路能够防止和避免历史偏误，始终以其拥抱真理、体现真理的理性力量，正确有效地发挥将当代中国领向现代化的巨大作用。放眼当今世界，一些国家的发展不那么成功的根本原因就在于没能树立正确发展理念，以至于没有能够找到发展中国家又好又快发展的正确道路和相应的科学理论。相比之下，我们的新发展理念在深刻总结国内外发展经验教训的基础上，能够准确研判国内外发展大势，不仅致力于解决中国发展面临的问题，揭示我国社会主义现代化建设的新特点、新规律，具有管全局、管根本、管方向、管长远的效能；而且还能抓住当今世界现代化的主脉，有助于解决人类发展面临的共同问题，对世界发展具有借鉴意义。

秉承开放性是新发展理念的重要特质。新发展理念秉持开放性的内涵特质，是建构和发展社会主义市场经济的方法论基础。众所周知，中国特色社会主义作为通达宏伟文明目标，从一开始就拒绝自我封闭，总是以开放包容的博大胸襟去对待一切积极进步的东西，自觉通过"海纳百川"来升华境界、增创优势。广东作为中国改革开放的前沿阵地，其开放性突出表现在两个方面：一方面，开放性意识对于广东人来说，从来都是骨子里的东西。改革开放40年来，广东人勇于继承和弘扬敢闯、敢冒、敢拼搏、不走回头路和敢为天下先的文化精神，担当起中国改革开放"先行一步"的开路先锋，一马当先，勇敢地"杀出一条血路来"，并走在了全国前列；另一方面，广泛借鉴吸纳当代世界优秀文明成果。广东是中国通往世界的南大门。几个世纪以来，广东作为国际贸易的中心，与全球五大洲超过200个国家和地区建立了经济和贸易往来，是中国参与全球商业最著名的象征和现代性的代表。尤其在当今世界经济复苏缓慢、下行压力加大的形势下，广东发展特质所具有的非比寻常的世界意义和全球价值，既是依托先行一步的高水平开放优势，联通中国与世界的超级连接器，具有开放的特质；又是依靠创新发展的超强驱动器，具有创新的底色，善于积极借鉴和吸纳当代世界一切先进科技文明成果。正是因为有了开放性特质，新发展理念能够在广东集相关文明成果和进步因素之大成，进而牢牢居于历史制高点。

推动实践性是新发展理念的关键特质。新发展理念是对实践规律的总结，必须有明确的实践指向。没有实践指向的理念，就是镜中花、水中月，看起来美好，最终却不能变成现实。新发展理念，以我们正在做的事情为中心，以改革开放和社会主义现代化建设实践为逻辑起点，总结经济社会发展的规律性认识，从而推动新的实践不断向前发展。当前，我国经济社会发展总体趋势向好，但发展中也面临一些矛盾和问题。虽然经济总量在世界经济体中位居第二位，创造了举世瞩目的经济奇迹。但按人均计算就排在后面，我们的人均国内生产总值只是相当于全球平均水平的70%、美国的1/7、欧盟的1/5，排在全球第70位左右。2016年联合国人类发展指数排序[①]，中国位列第90位。从综合发展水平看，特别是在创新能力、劳动生产率等方面，我国与发达国家仍有很大差距。新一轮科技和

---

① 参见《联合国2016年版，〈人类发展报告〉中HDI排位》，环球网，2017年3月22日。

产业革命正在创造历史性机遇，催生"互联网+"、分享经济、3D打印、智能制造等新理念、新业态，其中蕴含着巨大商机，正在创造巨大需求，用新技术改造传统产业的潜力也是巨大的。为此我们遵循新发展理念，必须抓住机遇，把推动创新驱动和打造新增长源作为重点，加快新旧增长动力转换，创造新的有效和可持续的发展模式，深入把握发展速度变化、结构优化、动力转换的新特点，顺应推动经济保持中高速增长、产业迈向中高端水平的新形势，提出未来发展的重点任务和重大举措，指导我们在新的历史起点上更好地凝聚力量、攻坚克难。

总之，新发展理念具有人民性、科学性、开放性、实践性的内涵特质，是马克思主义世界观方法论的伟大杰作。既充满着真理的魅力，又充溢着价值的魅力，因而始终经得起实践、历史和人民的检验，也将被证明为正确、合理、有效的发展理念。由此，以蕴含的理论内涵特质坚定新发展理念自信，是顺理成章的必然逻辑。

四 以高远的战略目标引领坚定新发展理念自信

以高远的战略目标引领，就是着眼于习近平总书记对广东工作作出的重要批示——"四个坚持、三个支撑、两个走在前列"为广东改革发展的旗帜、方向、原则、责任担当和奋斗目标。[①] 近5年来，广东积极深化关键领域改革，着力打造市场化、法治化、与国际接轨的环境生态，实现由"政策洼地"向"环境高地"转变，充分发挥自贸区的试验田作用，研究制定粤港澳大湾区城市群发展规划，发挥港澳独特优势，运用好广东对外开放资源，提升在国家经济发展和对外开放中的地位与功能，加强与世界各国的交流合作，为广东新一轮发展带来新的"广东震撼"，愈益增强它自身的巨大优势和威力。我们坚定新发展理念自信，是有充分依据和理由的。

第一，要增强"四个坚持、三个支撑、两个走在前列"的政治责任感。我们必须把掀起认真学习宣传贯彻习近平总书记重要批示精神新高潮作为当前的首要政治任务。思想政治建设是广东改革发展事业的核心，它决定着广东全面深化改革开放的性质和方向。回首过去40年的改革开放

---

① 胡春华：《把学习宣传贯彻习近平总书记重要批示精神作为首要政治任务抓紧抓好》，《南方日报》2017年4月17日。

实践，广东很好地发挥了窗口作用、试验作用、排头兵作用，率先发展，成就辉煌。特别是近5年来，广东牢记习近平总书记对广东"三个定位、两个率先"的谆谆教诲，坚持立足实际、立足省情，充分发扬广东排头兵精神，一步一个脚印地推进"四个全面"布局，迎来了改革开放的新局面：全省大力实施简政放权，努力构建服务型政府，加快农业供给侧改革、精准扶贫、环境保护等，使改革红利惠及每一位市场参与主体；成立中国（广东）自由贸易试验区，推动海上丝绸之路和"一带一路"建设以及粤港澳贸易自由化进程。这样的根本目标指向，从未动摇过。习近平总书记对广东的重要批示："充分肯定党的十八大以来广东各项工作，希望广东坚持党的领导、坚持中国特色社会主义、坚持新发展理念、坚持改革开放，为全国推进供给侧结构性改革、实施创新驱动发展战略、构建开放型经济新体制提供支撑，努力在全面建成小康社会、加快建设社会主义现代化新征程上走在前列。"① 展望未来，广东在"四个坚持、三个支撑、两个走在前列"的新起点上，继续发扬敢为人先的精神，勇于先行先试，大胆实践探索，做践行"四个坚持、三个支撑、两个走在前列"的排头兵，前景广阔，任重道远。我们只有在首要政治任务方面增强"四个坚持、三个支撑、两个走在前列"的政治责任感，才能为迅速掀起学习宣传贯彻习近平总书记重要批示精神新高潮奠定坚实的思想政治基础，才能在坚定新发展理念自信中，始终围绕实现"四个坚持、三个支撑、两个走在前列"所向往的境界来铺设，这也正是它具有政治感召力的关键所在。

第二，要把握好"四个坚持、三个支撑、两个走在前列"的根本点。遵照《中共广东省委关于认真学习宣传贯彻习近平总书记重要批示精神的通知》②（以下简称《通知》）精神，所谓"四个坚持、三个支撑、两个走在前列"，就是要求在各个方面的工作都要努力走在前列，不仅在时间节点上体现率先，更重要的是在发展质量和结构效益方面引领示范全国，这是广东经济社会发展的动力，也是广东改革创新发展的动力。"四个坚持、三个支撑、两个走在前列"是实践新发展理念中的发展，也是在新发展理念进程中的创新。因为，"四个坚持、三个支撑、两个走在前列"是在"三个定位、两个率先"基础上发展的先行者、开拓者、排头兵。"四个坚

---

① 《习近平总书记对广东工作作出重要批示》，金羊网，2017年4月12日。
② 同上。

持、三个支撑、两个走在前列"发展意味着我们面对的是全新的目标，前人无可行遗训，书本无现成答案，域外无可搬模式，唯有遵循经济社会发展和现代化建设的规律，树立新的发展理念，与时俱进、打破桎梏，才能把思想认识从那些不合时宜的观念、做法和体制的束缚中解放出来，才能使广东改革发展真正在理论与实践的结合中把握规律性、体现时代性、富于创造性，才能闯出一条新的通道，拼出一片新的天地，引导我们进入一个新的境界，实现真正意义上的"四个坚持、三个支撑、两个走在前列"。

第三，要保持奋勇争先的精神状态，以优异的业绩走在前列。[①] 广东改革发展如逆水行舟，不进则退。过去我们发展得好不等于以后也会发展得好，今天领先也不等于明天就能继续领先。站在新的发展起点，只有以"沧海横流，方显英雄本色"的气魄，保持奋勇争先的精神状态，大胆、大气、大手笔地推进广东改革发展，才能以优异的业绩昂首阔步实现"四个坚持、三个支撑、两个走在前列"。

一是坚持务实创新，奋勇争先。形势发展，比我们想象的更快；实践的更新速度，超出我们的预期。应该承认，经过改革开放的洗礼，广东人的思想观念得到了很大的解放和很多的更新。但是我们也必须清醒地看到，与习近平总书记的殷切期望相比，与历史赋予的新使命相比，与人民寄托的新期待相比，甚至与兄弟省区市竞相发展的态势相比，我们"四个坚持、三个支撑、两个走在前列"的任务还很重。我们也必须承认，在更新观念、创新意识、敢闯敢试这些方面，需要补的课还很多；在体制机制的改革创新上，还有大量工作要做。改革开放作为一场新的伟大革命，随着实践的推进，最大的禁锢仍然是思维方式的禁锢。只有思想解放、开风气之先，才能抢占制高点、引领新时代。思想僵化、不能与时俱进，难免不进则退、最后痛失机遇，被动滞后。因此，我们必须按照省委的统一部署要求，善于总结发扬自己的好做法，善于学习借鉴别人的好经验，善于消化吸收再创新；敢于冲破一切妨碍发展的思想观念，敢于改变一切束缚发展的条条框框，敢于革除一切影响发展的体制弊端。只有这样，才是对习近平总书记重要批示精神最好的贯彻，对当下广东面临宝贵机遇最好的珍视，为在实现"两个一百年"目标进程中走在前列，为实现中华民族伟

[①] 参考温宪元《坚定"两个走在前列"的根本目标指向》，《南方》2017年第7、8期合刊，第19页。

大复兴的中国梦作出应有贡献。

二是对照目标要求,补齐短板。遵循《通知》要求,我们要对照全面建成小康社会的目标,集中力量加快补齐短板,确保如期高质量全面建成小康社会。这是省委对广东改革发展的根本目标指向。客观来看,经过20多年的努力,广东小康社会建设进程虽然取得了突破性的进展,但在发展过程中也还存在一些问题和薄弱环节亟待解决。从统计数据来看,在《全面建设小康社会统计监测方案》的经济发展、社会和谐、生活质量、民主法制、文化教育、资源环境等六大板块23项监测指标中,广东短板指标主要集中在地区经济发展差异系数、研发经费占GDP的比重布局不均衡、自主创新投入不够、社会保障水平不够高、文化产业尚未充分培育起来、资源环境问题仍较突出、保护耕地任务比较繁重等方面。我们必须十分清醒:地区经济发展差异系数始终是广东发展中一个比较突出的问题,比如区域发展不协调(主要是珠三角与粤东西北地区)的问题,深圳的人均GDP是梅州的7倍;[①] 研发经费支出占比提高到2.58%(2016年),虽然略超全国平均水平,但是创新投入不足和发展布局很不均衡,且仍然要低于江苏等省市;社会安全的实现程度仍低于全国95.6%的平均水平;三次产业比重调整为4.7:43.2:52.1(2016年),[②] 但与世界相当发展水平上的产业结构高度化水平相比,仍然有滞后;耕地保护形势仍然比较严峻,目前广东耕地面积尚未恢复到2000年的水平,而全国和江苏、山东等地则一直保持在100%实现程度;文化教育方面的差距仍然严峻。无论是人口/高校数还是人口/本科生人数,广东都排在全国后列,在全国31个省、自治区、直辖市中排倒数第7。广东平均236万人才拥有一所本科院校,北京为27.68万人,9倍于广东,上海为60万人,是广东的4倍,同为人口大省的江苏和山东,也都优于广东。人口与在校本科生人数比方面,广东平均195.7人有1个本科生,北京是35人,上海62人,江苏和山东分别为131人和144人。因此,我们要按照《通知》要求,充分认识习近平总书记重要批示精神实质,清醒认识广东在全国发展大局中的责任担当,明晰发展的优势和前进的方向,按照中央统一部署,奋力决胜全面小康、开启建设社会主义现代化新征程的关键时刻,发挥优势、弥补不足,在新

---

① 胡春华:《广东已过让部分地区先富阶段 到帮后富阶段》,《澎湃新闻》2017年3月6日。
② 马兴瑞:《2017年广东省政府工作报告》,《南方日报》2017年1月25日。

起点上再创广东新局面。

三是多措并举,动员和引领全省人民积极参与。实现"四个坚持、三个支撑、两个走在前列",一定要按照省委要求和部署,重视顶层设计,研究制定加强"两个走在前列"建设方案,多措并举,动员和引领全省人民积极参与。一定要在高起点推进、高质量发展、高水平建设方面先行先试,在阐发广东经验、贡献广东智慧方面走在全国前列,为实现"两个一百年"目标提供广东思想、广东方案。一定要建立健全有利于走在前列的体制机制,创新内部治理,激发制度活力,加快形成灵活高效的管理运行机制。一定要加强政府决策部门与社会的沟通联系,搭建常态化动员社会力量平台,引领全省人民积极投身于"四个坚持、三个支撑、两个走在前列"行动。

四是坚持把实现全体人民共同富裕作为基本着眼点,愈益增强社会凝聚力。共同富裕是人民福祉的根本所在,是社会主义优越性的根本体现,也是凝聚人心开创事业的根本寄托。共同富裕包括共同的富裕性和富裕的共同性这两个方面,前一方面要靠解决好效率问题,后一方面要靠解决好公平问题,二者缺一不可。就广东而言,总体上来看,已经过了让一部分地区、一部分人先富的阶段,到了先富帮后富,实现共同富裕的阶段。在我们这样一个拥有1亿多人口的大省,实现共同富裕无疑是历史上空前浩大的工程。而新发展理念的最大亮点之一,也恰恰在于把实现全体人民共同富裕作为基本着眼点牢牢扭住不放。改革开放以来,我们在逐步走向共同富裕方面创造了奇迹,也积蓄并显示了社会凝聚力。展望未来,我们实现共同富裕的成效越是显著,就越有利于把全省上下的智慧和力量高度凝聚到始终注重解决"协调发展"问题中来。

五是坚持把促进人的全面发展作为不懈追求的价值理想,愈益增强价值导向力。促进和实现人的全面发展,是马克思主义揭示的人类社会最高价值理想。新发展理念以面向未来、把握未来、赢得未来的前瞻视野,把促进人的全面发展这个最高价值理想变为现实的社会实践,坚持不懈地加以追求和笃行,对形成正确价值导向具有根本意义。促进人的全面发展是与促进社会全面进步互为一体的,不仅需要创造相应的物质技术条件,而且需要创造相应的精神文化条件;不仅需要提供自由平等的民主政治机制,而且需要提供诚信友爱的和谐人文环境;不仅需要优化人与社会的关系,而且需要优化人与自然的关系,等等。由此,新发展理念自信强调的是一个把发展人、提升人、完善人的价值理想和目标全方位贯穿于社会生活实践的过程。对于践行新发展理念来说，它越是把促进人的全面发展引向广度和深度，其价值导向力就越强，就越是有助于统筹贯彻五大发展理念，防止顾此失彼、相互替代，注重相互结合，共同发挥作用，努力实现更加可持续、更加高质量、更加有效率、更加公平的广东发展。

（作者单位：广东省社会科学院）

家国关系的新时代阐释及现实意义

付 洪 袁 颖

党的十八大以来，习近平总书记提出很多治国理家的理念。对于家与国之间的辩证关系，习近平总书记多次进行了深刻阐述："千家万户都好，国家才能好，民族才能好""国家好，民族好，家庭才能好""国家富强，民族复兴……体现在亿万人民生活不断改善上"等。总体上看，习近平总书记关于家国理念的论述融人民、家庭、国家于一体，为处理家国关系提供了全新的视角，对于实现新的时代背景下的家庭和睦、社会和谐、国家长治久安具有重要意义。

一 家国关系的理论来源和时代背景

家国关系问题是社会结构的基本问题。自古以来，在中国人心中家与国紧密相连，不能分割。从小的方面讲，家是国之根本，治国必先齐家；从大的方面讲，国是家之主干，国富才能家强。但近代以来，随着社会的发展、观念的变迁，传统文化面临挑战，家国一体的社会形态也逐渐被打破。面对当前家庭建设和国家发展中的各种问题，探索重构家国关系成为新的时代课题。

（一）中国传统文化中家国思想的当代转换

"家国"从词义上看包含家庭、国家两个概念。钱穆先生说："有家而有国，次亦是人文化成。中国俗语连称国家，因是化家成国，家国一体，故得连称。"[1] 家与国在中国传统文化中皆具有举足轻重的地位，中华民族历来重视家庭与国家的关系。综观中华文明史，历代文人墨客、历史典籍涉及十分丰富的处理家国关系的内容，并且在不同时代的侧重有所不同。

---

[1] 钱穆：《晚年盲学》，广西师范大学出版社2000年版，第57页。

早在春秋战国时期，孟子就十分明确地概括了个人、家庭与国家之间的关系。他指出："天下之本在国，国之本在家，家之本在身。"① 孟子认为修身立德、德性塑造是家庭建设的基础，而良好的家庭秩序则是国家有序运行的基础。《礼记》中"一家仁，一国兴仁；一家让，一国兴让"。最终形成了以修身为起点，家庭建设为基础，国家发展、社会和谐为目标的"修身、齐家、治国、平天下"的儒家传统家国观。这种将家庭建设与国家发展联系起来的文化传统，根源于中国人总体性的思维方式和特殊的地理环境。与西方倡导个人主体性的思维方式不同，在乡土化社会的过程中，中国人习惯把个体纳入整体之中，希望通过群体寻求安全感和社会认同。个人先归属于家庭或家族，再延伸至国家。从整体的角度看待家庭和国家的职能，就家来看，它隶属于国，是国发展的基础；而国是放大的"家"，个人又依附于国这个大"家"。正因为如此，中国人形成了对家庭和国家的特殊情感，在家尽孝、为国尽忠成为中国人的行为准则。2014年5月4日，习近平在与北京大学的师生交流时指出："中国古代历来讲格物致知、诚意正心、修身齐家、治国平天下。从某种角度看，格物致知、诚意正心、修身是个人层面的要求，齐家是社会层面的要求，治国平天下是国家层面的要求。"② 从文化继承的角度来看，这种家国一体的文化传统成为新时代治国理家的重要理论来源之一。

（二）家庭和国家发展面临的现实诉求

新中国成立以来，随着传统文化的革故鼎新，加之现代化和城市化的快速发展，家的结构、国的内容、家与国之间的关系都发生了很大的改变。一方面，人口的频繁流动冲击着传统的家庭模式，传统累世同居的家族结构被逐渐打破，家的规模趋于小型化，家的结构趋于单一化、扁平化；另一方面，国的内容也发生了明显变化，身份等级基础上的专制制度和按血缘建立的宗法制度被推翻，民主集中制、人民代表大会制等新的制度理念建立，自由、民主成为国家政治生活的核心。在这种情况下，人们在家庭和国家的发展中，家国观念与传统越来越疏离，这对于构建现代家庭和国家具有重要意义。但是，对传统文化中家国认识的全盘否定，同时也产生了一系列问题。首先，在家庭功能上，对家庭的认识和理解片面

---

① （宋）朱熹：《四书集注》，岳麓书社1987年版，第399页。
② 《习近平谈治国理政》，外文出版社2014年版，第169页。

化,家庭道德教育功能弱化。与此相应的是家庭观念、乡土亲缘逐渐淡薄,家风、家规等传统伦理认同被淡忘。而家庭功能的退化也会相应带来很多社会问题,在此过程中,家庭连接私人领域和公共领域的作用削减,"老吾老,以及人之老;幼吾幼,以及人之幼",推己及人、推家及国的伦理传统逐渐丢失。其次,在价值观念上,金钱崇拜冲淡了亲情血缘,个人至上淡化了对国家和社会的责任,由此引发精神匮乏、道德滑坡,人与人之间冷漠疏离,严重影响了国家的凝聚力与向心力。因此,面对这些新形势,家国观念需要被赋予新的要求、新的时代内容。如何创新家庭建设、国家治理,如何处理好家与国的关系,将传统家国伦理中的优秀成分传承下去,成为亟待解决的新问题。

二 新时代家国关系的主要内容

习近平总书记特别重视家庭和国家之间的联系,在多次讲话中涉及家国问题,重构家国理念。新时代习近平总书记关于家国关系的论述是在继承传统文化的基础上,有着新内容、新思想的一种新型家国关系,集中体现在坚持从家出发,国家为重、民生为先等方面。只有将这些论述梳理出来,挖掘其内在的逻辑性,才能够用于指导现代家庭建设和国家治理。

(一)从家出发,家庭是国家发展的基点

作为社会结构的基本细胞,家庭是人类生命繁衍的场所,也是品德塑造、文化传递的纽带。家庭的稳定对一个国家的经济、政治、文化发展起着至关重要的作用。家庭稳定和谐,国家才能长治久安;相反,倘若家庭这个小单位出了问题,必将引起国家大系统的紊乱。因此,管理好小家才能建设好社会和国家这个大家,正如所谓"治国必先齐其家者,其家不可教而能教人者,无之"。① 习近平多次讲到家的重要性。2015年2月17日,在春节团拜会的讲话中,习近平指出:"中华民族自古以来就重视家庭、重视亲情,家庭是社会的基本细胞,是人生的第一所学校,不论时代发生多大变化,我们都要重视家庭建设……使千千万万个家庭成为国家发展、民族进步、社会和谐的重要基点。"② 2015年"齐家"首次被列入党内规章。2016年12月12日,习近平在会见第一届全国文明家庭代表时指

---

① 王国轩译注:《大学·中庸》,中华书局2006年版,第26页。
② 习近平:《在2015年春节团拜会上的讲话》,《人民日报》2015年2月18日。

出:"家庭和睦则社会安定,家庭幸福则社会祥和,家庭文明则社会文明。"① 对于如何搞好家庭建设,习近平强调注重家教、注重家风。在现实家庭生活中,家庭建设与家教、家风密切相关。家庭建设的关键在于通过家教涵养和家风传承的形式作用于家庭成员的生活方式、价值观念、道德品行等。

首先,重视家教,涵养个人品德。习近平认为家庭是人生的第一个课堂,父母是孩子的第一任老师。家庭作为个人出生以来面对的第一个环境,对个人的发展会产生潜移默化的影响。从这个意义上讲,家庭教化具有任何教育无法取代的地位。而"家庭教育涉及很多方面,但最重要的是品德教育,是如何做人的教育"②。正所谓"道德传家,十代以上;耕读传家次之,诗书传家又次之;富贵传家,不过三代"。家庭教育必须立足于修身立德的基础之上。因此,习近平指出:"要把美好的道德观念从小就传递给孩子,引导他们有做人的气节和骨气,帮助他们形成美好心灵,促使他们健康成长,长大后成为对国家和人民有用的人。广大家庭都要重言传、重身教,教知识、育品德,帮助孩子扣好人生的第一粒扣子,迈好人生的第一个台阶。"③

其次,注重家风,培育时代新风。家风是一个家庭或家族长期相传沿袭下来,承载着其精神风貌、价值追求、道德品质、生活方式等的传统风尚或风格。习近平尤为重视家风建设,曾在不同的场合,多次强调家风对个人教化和熏陶的重要意义。一方面,家风关系民风、世风。家风和社会风气,具有一种动态的呼应关系。家风受一定时期内社会风气的影响,与此同时,家风又反过来影响社会风气,是形成良好社会风尚的基点。良好的家风不但可以让置于其间的家庭成员受到感染和熏陶,而且还可以形成良好的风气一直流传下来。比如,父慈子孝、尊老爱幼、邻里团结等传统家庭美德,最终都以家风的方式延续下去,影响着整个社会的风气。正如习近平所强调:"家风是社会风气的重要组成部分。家庭不只是人们身体的住处,更是人们心灵的归宿。家风好,就能家道兴盛、和顺美满;家风差,难免殃及子孙、贻害社会……广大家庭都要弘扬优良家风,以千千万

---

① 习近平:《在会见第一届全国文明家庭代表时的讲话》,《人民日报》2016年12月16日。
② 同上。
③ 同上。

万家庭的好家风支撑起全社会的好风气。"① 另一方面，家风关系党风、政风。在习近平看来，优良的家风不仅关系到家庭幸福和谐，而且会影响到政风乃至国风。家风清则国正，良好的家风是促进政风"清醇"的重要方式。习近平对领导干部的家风问题做了最集中的论述。他多次强调，对于领导干部而言，其家风既不是个人小事，也不是家庭私事，而是领导干部作风的重要表现。领导干部的家风建设是党风廉政建设的"晴雨表"。2015年10月，中共中央印发的《中国共产党廉洁自律准则》明确规定党员领导干部要"廉洁齐家，自觉带头树立良好家风"，首次将家风建设列为领导干部的必修课。2016年1月12日，习近平在十八届中央纪委六次全会上再一次要求广大党员干部要把家风建设摆在重要位置，做到"廉以修身、廉洁齐家"，进一步指出家风建设在干部队伍建设和党内政治生态中的重要意义。

总之，在习近平总书记看来，"无论时代如何变化，无论经济社会如何发展，对一个社会来说，家庭的生活依托都不可替代，家庭的社会功能都不可替代，家庭的文明作用都不可替代。"② 社会文明体系的形成需要建立在一个个家庭文明的基础之上，因为家庭不仅是个人的，也是社会的，是国家的。

(二) 国家为重，国家是家庭建设的保障

家是国的最基本单位，家庭建设是国家顺利运转的前提。而家庭与国家之间当然并不是简单的单向关系，同样，有国才有家。习近平对此进行了智慧性的总结，强调家庭与国家的内在统一，"我们要认识到，千家万户都好，国家才能好，民族才能好……我们还要认识到，国家好，民族好，家庭才能好。"③ 中国自古就有"欲安其家，必先安于国"之说。历史经验昭示我们，"家是最小国，国是千万家；有了强的国，才有富的家"。国是家之主干，只有国家富强、社会和谐，家庭和个人才能得到幸福安康。反之，国家贫穷，社会动乱，家庭和个人必然会受到影响。所谓"覆巢之下焉有完卵，乱世之局岂能独善其身""国荣家荣，国败家衰"就是这种情况的写照。2012年11月，习近平在参观《复兴之路》展览时

---

① 习近平：《在会见第一届全国文明家庭代表时的讲话》，《人民日报》2016年12月16日。
② 同上。
③ 同上。

更是强调:"每个人的前途命运都与国家和民族的前途命运密切关联。国家好,民族好,大家才会好。"① 习近平一语道出了国家的重要地位,并始终坚持以国为重的政治情怀。

当前,中国正处于实现"两个一百年"的中华民族伟大复兴道路的关键阶段,如何走好每一步,需要每一个家庭、每一个人共同的付出和努力。为此,需要将爱国与爱家结合起来,个人梦、家庭梦融入中国梦。在阐述"中国梦"时,习近平指出:"只有实现中华民族伟大复兴的中国梦,家庭梦才能梦想成真,"② 我们只有兼顾小家与国家,把个人、家庭利益与国家的命运结合起来,才能凝心聚力,真正实现国家富强安定。

(三) 民生为先,人民是治国理家的支撑点

家庭和国家都是由个人组成,每个人的发展又是家庭建设和国家治理中最基础的一环。而儒家传统家国思想是建立在封建伦理纲常基础之上的一个道德秩序,强调国家的权威性,其实质是对君权与父权的服从,最终目标是靠宗法和血缘维持人们对国家的绝对忠诚。与传统家国一体的目标不同,新时代习近平阐述的家国关系,其目的在于人民,在处理家与国关系的问题上,坚持人民利益至上原则也就成为了必然。"国家富强,民族复兴,人民幸福,最终要体现在千千万万个家庭都幸福美满上,体现在亿万人民生活不断改善上"。③ 家庭建设、国家发展总的价值定位在于以民为本,总目标是建立一个和谐社会,而社会和谐必须体现在每一个个体发展的基础之上。可见,人民是治国理家的支撑点。"以民为本"是国家发展的关键,习近平将"以民为本"与"强国兴邦"结合起来。2013 年 10 月 7 日,在亚太经合组织工商领导人峰会上的讲话中,习近平征引了《淮南子》当中"治国有常,而利民为本"的观点。习近平认为"国以民为本",人民才是国家的根本,人民安居乐业是衡量社会和谐、国家发展的重要标准。2016 年 9 月 3 日,在二十国集团工商峰会开幕式的主旨演讲中,习近平指出《尚书·五子之歌》中的"民惟邦本,本固邦宁"是中国传统文化的核心理念之一,并在之后的系列讲话中多次强调"执政为民"是执政者治国理念的集中体现,执政者必须转变成为"以天下之心为心"

---

① 《承前启后 继往开来 继续朝着中华民族伟大复兴目标奋勇前进》,《人民日报》2012 年 11 月 30 日。
② 习近平:《在会见第一届全国文明家庭代表时的讲话》,《人民日报》2016 年 12 月 16 日。
③ 同上。

的人民的勤务员。在十八届中共中央政治局常委同中外记者见面时,习近平强调"人民对美好生活的向往,就是我们的奋斗目标","一切工作出发点、落脚点,都是让人民过上好日子"。[①] 这样,就决定了国家是行使人民赋予他们的权利,保障人民切身利益的政治结构。

民生为先是新时代家国关系的核心。党的十八大以来,在习近平的带领下,党中央围绕着医疗卫生、贫富差距、教育公平等关系人民切身利益的问题,着力增进人民福祉,实现共享发展。正所谓"得众则得国,失众则失国",人民在共享发展成果的同时,国家的凝聚力也得到了提升,从而将国家的各项事业推向前进。在这种情况下,就形成了身在家中,家中有国,国中有家,国、家、人相辅相成,不可分割的互动关系体系。

三 阐释新时代家国关系的现实意义

总体上看,新时代形成了集国、家、人三位一体的家国关系。就是说,一方面,家庭建设与国家发展相辅相成;另一方面,无论家抑或国都要以人民的幸福为旨归,进而整体上促进整个社会文明。更为重要的是,没有后者的支撑和践履,一切等于零。总之,新时代习近平关于家国关系的论述既是基于历史和现实而形成的一种家国认同,又是对家庭和顺、社会和谐、国家富强所展现出来的理想追求,更是对改善民生的人本关怀。其不仅对当前社会的稳定和繁荣具有现实意义,而且对家国关系的未来走向具有深远意义。在新的时代背景下,需要从政治、经济、文化等方面着手,构建现代社会所需的新的家国共同体。

(一)从政治入手,建构权利与义务相平衡的机制

家是现代国家治理体系中的重要组成部分,现代文明的构建首先需要以家作为共同体的基层,同时,家的和谐也离不开国的庇护。如何打通家与国二者的内在联系,从根本上改变家国的紧张关系,把对家的眷顾、对他人的大爱以及对祖国的热爱统一起来是一项重要的政治任务。在现代国家中,个人既是家庭的成员,又是国家的公民。个人以及家庭是在权利和义务关系的基础上,而与国家形成不可分割的联系。所以,良好的家国关系需要以人民权利和义务之间的平衡作支撑。因此,政治实践过程中,建构权利与义务的制约平衡机制,培育良好的公民意识、权利和义务观念成

---

① 《人民对美好生活的向往就是我们的奋斗目标》,《人民日报》2012 年 11 月 16 日。

为当前政治生活亟须解决的问题之一。换言之，既要反对重国家、轻个人和家庭的义务本位公民观，又反对重个人和家庭、轻国家的权利本位公民观。一方面，保障人民的权利，让人民成为国家的主人。国家是家庭和个人获得安全和安宁的屏障，是人民权利的堡垒。这是国家的固有功用，倘若人民权利失去保障，国家便会丧失其功用，人民对国家的义务即告终结，他们的爱国主义便无从谈起。① 同时，国家的强大依赖于无数家庭的拥护，而要得到家庭的认同，国家最主要的任务就是赋予人民参与国家政治生活的权利，让人民自己真正成为这个国家的主人。另一方面，培育公共情怀，提高人民对家庭和国家的责任意识。国之本在家，家之本在身，修身责任感在现代社会中表现为当代人的责任意识，就是对家庭和国家高度的认同感、自豪感，为建立家国共同体而奋斗的责任意识。

（二）从经济入手，完善家国功能的正常运转体系

随着市场经济的发展，工业化和城市化带来了人口的频繁流动，削弱了传统过分的血缘意识所造成的"熟人社会"的局限性，对传统家国关系造成很大冲击。在新的家国关系体系中，家与国之间不再是单向的归属或绝对的对立关系，个人、家庭和国家之间的关系较以往更为复杂。但也由此带来了一系列问题，诸如，家庭结构变迁造成家庭道德教育功能弱化；社会关系的松散造成家庭地位变得无足重轻；经济利益至上造成家庭、国家观念淡薄等。要解决这些问题，不仅需要依赖政治机制，还需要一系列经济手段的帮助和支持。从社会整体的角度来看，国家的作用在于通过市场调配和社会支援等手段支持家庭功能正常运转。为此，首先应从社会深层经济变动入手，完善家庭的物质生活基础，如提高退休保障、优化日常生活结构、改善住房条件等，建立巩固家国关系的条件；其次，在完善家庭物质基础的前提下，在一定程度上应当尊重家庭自治，尊重私人家庭领域的自由。当前，市场性社会的形成，各种社会团体的出现打破了传统"个体—家—国"的模式，"个体—家—社会—国"成为新的家国关系体系，公共领域与私人领域之间的界限逐渐模糊。在这种形势下，既要避免国家权力僭越既有的公私边界，又避免公私边界过于明确，无法实现国家权力影响家庭关系。与此同时，需要肯定家庭在公共生活秩序的运作中的

---

① 郭凤海：《"家国"与"祖国"辨正——中国历史上两种政治哲学的冲突及启示》，《理论探讨》2010年第2期。

作用，重视家庭建设，提高家庭的道德教育功能，打破由血缘的家族意识造成的人际间的远近、亲疏，建立"普遍"的、"一般"的道德要求。

（三）从文化入手，涵养当代人的家国情怀

中国人的家国观念扎根于历史之中，中国传统文化中的家国架构孕育出了中华民族"忠、孝、仁、义"的家国情怀。毫无疑问，在中华民族发展的历程中，这种家国情怀发挥了重要作用，为增强家庭聚合力、民族凝聚力提供了精神助推力。新的家国关系的建构除了依靠政治、经济手段之外，完善和巩固精神文化基础也是一个重要方面。家国情怀是由正确的家国意识积淀而来，其内在是个人、家庭与国家三者关系的一种表征，在不同的时代背景下有不同的表现形式。当前，很多人国家和家庭意识较为淡薄，爱国、爱家仅仅沦为口号。因此，应从培育正确的家国意识入手，涵养当代人的家国情怀。事实上，在我国社会主义历史条件下，家与国具有根本利益的一致性。现代社会对家国情怀的定义需要从家庭和国家之间的良性互动出发，是个人对家庭美满、社会和谐与国家富强的理想追求。在今天具体表现为和睦、友善、担当、爱国、至公等核心价值理念。因此，我们应当在大力弘扬传统家国文化的基础上，用新的家国关系理念来教育广大民众，强化人们的家国意识，使家国情怀根植于人们内心深处。同时，要培养人们内部自律与外部担当相结合的能力，使人们主动融家庭亲情与爱国情感为一体，从和睦善邻、尊老爱幼、兴家乐业的义务走向理性爱国、维护统一的担当。

四 结语

纵观中华民族整个历史，从传统封建君主专制国家到现代人民民主专政国家，能否处理好家与国、民与国的关系，关系到国家和整个社会的治与乱、兴与衰。中国在长期发展过程中形成了家国同构的历史传统，这种"始于家邦，终于四海"的家国关系传统，强调国是家的统领、家是国的附庸，主张以家治国。事实上，家国关系是一种充满张力的结构，我们在汲取传统家国文化中的优秀成分的同时，必须正视存在的问题，修正对家国关系的认识，既要反对传统将家与国混为一谈，又要避免将二者完全隔离。习近平在传承"以民为本"与"天下为公"的文化精髓的基础上，重构从家出发、国家为重和民生为先的家国治理模式。习近平关于家国关系的论述融人民、家庭、国家于一体，为处理家国关系提供了全新的视角，实现了从传统家国二元一体向现代国、家、人的三元结构的转变，从根本上强调了家庭建设对国家发展的推动力以及国家发展对家庭的重要影响，又肯定了人民在治国理家中的作用。习近平对家国关系的定位、态度以及自身践行，也反映了其深厚的家国情怀。总而言之，新时代的家国理念是我们当前和今后必须长期坚持的指导思想，并且随着社会现实的发展，新情况、新问题的出现，其还在不断丰富和完善。

（作者单位：南开大学马克思主义学院）

论实现党的作风建设常态化的科学内涵[*]

李兴元

执政党的作风不仅"关系党的形象,关系人心向背,关系党和国家的生死存亡""关系党和人民事业成败",而且关系打造人类命运共同体。党中央旗帜鲜明地提出"以法治思维和法治方法抓作风建设,实现作风建设制度化、规范化、常态化"[①],是十八大以来以习近平同志为核心的党中央坚持以人民为中心的发展理念,坚持依法治国和依规治党相结合,直面国际国内形势发展的新变化,特别是党风廉政建设依然严峻复杂的新形势新问题和树立参与全球治理大国形象的新要求,推进马克思主义中国化的新成果,是对马克思主义党建学说的继承和创新,是对国内外执政党作风建设历史经验教训的概括和总结,是对中国特色社会主义党建理论的新发展新贡献。

实现作风建设常态化思想,深化了对作风建设特点规律和共产党执政规律的认识,科学回答了在新的历史条件下如何全面从严治党、纠治"四风"、密切党和人民群众血肉联系的重大问题,集中体现了新一届中央领导集体关于作风建设永远在路上这一党建规律新认识和治国理政新论断的鲜明特征和要求。推进作风建设常态化是党的建设思路的重要创新,是全面从严治党强党的锐利武器和标本兼治之策,是协调推进"五位一体"总体布局和"四个全面"战略布局的重要保障,是实现中国梦、实现国家治理体系、治理能力现代化和干部清正、政府清廉、政治清明、社会清和的

---

[*] 本文系2015年度国家社会科学基金项目"党的作风建设制度化规范化常态化长效化研究"(批准号:15XDJ019)的阶段性成果。

[①] 习近平:《要以法治思维法治方法抓作风建设》,中国长安网(http://www.chinapeace.gov.cn/2013-06/26/content_ 8075899_ all.htm)。

必由之路，对于全党不忘初心、永葆先进性纯洁性，以优良的党风带政风行风、促民风社风家风，以大国作风大国形象大国特色引领全球治理体系建设、打造人类命运共同体和利益共同体，"不断把人类和平与发展的崇高事业推向前进"都具有重大而深远的意义。如今，常态化思想已经渗入经济、安全、金融各个领域，从中国走向世界，成为家喻户晓的高频词。

一 在挖掘历史和把握规律中牢牢把握作风建设常态化的科学内涵

据360百科等解释，常态化的含义"就是趋向正常的状态。今多用于指某事物更趋近于合情合理"。关于作风建设常态化，中央党校党建教研部副教授赵绪生认为："就是使作风建设成为一种经常的、平常的、正常的状态，成为一个可持续发展的过程。"

事实上，作风建设常态化既是作风建设的老话题，也是作风建设乃至整个党的建设和治国理政的新课题。纵观党史，推进作风建设常态化的理论探索和具体工作自党创立起就已经开始了，只不过受历史的局限和多种因素影响，当时未能明确提出这一概念并形成理论体系。

作风建设常态化作为作风建设科学化体系的重要组成部分，有着丰富的内涵。它是基于作风建设的长期性、艰巨性、复杂性和作风问题的顽固性、反复性、传染性、变异性等特点及作风建设永远在路上这一规律性的认识和判断，针对过去作风建设实践中，一些地方单位出现的囫囵吞枣、时紧时松、搞应景之作、刻意为之、被动应付一阵风，习惯于以若干次集中化的"运动""活动"毕其功于一役，习惯于当"不抓老鼠的猫"、唬不住麻雀的"稻草人"、抹不开情面的和事佬、家丑不外扬思想的守护神等不融入日常、不注重平常、不够经常、不大正常的错误现象而提出的，其着眼点是环环相扣、步步深入、抓早抓小、滚动推进作风建设，坚持不懈地将权力关进制度的笼子里，坚持不懈地将"四风"等作风建设方面的突出问题防控于日常、纠治于萌芽状态，坚持不懈地铲除"四风"腐败问题滋生蔓延的土壤环境，打破纠风反腐"一阵风"幻想，让权力和"四风"彻底失去"任性"空间，最大限度地防止违反中央八项规定精神问题死灰复燃、反弹回潮，最大限度地遏制其走向腐败。其落脚点是密切党和人民群众的血肉联系，永葆党的先进性纯洁性，为当好"一个领导核心""两个先锋队""三个代表"，不断把为共产主义远大理想奋斗的伟大实践推向前进，"不断把中国特色社会主义伟大事业推向前进""不断把为人民造福事业推向前进"①"不断把人类和平与发展的崇高事业推向前进",提供坚强保证。其要义是作风建设要坚持遏制腐败现象滋生蔓延势头的目标不变,聚焦"四风"老问题和新变种、新动向的方向不变,下大气力消化存量、遏制增量的决心不变,严格执行党章党规党纪,"咬住'常''长'二字,经常抓、深入抓、持久抓"②,一以贯之,融入日常、育重平常、督重经常、严在当场,回归自然,"绵绵用力、久久为功",使之从过去有的党组织有的领导干部不愿抓、不敢抓、不会抓,被动应付、抓大放小、治标不抓早、治标不治本、治本不彻底、治本打退堂鼓等不大正常、不够经常、不太平常的状态,转向一种照"单"履责、依规进行、主动作为、抓早抓小、标本兼治、全面覆盖、向基层延伸、注重行为习惯养成的正常、经常、平常的状态和可控、可测、可评价、可持续发展的过程。常态化注重耐心、细心、恒心、平常心和坚守,提倡一如既往,一以贯之,循序渐进,忌讳和反对动态、变态、失态、一反常态,搞一阵风一锤子买卖。

作风建设常态化是一个系统工程,包括作风建设方方面面的常态化。从横向看,包括作风建设理论、方法、制度创新的常态化和作风建设实践的常态化;从纵向看,包括作风建设每一方面及其内部每一环节的常态化。从作风建设"四化"系统看,无论是作风方面的制度建设,还是作风方面制度的规范执行、作风建设工作的规范实施、作风建设活动的规范开展,抑或是对作风建设的长效追求都有一个常态化的问题。从对常态化的考察看,主要包括常态化的历史、比较(国内国际)、现状、问题、实效、变化、创新及个性特色等。从常态化的效果看,既要考察理论与实践常态化的成效,还要考察老百姓和国内国际社会对常态化的感受。从常态化的重要衡量指标看,包括围绕作风建设及其某一方面理论研究、确权明责、宣传教育、载体设计、预防监督、反馈测评、问责惩治、整改创新、整改"回头看"等多方面的常态化。从常态化的节点、对象、范围看,就是要从娃娃抓起,从高校生活这一学生"三观"定型的关键时期抓起,从重点盯住各级一把手和党员领导干部等"关键少数"向全体党员延伸,并从全体党员向国家公职人员延伸、向青少年和普通群众延伸。

---

① 习近平:《在庆祝中国共产党成立 95 周年大会上的讲话》,中国驻维也纳联合国和其他国际组织代表团网(http://www.fmprc.gov.cn/ce/cgvienna/chn/zgbd/t1379437.htm)。
② 《习近平在中纪委六次全会上的讲话》,《人民日报》2016 年 5 月 3 日。

常态化意味着作风建设不能搞"顾问制",不能打"运动战",不能犯"急性病"。

二 在系统思维中牢牢把握作风建设常态化的侧重点

作风建设就其内容来说,是一个主要由思想作风及文风、会风建设等七方面构成的体系。它们既相互联系,相互作用,又各有所重,面临着各自不同的问题。这就决定了在推进常态化过程中,也必须坚持问题导向,具体分析。

(一)作风建设全局性、根本性、综合性重点工作推进的常态化

1. 作风建设顶层设计的常态化。顶层设计事关作风建设全局,是对作风建设各方面、各层次、各要素的"统筹规划",是"在最高层次上寻求问题的解决之道",有利于集中有效资源,实现建设的高效快捷。鉴于此,作风建设顶层设计的常态化就要重点考察作风建设相关规划建立率、执行率,与上级规划、条例相配套的实施办法制定率、目标责任分解执行率,与作风建设密切相关、与上级配套的系统化协同化的制度、体制、机制改革实施率,全面从严治党"五个清单"建立率、执行率(包括各级领导责任清单、主体责任清单、监督责任清单、一年一度整改问题清单、一年一度责任、整改不落实问责清单),各级纪检监察部门"三转"到位率。

2. 作风方面长效法规制度建设的常态化。习近平总书记明确指出,"抓作风既要着力解决当前突出问题,又要注重建立长效机制""以刚性的制度规定和严格的制度执行,确保改进作风规范化、常态化、长效化,切实防止'四风'问题反弹。"① 鉴于此,作风方面长效法规制度建设的常态化就要重点考察整个作风建设及其每一方面长效法规制度及其体系建设的常态化,特别是作风建设常态化的规划、导向、推动、监督、激励、评价机制等党内外法规制度废改立创总体情况及变化情况,12类制度的建立率、执行率(包括党政议事规则、年度工作计划制度、理论研究制度、教育培训考核奖惩制度建立率、执行率;与纠四风和落实中央八项规定及20余项禁令相配套的规定、禁令的立改废率;重要制度、重要纪律、重大决策、重要会议决定决议执行情况督查制度建立率、执行率;保持党组织党

---

① 《习近平在中共中央政治局第十六次集体学习时强调:把作风建设要求融入党的制度建设》,《人民日报》2014年7月1日。

员先进性纯洁性制度建立率、执行率；密切联系群众、真情服务群众、及时回应群众关切制度建立率、执行率；法治政府建设制度与权力运行制约监督制度建立率、执行率；充分发扬民主、激发社会治理活力制度建立率、执行率；全面从严治党责任制、专项整治制、提升效能制、纠错问责追究制建立率、执行率；诚信建设制度建立率、执行率；办文办会厉行节约、成本控制制度建立率、执行率)[①]。

3. 作风建设研究的常态化。研究是实践的基础、是创新的先导。鉴于此，作风建设研究的常态化就要重点考察专兼职相结合的高水平研究队伍、研究阵地的建立率、巩固率，理论研究及其激励制度的立改废率，研究国内外执政党作风建设理论、制度、历史、经验教训、工作创新方面的年度成果人均数量、获奖比例及其转载率、领导批示率、转化率。

4. 作风建设常态化推进情况督查、考评的常态化。督查、考评是全面从严治党、推进作风建设"四化"的两把利剑。鉴于此，作风建设常态化推进情况督查、考评的常态化就要重点考察是否坚持建立完善作风建设常态化评价指标体系，严格依照该体系规范进行"年度体检"和结果分析，并将"体检结果结论"纳入年度绩效考核，作为地方、单位全面从严治党责任制考核的重要组成部分及精神文明创建验收、干部提拔任用、评先评优等的重要参考。

5. 对作风建设方面突出问题追责问责的常态化。"有权必有责、有责要担当、失责必追究"是全面从严治党的必然要求，是《中国共产党问责条例》的明确规定。鉴于此，对作风建设方面突出问题追责问责的常态化就要重点考察对督查考评中发现的作风建设领导责任、主体责任、监督责任落实不到位，推进常态化工作不力、整改不力等问题，依照《中国共产党纪律处分条例》《中国共产党问责条例》和地方配套的《问责条例》实施办法，灵活运用监督执纪"四种形态"的规范处理率、上诉率。

（三）作风建设每一方面建设的常态化

1. 思想作风建设的常态化。重点考察党员干部补钙铸魂讲政治、改造"八观"的常态化（即世界观、人生观、价值观、是非观、义利观、权力观、政绩观、事业观），坚持党的思想路线、推进党建改革的常态化，推

[①] 李兴元、李保平、王彦庚：《作风建设常态化评价指标体系研究》，2015 宁夏反腐倡廉蓝皮书，宁夏人民出版社 2014 年版，第 12 页。

进党建理论创新、制度创新、方法创新、科技创新的常态化三个方面的工作进展、工作实效、工作创新与突出问题及针对上期问题所做的工作改进，重点看看党组织和党员干部职工的理想信念与宗旨意识牢不牢、"重实际、说实话、办实事、求实效"的思想作风硬不硬、顶层设计的效果好不好、党的思想路线执行到不到位、为实现中国梦推进理论和实践创新的活力强不强。

2. 学风建设的常态化。重点考查执行上级学习制度的常态化、学习型党组织建设的常态化、学教平台和网络阵地建设的常态化、教育培训规划计划制定的常态化、教育培训任务实施和考核奖惩的常态化、集中培训出勤食宿纪律督查的常态化、培育教育培训精品力作的常态化、宣传营造良好政治生态和传统媒体与新媒体管控的常态化八个方面的工作进展、工作实效、工作创新与突出问题及针对上期问题所做的工作改进，重点看看必修科目是否入耳入脑入心、对马列主义毛泽东思想和中国特色社会主义理论体系是否真学、真懂、真信、真用，用啥学啥、缺啥补啥是否扎实到位，践行习近平总书记倡导的五种重要思维方式（战略思维、历史思维、辩证思维、创新思维、底线思维）是否深入彻底，推进改革、改造世界的能力是否明显增强，是否实现了思想理论从工作、领导的外行到行家里手的转变。

3. 工作作风建设的常态化。重点考察干部职工上岗敬业的常态化、依法履职和提升履职为民效能的常态化、落实中办《关于加强基层服务型党组织建设的意见》、实施"五服务"的常态化、遵守职业道德的常态化、整治"四风""不作为慢作为乱作为"和整改的常态化五个方面的工作进展、工作实效、工作创新与突出问题及针对上期问题所做的工作改进，重点看看干部职工"在不在岗、在不在行、在不在状态"，是否牢固树立了"以人民为中心的工作导向"，坚持以促进群众参与为着眼点、以协调解决群众关注的焦点和生活的难点痛点为着力点，以维护保障群众权益、增进人民福祉为落脚点，始终依法行政、始终致力于服务改革、服务发展、服务民生、服务群众、服务党员，持续提升效能。

4. 领导作风建设的常态化。重点考察领导班子领导干部执行民主集中制和"三重一大"制度的常态化、党委（党组）主体责任落地生根的常态化、纪委（纪检组）监督责任落地生根的常态化、领导班子领导干部以人为本、密切联系群众的常态化、"减负"（如减文山会海、减出国、减三公经费）的常态化五个方面的工作进展、工作实效、工作创新与突出问题及针对上期问题所做的工作改进，重点看看各区域领导班子、领导干部是否坚持"权为民所用、情为民所系、利为民所谋"，不断激发群众创造活力；领导职权边界是否清晰明确，领导责任是否落实，领导监督是否到位有效，领导表率作用是否充分发挥，领导体制、领导能力、领导决策、领导组织、领导方法、领导艺术是否适应发展、降低了成本、赢得了民心。

5. 生活作风建设的常态化。重点考察党员干部职工坚持艰苦奋斗优良传统、养成绿色低碳生活方式的常态化、党员干部职工立德守信的常态化、抵御诱惑的常态化、积德行善的常态化、敬老爱亲的常态化五个方面的工作进展、工作实效、工作创新与突出问题及针对上期问题所做的工作改进，重点看看干部职工是否诚实守信、弘扬"三德"，是否遵纪守法、挡住诱惑、管住小节、行为检点，养成了健康的生活方式。

6. 文风建设的常态化。重点考察学习培训上级公文处理制度和改进文风制度的常态化（如中办国办《党政机关公文处理工作条例》，中宣部《关于贯彻党的十八大精神，切实改进文风的意见》《中华人民共和国电子签名法》、国办《电子公文传输管理办法》），传统主流媒体（党报党刊、通讯社、电台电视台、公开发行期刊）和新媒体改进新闻报道、评论言论、刊发文章的语言、篇幅及版面编排、栏目设计、节目制作等的常态化，精简文件（包括领导讲话、不挂文号材料、简报、信息）数量、篇幅及监控用纸重量的常态化，治理重复发文、印发领导讲话的常态化，改进文风情况督查的常态化，总结推广改文风好经验的常态化，完善评价激励机制的常态化（如业绩考核、新闻评奖、晋职晋级制度），群众满意度评价常态化八个方面的工作进展、工作实效、工作创新与突出问题及针对上期问题所做的工作改进，重点看看党和人民喉舌的性质有没有变，中办《党委（党组）意识形态工作责任制实施办法》是否落实到位，宣传思想文化战线是否落实了"三贴近"、深化了"走转改"，党和国家机关公文处理是否做到了"短、实、新"，是否形成了"长话短说、官话民说、粗话雅说、空话不说"的新闻报道风格，看看内容上的针对性、语言上的生动性、标题上的鲜明性、篇幅上的精练性、编排上的活泼性、主持评论上的亲和性、媒体定位上的准确性、宣传影响上的实效性强不强。

7. 会风建设的常态化。重点考察"一把手"会风会纪专项教育的常态化，日常会议考勤及出勤通报常态化，重要会议会风纪督查组设立的常态化，每日督查通报重要会议（如中央和地方"两会"、党代会等换届会、评先评优会）代表委员出席率、就餐率、住宿率的常态化，会议总量（含分管领导会、协调会、支部会、检查评比考核会）、频次和会时控制的常态化，清理"多头执法"会、检查评比考核会、领导重复参加同一内容会议的常态化，优化服务、实施办会"六个从简"的常态化（规模从简、议程及服务流程从简、文件从简、用纸从简、支出从简、会议职能功能从简），转变会风长效机制的立改废及执行情况督查的常态化（如《中央和国家机关会议费管理办法》、一把手参会减量化制度、"会议清单和负面清单"制度、会议意见建议和领导批示及会议决定等重要成果办理转化制度、常规工作不再年年开会行文制度、多会单位同比环比排名通报制度），推行《会议文件材料无纸化》的常态化，开发使用网络、新媒体"会议"及远程视频系统全覆盖的常态化，会风问题整改及"回头看"的常态化，对标研判会风建设的常态化共十二个方面的工作进展、工作实效、工作创新与突出问题及针对上期问题所做的工作改进，重点看看办会观是否正确，亲民、为民、便民、利民、安民、惠民的办会宗旨是否牢固树立，会议成本（含办会用纸）是否真的明显下降，会议效能是否提高，会议服务质量是否提升，民主办会、开放办会、公开办会的执行力是否提高，会风是否清新，会议差错率是否明显下降。

（四）作风建设主观评价的常态化

作风建设好不好，自己说了不算、领导说了不算，归根结底要群众满意。鉴于此，作风建设主观评价的常态化就要重点持续考察公众对作风建设常态化的印象和作风建设常态化工作的推进实施对公众和社会发展的影响。其中"印象"方面，重点考察公众对作风建设顶层设计常态化、对惩治"四风"和腐败常态化、对作风建设变化趋势的总体印象三个方面；"影响"方面，重点考察公众亲身经历的作风建设非常态化事件、公众对反"四风"反腐败的意愿、公众对作风建设常态化重点工作的看法、公众对作风建设常态化的信心和支持度、经济社会发展与作风建设常态化的关联度五个方面。

三 在辩证思维中深刻领会作风建设常态化在作风建设"四化"体系中的地位作用

作风建设常态化是作风建设"四化"体系中的重要组成部分，它与作风建设制度化、规范化、长效化各有侧重、相辅相成、相互作用、相得益彰。其最终指向都是巩固党的执政基础执政地位，保持党的先进性和纯洁性，确保党在领导人民实现中国梦和共产主义的伟大历史进程中不骄不躁不懈怠、不出大纰漏大差错，特别是不退化、不易帜、不变色、不变质。在"四化"这个大体系中，长效化是核心、是战略目标，而常态化同制度化、规范化都是战略举措、是根本保障。离开了常态化，制度化、规范化、长效化就会松松垮垮，若有若无，时有时无，直至不了了之，必须正确处理"四者"之间的辩证关系，以制度化实现常态化，以常态化确保制度化、规范化、长效化扎实深入、不半途而废。

（作者单位：宁夏回族自治区经济和信息化委纪检组）

新时代的中国传统文化观研究

张 新

党的十八大以来，习近平总书记就中国传统文化发表了一系列重要讲话，系统深入地阐述了我们党在新的历史时期对传统文化的基本看法，为我们正确处理新时代中国特色社会主义文化与中国传统文化的关系指明了根本方向，具有十分重要的理论和现实意义。

一 对中国传统文化进行了科学评价并确定了其历史方位

首先，强调不能割断历史，必须继承中国优秀传统文化这一珍贵遗产。

习近平充分肯定了继承中国优秀传统文化的重要性和必要性，强调我们必须积极继承中国传统文化中的优秀遗产。他承继了毛泽东不能割断历史、必须继承中国文化的优秀传统和珍贵遗产、中国当代的社会主义新文化也是在中国优秀传统文化的基础上发展而来的、是对中国文化优秀传统的延续的相关重要思想，指出："当代中国是历史中国的延续和发展，当代中国思想文化也是中国传统思想文化的传承和升华，要认识今天的中国、今天的中国人，就要深入了解中国的文化血脉，准确把握滋养中国人的文化土壤。"决不能割断历史，割断中华文化发展的血脉。发展中国特色社会主义新文化离不开对中国优秀传统文化的继承。2014年9月24日，习近平在纪念孔子诞辰2565周年国际学术研讨会暨国际儒学联合会第五届会员大会开幕会上指出："在带领中国人民进行革命、建设、改革的长期历史实践中，中国共产党人始终是中国优秀传统文化的忠实继承者和弘扬者，从孔夫子到孙中山，我们都注意汲取其中积极的养分。"他还指出："中华文化源远流长，积淀着中华民族最深层的精神追求，代表着中华民族独特的精神标识，为中华民族生生不息、发展壮大提供了丰厚滋养。中华传统美德是中华文化精髓，蕴含着丰富的思想道德资源。不忘本来才能开辟未来，善于继承才能更好创新。""优秀传统文化可以说是中华民族永远不能离别的精神家园。"习近平深刻地揭示出，中国优秀传统文化不仅是我们必须继承的珍贵遗产，包含着十分丰富的思想道德资源，而且是中华民族独特的精神标示，是中华民族的本质特征之一，是中华民族永远不能别离的精神家园。必须反对历史虚无主义和文化虚无主义，只有善于继承中国优秀传统文化，发扬中国优秀文化传统，才能创新和发展中国特色社会主义新文化。

其次，深刻揭示中国传统文化的性质，指出必须对其进行具体分析。

习近平对中国传统文化的性质有着十分清醒的认识和了解，指出必须对中国传统文化做具体的分析。他指出中国传统文化具有不可避免的历史局限性；同时又充分肯定其积极性因素。"传统文化在其形成和发展过程中，不可避免会受到当时人们的认识水平、时代条件、社会制度的局限性的制约和影响，因而也不可避免会存在陈旧过时或已成为糟粕性的东西"，但同时"从历史的角度看，包括儒家思想在内的中国传统思想文化中的优秀成分，对中华文明形成并延续发展几千年而从未中断，对形成和维护中国团结统一的政治局面，对形成和巩固中国多民族和合一体的大家庭，对形成和丰富中华民族精神，对激励中华儿女维护民族独立、反抗外来侵略，对推动中国社会发展进步、促进中国社会利益和社会关系平衡，都发挥了十分重要的作用。"中国传统文化中的优秀成分对中国历史发展发挥了十分重要的积极作用，这是无可置疑的事实。

二 深刻阐述了对待中国传统文化的科学态度

习近平深刻指出，对中国传统文化必须坚持做到有鉴别地对待和有扬弃地继承。他强调："对历史文化特别是先人传承下来的道德规范，要坚持古为今用、推陈出新，有鉴别地加以对待，有扬弃地予以继承。"他基于对中国传统文化深刻的研究和科学理解，进一步指出，中国传统文化博大精深十分丰富，其中既有精华，也存在糟粕，所以并不全都适应当今中国社会的发展，我们应采取取其精华，弃其糟粕，批判继承的科学态度。"对我国传统文化，对国外的东西，要坚持古为今用、洋为中用，去粗取精、去伪存真，经过科学的扬弃后使之为我所用"。同时，习近平还十分深刻和明确地说明了我们研究和发掘中国传统文化的根本目的，即"为我所用"，也就是说，我们批判继承中国传统文化的目的就是为了建设和发展中国特色社会主义文化。要弘扬中国优秀传统文化，真正发挥好优秀传统文化积极作用，决不能离开为建设中国特色社会主义文化这个根本目的。

习近平十分明确地指出，研究和正确对待中国传统文化必须坚持历史唯物主义的根本立场。"研究孔子和儒家思想要坚持历史唯物主义立场，坚持古为今用，去粗取精，去伪存真，因势利导，深化研究，使其在新的时代条件下发挥积极作用。"这就告诉我们，历史唯物主义是我们在如何对待传统文化问题上必须坚持的根本立场，是须臾不能动摇的。强调运用历史唯物主义对中国传统文化进行分析鉴别，坚决剔除其过时落后的糟粕，积极继承吸收其合理优秀的成分。"对存在合理内核、又具有旧时代要素的内容，要取其精华、去其糟粕。对明显不符合当今时代要求的内容，要加以扬弃。"

他旗帜鲜明地反对在对待中国传统文化问题上存在的全盘肯定的文化保守主义的态度和全盘否定历史虚无主义的态度。"中国共产党人是马克思主义者，坚持马克思主义的科学学说，坚持和发展中国特色社会主义，但中国共产党人不是历史虚无主义者，也不是文化虚无主义者。我们从来认为，马克思主义基本原理必须同中国具体实际紧密结合起来，应该科学对待民族传统文化，科学对待世界各国文化，用人类创造的一切优秀思想文化成果武装自己。""优秀传统文化是一个国家、一个民族传承和发展的根本，如果丢掉了，就割断了精神命脉。""中华文明，不仅对中国发展产生了深刻影响，而且对人类文明进步作出了重大贡献。""老子、孔子、墨子、孟子、庄子等中国诸子百家学说至今仍然具有世界性的文化意义"这些思想家"思考和表达了人类生存与发展的根本问题，其智慧光芒穿透历史，思想价值跨越时空，历久弥新，成为人类共有的精神财富"。只有坚持从历史走向未来，从延续民族文化血脉中开拓前进，我们才能建设和发展好中国特色社会主义的伟大事业。相反，抱残守缺、厚古薄今，处处以传统文化为本位的文化保守主义也是绝对不可取的。需要采取毛泽东所倡导的"古为今用、推陈出新"的正确方针。

三 深入阐述中国传统文化的当代价值及其实现途径

习近平阐述中国优秀传统文化的当代价值，并具体指出，实现优秀传统文化当代价值的根本途径是创造性转化。

首先,中国传统文化作为中国历史的重要内容,是中国国情的有机组成部分,是我们选择和坚持中国特色社会主义道路的依据之一。

习近平认为,今天的中国是历史的中国的延续和发展。只有很好地认识和把握中国的历史文化,才能很好地认识当代中国的发展特色并选择符合国情的发展道路。他指出:"宣传阐释中国特色,要讲清楚每个国家和民族的历史传统、文化积淀、基本国情不同,其发展道路必然有着自己的特色;讲清楚中华文化积淀着中华民族最深沉的精神追求,是中华民族生生不息、发展壮大的丰厚滋养;讲清楚中华优秀传统文化是中华民族的突出优势,是我们最深厚的文化软实力;讲清楚中国特色社会主义植根于中华文化沃土、反映中国人民意愿、适应中国和时代发展进步要求,有着深厚历史渊源和广泛现实基础。"这"四个讲清楚"深刻揭示出中国特色社会主义的特色最本质的内涵。要真正理解和认识中国特色社会主义,最根本的就是要理解和认识中国独特的历史和文化传统。中国优秀传统文化是中国特色社会主义得以确立并蓬勃发展的深厚文化根基和基本条件。

其次,中国优秀传统文化是中华民族的共有精神家园,是中华各民族团结统一的强大凝聚力,仍然是改革开放的强大精神力量。

习近平指出:"中华民族具有5000多年连绵不断的文明历史,创造了博大精深的中华文化,为人类文明进步作出了不可磨灭的贡献。经过几千年的沧桑岁月,把我国56个民族、13亿多人紧紧凝聚在一起的,是我们共同经历的非凡奋斗,是我们共同创造的美好家园。""中华文明源远流长,蕴育了中华民族的宝贵精神品格,培育了中国人民的崇高价值追求。自强不息、厚德载物的思想,支撑着中华民族生生不息、薪火相传,今天依然是我们推进改革开放和社会主义现代化建设的强大精神力量。"博大精深的中华文化不仅对人类文明的发展作出了巨大贡献,更孕育和造就了中华民族的精神品格和独特的价值观,是中华民族团结奋斗、自强不息的强大精神力量,也是今天我国改革开放的强大精神推动力。

再次,中华优秀传统文化是培育和弘扬社会主义核心价值观的重要源泉,是实现中国梦的精神力量。

习近平指出:"培育和弘扬社会主义核心价值观必须立足中华优秀传统文化。牢固的核心价值观,都有其固有的根本。抛弃传统、丢掉根本,就等于割断了自己的精神命脉。博大精深的中华优秀传统文化是我们在世界文化激荡中站稳脚跟的根基。"在当今世界,西方资本主义价值观占据着主导地位,对我国的影响也在不断增强,对社会主义的价值观产生了很大的冲击和挑战。为此我们党提出了社会主义核心价值观。但是要使社会主义核心价值观得以培育和弘扬,就必须从优秀传统文化中吸取思想资源。"要认真汲取中华优秀传统文化的思想精华和道德精髓,大力弘扬以爱国主义为核心的民族精神和以改革创新为核心的时代精神,深入挖掘和阐发中华优秀传统文化讲仁爱、重民本、守诚信、崇正义、尚和合、求大同的时代价值,使中华优秀传统文化成为涵养社会主义核心价值观的重要源泉。"要使社会主义核心价值观成为中华民族自己特有的价值观,就离不开本民族文化和历史传统的基础。

习近平进一步指出,实现中国梦必须弘扬中国精神,而中华优秀传统文化中包含着几千年来中国人民生生不息、绵绵不已的民族精神和发展动力,是蕴涵实现中国梦的中国精神和中国力量的源泉。"一个国家、一个民族的强盛,总是以文化兴盛为支撑的,中华民族伟大复兴需要以中华文化发展繁荣为条件。""没有文明的继承和发展,没有文化的弘扬和繁荣,就没有中国梦的实现。""要始终把弘扬中华民族传统美德……作为极为重要的战略任务来抓,为实现中华民族伟大复兴的中国梦提供强大精神力量和有力道德支撑。"

习近平深刻地揭示出,要实现中国优秀传统文化的上述当代价值,就必须坚持做到创造性转化和创新性发展。

习近平提出继承传统文化,必须要结合时代的实践,有机融合到时代的文化中,融合到时代精神和民族精神的塑造中。要"要继承和弘扬我国人民在长期实践中培育和形成的传统美德,坚持马克思主义道德观、坚持社会主义道德观,在去粗取精、去伪存真的基础上,坚持古为今用、推陈出新,努力实现中华传统美德的创造性转化、创新性发展,引导人们向往和追求讲道德、尊道德、守道德的生活,让 13 亿人的每一分子都成为传播中华美德、中华文化的主体。""要使中华民族最基本的文化基因与当代文化相适应、与现代社会相协调。"

从习近平的论述中我们可以体会到,创造性转化和创新性发展的实质并不是像有些人理解的那样是所谓实现传统文化的时代化或现代化,而是在批判继承中华优秀传统文化的基础上,根据时代和人民的需要将其精华的部分创造性地转化为中国特色社会主义文化有机组成部分,创新和发展中国特色社会主义文化，绝不是简单地在保持传统文化内核的基础上在形式上赋予其时代的特点，这里要做到的是对传统文化根本性质的改造，是真正意义上的根本性质的转化和本质性的创造性发展。必须要清楚地认识到这样一个基本的客观事实：当代中国的主流文化就是中国特色社会主义文化，我们批判继承中国传统文化是为了发展中国特色社会主义文化，而不是取代和否定中国特色社会主义文化。因此鼓吹复兴"儒家"，用"国学"代替中国特色社会主义文化是错误的，也是不可能做得到的。

四 深入研究习近平传统文化观的重大意义

首先，当前我国的"传统文化热""国学热"需要用习近平的传统文化观加以正确引导。近年来，随着我国经济社会的迅猛发展，国际地位的不断提高，中国人民对自己民族文化，特别是传统文化的自信心不断增强，因而兴起了"传统文化热"和"国学热"，这种现象从总体上看是积极的，但这中间也出现了一些值得关注的片面性甚至是错误的倾向，为正确对待传统文化，引导"传统文化热"和"国学热"沿着正确的方向发展，需要我们用习近平中国传统文化观作为根本的指导思想。

其次，当前国内存在打着"弘扬传统文化"旗号鼓吹"全面儒化"、用儒学否定马克思主义和中国特色社会主义文化的复古主义，也存在着全盘否定传统文化的历史虚无主义。要彻底清除这些错误的文化思潮的影响，就必须坚持习近平所阐述的科学传统文化观。

最后，建设中国特色社会主义文化，实现社会主义文化的大繁荣、大发展，建设社会主义文化强国必须正确解决社会主义文化与中国传统文化的关系。习近平的传统文化观为正确解决这一关系提供了根本的指导思想和科学的方法论基础。

（作者单位：中国人民大学马克思主义学院）

全面深化改革是推进"四个全面"的强大动力[*]

孙兰英　于　蕾

党的十八大以来，以习近平同志为核心的党中央科学把握当今世界和我国发展大势，立足中国特色社会主义全局，提出了一系列治国理政的新理念新思想新战略。习近平全面深化改革重要论述是对传统"摸着石头过河"改革方针的继承和创新，它丰富了中国特色社会主义理论体系，是马克思主义中国化发展的新境界。因此，系统梳理和提炼其核心要义对于进一步推进改革、实现"四个全面"战略布局具有重大意义。

一　厘清全面深化改革与"四个全面"战略布局的关系

习近平总书记关于全面深化改革的重要论述始终站在党和国家事业全局高度，始终以人民为中心，明确了"完善和发展中国特色社会主义制度，推进国家治理体系和治理能力现代化"的总目标，是持续有效推进"四个全面"战略布局的强大动力。

"四个全面"是一个内涵丰富的理论体系，最大特点是系统性和辩证性，其实质是在党的领导下，通过全面深化改革的"破"与全面依法治国的"立"，逐步实现全面建成小康社会战略目标的过程。全面深化改革作为"四个全面"战略布局的重要组成部分，成为实现这一战略布局的中介和桥梁。它与全面建成小康社会、全面依法治国以及全面从严治党绝不是四大战略的简单叠加，而是相互贯通、相辅相成的系统工程，共同勾勒出了社会主义中国的未来图景。

---

[*] 教育部人文社科项目：思想政治理论课教学改革研究（17JDSZK039），天津市教委重大项目：高校思政课推进习近平新时代中国特色社会主义思想课程体系创新研究结项成果。

1. 全面深化改革与全面依法治国：破与立的关系

破与立是马克思主义唯物辩证法中的一组重要关系。破，是打破原有的状态；立，是重建新的规则秩序。不破不立，破是为了更好的立，只有立才能巩固破的成果。改革从来就是一个先破后立的过程，具体说是一个打破旧体制、旧思维、旧利益格局的束缚，将改革成果和经验上升为制度并以法律的形式固定下来的过程。改革进入深化期和攻坚期后，迫切需要法治提供改革依据、确定改革范围。习近平总书记曾指出，凡属重大改革都要于法有据。在整个改革过程中，都要高度重视运用法治思维和法治方式，发挥法治的引领和推动功能，加强对相关立法工作的协调，确保在法治轨道上推进改革。① 全面深化改革和全面依法治国作为实现全面建成小康社会目标的"车之两轮"、"鸟之两翼"，二者相互依存、相互促进，辩证统一于破与立的关系中。

改革意味着除旧布新，改革中的"破"主要包括突破利益固化藩篱、革除体制机制弊端和冲破思想观念的障碍。改革是对既有利益格局的调整，只有打破部分利益集团的非法获利，才能不断释放改革红利，调动人们生产的积极性，促进生产力的发展。利益固化问题的根源在于体制机制中存在的弊端，这需要我国从顶层设计高度审视规避漏洞，也需要以经济社会发展中的重大问题为导向，哪里出现新问题，改革就跟进到哪里。辩证唯物主义和历史唯物主义认为，问题是矛盾的外化，是事物内在矛盾运动的外在呈现。正视问题就是正视矛盾，就是坚持实事求是。思想是行动的先导，习近平总书记指出："中国共产党人干革命、搞建设、抓改革，从来都是为了解决中国的现实问题。"② 在价值观多元、多样、多变的今天，全面深化改革要求我们既要打破陈旧观念和思维定式的束缚，不走封闭僵化的老路；又要自觉抵制各种错误思潮的干扰，防止走向改旗易帜的邪路，在思想的碰撞中形成改革共识，凝聚改革力量，从而将改革推进纵深。

首先，要用法治思维引领改革。法治思维是将法治的精神贯穿于认识、分析、处理问题的整个过程，是一种以法律规范为基准的逻辑化理性

---

① 习近平：《把抓落实作为推进改革重点，重大改革都要于法有据》，新华网，2014年2月28日。
② 贾立政：《习近平总书记为何反复强调"问题导向"？》，《人民日报》2017年9月14日。

思考方式。① 法治思维蕴含着丰富的价值内涵，如公正、平等、自由等，它与社会主义核心价值观具有一致性，共同引领全社会的思想共识和实践行为。法治思维是实现改革科学化、法制化的前提。只要每个社会成员树立了法治思维，就能够自觉从法律角度思考问题，自觉以法治规范自身言行，自觉运用法律武器追求公平、正义、人权等，因而法治思维能够成为全面深化改革的内在精神动力。与法治思维相对立的是人治思维，它强调个人和权利的作用，将人置于法律之上，必然导致以言代法、以权压法，甚至以权废法，最终演化为改革的绊脚石。其次，用法治方式推进改革。法律在社会变革的过程中能够有效调节社会矛盾、凝聚社会共识。全面深化改革过程中遇到的硬骨头和险滩需要以统一的标准、公正客观的解决才能恰当协调各方利益、凝聚改革共识。这一客观的标准绝不能因作用对象、实施环境、时间地点等因素的改变而改变，因此这一标准必然是具有强制性、广泛适用性的法律法规。以法治方式不仅能够及时、有效地化解社会矛盾，而且可以最大限度地协调好当代复杂的利益关系，从而凝聚改革共识，进一步深化改革。因此，全面深化改革必须坚持"凡是属重大改革都要于法有据"的原则，对于确实需要先行先试的改革也要提前做好相关法律的立、废、改工作，获得法律的授权和人民的赞同，从而为全面深化改革提供坚强有力的法治保障。

2. 全面深化改革与全面建成小康社会：手段和目标的关系

"四个全面"战略布局既包含战略目标，也包括战略举措。全面建成小康社会作为我们的战略目标是全面深化改革的根本目的所在，而全面深化改革是实现这一目标的途径和手段。从历史演变过程看，小康社会的宏伟目标始终与我国改革的历史进程相映照。改革开放初期，我国通过工作重心的转移极大地解放了生产力，在此基础上，邓小平借用"小康社会"这一传统概念表达了我国建设社会主义现代化强国的奋斗目标。并进一步提出了"三步走"发展战略，明确了我国要在 20 世纪末解决好人民温饱问题，逐步达到小康生活水平。在改革开放取得重大成果及我国已经实现了现代化建设前两步战略目标的基础上，党明确提出了全面建设小康社会的奋斗目标。在新时期新阶段，明确科学的奋斗目标具有强大的引领力和向心力。全面深化改革实质在改革、全面建成

---

① 张立伟：《什么是法治思维和法治方式》，《学习时报》2014 年 3 月。

小康社会的实质是发展、全面依法治国的实质是稳定,三者的关系正对应着改革、发展、稳定之间的辩证关系。改革是动力、发展是目的、稳定是前提,这是我国在四十年改革中取得的经验教训。发展是解决我国一切矛盾和问题的关键,是我国治国理政的根本目的。全面深化改革与全面依法治国有如"鸟之两翼、车之双轮",相互协调,相互促进:一方面,全面深化改革有利于为发展扫清障碍,推动确立更加科学完善的体制架构和机制模式,为全面建成小康社会提供有力抓手;另一方面,全面依法治国既是全面建成小康社会的重要制度支撑,更为全面深化改革提供了强大的后盾和可靠的保障。

3. 全面深化改革与全面从严治党:现实道路和领导核心的关系

"没有改革开放就没有当代中国的发展和进步"[①]。改革开放的成功需要坚强的领导核心,这一核心必然是中国共产党。中国共产党作为中国特色社会主义事业的领导核心,在革命、改革事业中始终处于纵览全局、协调各方的地位和作用。新民主主义革命中,中国共产党领导人民推翻三座大山、建立新中国,建立和完善了社会主义制度,为我国社会主义现代化事业奠定了坚实制度基础。十一届三中全会后,以邓小平同志为核心的党中央实现改革开放,极大的解放和发展了社会生产力,使人民生活水平得到显著提高,向着小康社会的目标稳步前进。历史证明,中国四十年改革开放兴衰成败取决于党的领导和人民的勤劳智慧。中国特色社会主义进入新时代,我们党面临四大考验、四大风险更为严峻,管党治党面临着许多新的任务和挑战。要时刻准备应对具有许多新的历史特点的伟大斗争,迫切需要党加强自身建设,按照党要管党、从严治党的要求,制定比法律更为细致、严格的党规党纪,让党规党纪真正成为约束党员干部特权思想、规范党员日常行为的红线,增强党自我净化、自我完善、自我革新、自我提高能力,全面提高党的建设科学化水平。

二 全面深化改革是推动"四个全面"战略目标的强大动力

改革是决定当代中国命运的关键抉择。习近平以"统筹推进各领域改革"为核心的全面深化改革战略作为"四个全面"战略布局的重要组成部分,必将贯穿于中国特色社会主义现代化建设的整个过程之中,为新时代

---

① 习近平:《习近平关于全面深化改革论述摘编》,中央文献出版社 2014 年版。

贯彻落实"四个全面"战略布局提供根本动力、重要支撑与基本途径。

1. 全面深化改革是实现"四个全面"战略布局的根本动力

十一届三中全会以来,我国社会发展的主线与核心是改革。在改革开放这一动力驱动下,小康社会、依法治国、从严治党等相继提出,并在实践中不断取得新发展。进入改革深化期后,习近平一系列治国理政新思想新战略从顶层设计的高度统筹社会不同利益群体间关系、凝聚全社会改革共识,不断推动新时期"四个全面"战略布局的落地与实现。这一驱动力既包括利益整合形成的内生型动力,也包括中国特色社会主义制度产生的本源型动力,更包括由改革共识所凝聚的联动型动力。[①]

第一,中国特色社会主义最本质的特征是中国共产党领导,中国特色社会主义制度的最大优势是中国共产党领导,这是保证"四个全面"战略目标实现的本源性动力。中国特色社会主义制度包括人民代表大会制度为代表的四大政治制度、基本经济制度以及建立在基本政治经济制度上的其他一系列制度。中国特色社会主义制度最大制度优势是能够广泛调动全国人力、物力和财力,集中力量办大事。几十年来,我国依靠独特的制度优势,从一个一穷二白的发展中国家逐步发展为经济总量超过10万亿,位居世界第二的经济大国;40年来,我国集中人力物力财力,先后完成了三峡工程、青藏铁路、京沪高铁、西气东输、神舟飞船7次飞天等举世瞩目的基础工程以及高新科技项目;近年来,我们先后战胜了非典、汶川大地震以及火灾等各种灾害。中国特色社会主义制度既借鉴吸收了人类政治文明的有益成果,又适应了中国国情;既充分尊重和保障个人民主权利,调动了广大人民的积极性和创造性。尤其在突发紧急关头,中国特色社会主义展现出的应变能力、动员能力和众志成城的集体意志等本源性动力,体现出了中国特色社会主义独特的制度优势。

第二,全面深化改革能够保障最广大人民的根本利益,为"四个全面"战略目标的实现提供内生型动力。追逐利益是人类活动以及社会发展的内在动力。马克思指出:"人们为之奋斗的一切,都同他们的利益有关。"[②] 改革实质上是一种利益关系的调整,社会主义的改革以解放和发展生产力为出发点,最终目的是要在保障人民根本利益的前提下实现共同富

[①] 邓海龙、徐国亮:《社会转型期深化改革的动力机制探论》,《理论导刊》2014年6月。
[②] 《马克思恩格斯全集》(第一卷),人民出版社1995年版,第187页。

裕。新时期全面深化改革从顶层设计理念出发，综合运用利益表达、利益协调、利益保障等机制，能够有效地解决全面建成小康社会中的深层次矛盾和问题，进一步推进全面依法治国和全面从严治党战略，提高依法治国的实效性和从严治党的科学性。

第三，全面深化改革以凝聚共识调动人民的积极性、主动性和创造性，为"四个全面"战略目标的实现提供联动型动力。"四个全面"战略布局的实施是主体和客体逻辑互动的过程，也是各种影响要素相互联系、相互影响的过程。这需要主体、客体、制度、思想等各种因素的协调与配合。在联动型动力机制中，人民群众发挥着根本的推动作用。全面深化改革能够打破利益固化的藩篱、协调不同利益群体的复杂关系，因而能最大限度保障人民利益。在改革的具体过程中能调动人们参与社会主义现代化建设的积极性、主动性和创造性，更好地解决"四个全面"战略布局中出现的深层次矛盾和问题。

2. 全面深化改革是实现"四个全面"战略布局的重要支撑

实现"四个全面"战略目标要求必须坚持走中国道路、弘扬中国精神、凝聚中国力量。新时代习近平全面深化改革的重要论述从顶层设计上保障了人民权益的实现，激发民族精神和时代精神、调动广大人民的积极性和创造性，为"四个全面"战略目标的实现奠定稳固的力量基础。

党的十八大报告指出："道路关乎党的命脉，关乎国家前途、民族命运、人民幸福"。[①] 中国特色社会主义是全体中国人民共同理想之所寓，是中华民族共同利益之所在，是中国社会各族人民政治共识之所聚。旗帜就是方向，旗帜就是力量。实现"四个全面"战略布局必须高举中国特色社会主义伟大旗帜，走中国特色社会主义道路，才能最大限度地统筹各方利益、凝聚改革共识，从而引领全国人民沿着社会主义康庄大道勇往直前。

实现"四个全面"战略目标必须弘扬中国精神，这就是以爱国主义为核心的民族精神和以改革创新为核心的时代精神。中国精神的内涵非常丰富，包括万众一心、坚忍不拔的九八抗洪精神、勇于攻坚、开拓创新的航天精神、解放思想、求真务实、锐意改革、开拓创新的时代精神等。同

---

① 胡锦涛：《坚定不移沿着中国特色社会主义道路前进 为全面建成小康社会而奋斗——在中国共产党第十八次全国代表大会上的报告》，人民出版社2012年版，第11页。

时，社会主义核心价值观也是中国精神的核心内容，广大群众通过践行社会主义核心价值观来大力弘扬的中国精神，它们共同凝结成实现中华民族伟大复兴的强大精神支柱和巨大动力源泉，对改革开放的全面深入产生重要推动作用。现实证明，一个国家不能没有梦想，一个人不能没有精神支撑。实现中华民族伟大复兴，是中华民族近代以来最伟大的梦想。伟大的梦想，需要有伟大的中国精神做支撑。要实现中国梦，就必须大力弘扬以民族精神、时代精神为核心内容的中国精神，因为这种精神是我们凝心聚力的兴国之魂、强国之魂。

3. 全面深化改革是新时代解决突出矛盾问题的关键

习近平总书记指出："我国过去30多年的快速发展靠的是改革开放，我国未来发展也必须坚定不移依靠改革开放。只有改革开放才能发展中国、发展社会主义、发展马克思主义。中国特色社会主义在改革开放中产生，也必将在改革开放中发展壮大。"[①] 当前，改革进入深水区，解决我国发展面临的一系列突出矛盾和问题，实现经济社会持续健康发展，不断改善人民生活，要求必须全面深化改革。这一系列重要论述充分表明，坚定不移高举全面深化改革旗帜，是我们建设中国特色社会主义的核心内容，是实现中华民族伟大复兴中国梦的强大动力源泉。当前我国面临着经济社会高速发展所带来的一系列问题，只有坚持全面深化改革，才能解放和增强社会活力，有效破除各方面体制机制弊端的不良影响；只有坚持全面深化改革，才能全面推进经济、政治、文化、社会、生态文明和党的建设等方面的改革进程，只有坚持全面深化改革，才能协调各方利益关系，解决中国梦实现过程中出现的各种矛盾和问题。

因此，协调推进"四个全面"，必须要依靠科学的顶层设计和完善的总体规划来统揽全局，协调推进经济、政治、文化、社会、生态文明等各方面体制改革。加强顶层设计，协调推进"四个全面"必须要加快推进全面深化改革的顶层设计和总体规划，为实现全面建成小康社会，实现社会主义现代化的目标注入强大动力。

（作者单位：孙兰英：天津大学教授、博士生导师。于蕾：天津城建大学）

---

① 习近平：《全面贯彻落实党的十八大精神要突出抓好六个方面工作》，《求是》2013年第1期。

新发展理念和唯物史观

胡振平

新发展理念是当今中国的发展理念,也是符合世界发展要求和潮流的理念。它是在深化对人类社会发展规律认识的基础上提出来的,关系着人类社会的发展方向。它的根基是唯物史观,是唯物史观在当今时代的运用,也在运用中深化和拓展了唯物史观的视野。

一 唯物史观的再认识

中国共产党以马克思主义为指导思想的理论基础。马克思最为重要的贡献就是发现了人类历史发展的基本规律。在总结马克思一生的贡献时,恩格斯说道:"正像达尔文发现有机界的发展规律一样,马克思发现了人类历史的发展规律,即历来为繁芜丛杂的意识形态所掩盖着的一个简单事实:人们首先必须吃、喝、住、穿,然后才能从事政治、科学、艺术、宗教等等;所以,直接的物质的生活资料的生产,从而一个民族或一个时代的一定的经济发展阶段,便构成基础,人们的国家设施、法的观点、艺术以至宗教观念,就是从这个基础上发展起来的,因而,也必须由这个基础来解释,而不是像过去那样做得相反。"[①]

马克思的唯物史观,内容十分丰富,他自己在《〈政治经济学批判〉序言》中曾作过简要而又经典的表述:

"人们在自己生活的社会生产中发生一定的、必然的、不以他们的意志为转移的关系,即同他们的物质生产力的一定发展阶段相适合的生产关系。这些生产关系的总和构成社会的经济结构,即有法律的和政治的上层建筑竖立其上并有一定的社会意识形式与之相适应的现实基础。物质生活

---

① 《马克思恩格斯选集》第3卷,人民出版社1995年版,第776页。

的生产方式制约着整个社会生活、政治生活和精神生活的过程。不是人们的意识决定人们的存在，相反，是人们的社会存在决定人们的意识。社会的物质生产力发展到一定阶段，便同它们一直在其中运动的现存生产关系或财产关系（这只是生产关系的法律用语）发生矛盾，于是这些关系便由生产力的发展形式变成生产力的桎梏。那时社会革命的时代就到来了。随着经济基础的变更，全部庞大的上层建筑也或慢或快地发生变革。在考察这些变革时，必须时刻把下面两者区别开来：一种是生产的经济条件方面所发生的物质的、可以用自然科学的精确性指明的变革，一种是人们借以意识到这个冲突并力求把它克服的那些法律的、政治的、宗教的、艺术的或哲学的，简言之，意识形态的形式。我们判断一个人不能以他对自己的看法为根据，同样，我们判断这样一个变革时代也不能以它的意识为根据；相反，这个意识必须从物质生活的矛盾中，从社会生产力和生产关系之间的现存冲突中去解释。无论哪一个社会形态，在它所能容纳的全部生产力发挥出来以前，是决不会灭亡的；而新的更高的生产关系，在它的物质存在条件在旧社会的胎胞里成熟以前，是决不会出现的。所以人类始终只提出自己能够解决的任务，因为只要仔细考察就可以发现，任务本身，只有在解决它的物质条件已经存在或者至少是在生成过程中的时候，才会产生。大体说来，亚细亚的、古代的、封建的和现代资产阶级的生产方式可以看作是经济的社会形态演进的几个时代。资产阶级的生产关系是社会生产过程的最后一个对抗形式，这里所说的对抗，不是指个人的对抗，而是指从个人的社会生活条件中生长出来的对抗；但是，在资产阶级社会的胎胞里发展的生产力，同时又创造着解决这种对抗的物质条件。因此，人类社会的史前时期就以这种社会形态而告终。"①

从以上马克思对于自己观点的简要阐述中，我们已经可以看到：

（一）他对于人类社会运动的分析是置于物质生产的基础之上的，这种物质生产本身是人与自然的关系，而为了从事物质生产，人与人又构成了客观的不以个人意志为转移的生产关系。它们一起构成的生产方式就是人类社会生活的物质基础，或者叫作经济基础。基础的客观性以及它对于社会运动发展的最终决定作用，就是社会历史运动发展的奥秘之所在。社会历史的运动并不是主观任意的，而是有着一定规律可循，因此，对社会

---

① 《马克思恩格斯选集》第 2 卷，人民出版社 1995 年版，第 32—33 页。

历史的认识可以成为科学，也因此，这样的历史观才能称之为唯物主义的，即唯物史观。

（二）也因为将生产活动纳入了视野，并且置于基础的地位，从而将从事物质生产活动的广大劳动群众放在推动社会发展的基本力量上，在历史观上一直占据绝对优势的英雄史观，被代之以群众史观，人民群众才是创造世界的根本动力，人民群众是生产方式的主体，也是社会历史的主体。

（三）马克思为简要说明他所发现的唯物史观，着重讲了物质生活的生产方式对于社会的推动作用，但也可看到其中贯穿的实践意识、问题意识和辩证思维。把物质生产活动放在社会运动的基础地位，就是他的实践意识。马克思在创建他的唯物史观的著名的《关于费尔巴哈的提纲》中就尖锐地指出，"从前的一切唯物主义（包括费尔巴哈的唯物主义）的主要缺点是：对对象、现实、感性，只是从客体的或者直观的形式去理解，而不是把它们当作感性的人的活动，当作实践去理解，不是从主体方面去理解"[①]。马克思则不是把人的认识简单地看成对于外部世界的直观，而是在社会性的能动地改变世界中来认识世界。实践意识根本改变了过去机械的认识论，将客观规律性和人的主观能动性在社会实践的基础上统一起来。人类社会历史的运动变化发展，置于实践基础之上，也就体现了人类社会所特有的运动方式——主观能动性与客观规律性的矛盾运动。与实践意识相应的是问题意识。社会实践是人主观见之于客观的物质性的活动，它不仅包含着人的知、情、意以及综合形成的人的愿望和理想，还包括客观的物质条件、社会历史环境以及诸多复杂因素，用中国人的话语来说就是有天时、地利、人和等。人在能动的变革世界以实现自己愿望的时候，会不断地碰到困难和问题，这就需要针对这些困难和问题，不断总结经验教训改变自己的认识和行动，以努力解决它们。这就是实践意识所要求的问题意识。马克思的辩证思维则体现在他对于社会基本矛盾的分析中，体现在生产关系对于生产力的由发展形式到桎梏的转变中，体现在经济基础的变更和上层建筑的变更的辩证关系中。他所说的一个变革的时代的根据要从物质生活中的矛盾中，从社会生产力和生产关系之间的现存冲突中去解释，既深刻地体现着唯物论，又深刻地体现着辩证法；他关于"两个决不

[①] 《马克思恩格斯选集》第1卷，人民出版社1995年版，第54页。

会"的论断则进一步体现了历史的决定论和历史的非机械决定论的统一。

（四）也正是将社会历史的发展,以及人们的认识,置于人类的社会实践之上,所以一定历史阶段上的人的认识,包括马克思主义在内,绝非是认识的终极,它们也必须随着社会实践的发展而发展。马克思主义的高明之处则在于自觉地认识到了这一点,所以其创始人强调"我们的理论是发展着的理论,而不是必须背得烂熟并机械地加以重复的教条"①。唯物史观是也只能是开放的理论体系,它应当而且必须随着客观环境条件和任务的变化而变化,随着社会实践的深化发展而发展。我们坚持马克思主义并不是固守着每个具体的观点,而是坚守着它的基本立场观点方法,尤其是坚守它的无产阶级和人民大众的价值立场和实践第一的唯物辩证方法。具体问题具体分析、实事求是,是这个理论的精髓。

以上对于马克思关于唯物史观经典论述的再认识,实际上是将它蕴含的一些思想阐发出来,依托的是马克思恩格斯的论述,但不仅仅是字面上的东西,而是他们许多论述中贯穿的精神。列宁曾说过马克思主义是一整块钢铁,但是后来的一些学者常常把这一整块的东西,肢解开来,将历史唯物主义与辩证唯物主义分割开来,将唯物史观与自然观、认识论分割开来,以为唯物史观是脱离自然只讲社会历史,唯物史观就是经济决定论,就是历史决定论,上层建筑和人的精神的作用被忽略或者排斥在外。其实不是这样的。在创立唯物史观的著作《德意志意识形态》中,马克思主义创始人一开始就明确指出"全部人类历史的第一个前提无疑是有生命的个人的存在。因此,第一个需要确认的事实是这些个人的肉体组织以及由此产生的个人对其他自然的关系。当然,我们在这里既不能深入研究人们自身的生理特性,也不能深入研究人们所处的各种自然条件——地质条件、山岳水文地理条件、气候条件以及其他条件。任何历史记载都应当从这些自然基础以及它们在历史进程中由于人们的活动而发生的变更出发"②。针对一些人的误解和歪曲,恩格斯也曾多次明确指出:"根据唯物史观,历史过程中的决定性因素归根到底是现实生活的生产和再生产,无论马克思或我都从来没有肯定过比这更多的东西。如果有人在这里加以歪曲,说经济因素是唯一决定性的因素,那么他就是把这个命题变成毫无内容的、抽

---

① 《马克思恩格斯选集》第 4 卷,人民出版社 1995 年版,第 681 页。
② 《马克思恩格斯选集》第 1 卷,人民出版社 1995 年版,第 67 页。

象的、荒诞无稽的空话。"① 今天，对于唯物史观的误解和曲解依然存在，有些人则将曲解了的唯物史观作为攻击对象，贬低乃至否定马克思主义。深入全面地理解唯物史观，防止将它狭隘化，依然是学界面临的重要任务。然而，更重要的是：如何根据当今中国和世界的现实，在唯物史观的指导下开辟出更为广阔的视野，更好地解决我们所面临的任务。

二 唯物史观的深刻体现

新发展理念与唯物史观的关联是十分明显的。

首先，它们的提出是社会实践的要求，特别是社会生产力发展的要求。

马克思和恩格斯指出："我们首先应当确定一切人类生存的第一个前提，也就是一切历史的第一个前提，这个前提是：人们为了能够'创造历史'，必须能够生活。但是为了生活，首先就需要吃喝住穿以及其他一些东西。因此，第一个历史活动就是生产满足这些需要的资料，即生产物质生活本身，而且这是这样的历史活动，一切历史的一种基本条件，人们单是为了能够生活就必须每日每时去完成它，现在和几千年前都是这样"②。与此同时他们又指出，第一个历史活动不仅包括物质的生产，而且包括需要的生产、人的生产和生产关系、社会关系的生产，以及这四个因素的再生产。这些奠定了唯物史观的基本立足点，即社会生产力及其发展是社会历史发展的基础前提。

"创新、协调、绿色、开放、共享"这些新发展理念，无论哪一个，都是出自当今社会生产力发展的要求。而且其深刻性在于不只是一时一地的要求，而是不断向前，向着更高层次，更加可以永续发展的要求。譬如，创新理念，就是以创新推动生产力的不断发展，从而进一步满足人们变化发展着的新的需求。协调、绿色的理念本身就是要保证我们的发展不能是跛脚的，更不能竭泽而渔，而是在生产力各个要素之间，乃至与外部自然界，保持着协调可持续的良性循环。开放理念本身就是社会生产力发展的内在要求，也是创新得以可能的重要条件。共享理念则既体现了社会主义生产的目的，同时也是调动生产力中最重要的因素——人，特别是生

---

① 《马克思恩格斯选集》第 4 卷，人民出版社 1995 年版，第 695—696 页。
② 《马克思恩格斯选集》第 1 卷，人民出版社 1995 年版，第 78—79 页。

产活动主体广大劳动者积极性的条件。所以,习近平认为:"提出创新、协调、绿色、开放、共享的发展理念,在理论上和实践上有新的突破,对破解发展难题,增强发展动力、厚植发展优势具有重大指导意义。"①

第二,它们的提出代表了广大人民的根本利益和要求。

何为人民,何为人民的根本利益?这是当今世界最被弄混的重要概念。为了表示自己所作所为的正当性,各色人等常常都举着人民的旗号,但不少人就是假借人民的名义,谋取着自己或小集团的私利,极大地损害了人民利益。其实,人民应当是社会中的大多数,乃至绝大多数,特别是包括广大劳动群众。他们之所以在人类社会发展中起着根本的推动作用,不仅因为他们人数众多,而且因为他们从事着人类最为基本的物质生产活动以及其他的社会实践活动。也正因为他们人数众多又直接从事着生产活动和其他各项实践活动,所以他们之中蕴藏着无穷的智慧和力量。然而,也因为他们处在社会的底层,往往默默无闻地从事着最为基本的生产活动,不太为人知晓,而成为所谓的沉默的大多数,他们的力量往往被低估,他们的利益往往被忽视。是马克思主义的唯物史观才将颠倒的历史颠倒过来,从根本上论证了人民群众的历史地位。

中国共产党是个高举马克思主义旗帜为着中华民族和广大中国人民的利益而奋斗的党,"为人民服务"是党一贯的宗旨。改革开放以来又从新的实际出发,提出了"以人为本"的理念,进一步发展了"为人民服务"的思想。党的十八大报告提出:"为人民服务是党的根本宗旨,以人为本、执政为民,是检验党一切执政活动的最高标准。任何时候都要把人民的利益放在第一位,始终与人民心连心、同呼吸、共命运,始终依靠人民推动历史发展。"② 新发展理念则是更加落实了这个宗旨,将人民利益放在发展目标的首位,将人民主体放在推动发展的动力的首位。

只要仔细推敲一下"创新、协调、绿色、开放、共享"这五大理念,就可以体会到每个理念都深刻地体现着人民的根本利益,尤其是绿色和共享这两大理念更加鲜明地体现了广大人民群众的诉求。须知,资本的逻辑,就是追求自身利益最大化。它是"我死之后哪管它洪水滔天"的,是

---

① 《中共中央关于制定国民经济和社会发展第十三个五年规划的建议》单行本,人民出版社2015年版,第46页。

② 《中国共产党第十八次全国代表大会文件汇编》,人民出版社2012年版,第47页。

不顾及广大人民的切身利益的,它不惜对于环境的污染,想方设法地去获取自己的最大利润。而绿色、共享恰恰是对于这种贪婪的约束,是对于广大人民利益的保护,对劳动者利益的保护,体现了社会主义的要求。

仔细推敲一下"创新、协调、绿色、开放、共享"这五大理念,也可以看到对于人民主体力量的肯定和调动。且不说协调、绿色、开放、共享,从根本上会调动广大劳动者的积极性,就拿创新来说,我们的创新理念,也不是少数人的创新,而是"大众创业,万众创新"。正如李克强总理在第十二届全国人民代表大会第五次会议上所作的工作报告中提出的:"新建一批'双创'示范基地,鼓励大企业和科研院所、高校设立专业化众创空间,加强对创新型中小微企业支持,打造面向大众的'双创'全程服务体系,使各类主体各展其长,线上线下良性互动,使小企业铺天盖地、大企业顶天立地,市场活力和社会创造力竞相迸发"[①]。

新发展理念是从人民大众的立场上制定的,也只有从人民大众的立场上来理解把握,才能正确贯彻执行这些新理念。形式主义、官僚主义,把新发展理念仅仅当作口号,恰恰就是完全背离了这些理念的人民主体的价值立场。

第三,新发展理念也深刻地体现了唯物史观中贯穿的实践意识、问题意识和辩证思维。

新发展理念是在总结实践中的经验教训,并且针对当前存在的问题提出来的,它充分体现了中国共产党的实践意识和问题意识,这些意识本身也体现在这些理念之中。"创新、协调、绿色、开放、共享"这五大理念每一个都揭示了我们实践中的短板或者说还需要进一步加强的地方。它们也表明了我们要充分调动自身的主观能动性来克服这些短板,以保证社会经济更好地沿着我们期望的方向发展。而这种期望,不是单纯的主观愿望,而是总结了实践的经验教训,把握了社会经济发展的规律,特别是中国特色社会主义发展的规律和世界发展的大势和所提供的机遇提出来的。也就是说,新发展理念体现的是客观规律性和主观能动性在实践基础上的统一。

辩证思维也渗透在每个新发展理念中。且不说创新、协调理念直接就是指向了矛盾着的事物动态平衡发展的要求,就是绿色、开放、共享的理

---

① 李克强:《政府工作报告》,《光明日报》2017年3月17日第3版。

念哪一个不是体现着社会经济发展过程中的辩证法呢?! 譬如绿色理念。习近平在浙江工作时就说:"绿水青山与金山银山既会产生矛盾,又可辩证统一。在鱼和熊掌不可兼得的情况下,我们必须懂得机会成本,善于选择,学会扬弃,做到有所为有所不为,坚定不移地落实科学发展观,建设人与自然和谐相处的资源节约型、环境友好型社会。在选择之中找准方向,创造条件,让绿水青山源源不断地带来金山银山。"① 2014年,他在哈萨克斯坦访问回答学生提问时又讲:"我们既要绿水青山,也要金山银山。宁要绿水青山,不要金山银山,而且绿水青山就是金山银山"②。习近平的话就很好地注解了绿色理念的辩证思维。

三 对唯物史观的新贡献

前面唯物史观的再认识部分,笔者已经论述了唯物史观的开放性,它内在地要求自身随着社会实践的发展和时代的变更而发展。而唯物史观创立一百多年来,整个世界的变化之大,尤其是科学技术发展之神速,是当年的人们难以想象的。更何况,在新的时代、新的形势下,在中国这样一个原先贫困落后的国家,如何建设社会主义?这样的问题,更是马恩预料不到的。所以,中国共产党人今天所进行的中国特色社会主义伟大实践不仅需要唯物史观的指导,而且必须在新的伟大实践中创造性地发展它。

新发展理念对于唯物史观的新贡献,首先就是对于社会生产力发展动力的认识:在科学技术迅猛发展的今天,创新已经成了社会生产力发展乃至社会发展的重要驱动力。马克思恩格斯虽然对于他们那个时代生产力发展的动力作过许多分析,也曾高度评价过蒸汽机等科技发明对于社会生产力的巨大推动作用,提出了科学技术是生产力。但是他们那个时代科学技术,特别是科学还处于探索形成时期,许多自然科学学科还未成熟,科学发现和技术发明还不是很多,它们向生产力的转化相应也比较慢。然而,20世纪初以来,随着各门学科逐渐趋向成熟,并且出现交叉效应,科学技术的发现发明逐渐增加,到了20世纪中叶之后,逐渐呈喷发趋势,向社会生产力的转化也逐渐加快("在20世纪初,世界大工业劳动生产力的提高,只有20%左右靠新的科学技术取得;到70年代,这个比例已经上升

---

① 转自新华网浙江频道2015年4月21日。
② 转自人民网《习近平:绿水青山就是金山银山》,2014年10月11日。

到60%—80%"①），形成了我们所说的新科技革命。为此，邓小平作出了"科学技术是第一生产力"②的判断。21世纪开始以信息、网络和虚拟空间等为突破口的新一轮科技革命，以更加令人头晕目眩的更新速度引领着社会向前发展，一系列科技发现和发明正极大地改变着社会生产方式和生活方式。正是出于对世界发展趋势的这种认识，中央提出了"创新"理念，并且把它放在新发展理念的首位。在"创新"理念指导下，我们实施了创新驱动发展战略，不仅坚持了发展生产力这个唯物史观的基本原理，而且顺应历史发展的潮流，注重人的能动作用的调动，把客观规律性与人的主观能动性结合起来；不仅坚持了以创新推动社会生产力的发展，而且以创新推动社会管理等各方面工作的发展。

新发展理念从当今中国的实际和世界的实际出发，突出强调了协调的理念，这也是对于唯物史观的新贡献。马克思恩格斯面对他们当时的社会状况，强调的是资本主义的丧钟已经敲响，强调的是无产阶级革命和无产阶级专政。在那段历史时期，也的确出现了一次次革命热潮，特别是列宁继承并发展了他们的思想，利用帝国主义之间矛盾激化为争夺殖民地而进行世界大战的机会，通过无产阶级革命建立了社会主义国家。然而，在第二次世界大战结束后，由于世界人民对于战争的反思，更由于新科技革命的发生，资本统治世界的格局逐渐发生了一些变化，世界进入了一个相对稳定的发展阶段。改革开放初期，邓小平敏锐地察觉了这些变化，指出："我们改变了原来认为战争的危险很迫近的看法"当代世界"和平与发展两大问题，和平问题没有解决，发展问题更加严重"③。中国共产党后来的历次代表大会则不断指出："和平与发展仍然是时代主题。"这就为中国这样一个落后国家改革开放搞社会主义现代化建设提供了重要的历史机遇。而把握机遇发展自己，以实现中华民族复兴的夙愿，还需要我们转变思维方式以适应和平建设为主要内容的历史时期。在经历了"文革"灾难之后，中国共产党人痛定思痛，把工作中心从以阶级斗争为纲转变到以经济建设为中心，与此同时，思维方式上也有了重要转变，突出的表现就是发掘和弘扬了马克思主义创始人有关动态平衡解决矛盾的思想。马克思在他

---

① 贺善侃：《论社会转型的科技推力》，《现代科技与哲学思考》，上海人民出版社2004年版，第382页。
② 《邓小平文选》第3卷，人民出版社1993年版，第274页。
③ 同上书，第127、353页。

的最重要的著作《资本论》中曾指出:"我们看到,商品的交换过程包含着矛盾的和互相排斥的关系。商品的发展并没有扬弃这些矛盾,而是创造这些矛盾能在其中运动的形式。一般说来,这就是解决实际矛盾的方法。例如,一个物体不断落向另一个物体而又不断离开这一物体,这是一个矛盾,椭圆便是这个矛盾借以实现和解决的运动形式之一。"① 这一重要思想表明,事物在发展的不同阶段,其解决矛盾的方法有所不同,如果说在质变阶段主要是一个否定一个,一个吃掉一个的话,那么在大多数的常态的,也就是量变的情况下,主要的还是创造矛盾能在其中运动的方式,即相互协调的方式,动态平衡的方式。而这种动态平衡方式,恰恰是当今中国在和平建设时期的解决大部分矛盾的主要方式。其实,毛泽东在《关于正确处理人民内部矛盾的问题》一书中也已经探索到了这种解决矛盾的方法,可惜的是,由于对国内外形势的错误判断,导致这一思想没能很好地探索贯彻下去,而在以阶级斗争为纲的路上越走越远。这次以习近平同志为核心的中央领导集体将协调作为新发展理念,并且放置于第二条,表明协调理念同创新理念一样,要作为方法论贯穿于社会经济发展的各个方面,即不仅是社会成员的利益共享,也不仅是对外的开放,还要贯彻在与自然界的关系上,即绿色的理念中。

新发展理念对唯物史观的贡献还在于突出了"绿色",即生态建设问题。不是说唯物史观的创始人没有看到生态问题,而是说由于社会生产力的飞速发展,由于资本拼命扩张的本性,世界历史的发展已经将地球的生态问题尖锐地放在全人类面前。而绿色理念就是马克思主义者对于这个尖锐问题的回答。马克思在形成他的唯物史观时就明确指出:"人直接地是自然存在物。人作为自然存在物,而且作为有生命的自然存在物,一方面具有自然力、生命力,是能动的自然存在物;这些力量作为天赋和才能、作为欲望存在于人身上;另一方面,人作为自然的、肉体的、感性的、对象性的存在物,同动植物一样是受动的、受制约的和受限制的存在物,就是说,他的欲望的对象是作为不依赖于他的对象而存在于他之外的;但是,这些对象是他的需要的对象;是表现和确证他的本质力量所不可缺少的、重要的对象。"② 恩格斯的那段名言"但是我们不要过分陶醉于我们人

---

① 《资本论》第1卷,人民出版社1975年版,第122页。
② 马克思:《1844年经济学哲学手稿》,人民出版社2000年第3版,第105页。

类对于自然界的胜利。对于每一次这样的胜利，自然界都对我们进行报复"[1]，更清楚地表明了唯物史观的创始人对于自然界的敬畏和尊重。然而，无论从生态问题的广度还是深度来看，当今人类对于自然界改造的能力，或者说对于自然界破坏的能力来说，是二百年前所不可比拟的。与科技造成的日益强大的物质生产能力相比较，资本无限扩张的逐利本性常常会迷惑人们的眼光使之变得十分短视：为了一己、一集团、一国之私利或眼前的利益而不顾人类共同的长远的根本利益。一些国家甚至还将这种短视奉为圭臬。在这种情况下，全球性的生态危机十分严重，气候变暖，河海污染，土地沙化，生物多样性受到严重破坏……已经清楚地表明全球的生态环境已经亮起红灯！对于中国这样一个发展中国家来说，我们也曾走过弯路，为了一时的 GDP，对我国的生态环境造成了很大的破坏。如何在发展经济的同时保护好生态环境，是摆在中国人面前的一道急需解决的难题，它不仅关系着中国人民的福祉，而且也是对于人类的责任。对于一些发达国家来说，这种责任就更加突出，因为他们的发展进程更是以生态环境的破坏作为代价的，不同的是，他们过去和现在往往通过种种办法将这些代价转嫁到其他国家人民的头上（最终还是对于全球环境的破坏），而建立在对他国盘剥基础上形成的那些高消费、高能耗的生活方式，对全球生态起着破坏作用也是不容小觑的。为此，中国提出了"人类命运共同体"的概念，提出了"绿色"发展理念，突出了我们对当代社会人与自然界关系问题的忧虑和关切，既体现了社会主义对于资本主义阶段陈旧的唯GDP 发展理念的批判，也意味着要确立新的"绿色"的发展理念，即发展根本上是为着人的，从而积极能动地建立人与自然相和谐的关系，以保证人类社会世代永续的生活和发展。

新发展理念是建立在中国特色社会主义理论基础上的，而中国特色社会主义理论本身就是对于唯物史观的重大发展，"开放"和"共享"这两个理念很有代表性地体现了中国特色社会主义的特色所在，也很有代表性地体现了唯物史观在当代中国的新进展。由于历史的原因，中国是在贫穷落后的经济基础上建设社会主义的，而不是如马恩设想的在生产力发达的资本主义社会基础上实现向社会主义转变的。从这样的社会主义初级阶段的实际出发，总结了国内外的现代化建设的经验教训，我们开始把社会主

---

[1] 《马克思恩格斯选集》第 4 卷，人民出版社 1995 年版，第 383 页。

义与市场经济体制结合起来，建设中国特色社会主义。这是史无前例的事情，也是马克思恩格斯当年未曾设想到的。其首要的目的就是要解放和发展社会主义的生产力，与此同时，又坚持着最终走共同富裕的社会主义道路。也就是说要把市场经济作为重要的手段来发展生产力，迅速改变中国贫穷落后的面貌，为建设社会主义奠定经济实力。

市场经济本质上是开放的经济，邓小平就讲："开放是两个内容，一个对内开放，一个对外开放"，"对内搞活也就是对内开放"[①]。改革开放以来，我国正是通过对内对外的两个开放有力地推动了经济文化等各方面的飞速发展。将"开放"列入新发展理念也就意味着我们要充分利用"和平、发展"这个时代给予我们的机遇，对内对外开放，进一步在资本主义占据着优势的经济全球化大潮中，发展我们的社会主义，并且也为世界的和平发展作出自己的贡献。几十年来的实践已经证明"开放"的理念和"开放"的发展方式是成功的，这当然是对于唯物史观的新贡献。

"共享"则是一个更高的，也更必须做到的理念和要求。我们的目标不仅是经济的发展，而且是建立一个共同富裕的社会主义社会，否则就失去了共产党人存在的意义。如何将市场经济拿来为社会主义所用，而不至于造成西方发展过程中出现的严重的两极分化，这是个难题，"共享"就是为解决这样的难题提出的理念、要求和措施，也是以习近平同志为核心的中央领导集体正在大力做，并且正在取得重要进展的理念。这方面的具体措施有很多，譬如，促进区域城乡协调发展，注重保障和改善民生让人民群众获得感增强，提高低保、优抚、退休人员基本养老金，资助家庭困难学生，整合城乡居民基本医保制度等，比较突出的就是扶贫、脱贫。党的十八大以来（2013—2016年）4年时间里，全国农村每年脱贫1000万人以上，累计脱贫人口达5564万人。贫困发生率，从2012年底的10.2%下降到2016年底的4.5%，下降5.7个百分点。这一成就已经为世界瞩目。在"共享"理念指引下，我国目前正在进行精准扶贫、精准脱贫的攻坚战，要在2020年农村贫困人口全部脱贫，贫困县全部脱帽，并且把此作为全面小康的底线。这也是在社会主义市场经济体制下解决农村贫困化的中国方案，对人类社会发展既有理论上的也有实践上的伟大贡献。

"创新、协调、绿色、开放、共享"五大理念对于唯物史观的继承和

[①] 《邓小平文选》第3卷，人民出版社1993年版，第224、98页。

发展,从一定意义上来说是全方位的、完整的。要"充分认识'五大理念'的整体性、全面性"①。从外延来看,它所涉及的范围很广,不仅是人与人、国内与国外而且涉及着整个人类与自然界。从内涵来看,极具新意的创新、和谐又广泛涉及着当今社会发展的动力和运动的基本方式,它们贯穿于所涉及的各个领域,绿色、开放、共享又从不同的方位和角度深刻地体现了这种共同的要求。五大理念组成的新发展理念形成了当代中国乃至世界共同的应当遵循的发展理念,它将引导着中国特色社会主义的建设,也引导着人类命运共同体的发展。

(作者单位:上海社会科学院邓小平理论研究中心)

---

① 邓伟志:《提高认识,把"五大理念"转化为巨大的物质力量》,《治国理政》第五十卷,上海市社会科学界联合会编,上海人民出版社2016年版,第18页。

制度自信是中国特色社会主义的首要自信[*]

任晓伟

中国特色社会主义自信是由中国特色社会主义的道路自信、理论自信、制度自信和文化自信构成的整体自信，它所反映的是对中国共产党领导的中国特色社会主义历史事业发自内心的自豪和自尊，也是一种基于稳定心理和情感认同基础之上形成的民族气节。新中国成立以来，中国共产党领导探索中华民族伟大复兴的过程也是中国人民对中国特色社会主义自信不断增强的过程。习近平在庆祝中国共产党成立95周年大会上的讲话中说："当今世界，要说哪个政党、哪个国家、哪个民族能够自信的话，那中国共产党、中华人民共和国、中华民族是最有理由自信的。"[①] 这是站在中国特色社会主义自信的高度对新中国成立以来中国发展经验的深刻总结。在中国特色社会主义的"四个自信"中，制度自信具有特殊重要的意义，是中国特色社会主义自信的首要自信，或者说，是中国特色社会主义整体自信的基础和根本。从历史和理论的结合上深入认识这一点，对于深入把握中国特色社会主义"四个自信"的实质以及中国特色社会主义的发展规律具有重要意义。

一 中国特色社会主义制度的建立是中国特色社会主义道路、理论和文化形成的首要基础

中国特色社会主义自信是在中国特色社会主义发展实践和历史成就基础上形成的特定的综合性精神反映形式。这种精神反映表现在道路认同上

---

[*] 国家社会科学基金重大项目"加强党性修养与严守党的政治纪律和政治规矩研究"（项目批准号：2015YZD15）的阶段性成果。

[①] 习近平：《在庆祝中国共产党成立95周年大会上的讲话》，《人民日报》2016年7月2日。

就形成了中国特色社会主义道路自信，表现在理论认知上就形成了中国特色社会主义理论自信，表现在制度情感上就形成了中国特色社会主义制度自信，表现在文化心理上则形成了中国特色社会主义文化自信。其中，对中国特色社会主义制度的自信构成了中国特色社会主义自信的前提和基础，即是说，制度自信构成了中国特色社会主义道路、理论和文化三个方面自信的前提和基础。

中国特色社会主义制度是对当代中国根本政治制度、基本政治制度、基本经济制度、司法制度、文化制度和社会制度的总称，是"在经济、政治、文化、社会等各个领域形成的一套相互衔接、相互联系的制度体系"[1]。从其内涵来看，主要包括作为根本政治制度的人民代表大会制度，中国共产党领导的多党合作和政治协商制度、民族区域自治制度、基层群众自治制度等基本政治制度，中国特色社会主义法律体系，公有制为主体、多种所有制经济共同发展的基本经济制度，按劳分配为主体、多种分配方式共同发展的基本分配制度。中国特色社会主义制度"集中体现了中国特色社会主义的优点和优势，是中国发展进步的根本制度保障。"[2] 所谓中国特色社会主义自信，根本上就是指对上述根本政治制度、基本政治制度和经济制度、分配制度所形成的"中国制度"的自信。

从历史逻辑来看，中国特色社会主义制度在当代中国历史中的"入场"比中国特色社会主义道路、理论和文化的形成要早，构成了中国特色社会主义道路、理论和文化的历史发源之基。20世纪50年代社会主义改造完成后，社会主义基本制度在中国确立。虽然这一时期建成的社会主义基本制度在体制的表现形式上，还具有当时历史条件下不可避免具有的苏联制度模式的特征，但中国特色社会主义的本质性制度要素，即人民代表大会制度、多党合作和政治协商制度、民族区域自治制度、公有制和按劳分配制度等，已经开始形成，并构成了后来在改革开放实践中逐渐成熟定型的中国特色社会主义制度的本质。基于现代中国国家制度建构的视角来观察，20世纪50年代确立起的社会主义意味着在中国共产党的领导下中国人民解决了"如何使传统的大一统国家在现代化转型中延续为一体化的

---

[1] 《胡锦涛文选》第3卷，人民出版社2016年版，第527页。
[2] 《十八大以来重要文献选编》（上），中央文献出版社2014年版，第74页。

国家"① 这一历史课题。正是由于社会主义基本制度成为维系当代中国在现代化制度框架内高度统一的基石,因此,虽然20世纪50年代后中国共产党在探索社会主义建设中出现了严重的曲折,国家政治生活一度陷入严重混乱,但国家仍然保持着高度统一,经济社会还在曲折中艰难向前发展,民族凝聚的纽带也强劲有力。这表明了以20世纪50年代建立的社会主义制度为基础的中国国家制度建构的历史生命力。邓小平在总结新中国成立后的发展经验教训时说:"过去行之有效的东西,我们必须坚持,特别是根本制度,社会主义制度,社会主义公有制,那是不能动摇的。"② 正是这种适合中国国情的社会主义制度为后来中国在统一国家制度框架内完成从传统社会主义模式向中国特色社会主义新模式的转型奠定了基础,这也是后来在改革开放实践基础上形成中国特色社会主义道路、理论和文化的制度基础。

中国特色社会主义源起的历史顺序表明,新中国成立以来,是先形成社会主义制度,在这一制度的支撑下中国完成了社会主义新旧发展道路的转型,开始走上了中国特色社会主义道路。在这里,制度表现为道路的基础;作为中国特色社会主义实践的系统理论总结,中国特色社会主义理论体系实质上是中国特色社会主义制度力量在意识形态层面上的呈现,对中国特色社会主义制度形成强大的意识形态解释和辩护功能,在这里,制度表明为理论的内核;中国特色社会主义文化是中国特色社会主义道路、理论和制度的综合性的反映和表现。马克思主义文化理论认为,"一定的文化是一定社会的政治和经济在观念形态上的反映。"③ 从这个意义上说,中国特色社会主义文化呈现出来的实质是中国特色社会主义制度的观念形态。上述表明,中国特色社会主义道路、理论、制度和文化是统一的,但这种统一并不仅仅是逻辑上的统一,而是建立在中国特色社会主义制度基础上形成的真正的历史性统一。正如同习近平所指出的那样,"我们要坚信,中国特色社会主义制度是当代中国发展进步的根本制度保障,是具有鲜明中国特色、明显制度优势、强大自我完善能力的先进制度。"④ 这就在客观上表明了制度自信在中国特色社会主义整体自信中的基础性。没有了

---

① 《"四个自信"党员干部读本》,中共中央党校出版社2016年版,第158页。
② 《邓小平文选》第2卷,人民出版社1994年版,第133页。
③ 《毛泽东选集》第2卷,人民出版社1991年版,第694页。
④ 习近平:《在庆祝中国共产党成立95周年大会上的讲话》,《人民日报》2016年7月2日。

对中国特色社会主义制度的自信,要做到对中国特色社会主义道路、理论和文化的自信,这在根本上是不可能的。

二 中国特色社会主义制度是改革开放以来当代中国发展历史成就的首要"秘密"

改革开放以来,中国经济社会发展取得了令世界瞩目的伟大成就。在改革开放前的1978年,中国国内生产总值为2275亿多美元,而日本为9738亿多美元,美国则是21123亿多美元[①]。通过30多年的改革开放,在中国特色社会主义发展道路上的中国经济社会稳定发展,不断缩小与发达国家在综合国力上的差距。2010年,中国国内生产总值第一次超过日本,成为世界第二大经济体。2013年,在超过美国后又成为世界上第一大贸易国。党的十八大以来,面对经济发展中的下行压力,中国经济社会在创新、协调、绿色、开放、共享理念的引领下仍然取得了重大历史性成就。2016年,中国国内生产总值达到74万亿元,稳居世界第二,基本上接近了党的十八大在描绘"两个一百年"目标时提出的在建党一百周年时国内生产总值比2010年翻一番的目标。无论是国内还是国外,否定当代中国发展成就的人其实并不多,但问题的关键在于回答这样一个问题:为什么中国能够在短短的时间里取得如此重大的历史性成就?即中国何以能够在不到40年的时间里走完西方国家自工业革命以来200多年的发展道路,而且比西方发展得还要好?对于这一问题,唯一正确的答案就是因为中国坚持并不断发展着中国特色社会主义制度。

在人类经济的发展中,制度起着虽然看不见但却至关重要的作用。如果把人类的经济和社会变迁作为一个整体来看,可以看到"正是人类组织的成功或失败决定着社会是进步还是倒退"[②]。这种人类组织集中表现为人类社会在不同阶段上的不同制度形态。因此,没有制度就不会有组织,没有组织则不会有社会的进步。但人类社会的制度和组织具有在不同社会形态下的质的规定性和量的丰富性统一所形成的具体性。中国特色社会主义制度是在中国共产党领导下的特定的制度体系,它既体现了社会主义制度

---

① 武力:《中华人民共和国经济史》上卷,中国时代经济出版社2010年版,第650页。
② [美]道格拉斯·C.诺斯:《经济史中的结构与变迁》,上海三联书店、上海人民出版社1994年版,第66页。

的本质要求，同时也体现对中国作为一个文明古国在长期历史发展中积淀的优秀制度文化和制度元素的汲取，是历史和现实结合、世界和中国结合的制度结晶。改革开放以来，中国特色社会主义制度以其特有的制度力量支撑着当代中国的改革开放，构成了当代中国改革伟大历史成就背后的首要的"秘密"，其中最为根本的就是中国特色社会主义政治制度。正是在这个意义上，习近平指出："坚定中国特色社会主义制度自信，首先要坚定对中国特色社会主义政治制度的自信，增强走中国特色社会主义政治发展道路的信心和决心。"[①] 中国特色社会主义政治制度自信构成了整个中国特色社会主义制度的灵魂。

中国特色社会主义政治制度对当代中国改革开放的制度支撑，主要表现在以下几个方面：第一，以中国共产党的领导为核心制度要素的中国特色社会主义政治制度，为当代中国政治稳定提供了制度基石。政治稳定是经济社会发展的首要条件，政治稳定也是检验一个国家制度有效性和治理体系的制度能力最重要、最直接的标准。在中国共产党领导下中国人民创建的当代中国政治制度和以此为基础中国政府的稳定运行，是当代中国经济发展最重要的制度保障。亨廷顿在评价中国政治制度时也不得不说："20 世纪中期最突出的政治成就之一，就是1949 中国在经过百年的动乱后首次建立了一个真正能治理中国的政府。"[②] 正是在这一政治制度的框架内，中国经济的各种要素得到了稳定有效持续性地聚合，并逐步迸发为生产力的巨大发展和社会的高度稳定。第二，当代中国的三大基本政治制度——人民代表大会制度、中国共产党领导的多党合作和政治协商制度以及民族区域自治制度，奠定了当代中国多样性统一或多元一体的国家和民族的发展框架，这一框架为当代中国各阶级、各阶层、各民族的融合、交流和共享发展成果提供了唯一有效的整合性制度形态。从经济基础和上层建筑关系的角度来看，这三大制度表现出了当代中国上层建筑对生产力的适应性和引领性。第三，从决策机制体制来看，中国制度具有西方制度所无法比拟的优点。中国共产党在长期治国理政过程中，形成了以集体分工协作机制、集体交接班机制、集体学习机制、集体调研机制和集体决策机

---

① 《十八大以来重要文献选编》（中），中央文献出版社2016 年版，第62 页。
② [美] 塞缪尔·P. 亨廷顿：《变化社会中的政治秩序》，上海人民出版社2008 年版，第280 页。

制为主要内容的"中央集体领导制"。"实践反复证明：既有着内部的分工和协商决策、又有着对外的团结一致和高度统一，既能够保证权力平衡交接、又同国家建设实践和智库咨询力量有着广泛联系的中共中央集体领导制机制，相比以美国为代表的'总统制'而言，具有极强的独创性和明显的优越性"①。以"中央集体领导制"为基础的政治运行和决策体制机制集中体现出当代中国制度比"只看重权力而不改善民众生活"②的西方制度和体制更具鲜明的比较优势。比如，美国前总统奥巴马在任内试图改革社会福利体系，但引起了民主党内自由派和共和党内保守派的强烈反对，既"惹恼了民主党派内的自由派，同时，共和党保守派会说，谢谢你总统，但是我们仍然不会同意你通过增加税收来进行改革。目前美国政治处于一个无解的僵局中"③。正是与西方政治制度和体制的这种比较优势，中国特色社会主义政治制度和体制为当代中国的稳定发展提供了不竭的制度推动力量。

概括起来说，中国特色社会主义政治制度支撑着中国在中国特色社会主义道路上不断取得国家建设的重大成就，使中国人民在站起来之后不断强起来、富起来。反过来说，当代中国国家建设的重大成就也不断彰显出中国特色社会主义制度的制度力量。这构成了当代中国特色社会主义制度自信的现实基础。

三 坚持中国特色社会主义制度自信关键在于坚持好中国共产党的领导和中国共产党的政治文化

历史和现实都深刻地表明，中国特色社会主义制度，特别是中国特色社会主义政治制度是当代中国特色社会主义道路、理论和文化的根基和血脉。如果说，对中国特色社会主义制度的自信是整个中国特色社会主义自信的基础，那么，坚持中国特色社会主义制度自信的关键则在于坚持好中国共产党的领导和中国共产党的政治文化。

中国共产党的领导是中国特色社会主义制度形成的根本原因。首先，中国特色社会主义制度不是抽象地产生出来的，而是中国共产党领导中国人民在为革命、建设、改革和发展斗争的过程中形成的制度成果。"没有

---

① 胡鞍钢：《民主决策：中国集体领导体制》，中国人民大学出版社2014年版，第15—16页。
② 《潘基文坦言十万成就与遗憾》，《北京晨报》2016年9月16日。
③ 赵忆宁：《探访美国政党政治——美国两党精英访谈》，中国人民大学出版社2014年版，第31页。

中国共产党，就没有社会主义的新中国。"① 离开了中国共产党的领导，自然也就不会有中国特色社会主义制度体系。中国共产党的领导构成了中国特色社会主义一切具体制度形态的前提。其次，只有坚持中国共产党的领导才能进一步彰显中国特色社会主义的制度力量。与世界上其他国家执政党相比，特别是西方国家执政党相比，可以说，"中国共产党人承受着世界上最庞大的人口、资源和环境的压力，面临着世界上最复杂的国情，却在最短时间内为世界作出了最突出的减贫贡献、增长贡献和发展贡献。"② 同样，要使中国特色社会主义制度在推进实现"两个一百年"奋斗目标中更加充分发挥其制度支撑力，必须要更加坚定地坚持中国共产党的领导。正是在这个意义上，十八大以来以习近平同志为核心的党中央在总结中国改革开放的基本经验时，把坚持党的领导上升到中国特色社会主义本质特征的高度来加以认识。习近平在庆祝中国共产党成立95周年大会上的讲话中进一步指出："中国特色社会主义最本质的特征是中国共产党领导，中国特色社会主义制度的最大优势是中国共产党的领导。坚持和完善党的领导，是党和国家的根本所在、命脉所系，是全国各族人民的利益所在、幸福所在。"③ 作为中国特色社会主义的本质特征，中国共产党的领导更直接地表现在中国特色社会主义制度的本质特征上。毫无疑问，坚持对中国共产党的领导构成了对坚持中国特色社会主义制度自信的关键。

中国特色社会主义制度自信作为一种情感认同和国家气节的表征，归根到底，又表现为一种特定形态的文化形式。从中国特色社会主义作为一种文化形态来说，它又集中指向了对中国共产党政治文化的自信。

中国共产党的政治文化是中国共产党在追求自己的政治目标的过程中，在长期历史奋进中所生成的一种文化形态，是马克思主义这一特定的意识形态与中国传统文化、中国共产党实践斗争相结合的精神产物，既具有无产阶级文化的实质，又具有中国民族文化的形式和中国共产党历史斗争的特点④。从具体内涵来说，中国共产党的政治文化是指中国共产党在对马克思主义和共产主义坚定信仰和无产阶级党性的基础上形成的以理论和实践相结合、对人民群众利益至上性的坚守、爱护党内团结和反对分

---

① 《邓小平文选》第2卷，人民出版社1994年版，第170页。
② 胡鞍钢：《民主决策：中国集体领导体制》，中国人民大学出版社2014年版，第143页。
③ 习近平：《在庆祝中国共产党成立95周年大会上的讲话》，《人民日报》2016年7月2日。
④ 任晓伟：《长征：谱写文化自信壮丽史诗》，《中国社会科学报》2016年11月22日。

裂、维护国家民族命运共同体等为主要内容的政治价值观念体系，是在文化层面对党的目标、纲领、作风和纪律的展现，同时也是中国特色社会主义文化在中国共产党人身上的凸显，既具有中华文化的历史底蕴，又具有马克思主义政党的政治属性。中国共产党的政治文化与中国特色社会主义政治制度内在地联系在一起。中国特色社会主义制度构成了中国共产党政治文化的"物质基础"，中国共产党的政治文化则是中国特色社会主义制度的观念抽象。由此就不难理解，坚持中国共产党的领导必然要求在文化形态上坚持中国共产党的政治文化，对中国特色社会主义的制度自信也必然要表现为对中国共产党政治文化的自信。从这个意义上，习近平创造性提出的"党内政治文化"这一概念是对中国特色社会主义文化的进一步具体化和深化。

四 在对中国特色社会主义制度自信中推动中国特色社会主义制度完善

人类制度史上并不存在绝对完善的制度形式。生产力和生产关系、经济基础和上层建筑的基本矛盾推动着人类社会的制度形式以及在同一制度中的不同体制形式不断发展变化。与其他社会制度不同的是，社会主义制度具有自我完善的特点，可以通过自我调节的方式而不是通过社会革命的暴力方式来实现自我完善的目标。这一点也使得对中国特色社会主义制度的自信与对中国特色社会主义制度的完善能够有机统一起来，即在制度自信中不断推进中国特色社会主义制度完善。习近平在总结改革开放以来中国制度建设的经验时说："没有坚定的制度自信就不可能有全面深化改革的勇气，同样，离开不断改革，制度自信也不可能彻底、不可能久远。我们全面深化改革，是要使中国特色社会主义制度更好；我们说制度自信，不是要故步自封，而是要不断革除体制机制弊端，让我们的制度成熟而持久。"① 这鲜明地体现出了对当代中国制度建设和发展的规律性认识和把握。

在制度自信中不断推进中国特色社会主义制度完善是当代中国制度发展的一条基本规律。20 世纪 50 年代中国社会主义基本制度形成后，就始终是在制度自信和制度完善的辩证的历史的统一中发展的。正是在这个过程中，中国社会主义制度在保持着以人民当家作主为本质内容的自身制度

---

① 《十八大以来重要文献选编》（上），中央文献出版社 2014 年版，第 75 页。

属性的基础上完成了两个转变：从带有苏联社会主义模式特征的制度形式向具有中国特色的新的社会主义制度形式的转变、从封闭环境中运行的制度形式向改革开放新环境中的制度形式的转变。在两个转变的过程中，中国特色社会主义制度与不同发展环境中的体制机制不断地相适应，使中国特色社会主义制度的比较优势不断地更加清晰地呈现在时代发展进程中，为当代中国的政党自信、国家自信和民族自信奠定了制度基础。从这个意义上说，对中国制度的自信其实也是对这一制度在发展中不断自我调整、自我适应和自我完善的政治发展能力的自信。

无论是就当代中国制度生成的历史逻辑来说，还是就当代中国制度的发展水平而言，制度自信和制度完善二者并不是矛盾的，必须要通过坚定制度自信来进一步推进制度完善，在推进制度完善的过程中又不断彰显制度自信，使制度自信和制度完善在中国特色社会主义实践中不断实现新的统一。习近平在十八大后初期就强调指出："中国特色社会主义是特色鲜明、富有效率，但还不是尽善尽美、成熟定型的。中国特色社会主义事业不断发展，中国特色社会主义制度也需要不断完善。"① 在 2014 年 9 月 5 日召开的庆祝全国人民代表大会成立六十周年大会上的讲话中，习近平进一步强调："制度自信不是自视清高、自我满足，更不是裹足不前、故步自封，而是要把坚定制度自信和不断改革创新统一起来，在坚持根本政治制度、基本政治制度的基础上，不断推进制度体系完善和发展。"② 习近平的这一重要论断对当代中国特色社会主义制度完善具有重要的指导意义。任何一种制度都是制度质和制度量的统一。制度的先进程度既取决于它所具有制度质的意义的内涵，也取决于这种制度在制度量的意义上的空间含量。在当代中国国家制度的建设中，在进一步彰显中国特色社会主义制度的比较优势以及在历史和现实的结合中不断增强对中国特色社会主义制度自信的同时，必须要从体制机制的层面不断推进中国特色社会主义在政治、经济、文化和社会各个领域中的制度完善，主要是以下九个方面的问题：在坚持人民代表大会制度的同时，不断加强人民代表大会代表的履职能力，建设以及保障人大代表履职能力建设的体制；在加强选举民主的基础上协调推进选举民主和协商民主建设，不断凸显人民民主的制度特征；

---

① 《十八大以来重要文献选编》（上），中央文献出版社 2014 年版，第 75 页。
② 《十八大以来重要文献选编》（中），中央文献出版社 2016 年版，第 62 页。

在决策机制上，在民主集中制的基础上把决策的集中性和民众的参与性有机统一，使民意在决策中的地位进一步显性化，坚持科学决策、民主决策和依法决策；在坚持民族区域自治制度这一中国特色民族制度的基础上，不断把"统一和自治相结合、民族因素和区域因素相结合"①，在民族区域自治制度框架内加强国家统一和区域自治关系的建设；坚持依法治国的基本方略，推动社会主义法治程度的进一步深化，把社会主义法治思维牢牢确立为党领导人民治国理政的制度思维方式；坚持中国特色社会主义基本经济制度的同时，围绕着政府和市场的关系继续探索经济体制，减政放权，更好地发挥政府作用和市场在经济资源配置中的作用；以共享改革发展成果为主要思路，改革分配体制和社会保障机制，推进解决当代中国的贫困问题的制度创新；在社会领域，围绕着国家治理能力现代化的目标增强社会自主性增长的制度适应性；加强对马克思主义对文化领域嵌入和引领的制度建构，为当代中国一体多样的文化发展提供制度基础等。只有坚持不断完善中国特色社会主义制度，才能"建构系统完备、科学规范、运行有效的制度体系，使各方面制度更加成熟定型，为夺取中国特色社会主义新胜利提供更加有效的制度保障"②。

总之，中国特色社会主义制度的完善是进一步增强中国特色社会主义制度自信的实践途径，也是进一步对中国特色社会主义整体自信培本固基的客观要求。只有在对中国特色社会主义制度的不懈完善中，才能不断增强制度自信，使制度自信始终成为中国特色社会主义自信的基础和根本所在。

（作者单位：陕西师范大学马克思主义学院）

---

① 《中央民族工作会议暨国务院第六次全国民族团结进步表彰大会在北京举行》，《人民日报》2014 年 9 月 30 日。

② 《十八大以来重要文献选编》（上），中央文献出版社 2014 年版，第 76 页。

全面从严治党研究的两种理论立场分析

王为全

全面从严治党是马克思主义政党自我建设的伟大实践，针对或围绕这一伟大实践的理论研究具有解释和创新两个维度。以解释为目标的理论研究侧重对现实的全面从严治党政策的解读，通过对政策的历史、内容、实践的具体措施和绩效等的阐述和说明来论证全面从严治党政策的合法性或正当性，为全面从严治党实践及其普遍化提供理论维护和支持。这种理论研究并不提供全面从严治党的新的可能性实践，只是宣传话语的建构，属于全面从严治党政策的大众化解读。如果我们确认全面从严治党的历史生成性和发展的特性，那么，解释性理论研究对全面从严治党的发展与创新的意义是极其有限的。如果考虑到理论研究对全面从严治党实践的工具性质，考虑到解决现实问题的紧迫性，考虑到全面从严治党"永远在路上"，考虑到全面从严治党研究本身的实践本性，就有理由追求全面从严治党理论上的构建，以理论话语体系完成对其理想性的建构。这种建构，既是对实践中的全面从严治党的经验和教训的总结，又要指出全面从严治党未来发展的方向和可能。这是本文全面从严治党理论研究的所指。

一 对"全面从严治党工具论"的分析

在目前展开的全面从严治党研究中，比较明显地存在着工具论和规范论两种理论立场。这两种理论立场也就是本文所要分析的主要对象。

"全面从严治党工具论"是我们首先要面对的一个理论事实。在一个实用理性文化背景强大，且坚持国家或社会本位的现实政治要求的情况下，对全面从严治党作一种工具主义的理解是自然而然的。任何时期的全面从严治党，总是在党的特定的路线方针政策中、在具体的实践要求中展开的，总是要达到特定的目标。在此，全面从严治党是手段，党有能力完成具体的历史使命是目标。基于这一历史事实，无论是党员干部、普通群众，还是学者，很容易以工具论的思路来理解全面从严治党。学者们也大都自觉或不自觉地把全面从严治党作为党的生存与发展前提，作为党安邦治国的策略或经济发展的政治保障。在这样的功利主义式的理解中，全面从严治党逐渐地被资源化、功能化、工具化就是不可避免的。在众多人的视野中，全面从严治党关系党的执政地位和国家的长治久安。本文也认为，现时代的全面从严治党的提出与发动，确实为了从根本上解决党内出现的种种问题，这是巩固党的执政地位、加强党的执政能力的必要前提。

具体而言，"全面从严治党工具论"主要由下述一些观点构成：第一，全面从严治党仅仅是二阶价值，党的最高的或终极的价值在全面从严治党之上或之外，全面从严治党是党达到某种更高或至高价值的手段，相对于党的先进性、纯洁性和执政能力，只具有工具或手段的价值。第二，全面从严治党的评价标准在全面从严治党之外，是全面从严治党的效果或功用。第三，全面从严治党在党的价值结构体系中不仅不具有最高或终极的意义，相反还是从属于其他目的价值。还有一个隐含的观点是，由于全面从严治党只是二阶价值，其存在只是其他价值的工具或手段，那么，如果实现某个更高或至高的目的不需要从严治党，从严治党或全面从严治党的某一方面就可以被抛弃。

事实上，理论界并没有对全面从严治党工具论的系统论述，上述观点散见于学者关于全面从严治党的功能和作用的众多语言和文字中。这也就意味着，全面从严治党工具论是理论界的一个自发的不自觉的理论前提，它并没有得到应有的质疑。

必须承认，"全面从严治党工具论"是与当下党、国家和社会需求相结合的表述，在帮助中国共产党树立自身的良好形象、巩固和加强执政地位进而领导中国社会整体进步方面有着不可小视的意义。"全面从严治党工具论"从手段和工具上论证全面从严治党的价值，把党的先进性与纯洁性与中国梦、国家治理等联系起来，认为全面从严治党的价值不在本身，而在于促成种种自身之外但有意义的价值的实现。"全面从严治党工具论"认定全面从严治党只是党的现实生活的一个方面而不是全部，没有全面从严治党，党就不能完全实现自己的目的或社会的整体进步，但仅有全面从严治党是远远不够的，毕竟全面从严治党仅仅是完成党的使命和责任的前提。这种"全面从严治党工具论"实质上强调中国共产党是全面从严治党的主体，而不是其客体；党的全部事业需要全面从严治党但绝不是仅仅需要全面从严治党。这样的观念无疑有助于强化党的事业的正当性，以及党对于全面从严治党的主体性，有助于深化人们对全面从严治党与党纯洁性先进性的关系的理解。

的确，"全面从严治党工具论"有着极强的现实意义，反映着全面从严治党的现实性、实践性，督促人们直接在操作层面上探讨全面从严治党的路径、方法，并以结果衡量全面从严治党的绩效。但是，这并不意味着全面从严治党只是经验层面的、操作性的问题，不需要理论的建构。理论从来是理想的理论表达，进而对实践构成先导关系。事实上，对于全面从严治党的理论观照和创新，是超越和摆脱现有的操作惯性的应然之举，任何重大的操作性问题既离不开经验层面的探索创新，也离不开独立自由的理论思考。理论的意义就在于它是对实践的指导，而理论意义的实际存在又要以理论对经验的超越为前提，人类全部创造性的实践活动都是在理论与实践的否定性同一中实现的。以工具论的思路来理解全面从严治党，很容易陷入实用理性，停留在就事论事的经验维度，无法超越已经存在的全面从严治党的现实做法，只能发生对它的依附行为。既然是依附，就意味着他们的思考已经丧失了只问是非、不计利害的为学术而学术的理论品格，于是，他们对全面从严治党的研究从一开始就停留在表层，关注的只是对政党治理之术的探索，至于技术操作层面的前提、价值意蕴、实践逻辑等都不在其考虑之中，显现出极强的实用、功利的意味。全面从严治党的研究在很大程度上是为了迎合社会政治的需要，其研究成果更多地体现为一种宣传价值，学者们对全面从严治党的思考，都进入了单纯政治的框架之中不能自拔。在"全面从严治党工具论"的思考中，理论研究与政治实践紧密结合，研究者没有自己的学术目标，只是研究实现政党目的对全面从严治党的需求，把当下党的全面从严治党的言论或者他们对这些言论的解释作为"最终正确"的标准加以诉诸。可以说，"全面从严治党工具论"不仅没有确定自身作为学术应与政治保持相当的距离，甚至建立起自身对当下政治的绝对依附关系。当然，对于全面从严治党的理论研究本身就是在特定的政治背景中展开，要为政党和政治服务。问题在于，理论研究并不只是为现实的实践提供解释性说明，更要为相对的有限的实践提供开拓和创新的可能性，即理论研究同时具有服务于现实政治和现实政治未来发展的双重目标。理论研究不仅要为现行的实践提供论证和进一步的扩展，更要创新思路，探索全面从严治党的新的可能性的实践。如果理论研究只是解释实践而不是或不能导致创新实践，则是具有重大缺陷的。也就是说，那种超越当下全面从严治党实践的理论研究，与政治的根本利益是完全一致的。

工具论立场的全面从严治党在实践中也有所表现，如注重行动而非理论、志在崇高而从底线抓起、坚持普适性的制度而不排除与时俱进、创新而不排除党建的基本规律。以工具论思维主导全面从严治党，可以在短期内产生效果，但不能必然保证这一实践完全彻底地进行下去。原因在于，全面从严治党只是工具性的，如果没有普遍性、方向性的理论支撑，行为可能是散乱的；当这一实践与其他的价值目标相冲突，它就可能受到阻止；也不排除其他的机会主义地实践全面从严治党的可能性，更不能排除为达到目的不择手段的可能。事实上，自改革开放以来，党内"四风"现象的大量存在，正是在某种程度上弱化全面从严治党的结果，而全面从严治党之所以在某种程度上被弱化，恰恰是以市场经济为背景，单一追求GDP的结果。所以，无论是在全面从严治党的理论还是实践上，工具论的意义都是有限的，以实用主义、机会主义的态度看待和对待全面从严治党，必然导致对全面从严治党的相对主义理解和运用，使其丧失终极价值、终极意义和终极标准，这是极其要不得的。

二 对"全面从严治党规范论"的分析

学者在对全面从严治党的研究过程中，一直也存在着对具体的原则和规范的探讨，这一探讨有着比较清晰的思想路线：通过对党建历史传统的总结来寻找全面从严治党的基本规律，形成具有逻辑先在性的概论或原则体系；从对基本规律的认识出发推导出全面从严治党总体布局和长期机制，即全面从严治党的制度化建构；从全面从严治党实践中存在的问题出发，以基本规律为原则，探讨解决这些问题的规范化、制度化方法。这种致思可称为"全面从严治党的规范论"。规范论立场的全面从严治党研究不仅是一个理论事实，而且是经验事实，即不少党员干部群众对全面从严治党的理解。在党自身存在诸多挑战、风险和问题的现时期，人们自然对党产生更多的理想性期待，这些党的理想，或者产生于人们对党的历史记忆，或者产生于对党所存在问题的道义批判，这些未经反思的理想就作为规范成为一部分人所追求的全面从严治党的目标。规范论立场的思考中，全面从严治党应当如何做是核心问题。的确，人民群众对全面从严治党结果的期盼，党对自身"规矩"的需求，都为规范论立场的全面从严治党的繁荣创造了极好的条件；与此同时，规范论立场的全面从严治党的繁荣也为全面从严治党的顺利展开、落实等提供了技术上的可能性。当然，也正是因为在规范方面的努力，才使得全面从严治党成为一种纯粹的应用研究，有了作为一种专门化的有实际价值的技术和知识的可能性。

这里应当指出的是，由于"全面从严治党的规范论"所关注的基本上是全面从严治党的行动原则和规范中的具体概念和具体规定这样一些具有技术性和操作性的问题，严格地讲，"全面从严治党的规范论"并没有就他们自己的各种言说形成某种系统的理论或理论模式。在这个意义上，它充其量只是一些可能的理论倾向。考虑到"全面从严治党的规范论"尚未有明确的理论自觉，因此本文对规范主义的理论倾向所做的讨论和反省，在很大程度上讲，是直接指向"全面从严治党的规范论"的某些主张、实践，及其所透露出来的某些取向。

第一，"全面从严治党的规范论"主要关注的是建构一个在概念系统上比较完整、逻辑自洽、传达便利和运用有效的有关各种部门、层次的全面从严治党的规范体系，即从原则中解决全面从严治党应当在哪些领域有所作为，应当"怎么做"的问题。这样工作的完成，以对党建事务的充分了解为前提，具有极强的专业性。这里内含着一个思想前提，即全面从严治党有其固有的行动逻辑，所有全面从严治党的行为规范都只是这种行动逻辑的现实展开。全面从严治党的规范论者就是基于全面从严治党的行动逻辑构想行动整体方案和具体规范，解决规范间的关系，批评和修正某些规范。

但是必须指出的是，首先，"全面从严治党的规范论"表现出了一种极为强烈的建构论理性主义特征。规范论学者无疑存在这样一种潜意识，即全面从严治党不是党内生活的自然特性，而是需要人为地构思并注入；这种构思和注入应该是全面的整体的，以便使全面从严治党的日常行为有章可循；同时又应该是全体党员可以接受并自愿遵守的，这样的行为规范就是出自理性原则的规范。对于建构论理性主义的分析不是本文要做的，本文也不否认建构论理性主义的思路在全面从严治党实践中的积极作用，但必须指出，建构论理性主义把全面从严治党彻底构想为一个自上而下的过程，它只强调理性设计对全面从严治党的作用，否认经验、习惯、传统和党员个人的创造性的作用,甚至把这些当作是完全消极性的东西来对待和处理。简单地说,规范论就是"想当然",这样的思路与做法往往会因为缺少经验的支撑而导致执行力的弱化。

其次,"全面从严治党的规范论"只关注"应当如何"的问题,经常不关注"应当如何"向"事实如何"的转化,至多是原则上提出典型示范、说理教育和宣传鼓动、纪律强制等做法,至于如何具体地化为党员和党组织的行为则缺少关注。全面从严治党,重在落实,这是今天的共识。这里的"落实"包含全面从严治党的发动、跟进和卓有成效的结果。显然,"落实"并不仅仅是只有规范和行动原则就可以完成。操作层面上,规范和行动原则只提供行动的领域和边界约束,而在特定的领域和边界中,是无所事事,墨守成规,还是创新创造以及如何创新创造,这样的问题超出了规范论者的思考范围,进而导致规范论的实践绩效大幅降低。

再次,"全面从严治党的规范论"这项就规范研究规范的预设还极容易导致研究本身与全面从严治党实践的脱节。对全面从严治党规范的研究基本上是从已有的应当性的知识出发进行推论,而当思维专注于这种逻辑演绎时,对规范论证的前提进行反思的努力是不可能存在的。这可能产生两种结果,其一,对全面从严治党现实的片面性认识。先在的规范、逻辑构成了认识现实的全面从严治党的思维前提,由于面对感性对象的认识过程本身具有理想化舍弃和理想化加强的特征,规范论者自然只会从全面从严治党的现实提取出那些与既定的规范相一致的内容以强化规范的正当性,而那些不一致的内容或者被无视,或者被抛弃。在此全面从严治党研究的理论价值和实践价值都丧失了。其二,会使全面从严治党跟不上经济社会发展变革的步伐。因为规范论的思路在构想全面从严治党的规范要求时,全面从严治党与社会、经济、政治、文化乃至党员群众之间的内在复杂关系,都被忽略了。规范论者解释不了全面完整的全面从严治党的规范体系为何没有变成普遍且真实的党建实践。也就是说,规范论者关注和研究的不是全面从严治党的事实,而是存在于他们自己头脑中的一些原则和规范,而全面从严治党的事实或行为却被他们忽略了。恰恰是这些事实和行为,赋予了那些旨在适用于它们的全面从严治党规范架构和原则框架具有了意义和目的,而且探讨全面从严治党的规范与事实间所存在的复杂互动关系和作用是规范研究正当性的前提。

三 全面从严治党研究的总体性问题

从当下中国的全面从严治党的实践与发展的情形来看，它们所表现出来的上述问题还不至于使它们陷入根本性的困境之中，亦就是说，每个理论模式所存在的这些问题还只是它们各自的问题，尚不够全面从严治党研究的总体性问题。一旦我们把关注点转向分析这两种理论模式，就可以发现其所共同存在的问题。

首先，工具论立场和规范论立场的全面从严治党这两种不同的理论模式存在着一个共同的问题，即它们都是脱离现实的党内生活的理论模式，尽管致使它们脱离党内现实生活的理路不尽相同。简单来讲，"全面从严治党工具论"主要因为总是强调围绕、服务于党的现实任务，只得始终与现实政治话语保持一种难舍难分的关系，而在很大程度上与党内现实生活不涉。"全面从严治党规范论"在根本上是以一种有关党内生活都有着一种先验的、固有的逻辑结构或规范方案的前提假设为依据的，它只谈应当如何的问题，而这里的应当，更多的是以往的经验，与党内的现实生活无涉。

其次，工具论立场和规范论立场的全面从严治党这两种不同的理论模式存在着另一个共同的问题是，更多地关注经验的操作层面的东西，如思想治党、制度治党、组织治党，从内容到形式都有具体的设想，但对"全面从严治党是如何可能的"这样的一般理论性问题则少有研究。工具论的全面从严治党是目的性思维，其理论研究与全面从严治党的实践进程紧紧联系在一起，只考虑治党行为的现实有效性，而不对治党行为的长远结果负责，所有的思考都具有相对主义的特征。规范论的全面从严治党研究，是遵从某种普遍性的全面从严治党理论，从普遍性理论出发结合党内生活实际的推演和运用，但是对普遍性的正当性缺少思考，论者所认可的全面从严治党的普遍性内容经常是特定历史时期的全面从严治党的实践原则，是全面从严治党的普遍性的特殊表现。真正的全面从严治党的普遍性内容并没有提炼出来，更没有得到一般理论方式的表达。不能否认，全面从严治党研究具有应用学科的性质，但它同时也需要坚实的理论基础，即首先需要对党性与人性、党纪与国法、进化与建构、历史与现实、市场与社会主义、精英与大众、团结与自由、理论与实践等问题有着清醒的认识，由此建构起来的全面从严治党实践设计才具有理论和价值上的正当性，才可能有清晰且正当的全面从严治党的实践。

由于缺乏必要的理论自觉,上述两种理论立场不乏可疑的理论和价值前提。就全面从严治党工具论来说,它既是一种事实陈述,更是一种价值判断。作为一种事实陈述,它意在说明全面从严治党之为工具是共产党区别于世界其他政党的基本特征之一,是中国共产党在现时代生存发展及发挥先进性的必要条件;作为一种价值判断,它意在说明全面从严治党对党的现实状况是一个正当的和好的选择。就全面从严治党工具论的实质而言,它是一种价值陈述,它所回答的是应当是什么,而不是或主要不是回答是什么的问题。从实践的角度说,对工具的考虑和选择是必然的,把全面从严治党当作工具,其基本含义是要求人们这样来把握全面从严治党和党存在发展及发挥作用的相互关系:即从总体上说,全面从严治党应当来源于、服务于并从属于党的先进性功能的发挥,功利主义、效率居先是其主要选择,解决现实问题是其最基本的思想努力方向。但是,这种后果式思维少有对全面从严治党长远目标的渴求,由此所提出的全面从严治党的原则和做法在解决现实问题时可能有效,但经常不考虑这种现实有效的行为的长远影响。也就是说,工具论思维总是走一步看一步,不对党的长远发展负责。因此,全面从严治党工具论的价值与意义是极其有限的,甚至导致对全面从严治党的相对主义和机会主义理解。

就全面从严治党规范论来说,这一理论模式的学者关注全面从严治党的规范或制度体系建构,这种研究自然有其自觉或不自觉的理论前提,是对其理论前提的进一步强化。那么,规范论者是在什么样的思想原则下展开其全面从严治党规范体系构建的?我们认为,规范论者是以从传统的全面从严治党的实践中抽取的经验性原则为前提,展开其逻辑分析和规范建构活动的,因为这几乎是规范论者唯一的理论资源。这些来自历史的原则本身包含着巨大的道义力量,历史也已经证明这些原则曾经的巨大效用,规范论者自然而然地相信这些原则具有普适性的特征,现实的全面从严治党理论研究,就是把这些原则以现代逻辑和现代话语等方式呈现出来,然后,再依凭历史性的经验原则对党内生活存在的种种问题和全国党员群众从严治党行为的感性事实,以理想化加强和舍弃的方式为其建构事实上的合理性,这就是规范论者主要的理论工作。我们不否认全面从严治党历史经验的现实意义及其真理性,问题在于,全面从严治党本身是在党的不断发展创新的历史中展开的,全面从严治党的逻辑和规范体系或者说真理也具有生成性发展性的特征，其具体形态总是相对的绝对真理。把军事斗争时代和计划经济时代的全面从严治党的规范体系当作绝对真理，论证其在社会主义市场经济时代绝对正当性且全面推广，这本身表现为一种极"左"的特征，不符合今天的全面从严治党的事实，也不会为创新性的全面从严治党实践提供有益的理论支持。

正是由于"全面从严治党工具论"与"全面从严治党规范论"这两种不同的理论模式都与中国共产党的实际相脱离，尽管它们仍然在全面从严治党的理论研究领域发挥某种作用，但是就中国目前全面从严治党的实践来说，它们却未能就评价、捍卫、推动全面从严治党之发展发挥真正的理论作用。它们对当下的全面从严治党的政策和实践保持一种实证主义的态度，在"存在就是合理"思路的支配下，少有发现目前政策和实践中存在的问题的意向，少有对全面从严治党未来发展方向的自觉，全面从严治党的理论研究与政党实践保持着一种高度融和的状态，尽管这一状态对于全面从严治党的普及和展开具有积极的作用，但理论对实践的指导作用在此不可避免被淡化了。

对全面从严治党研究的理论立场的分析，属于一种前提性分析，这一分析并不以解构既有的研究立场和成果为目标。揭示各种理论立场的局限性，只是为了建构全面从严治党研究的学术自觉性。全面从严治党尽管是实践性的问题，但对其学术观照仍然要体现学术的特征，特别是马克思主义学术的特征。学术的相对独立性、学术与实践间的一定距离、学术的只问是非、不计利害的品格等建立起学术与实践的超越性关联，这是学术服务于实践的基本条件。一方面，全面从严治党的学术研究，理应走到实践前列，通过全面从严治党的理想和现实的矛盾的分析解决而生成全面从严治党的可能性或理想性的概念表达和实践解决；另一方面，任何一种理论立场都有其所特有的有限性，其对全面从严治党的理论把握都不可能达到绝对的整体，其对于全面从严治党实践的意义总是有限的，但是整体性的把握和更为全面的工具性价值又离不开理论立场多元化的存在，这也就意味着对于全面从严治党的理论研究，应当在学术和政治的双重标准之上有着更为开放的理论视野，可以通过学术上的多元化的创新来推动全面从严治党实践的持续发展。

（作者单位：吉林大学马克思主义学院）

县域在协调推进"四个全面"战略布局中的使命担当
——兼论习近平总书记关于县域治理的论述

李勇华

一 深刻认识"四个全面"战略布局决定中国特色社会主义的命运

习近平总书记指出,"四个全面"是从我国发展现实需要中得出来的,是从人民群众的热切期待中得出来的,是为推动解决我们面临的突出矛盾和问题提出来的。① 又指出,既要看到社会主义初级阶段基本国情没有变,也要看到我国经济社会发展每个阶段呈现出来的新特点。我国基本国情的内涵不断发生变化,我们面临的国际国内风险、面临的难题也发生了重要变化。② 这揭示了随着实践的推进,我们所面临的主要问题、初级阶段主要矛盾的表现形式会呈现出历史阶段性的变化。

经过四十年的改革开放,到党的十八大,中国特色社会主义伟大事业乃至中国国家与民族发展命运又一次临近一个新的重要"历史关头",一个"历史之坎"。改革开放四十年,中国取得了举世瞩目的历史性伟大成就,同时经济社会领域也凸显前所未遇的历史性严峻问题,并开始威胁到国内社会安定和政局稳定。能不能跨过这道"坎",将决定中国的兴衰成败。"四个全面"战略布局,就是在这种重要"历史关头"破困局、图发展、固基石的战略思维、战略部署。因而,"四个全面"战略布局决定着中国特色社会主义的命运。

---

① 《引领民族复兴的战略布局》,《人民日报》2015年2月25日。
② 《习近平在中共中央政治局第二十次集体学习时强调:坚持运用辩证唯物主义世界观方法论,提高解决我国改革发展基本问题本领》,《人民日报》2015年1月25日。

第一,七千多万人尚在贫困之中,"全面小康社会"建设进入关键阶段。党的十六大提出了我国在21世纪头二十年全面建设小康社会的奋斗目标。但是,到2012年党的十八大召开时,一是"我国尚有超过1.2亿的贫困人口。在农村户籍人口中,每8个中就有一个贫困人口"[1]。他们多是居住在生存条件恶劣的地区或丧失劳动能力的人群,扶贫工作难度空前、进入最艰难的攻坚拔寨阶段;二是国内贫富分化高位运行,财富积累严重不公,基尼系数居高不下,与全面小康社会建设背向而行,并引发群体性社会矛盾与冲突。"物质丰富了,但发展极不平衡,贫富悬殊很大,社会不公平,两极分化了,能得人心吗?因此,经济总量无论是世界第二还是世界第一,未必就能够巩固住我们的政权。"[2] 第二,改革步入深水区,深化改革进入关键时刻。改革是解决中国所有问题的关键。党的十五大提出,到建党100周年时,形成更加完善的社会主义市场经济体制。但是,经济改革遭遇前所未有的阻力和困难。一是现有体制下利益固化的藩篱和既得利益集团的挣扎阻挠。二是经济新常态下经济发展方式转型的步履艰难。三是国家创新能力对国家发展需求的支撑严重不足。造成我国经济连续几年下行且下行压力加大,威胁到国家经济、社会大局的稳定。能否超越"中等收入陷阱"为国际国内社会所担忧。第三,不同利益势力博弈加剧,依法治国进入关键节点。党的十五大就提出了依法治国基本方略,但是,同党和国家事业发展要求和人民群众期待相比,法治建设依然严重滞后、问题重重,与"国家治理体系和治理能力现代化"的总目标相去甚远。在社会转轨处于关键的时刻,尤其亟须用法律把改革的成果确立下来,用法律抑制既得利益集团的逐利行为,把一国之内的政治经济等所有事务都纳入法律治理的轨道。第四,党风问题危及执政基础,管党治党进入关键关头。改革开放取得创世纪成就的同时,作为国家、民族事业领导核心的中国共产党也濒临危机。一是党内的腐败势头难以遏制,党风问题成堆。二是执政党的公信力下降,人民群众普存不满。三是境外所谓"颜色革命""茉莉花革命"兴风作浪,构成威胁。国内外安全风险叠加交织。

能否处理好这些问题,决定着改革开放以来中国特色社会主义事业取

---

[1] 《没有农村小康就没有全面小康》,《河北日报》2012年12月31日。
[2] 《习近平在兰考县委常委扩大会上的讲话》,新华网,2015年9月8日。

得的既有成果能否保存。稍有不慎，就有可能丧失四十年来的成果，前功尽弃，"犯颠覆性错误"①。只有把中国特色社会主义的历史性探索不断推向前进，用不断开拓中国特色社会主义的前进道路才能巩固中国特色社会主义事业已经取得的伟大成就。

如何在这种前所未有的复杂历史境遇中劈波斩浪开拓前行，成为摆在以习近平为总书记的新一届党中央面前的一道考题。富有强烈历史使命意识即"历史的接力棒"②意识的以习近平同志为核心的新一届党中央，凭借马克思主义"辩证思维""战略思维"和"人民情怀"，精准寻找破解难题、打破困局的战略途径。首先，在纷繁复杂、盘根错节的矛盾集群中找准牵动全局的症结所在，即现阶段的主要矛盾。习近平总书记指出，面对复杂形势和繁重任务，首先要有全局观，对各种矛盾做到心中有数，同时又要优先解决主要矛盾和矛盾的主要方面，以此带动其他矛盾的解决；我们提出要协调推进全面建成小康社会、全面深化改革、全面依法治国、全面从严治党，是当前党和国家事业发展中必须解决好的主要矛盾。③ 这些矛盾和问题的解决，对其他问题的解决有牵一发而动全身的效应。"我们既要注重总体谋划，又要注重牵住'牛鼻子'。在任何工作中，我们既要讲两点论，又要讲重点论，没有主次，不加区别，眉毛胡子一把抓，是做不好工作的"④。其次，要以这些主要矛盾的解决为战略重点、战略布局，紧紧抓住，协调推进。"四个全面"战略布局，"是我们党在新形势下治国理政的总方略，是事关党和国家长远发展的总战略。推进'十三五'时期经济社会发展，一定要紧紧扭住全面建成小康社会这个战略目标不动摇，紧紧扭住全面深化改革、全面依法治国、全面从严治党三个战略举措不放松，努力做到'四个全面'相辅相成、相互促进、相得益彰"⑤。再次，在这些问题的思考中，通体贯穿着无产阶级政治家的"人民情怀"。习近平一方面强调要勇于改革，啃硬骨头，涉险滩；另一方面又反复告诫

---

① 《习近平：不能犯颠覆性错误》，新华网，2014 年 2 月 9 日。
② 《习近平：团结带领全党全国各族人民 接过历史接力棒》，新华网，2012 年 11 月 15 日。
③ 《习近平在中共中央政治局第二十次集体学习时强调：坚持运用辩证唯物主义世界观方法论 提高解决我国改革发展基本问题本领》，《新华日报》2015 年 1 月 25 日。
④ 同上。
⑤ 《习近平在中共中央政治局第三十次集体学习时强调：准确把握和抓好我国发展战略重点，扎实把"十三五"发展蓝图变为现实》，《人民日报》2016 年 1 月 31 日。

"方向一定要准,行驶一定要稳,尤其是不能犯颠覆性错误"①。不能偏离社会主义的航向和人民利益的基点。在 2015 减贫与发展高层论坛上讲到 7000 多万贫困人口脱贫时,习近平总书记说:"上个世纪 60 年代末,我还不到 16 岁,就从北京来到了陕北一个小村庄当农民,一干就是 7 年。那时,中国农村的贫困状况给我留下了刻骨铭心的记忆……40 多年来,我先后在中国县、市、省、中央工作,扶贫始终是我工作的一个重要内容,我花的精力最多;我到过中国绝大部分最贫困的地区……他们的生活存在困难,我感到揪心。他们生活每好一点,我都感到高兴。"②

总之,"四个全面"战略布局是习近平总书记主政后,对面临的使命担当、主要障碍及其破解之道深入思考的产物。它凭借强烈的"问题意识"和"问题导向",紧紧抓住现阶段的主要目标、实现目标的主要障碍和突出问题,着力破解阻碍发展的突出矛盾,解决阻碍发展的主要问题。"四个全面"与中国特色社会主义的历史命运直接相关,其实施成效决定着中国特色社会主义事业的荣辱兴衰。

二 县域的特殊性决定了在协调推进"四个全面"战略布局中的独特地位

"在我们党的组织结构和国家政权结构中,县一级处在承上启下的关键环节,是发展经济、保障民生、维护稳定、促进国家长治久安的重要基础"③。习近平总书记这段话,道出了县域在我们党的组织网络和国家政权结构中的特殊地位,也道出了县域在"四个全面"战略协调推进中的独特地位和作用。

县域党组织是我国六级执政党组织网络中的最基层的三级组织(县乡村),县域政权是我国五级政权组织网络中的最基层的二级政权(县乡),它们在整个执政党网络系统和政权网络系统中处于基础性地位。县域组织的行政行为,直接关系到中央的政策能否在基层落地,从而也关系到"四个全面"战略布局能否在基层落实。其中县一级组织又处在"承上启下"

---

① 《习近平:不能犯颠覆性错误》,新华网,2014 年 2 月 9 日。
② 《习近平在 2015 减贫与发展高层论坛发表主旨演讲——2020 年贫困人口全部脱贫》,《法制晚报》2015 年 10 月 16 日。
③ 《习近平同中央党校县委书记研修班学员座谈,强调做焦裕禄式的县委书记,心中有党心中有民心中有责心中有戒》,《人民日报》2015 年 1 月 13 日。

的关键环节,是中央的路线、方针、政策落实到基层(县乡村)的重要枢纽,从而也是"四个全面"战略布局落到基层的重要枢纽。"县域治理最大的特点是既'接天线'又'接地气'。对上,要贯彻党的路线方针政策,落实中央和省市的工作部署;对下,要领导乡镇、社区,促进发展、服务民生。县一级工作做好了,党和国家全局工作就有了坚实基础"①。"一个县就是一个基本完整的社会,'麻雀虽小,五脏俱全'。现在,县级政权所承担的责任越来越大,需要办的事情越来越多,尤其是在全面建成小康社会、全面深化改革、全面依法治国、全面从严治党进程中起着重要作用"②。其重要作用不是表现在简单的拿来照抄,而是结合县域实际充分发挥主观能动性,创造性地开展工作。

我们要全面建成小康社会,县域是我国经济社会发展的主要载体,又是消除贫困历史性重任的直接承担者。我国有县域行政区2800多个,占了全国地域、人口、产值的大多数,全面建成小康,首先依托于这2800个县的全面建成小康。浙江省有90个县域行政区,其经济社会发展状况直接关系到我省"高水平全面建成小康社会"的目标能否实现,关系到浙江能否继续走在全国的前列。同时,县域也是我国农村和贫困人口、贫困地区的主要分布区。"全面建成小康社会最艰巨、最繁重的任务在农村,没有农村的小康,特别是没有贫困地区的小康,就没有全面建成小康社会"③。县域承担着消除贫困人口、缩小地区和城乡差别、实现城乡发展一体化的主体任务。

我们要全面深化改革,改革的任务绝大多落脚在县域、基层,改革的经验许多也依靠于县域、基层。"上面千条线下面一根针"。十八届三中全会提出的60项改革任务、供应侧结构性改革等与县域直接相关。同时,县域要为全面深化改革提供试点和可复制的经验。县域是改革的"试验田"。通过全面深化改革,要为实现目标创设充分适应的、驱动发展的内在动力和体制机制,而这种体制机制源自于县域的实践(试验)所提供的基础性经验。

我们要全面依法治国,重点和基础都在县域和基层。习近平反复强

---

① 《习近平在兰考县委常委扩大会上的讲话》,新华网,2015年9月8日。
② 习近平:《做焦裕禄式的县委书记》,《学习时报》2015年9月8日。
③ 《没有农村小康就没有全面小康》,《河北日报》2012年12月31日。

调,郡县治,天下安。县域是国家的基层社会的主体,基层社会治理得好坏、基层社会的治乱,直接决定着整个国家的安危兴衰。所谓"基础不牢、地动山摇"。因此,县域是全面依法治国的重要组成部分,承担着繁重的法治任务。县域又是社会治理重点区域,我国处在社会矛盾多发期,矛盾往往积累在基层、隐藏在基层、爆发于基层,县域处在矛盾的一线,处在依法治国的实践一线。"全面推进依法治国,基础在基层,工作重点在基层"①。十八届四中全会提出的许多改革任务都需要在县域落实。法律和制度的创设,一般来说需要中央的决策和国家的立法,但中央的决策和国家的立法基于县域的试点经验。

我们要全面从严治党,县域、基层也是重点领域之一。这不仅由于县域是党的建设的基础所在,也不仅由于县域也是腐败行为的重灾区,基层腐败对党的执政基础构成直接的威胁,还由于基层腐败的治理对广大老百姓具有更直接的效应。党的县域组织占了全国基层组织的绝大部分,村乡县的党组织都是一方区域的"领导核心",县域各级党组织建设的好坏决定着全国基层党组织建设的好坏;基层百姓占了国家人口的百分之六七十,人民群众最痛恨腐败,最痛恨贪官;然而,基层"小官巨贪"现象触目惊心。"县一级同人民群众的联系更直接,其不良作风将直接损害群众利益、伤害群众感情。老百姓看党,最集中的是看县委一班人特别是县委书记"。一旦陷入"塔西佗陷阱",将"危及党的执政基础和执政地位"。②因此,要坚持"老虎""苍蝇"一起打,既坚决查处领导干部违纪违法案件,又切实解决发生在群众身边的不正之风和腐败问题。③

三 县域要在协调推进"四个全面"战略布局中发挥生力军作用

县域在协调推进"四个全面"战略布局中的独特地位和作用,决定了它要在协调推进"四个全面"战略布局中发挥生力军作用。

在兰考县委常委扩大会上习近平总书记指出,不同的县有着不同的资

---

① 《中共中央关于全面推进依法治国若干重大问题的决定》,《人民日报》2014 年 10 月 29 日。

② 《培养造就一支高素质县委书记队伍,把协调推进"四个全面"战略布局落到实处——学习习近平〈做焦裕禄式的县委书记〉》,《人民日报》2015 年 8 月 28 日。

③ 《习近平在十八届中央纪委二次全会上发表重要讲话强调:更加科学有效地防治腐败,坚定不移把反腐倡廉建设引向深入》,新华网,2013 年 1 月 22 日。

源和禀赋，要把调查研究作为基本功，深入基层、深入群众、深入实际，了解情况、问计于民；要坚持从实际出发谋划事业和工作，使想出来的点子、举措、方案符合实际情况，不好高骛远，不脱离实际。① 这从方法论上指明了县域如何协调推进"四个全面"战略布局。

在县域协调推进"四个全面"战略布局，一定要正确认识和处理"四个全面"战略布局与"五位一体"总体布局、"五大发展理念"的辩证关系。要以全面建成小康社会为目标，以"五大理念"引领发展，既总体推进"五位一体"建设，又重点抓好全面深化改革、全面依法治国、全面从严治党三大战略举措。政治局就"十三五"时期我国经济社会发展的战略重点进行第三十次集体学习时，习近平强调指出："发展战略重点，是'十三五'时期我国发展的'衣领子'、'牛鼻子'。抓准、抓住、抓好战略重点，是保证'十三五'发展开好头、起好步的关键，是保证全面建成小康社会决胜阶段获得全胜的关键。""抓住重点带动面上工作，推动事物发展不断从不平衡到平衡，是唯物辩证法的要求，也是我们党在革命、建设、改革历史进程中一贯倡导和坚持的。要从五位一体总体布局、'四个全面'战略布局、新发展理念、五大支柱性政策、补短板防风险来把握发展战略重点。"② 实现中华民族伟大复兴的中国梦是中国特色社会主义建设的总目标，"五位一体"总体布局构成了中国特色社会主义建设的整体和全局。"四个全面"战略布局，反映了现阶段中国特色社会主义建设的主要目标和面临的主要矛盾和突出问题，它是我们党在新形势下，首先是"十三五"时期治国理政的总方略，是事关党和国家长远发展的总战略。"创新、协调、绿色、开放、共享"是指引发展的新理念，它集中体现了"十三五"乃至更长时期我国的发展思路、发展方向、发展着力点，是管全局、管根本、管长远的导向。"五位一体"总体布局的建设、'四个全面'战略布局的推进，都要在"五大发展理念"的引领下开展，都要贯彻落实"五大发展理念"。它不仅引领第一个百年目标的实施，也要在第二个目标的实现中发挥重要的引领作用。

在县域协调推进"四个全面"战略布局，一定要厘清"四个全面"有

---

① 《习近平在兰考县委常委扩大会上的讲话》，新华网，2015年9月8日。
② 《习近平在中共中央政治局第二十次集体学习时强调：坚持运用辩证唯物主义世界观方法论，提高解决我国改革发展基本问题本领》，《人民日报》2015年1月25日。

机耦合、构成整体，而不是各自为战，单刀突进，把握"四个全面"之间的内在逻辑，对"四个全面"整体性驾驭、整体性谋划、整体性推进，突出系统性、整体性、协同性，"做到'四个全面'相辅相成、相互促进、相得益彰"，"全面建成小康社会是我们的战略目标，全面深化改革、全面依法治国、全面从严治党是三大战略举措"①。全面建成小康社会战略目标的达成，改革是途径，法治是保障，党的建设是根本。"全面深化改革、全面推进依法治国如鸟之两翼、车之双轮"②，而党的组织（从严治党）则是驾驶战车勇往直前的英勇战士，如期驶抵全面建成小康社会的目标。

在县域协调推进"四个全面"战略布局，一定要既"接天线"又"接地气"，深刻领会中央和省市的精神，从每个县域的实际情况出发，创造性地开展工作，结合县情、制订方案、精心部署、凝聚力量、有序推进，精心寻找县域协调推进"四个全面"战略布局的切入点和"牛鼻子"，充分彰显县域协调推进工作的特色，充分显现县域在协调推进"四个全面"战略布局中的责任担当。

就浙江省来说，就是要以"五大发展理念"为引领，在贯彻《浙江省国民经济和社会发展第十三个五年规划纲要》中，找到协调推进"四个全面"战略布局的落脚点。第一，县域在继续全面推进"八八战略"③，为"十三五"期间高水平全面建成小康社会落实自己的责任担当。"八八战略"是推进"四个全面"战略布局在浙江实践的根本遵循，是全面落实五大发展理念、引领我省经济发展新常态的总路径。县域要在持续推进"八八战略"上找准自己的切入点和发力点，必须始终以"八八战略"为总纲，坚持一张蓝图绘到底，保持工作稳定性和连续性。要结合县域的产业特点和生态条件，胸有全省一盘棋，心有县域一着棋，精准发力，错位发展，携手共进，追求整体效应最大化，避免外部负效应，形成各具特色的高水平全面小康和现代化的生动局面。县域组织对定下来的工作部署，要一抓到底、善始善终；要有"功成不必在我"的境界，一张好的蓝图要像

---

① 《习近平在省部级主要领导干部学习贯彻十八届四中全会精神，全面推进依法治国专题研讨班开班式上发表重要讲话强调：领导干部要做尊法学法守法用法的模范，带动全党全国共同全面推进依法治国》，《解放军报》2015年2月3日。

② 《习近平主席发表2015年新年贺词》，央视网，2014年12月31日。

③ "八八战略"是时任浙江省委书记的习近平同志2003年7月在中共浙江省委十一届四次全会上提出的。

接力赛一样,一棒一棒接着干下去;要有明知山有虎、偏向虎山行的劲头,积极寻找克服困难的具体对策,真正成为带领人民群众战风险、渡难关的主心骨。①

第二,县域在全面深化改革中落实自己的责任担当。习近平指出:"现在,我国经济发展进入新常态,保持经济社会持续健康发展,必须转方式、调结构,必须实施创新驱动发展战略,必须推动新型工业化、信息化、城镇化、农业现代化同步发展;做好这些工作,县一级十分重要。这些工作怎么做?做什么?要开动脑筋、深入思考、积极推动;全面深化改革,县一级要做什么事,能做什么事,要不等待、不观望,坚持问题导向,积极主动作为。"② 一是要在坚定不移打好转型升级系列组合拳中找准自己的着力点。要毫不动摇地继续推进"五水共治"、"三改一拆"、"特色小镇建设"、农业现代化、供给侧结构性改革。二是要在大力提升城乡发展一体化水平上找准自己的着力点。农村、农民集中在县域,县域担负着繁重的缩小城乡差别、实现城乡发展一体化的历史重任。未来5年,县域发展要更加着力在统筹城乡,缩小城乡差别,实现城乡发展一体化上下力气,在构建和谐安定的城乡关系、工农关系和基层内部关系上下功夫。要加快健全城乡发展一体化体制机制。县域农村集体产权制度的改革意义重大,影响深远,它关乎农民群众收入的增长和生活的改善,关乎我国农业现代化的实现,关乎农村社会主义制度的巩固,关乎农村的社会稳定长治久安。三是要在践行"两山"理论③、建设"美丽中国"上找准自己的着力点。县域在生态建设上具有举足轻重的决定作用。县域是山区的主要载体,因而也是森林、饮用水、氧气等生态系统的主要支撑,是人类生存和社会经济可持续发展的重要基础,但是森林生长周期长,往往数十年或几百年,一旦遭到破坏,影响几代人。因此,县域要在坚持生态立县、绿色富县、绿色惠民,加快建设资源节约型、环境友好型社会,促进人口、资源、环境和经济协调发展,构建绿色发展方式和生活方式,推动形成人与自然和谐发展的现代化建设新格局下功夫,为"美丽中国""美丽浙

---

① 《习近平同中央党校县委书记研修班学员座谈,强调做焦裕禄式的县委书记,心中有党心中有民心中有责心中有戒》,《人民日报》2015年11月3日。
② 习近平:《做焦裕禄式的县委书记》,《学习时报》2015年9月8日。
③ 2005年8月,时任浙江省委书记的习近平同志在浙江安吉余村考察时,提出了"绿水青山就是金山银山"的科学论断。

江"贡献力量。

第三，县域在全面深化"平安浙江"和"法治浙江"建设中落实自己的责任担当。一是要在加强和创新基层社会依法治理上找到着力点。"依法治国的根基在基层"。① 我国大量影响和威胁到社会稳定的矛盾来自于基层，县域也是我国依法治理的相对薄弱地区，因而是我国实施依法治国方略要重点加强的区域。为此，要完善党委领导、政府主导、社会协同、公众参与、法治保障的社会治理体制，推进社会治理精细化，构建全民共建共享社会治理格局；以乡镇（街道）社会服务管理中心和县级有关工作平台为基础，扎实推进县乡两级社会治理综合指挥平台建设。二是要在加强基层干部运用法治思维和法治方式解决矛盾推动发展上找到着力点。"县一级处于社会矛盾的前沿，县委书记处在维稳第一线，一定要履行好责任。前些年，瓮安、孟连、陇南等事件说明，突出矛盾和突发事件背后都存在复杂的利益冲突，都存在干部作风问题，也都存在工作上处置不当的问题。对突出矛盾要有责任意识，主动去解决而不是回避推卸，努力做到发现在早、处置在小。对突发事件要临危不惧、沉着冷静、敢于负责，关键时刻要亲临现场、靠前指挥、果断处置"②。县域各级干部，尤其是县委书记"要做学法尊法守法用法的模范，善于运用法治思维谋划县域治理。要牢记法律红线不可逾越、法律底线不可触碰，做决策、开展工作多想一想是否合法、是否可行，多想一想法律的依据、法定的程序、违法的后果，自觉当依法治国的推动者、守护者"③。以此为推进具有浙江特色社会治理体系现代化，打造社会活力最强、社会秩序最优、社会风气最正的省份作出贡献。

第四，县域在全面从严治党中落实自己的责任担当。一是，要在纯洁县域各级党的基层组织上寻找着力点。县域各级组织是最靠近群众的、与群众接触最多最紧密的。因而，也就直接代表着党的形象。县域组织"心系群众、为民造福""心中始终装着老百姓""不谋私利、克己奉公"④，就能得到老百姓的拥戴，反之，就是对党的执政基础的毁坏。县级党委要

---

① 习近平：《做焦裕禄式的县委书记》，《学习时报》2015年9月8日。
② 同上。
③ 同上。
④ 《习近平同中央党校县委书记研修班学员座谈，强调做焦裕禄式的县委书记，心中有党心中有民心中有责心中有戒》，《人民日报》2015年1月13日。

承担起抓好县域基层党建的主体责任,要像重视经济建设中心工作一样,一视同仁地重视县域各级党组织的建设,牢固树立"抓好党建就是最大的政绩"的政绩观。"我国有 2800 多个县市区旗,如果每个地方的党委和政府以及广大干部都能坚持党的宗旨,都能密切联系群众,都能带领群众把党和国家方针政策落实好,不论什么风浪来了,我们就都可以稳坐钓鱼船。'位卑未敢忘忧国'。每个党组织无论级别高低、分布在哪里,每个党员无论职务大小、工作在什么岗位上,都要在党忧党,自觉担当起应尽的责任,自觉做好固本强基、凝聚人心的工作。大家都这样做了,党和国家工作就会具有广泛扎实的基础"[①]。二是,尤其要在抓好县委书记和县委班子建设上寻找着力点。县委书记就是"一线总指挥"。县委书记和县委班子"要谋几十万、上百万人的改革发展稳定大计,管千头万绪的事务",责任重大,同时"面临的考验很多很严峻,有改革发展稳定繁重工作的考验,有保障和改善民生突出问题的考验,有形形色色错误思潮的考验,有权力、金钱、美色的考验,有庸俗风气、潜规则的考验,如此等等。特别值得注意的是,县委书记手中掌握着很大权力,所以各种诱惑、算计都冲着你来,各种讨好、捧杀都对着你去,往往会成为'围猎'的对象"[②]。"县委书记作风不好,党在当地群众心目中的形象就会大打折扣"[③]。因此,必须做到"心中有党、心中有民、心中有责、心中有戒。"[④]"心中有党",对党忠诚是"定海神针",理想信念坚定是对党忠诚的"牢固思想基础"。习近平总书记曾指出:"理想信念动摇是最危险的动摇。理想信念滑坡是最危险的滑坡。我一直在想,如果哪天在我们眼前发生'颜色革命'那样的复杂局面,我们的干部是不是都能毅然决然站出来捍卫党的领导、捍卫社会主义制度?"[⑤]"心中有党"是具体的而不是抽象的,要"自觉同党中央保持高度一致,自觉维护党中央权威。党中央提倡的坚决响应,党中央决定的坚决照办,党中央禁止的坚决杜绝,决不允许上有政策、下有对策,决不允许有令不行、有禁不止,决不允许在贯彻执行中央决策部署上

[①] 《习近平在兰考县委常委扩大会上的讲话》,新华网,2015 年 9 月 8 日。
[②] 习近平:《做焦裕禄式的县委书记》,《学习时报》2015 年 9 月 8 日。
[③] 《培养造就一支高素质县委书记队伍,把协调推进"四个全面"战略布局落到实处——学习习近平〈做焦裕禄式的县委书记〉》,《人民日报》2015 年 8 月 28 日。
[④] 习近平:《做焦裕禄式的县委书记》,《学习时报》2015 年 9 月 8 日。
[⑤] 《习近平内部讲话说了啥?》,中青在线,2014 年 10 月 1 日。

打折扣"①。县委书记是直接面对基层群众的领导干部,"心中有民","必须心系群众、为民造福。做到不谋私利、克己奉公。对个人的名誉、地位、利益,要想得透、看得淡,自觉打掉心里的小算盘。要着力解决好人民最关心最直接最现实的利益问题,特别是要下大气力解决好人民不满意的问题"②。"心中有责","就意味着尽心尽责干事。不能干一年、两年、三年还是涛声依旧,全县发展面貌没有变化,每年都是重复昨天的故事"③。"面对工作难题,要积极寻找克服困难的具体对策,豁得出来、顶得上去,真正成为带领人民群众战风险、渡难关的主心骨"④。"心中有戒",就是"要正确行使权力,依法用权、秉公用权、廉洁用权,做到法定职权必须为,法无授权不可为,保持如临深渊、如履薄冰的谨慎,做到心有所畏、言有所戒、行有所止,处理好公和私、情和法、利和法的关系"⑤。"县委书记作为县里的权力人物和公众人物,要注意道德操守,道德上失足有时比某些工作失误杀伤力还要大",要"加强道德修养,追求健康情趣,慎重对待朋友交往,时刻检点自己生活的方方面面"⑥。"把好权力关、金钱关、美色关,做到清清白白做人、干干净净做事、坦坦荡荡为官,引导全县形成健康向上的社会风尚"⑦。县委书记和县委班子要为全县干部作出表率,"正人必先正己,正己才能正人。群众看领导,党员看干部。领导带头、层层示范,上行下效、层层传导,是做好各项工作的重要方法"⑧。

(作者单位:浙江农林大学马克思主义学院)

---

① 习近平:《做焦裕禄式的县委书记》,《学习时报》2015年9月8日。
② 同上。
③ 《习近平同中央党校县委书记研修班学员座谈,强调做焦裕禄式的县委书记,心中有党心中有民心中有责心中有戒》,《人民日报》2015年1月13日。
④ 习近平:《做焦裕禄式的县委书记》,《学习时报》2015年9月8日。
⑤ 同上。
⑥ 同上。
⑦ 《习近平同中央党校县委书记研修班学员座谈,强调做焦裕禄式的县委书记,心中有党心中有民心中有责心中有戒》,《人民日报》2015年1月13日。
⑧ 《习近平在兰考县委常委扩大会上的讲话》,新华网,2015年9月8日。

关于马克思主义大众化建设的思考

刘毅强

党的十七大明确提出了"推动当代中国马克思主义大众化"的时代命题;党的十八大再次向全党提出了推进马克思主义大众化的历史任务。在迎接党的十九大召开之际,积极推动马克思主义大众化建设,对于统一全党思想,武装全国人民进而指导实践,继续开创中国特色社会主义建设的新局面具有举足轻重的意义。

一 实现"中国梦"需要马克思主义大众化的引领

中国实现民族独立、人民解放离不开中国共产党的正确领导;同样,中国要实现国家富强、人民富裕也离不开中国共产党的领导。当前,中国社会正处于全面深化改革新的历史起点之上,我们党也处于全面从严治党新的历史定位之中。习近平总书记在十二届全国人大一次会议闭幕会上阐释中国梦的内涵时指出:"实现全面建成小康社会、建成富强民主文明和谐的社会主义现代化国家的奋斗目标,实现中华民族伟大复兴的中国梦,就是要实现国家富强、民族振兴、人民幸福。""中国梦是民族的梦,也是每个中国人的梦。"同时强调:"实现中国梦必须走中国道路,这就是中国特色社会主义道路。实现中国梦必须弘扬中国精神。这就是以爱国主义为核心的民族精神,以改革创新为核心的时代精神。实现中国梦必须凝聚中国力量,这就是中国各族人民大团结的力量。"总而言之:中国是信仰马克思主义的共产党执政,不管是走中国道路、弘扬中国精神,还是凝聚中国力量,都需要马克思主义大众化的引领。

首先,习近平指出:"实现中国梦必须走中国道路,这就是中国特色社会主义道路。""全国各族人民一定要增强对中国特色社会主义的理论自信、道路自信、制度自信,坚定不移沿着正确的中国道路奋勇前进。"只有推进马克思主义大众化,宣传普及以中国特色社会主义理论体系为主要内容的马克思主义理论,才能树立和巩固广大人民群众对马克思主义的信仰,坚定中国特色社会主义的理想信念,统一思想,增强对中国特色社会主义的理论自信、道路自信、制度自信,使人民群众自觉投身于中国特色社会主义的伟大实践中去。其次,弘扬中国精神,就要用社会主义核心价值观引领社会思潮。加强社会主义核心价值体系大众化建设是当代马克思主义大众化的重点。党的十八大报告指出:"社会主义核心价值体系是兴国之魂,决定着中国特色社会主义发展方向。要深入开展社会主义核心价值体系学习教育,用社会主义核心价值体系引领社会思潮、凝聚社会共识。"社会主义核心价值观是中国梦的价值内核,指引着实现中国梦的正确方向。再次,习近平指出:"中国梦归根到底是人民的梦,必须紧紧依靠人民来实现,必须不断为人民造福。"人民群众是实现中国梦的主体力量,只有自觉认同、接受和信仰马克思主义,才能更加自觉地投身于发展中国特色社会主义的伟大实践当中去。只有推动马克思主义大众化,才能使全体人民普遍认同、接受和信仰马克思主义,为实现中国梦提供强大的精神动力,并且使人民坚定政治立场,拥护共产党的领导,从而巩固、扩大党的群众基础,增强党的凝聚力、向心力和号召力。

要完成时代赋予我们的任务,促进中国社会的改革发展关键在党。但另一方面,党仅仅只是领导中国人民进行社会主义建设的核心力量,如果没有亿万人民群众的支持,就失去了社会主义建设的主力军和生力军,党的工作和党的事业就丧失了群众基础。因而中国共产党要引领、推进新时期的马克思主义大众化,激发出人民群众自觉投身到社会主义现代化建设中的积极性和热情,其意义非常重大。同时亿万人民群众也需要一个伟大的领导核心带领自己走上全面小康、实现"中国梦"的道路,这是人民的愿望、时代的呼唤和历史的必然发展趋势。

二 文化自信是马克思主义大众化的题中应有之义

改革开放四十年来,人民群众受到西方思想的影响显而易见,尤其是青少年,在思想层面上出现了价值观念多元化的状态。虽然价值观念多元化体现出社会进步的一个方面,但是流行于老百姓中的一些价值观也不可忽视,如利己主义、新自由主义、无政府主义等思想和观念,它们是西方资产阶级思想的典型代表,又往往以维护人权、维护人民利益的面目出现，使人民群众无法辨认出来。还有一些思想是腐朽的封建主义思想的幽灵复活，如在党内的特权思想、腐败享受作风、山头主义等等。这些错误腐朽思想对社会主义道德体系的建设和社会主义核心价值观的传播造成了一定的冲击。别有用心者借此思潮公开传播反党言论。因此，如果我们不对这些错误思想进行批判或者不作为任其自由发展，那么迟早这些思想就会成为老百姓和部分党员的主流价值观，人民群众也很容易走上歧途。而如果我们以"挡"的方式企图阻拦这些思想的传播在当前只会引起人民的反感，因而我们要对人民群众进行马克思主义的教育，要用彻底的马克思主义理论去说服人、争取人。而人民在经过比较后也会发现什么是正确的理论、什么是正确的价值观，就会自觉地采用正确的理论并维护它。

习近平总书记在建党95周年大会上提出了文化自信的命题。我们推进新时期的马克思主义大众化建设需要高度的文化自信。既然我们要文化自信，就不怕理论传播到人民群众中间去接受检验。我们的理论特别是改革开放以后形成的中国特色社会主义理论，经过了四十年的实践检验，已经被证明是正确的理论，引导中国人民在过去四十年时间里取得了社会主义建设的巨大成就，也依然是未来全面建成小康社会的理论指南。

文化自信是一个国家、一个民族、一个政党对自身文化价值的充分肯定，对自身文化生命力的坚定信念，是我们党的鲜明特征和显著优势。我们党要想带领人民实现中华民族的伟大复兴，就必须高扬自己的文化理想，高举自己的文化旗帜，树立自己的文化形象，切实承担起推动文化繁荣发展的历史责任。马克思主义是我们文化发展的根本，它以科学的世界观和方法论，揭示了人类社会发展的基本规律，也为先进文化建设指明了正确方向。我们党从诞生之日起就高举马克思主义这面旗帜，并在同中国实际相结合的过程中不断推进马克思主义中国化，形成了毛泽东思想和中国特色社会主义理论体系这两大理论成果，成为指引中国文化前进的根本指针。文化自信就是要使马克思主义由意识形态领域进入到人民群众的文化心理结构，成为人民群众的价值基础和精神纽带。

我们的文化自信不仅包括中国传统文化中的优秀部分，而且还包括马克思主义和中国化的马克思主义的重要内容。后者在前者的基础上展现出了非常强大的生命力，成为一个时期指导中国人民取得革命、建设重大成功的理论指导。新时期推进马克思主义大众化建设的内容也就是这两个方面。当前，习近平总书记系列讲话精神和新一代国家领导人治国理政的新思路、新理念是对中国目前阶段的总结和未来发展方向的引导，是马克思主义理论中国化的最新理论成果，同时也构成了马克思主义大众化的当代内容。学习贯彻习近平总书记的系列讲话精神，以求真务实、开拓创新的勇气投入到社会主义建设之中，践行大众创业、万众创新的号召，着力解决当前中国遇到的发展难题。这是全面建成小康社会、实现中华民族伟大复兴的关键；也是在当前阶段完成经济转型升级、社会转型发展这些问题攻坚克难的一条出路。因而只有推进当前时代的大众化建设，才能够为解决这些问题提供思路，坚持社会主义的道路不动摇，也才能够达到文化自信的目的；而只有文化自信了，中国人民才能更加自觉地以科学理论作为自己行动的指南，进一步夺取全面建成小康社会的伟大胜利。

三 创新创造是实现马克思主义大众化的基本途径

当前我党的执政地位面临着内部和外部的双重挑战。从外部看，世界局势和社会环境复杂多变，面临的重大问题带有全球性。如恐怖主义、气候变暖、全球金融危机等自然灾害和人为灾害。从党本身来说，国情、党情的变化也非常快。中国共产党在中国的政治影响力非常大，如今党员已经激增至8900多万人，这么多人的一个大党，在社会主义市场环境下该如何管党治党，如何使党内齐心协力、团结一致，改进工作、生活作风和预防、惩治腐败，如何加强党的执政能力建设和领导全面小康社会建成与改革开放的能力，如何在新时期推进马克思主义在党员干部中的大众化，保持党在社会主义市场经济环境里的先进性和纯洁性？

上述问题的回答只有一个答案，就是习近平总书记反复强调的党员要保持对马克思主义的坚定信仰；只有信仰坚定了，才能统一全党的行动。坚定马克思主义信仰，就必须在党内灌输马克思主义，强化党内的马克思主义大众化教育。新时期在党内推进马克思主义大众化建设的创造创新主要形式，就是以全面从严治党为总抓手，以严肃党纪国法、提高管党治党能力为目标，着力解决党内目前出现的严重问题，如党员干部理论脱离实际、干部脱离群众的问题。全面从严治党首先要在思想上进行全面从严治党，即要继续用马克思主义的理论来武装全体党员，对我们的党员进行思想上的大扫除和肌体上的有病治病。抓纲治国，首先在于治党；全面从严治党是提高党的建设科学化水平的一项重要方针。新世纪新阶段，共产党人要引领新时期的马克思主义大众化以实现中国社会的历史性转折，达到加快社会主义现代化建设、推动全面建成小康社会的目标，必须要加强党自身的各种能力建设，为历史任务的完成提供有力的政治保障。

新时期人民群众在思想意识和价值观念上的一个重大特点就是多元化。在这种多元化的特点主导下，一味地采取意识形态的灌输式教育反而容易引起群众的反感，甚至走上南辕北辙的路；推进新时代的马克思主义理论普及绝对不能"硬来"。但不能"硬来"绝不意味着放弃马克思主义大众化，而是要采取多种形式、多种途径来创新创造推进科学理论的大众化发展。改革开放新时期推进大众化建设要在科学的原则和方法论的指导之下，不断探索更加务实管用的工作方法和实现途径。

在创新创造发展工作方法和实现途径的过程中要以科学的原则和方法作为指导，即那些被历史所证明了的在延安时期毛泽东推进马克思主义大众化所坚持的原则：理论联系实际的原则、以思想政治教育作为目的的原则、通俗化传播原则、以保障人民的利益等作为推进原则。在这些原则的基础上，还要考虑到当下的实际情况，在社会实践中发展、更新适合时代发展的新原则。例如当前党和人民的主要任务是集中力量搞经济建设，那么推动马克思主义大众化就要考虑不能影响人民正常的工作生产秩序和作息秩序。这也是新时期推进马克思主义大众化应该要坚持的一条原则。坚持和发展这些原则。有助于在马克思主义大众化过程中使党员干部和群众能够自觉地接受马克思主义的教育，使马克思主义的世界观、人生观、价值观和马克思主义的一系列观点、方法能够顺利地被人们所内化。

马克思在《关于费尔巴哈的提纲》中指出："哲学家们只是用不同的方式解释世界，问题在于改造世界。"马克思主义理论要想实现改造世界这一任务，不仅要求马克思主义理论要随着时代的变化不断进行创新，而且也要求用这种创新的成果武装人民的头脑，实现马克思主义的大众化。只有这样马克思主义理论才能真正成为变革现实的物质力量。马克思主义大众化与马克思主义中国化、时代化是相互联系在一起的。马克思主义大众化不仅是实现马克思主义理论的通俗化，更是要求马克思主义理论应该反映人民大众的真实需要和价值诉求。马克思主义大众化的过程既要求马克思主义基本原理同中国当代的具体实践和中国传统文化相结合，又要求马克思主义理论应当随着中国现代化实践的发展与时俱进，其实质是一个不断进行创新的过程。因此，不断进行创新创造是实现马克思主义大众化的基本途径。而且马克思主义大众化的核心是要用马克思主义理论武装人民群众，这就要求马克思主义理论不能仅仅停留在马克思主义经典作家的只言片语和具体结论上，而是应当摆脱教条主义的思维模式，客观地分析当代中国面临的重大理论问题和实践问题，运用马克思主义理论揭示历史发展的内在规律，反映人民大众的真实需要和价值诉求，根据实践的发展不断推进马克思主义的创新，运用马克思主义理论的内在力量赢得人民大众，实现马克思主义大众化。同时，"与时俱进"作为马克思主义理论的品质，它在本质上是不断进行创新的过程。马克思主义理论不是固定不变的教条，坚持马克思主义也并非要固守其现成结论，而是要根据时代的变化，丰富和发展马克思主义。

四 马克思主义大众化是一个历史过程

马克思主义大众化是一个常议常新的话题，也是一个需要不断积极推进的历史过程，它贯穿于中国革命、建设、改革的发展始终，是中国共产党肩负的永恒的历史使命。不管是延安时期党成功推进马克思主义大众化建设，还是改革开放时期继续推进马克思主义大众化建设，九十多年来党走过的光辉历程，都有力地证明了中国共产党领导人民群众进行马克思主义大众化的强大的组织力和领导力。

延安时期毛泽东推进马克思主义大众化建设时所确立的一系列思想观点和原则、策略以及推进措施得出了一些有益的论述，确立了大众化的对象、内容、精神实质和"怎么化"，以及推进马克思主义大众化所要坚持的原则和可以采取的措施等，并通过革命实践证明了这些结论的正确性，最后上升为毛泽东思想的重要组成部分。今天，面对我国的经济新常态和经济全球化的内外部环境，照抄照搬毛泽东时期的那一套肯定不行，需要精细化地研究延安时期毛泽东推进马克思主义大众化建设的具体对象、推进原则和推进措施，进而总结出毛泽东在延安时期推进马克思主义大众化建设的经验，引申出我们对当前时代推进马克思主义大众化建设的若干启示。中国正处于社会转型的重要时期，也是中国共产党自执政以来又一个关键时期。我们应紧紧团结在以习近平为核心的党中央周围，以马克思主义和中国特色社会主义理论作为指导原则，不断地在当代社会实践中以改革创新的勇气来攻坚克难。作为领导核心的中国共产党在推进全面建成小康社会的事业中要凸显出领导核心的作用，主要表现为以马克思主义理论作为精神力量去调动党员干部以及亿万热爱社会主义的人民群众，激发他们的热情共同致力于改革开放的伟大事业之中。

马克思主义大众化建设可以说是当代我国意识形态建设的一个重要内容，通过马克思主义理论和中国特色社会主义理论的魅力凝心聚力，全面贯彻四个重要战略布局，关键是全面从严治党。在这一过程中，要充分发挥出理论的重要指导意义就要使党和人民对什么是社会主义、如何建设社会主义有更加深刻的认识，以理论联系实际、求真务实的态度丰富和发展社会主义的理论。因而推进当前时代的马克思主义大众化历史进程刻不容缓，要使更多人能够提高认识、把握关键。在推进当前时代马克思主义大众化的过程中，可以以毛泽东为师，继承并发展毛泽东在延安时期推进马克思主义大众化时所主张的各种思想观点和采取的各项推进措施，力求提高马克思主义大众化的效果。如进一步丰富和发展中国特色社会主义理论、针对不同的人群采取不同的推进措施、着重于不同的推进原则，这些都是非常有意义的历史经验。

毛泽东开创了马克思主义大众化建设的巨大成果，但历史经验终归只是提供借鉴意义，不能当作教条来照搬照抄。我们应该结合当前时代的特征和实践的需求，创新发展马克思主义大众化的实现途径；更应该结合当前时代的实践目标，通过马克思主义大众化来推进全面小康社会的建成。中国的问题关键在党，习近平总书记反复强调党要管党、从严治党的重要性，这也是当前时代推进马克思主义大众化建设的关键之词。因为中国共产党是社会主义建设的领导核心，要解决中国社会的问题，关键看党。全面从严治党，加强党风廉政建设和反腐败斗争，锻造一支经得起人民检验、经得起历史考验的铁军，是新时期为更好建设社会主义伟大事业而推进马克思主义大众化建设的主要目的之一。因而对党员干部的马克思主义教育是重中之重，必须从严教育党员干部。

当然，当前时代的马克思主义大众化进程也面临着诸多的困难，并不是一朝一夕就能够达到预期目的的。正因为如此，我们才更应该坚持马克思主义的真理不动摇，坚持走中国特色社会主义的道路不动摇，只有这样才能真正实现从"必然王国"向"自由王国"的飞跃。

(作者单位：中共中央党校哲学部)

新时代文化强国战略的四个维度

张卫良　胡文根

党的十八大以来,围绕着文化建设和文化体制改革这一核心议题,以习近平同志为总书记的党中央提出一系列文化强国新战略。根本用意就是通过以文化人、以文发声、以文惠民和以文兴业,重塑中华民族文化血脉,革新文化发展话语体系,拓展文化服务公共空间,凝练文化市场运行基本规则,全面提升治国理政的文化涵养与科学化水平。

一　文以化人：新战略下的人本回归

民为邦本,本固邦宁。文化强国新战略的稳步推进离不开对人民的现实关注,正如习近平总书记所提出的,治国理政中必须坚持问题导向,倾听人民呼声。文以化人的落脚点是人,因为人是一切社会关系的总和,而对社会关系的诠释与建构又无法脱离具体的文化环境,文化展示的正是人的存在价值,因而必须将文化视为人本回归的根本评价尺度。习近平总书记还强调,我们不是历史虚无主义者,也不是文化虚无主义者,不能数典忘祖、妄自菲薄。这为人本回归划定了三个基本目标层次：首先是历史价值的人本回归。这既要求坚持马克思主义立场与观点,也应注重从传统中汲取优质文化养分,核心是马克思主义人学内涵与传统优秀文化中人本观念的有机契合,搭建起人本的生成与发展场域；其次是文化发展路径的人本回归。即跳出"人本物质论""人本体制论"等桎梏,理性认识"仓廪实"仅是人本回归的物质条件铺垫,深刻反思"体制化"只是人本回归的规范秩序安排,应把"人本文化论"作为基本理念与重要抓手,即聚焦于如何培育与激发人本回归的内在文化动力；最后是文化发展目标的人本回归。新战略旨在最终达到文化的自我觉醒、自我确信、自我驱动等目标,即人民作为传统文化传承者、现代文化持有者、创新文化开拓者等的角色觉醒，人民对本土文化的内在生成性、动态超越性、社会反哺性的高度自信，及人民对弘扬中国品质、传播中国价值、凝聚中国力量等的使命担当。

二 文以发声：新战略下的话语重塑

文化强国新战略的最迫切任务之一，便是话语重塑。习近平总书记强调，要加强话语体系建设，着力打造融通中外的新概念、新范畴、新表述。事实上我们并不缺少话语，优秀传统文化中积淀着最能凸显民族特色的话语，但却缺少足够的话语能量。因为越是时间跨度长的文化，就越易持保守主义姿态，其话语空间弹性就越是有限，在竞争中就越难占据先机。如何来破解话语能量不足的问题？习近平总书记指出，独特的文化传统，独特的历史命运，独特的基本国情，注定了必然要走适合自己特点的发展道路。要说些什么，说与谁听，由谁来说，如何来说，必须彰显出民族特色、国家精神与时代特征。新战略就是从四个基本问题域出发，旨在勾勒出一幅四维融合的话语图景：从话语主题的底线来说，话语重塑必须要有底线思维，而该底线就是话语体系必须走向内部统整与国际竞争的前台；从话语对象的利益来说，通过话语来捍卫民众的根本利益，并进而激发其对于文化的信心与认同，这是文化话语生命力源源不竭的根本保障；从话语主体的面向来说，话语怎样同时代相符、与国际接轨、和日常生活契合等是根本遵循，要讲时代语言，说国际话语，呈生活气息，这种接地气、和民意、暖人心的模式才是话语重塑的基本原则；从载体技术的运用来说，话语重塑要有媒体融合思维，要推动传统媒体与新媒体的融合发展，充分利用"互联网＋"时代的技术优势，在线上与线下的互动过程中缔造全新的文化话语范式。

三 文以惠民：新战略下的公共服务

文化是承载现代公共生活的自由、平等、开放与共享等特征的关键介质，也是保障公共服务均等、公平和普惠等要素的有力抓手。如习近平总书记谈到，人民对精神文化生活的需求时时刻刻都存在。而满足人民日益增长的精神文化需求，关键就是在公共文化服务议题上。文化强国新战略将公共文化服务作为必要举措，旨在凝练优秀文化作为公共服务的精神纽带，创新维护人民群众利益的服务模式，从而最终实践一种治善的理念逻辑与达成善治的行动结果。习近平总书记提出，要大力繁荣发展文化事业，深入实施重点文化惠民工程，进一步提高公共文化服务能力，促进基本公共文化服务的标准化、均等化。这为公共文化服务提供了"质""时""度""效"的明确规定：所谓"质"，即"提质"公共文化服务的前提，应是文化资源的挖掘与汲取，以及文化资源配给结构的优化和创新；所谓"时"，即"适时"建立健全全民共享的现代公共文化服务体系，以文化权利意识的觉醒为契机，培育人民的理性认知与价值判断，激发其创新力与创造力；所谓"度"，即改变滞后的补缺型文化服务模式，动态满足人民文化需求是基本"限度"，应秉持机会均等与平衡差异的原则，捍卫不同地域、民族或个体在公共文化服务上的自由选择权利；所谓"效"，即紧扣公共文化服务对民众文化价值观的形塑"效果"，让公共文化服务体系更广、更深、更灵活地惠及普通民众，建设人人共享的精神文化家园。

四 文以兴业：新战略下的产业增益

文化自身的要素禀赋，构成了社会生产的"软实力"与"巧实力"，这有助于挖掘劳动者的生产潜能、协调社会生产分工，链接其他产业增益要素。而在社会生产产业化大浪潮中，也涌现出一些诸如文化资源被产业滥用、过度强调文化资本运作与市场收益等"泡沫乱象"。这似乎就让文化与产业的协同发展陷入无法解决的悖论中——文化发展越繁荣，文化的产业增益效果就越虚假。针对这一悖论，文化强国新战略所考量的重心，并非是驻足于文化如何进入市场、融合资本、优化资金收益等层面，而是谨慎反思在繁荣中国特色社会主义文化事业和产业文化化的努力中，如何进一步探清文化的前进方向，坚守核心价值观的文化灵魂地位，以及实现文化社会效益与经济效应的有机统一。正如习近平总书记所提出的，文艺不能成为市场的奴隶，应牢记创作是自己的中心任务，作品是自己的立身之本。这表明，文化的产业增益最强大动力在于文化本身内容的创造与更新，资本与市场只是提供了文化市场价值化的途径，而文化社会价值的彰显，则需要通过文化主体的创新、文化作品的优化、文化精神的复兴才可以实现。习近平总书记还对文化体制改革作出要求，提出无论改什么、怎么改，导向不能改，阵地不能丢。从根本上说，文化促进产业增益并不是资本的投入与收益的较量，而是文化意识形态属性与市场属性的比拼。只有在导向不改、阵地不丢、人心不散的良性文化发展秩序下,文以兴业才可从生产要素发力的理论范畴真正过渡到经济社会发展的实践范畴,新战略下的产业增益才能得到真正的文化保障。

(作者单位:中南大学马克思主义学院)

广东践行"四个坚持、三个支撑、两个走在前列"的几个着力点[*]

宋善文

改革开放以来，广东先行先试，在全国起到了"排头兵"作用。2017年4月4日，习近平总书记对广东工作作出重要批示，充分肯定党的十八大以来广东的各项工作，希望广东坚持党的领导、坚持中国特色社会主义、坚持新发展理念、坚持改革开放，为全国推进供给侧结构性改革、实施创新驱动发展战略、构建开放型经济新体制提供支撑，努力在全面建成小康社会、加快建设社会主义现代化新征程上走在前列。南粤大地再次迎来新机遇。现在的问题是，在新的历史起点上，全国各地都在加快发展，在万马奔腾，百舸争流的情况下，广东如何继续发挥改革开放排头兵作用？如何做到"四个坚持、三个支撑、两个走在前列"？笔者认为，落实总书记批示精神，广东当前需要在以下几个方面着力：进一步弘扬实干精神；进一步弘扬创新精神；进一步处理好政府和市场的关系；进一步加快绿色发展；进一步促进共享，增创广东发展新优势。

一 进一步弘扬实干精神

进一步弘扬实干精神，通过实干，加快发展步伐，通过实干继续走在前列。马克思说："一个行动胜过一打纲领"，邓小平同志说："任何事情都是人干的，"[①] 不干，半点马克思主义也没有。习近平总书记在2012年视察广东时指出："空谈误国，实干兴邦。"这些都说明，梦想不能自动成

---

[*] 广东省2016年研究生教改项目（2016—JGXM—ZD—38）、广东省本科教改项目（A216—214）的部分成果。

[①] 《邓小平文选》第2卷，人民出版社1994年版，第221页。

真，美好生活要靠辛勤劳动来创造。广东有干实事的优良传统，过去取得的一切成就都是靠实干得来的，未来的发展仍然要靠实干。广东要做到"两个走在前列"，就要继续让广东成为干事创业的沃土、成就事业的摇篮。

要实干，既要有敢为天下先的气魄，又要发扬艰苦创业的精神。近代以来，广东一直引领中国发展潮流，既具有敢为人先的胆略，又具有吃苦耐劳的拼劲。当前特别需要弘扬当年"横下一条心来""杀出一条血路"的雄心壮志，防止精神懈怠，防止"小富即安"。当前，"小富即安"、安于现状的情绪在一定范围内还存在，这种心态是小农经济的表现，早已不适应经济全球化时代的要求，不适应社会化大生产的要求，不适应新一轮改革开放的要求。由于中国是一个有几千年封建历史的国家，封建思想还在一定范围内影响着人们的思维，"小富即安"就是封建思想的残余，必须坚决摒弃。

要实干，就要有定力。定力，就是瞄准一定目标、确立一定的方向后，心无旁骛、专心致志、埋头苦干的持续力、毅力。邓小平同志当年寄予广东"看准了的，就大胆地试，大胆地闯"①，就是要求有定力，不要被外界因素所影响、所左右。"聚精会神搞建设，一心一意谋发展"，就是我国近40年来有定力的表现，也是广东近40年的表现。现在，我们已经前所未有地接近中华民族伟大复兴的目标，前所未有地走近世界舞台的中心，广东"四个坚持、三个支撑、两个走在前列"的要求已经明确，当前迫切需要埋头苦干，并且将这种干劲转化为一种定力：不为任何干扰所惑，不惧任何风险。任何无所作为的思想、犹豫徘徊的观点都会贻误大事。

二 进一步弘扬创新精神

进一步弘扬创新精神，就是通过创新引领，切实把经济发展由要素驱动、投资驱动转到依靠创新驱动的轨道上来。广东的发展要实干，更要巧干。但巧干绝不是投机取巧、走私贩私、假冒伪劣、偷工减料、偷税漏税等违法乱纪行为，而是要靠创新驱动发展、创新引领发展，把经济发展方式切实转移到依靠提高劳动者素质和科技进步的轨道上来。在近些年转变

---

① 《邓小平文选》第3卷，人民出版社1993年版，第372页。

经济发展方式的过程中，广东取得了显著成就，主要表现是企业科技实力、竞争能力显著增强，一大批落后产能被转移或淘汰，一大批科技实力强的产业、业态、企业迅速崛起。

要创新，就要营造鼓励创新的社会环境。环境和氛围对于创新至关重要。环境主要是指社会环境、制度环境、人文环境、企业环境，好的环境和氛围有利于激励创新，不好的环境和氛围制约创新。当前，要全面贯彻习近平总书记批示精神，广东的一个紧要任务就是：实现经济社会发展从"资源依赖""劳动力依赖""政策依赖"向"创新驱动""科技引领"的根本转变，强化创新在经济社会发展全局中的核心地位。

要创新，就要建立健全鼓励创新的体制机制。建立健全鼓励原始创新、集成创新、引进消化吸收再创新的体制机制，健全技术创新市场导向机制，发挥市场对技术研发方向、路线选择、要素价格、各类创新要素配置的导向作用。让市场在科技资源配置中起决定性作用。切实推进理论创新、制度创新、科技创新、文化创新以及其他各方面的创新，建设具有广东特色的创新体系。

广东要为全国创新驱动发展战略提供支撑，必须要成为汇聚创新人才的高地。创新，归根到底靠人才。没有一流的人才，就没有一流的创新成果。广东必须创新体制机制，为海内外一流创新人才提供一流的创新平台、一流的创新环境，让一流创新人才引得进、留得住、干得好。否则，就难以具有人才优势。同时，还必须大力发展教育事业，人才的培育靠教育，创新人才的培养也要靠教育。广东必须建立全国一流的教育高地，为创新发展战略提供支撑。

三　进一步处理好政府和市场的关系

进一步处理好政府和市场的关系，就是充分发挥市场在资源配置中的决定性作用，同时更好地发挥政府的作用。广东自清朝后期开始，就是我国商品经济发展活跃的地区，广州是清朝中期全国唯一的对外通商口岸。改革开放以后，广东又是我国改革开放的前沿，市场体系相对健全，市场意识相对浓厚。但是，现在制约市场在资源配置中起决定性作用的体制机制仍然存在，怎样破除市场壁垒，解决好"玻璃门"和"天花板"现象，处理好政府与市场的关系，也是广东当前要解决的突出问题。当前，经济发展中的后劲不足，创新能力不强，都与体制机制有关。在这种情况下,如何发挥"壮士断腕"的精神,真正让政府与市场各就各位,互不"越位、缺位和错位",发挥各自的作用,成为一个必须解决的重要课题。

首先要使市场在资源配置中真正起决定性作用。近40年来,市场在资源配置中的"基础性作用"在广东是发挥得比较好的,这是广东改革开放走在全国前列的秘诀之一,但现在的问题是要推进"深水区"的改革,必须让市场在资源配置中起"决定性作用"。这就对广东提出了新的挑战与要求,广东必须遵循市场经济的基本规律,着力解决市场体系不完善、政府干预过多和监管不到位的问题。从广度和深度上推进市场化改革,大幅减少政府对资源的直接配置,推进资源配置依据市场规则、市场价格、市场竞争实现效益最大化和效率最优化,并且在这些方面力争走在全国前列,为全国再树立一个标杆、一个榜样。

其次,要更好地发挥政府的作用。政府必须主动适应经济社会发展新要求,转变政府职能,保持宏观经济持续稳定增长。在如下两个方面能否走在全国前列,对广东是一个重大考验。一是加快和优化公共服务、保障公平竞争、加强市场监管、维护市场秩序、推动可持续发展、促进共同富裕、弥补市场失灵等方面;二是建立阳光政府、法治政府和服务型政府方面。前者是在政府与市场新型关系中,政府应该履行的职责,是政府义不容辞的责任,应该做好、做到位;"阳光政府、法治政府和服务型政府"是加强政府自身建设的目标,广东也应该走在全国前列。

四 进一步加快绿色发展

进一步加快绿色发展,就是发展绿色经济,建设"美丽广东"。党的十八大把生态文明建设作为中国特色社会主义"五位一体"总布局的一部分,目标是建设"美丽中国"。广东过去近40年的经济发展中,部分地区经济发展方式粗放,资源消耗多,环境污染严重,已经造成严重危害。但同时,粤东、粤西、粤北等地区,生态环境总体优良,为下一步建设绿色广东创造了条件,也为广东在生态文明建设方面领跑全国奠定了基础。为此,应该从如下方面着手。

在转变经济发展方式方面,广东应该走在全国前列。当前最重要的是营造鼓励创新的社会环境,形成鼓励创新的体制机制,把经济发展切实转到依靠科技和劳动者素质的轨道；其次广东应该利用自身的区位优势、经济优势、华侨之乡的优势，发展总部经济，吸引更多世界知名企业、特别是世界 500 强企业把总部设在广东；再次广东还可以在粤东、粤西、粤北等地区发展生态农业，在工业反哺农业、城市带动农村方面走在全国前列，在发展生态农业方面争创新优势，为全国树立榜样。最后，广东在节能减排、限制污染方面，应该铁腕出击，力争使广东"天更蓝、地更绿，水更净"。

广东在发展绿色经济方面的另一大着力点就是积极发展海洋经济，特别是积极参与海上丝绸之路建设。海洋经济是人类 21 世纪的主要经济增长点之一，党的十八大提出了建设海洋强国的战略目标。广东的一大区位特点是面向海洋、海岸线长，在大力发展海洋经济方面，广东应该尽早谋划，积极行动，主动出击，在这方面有所作为，走在全国前列。

五　进一步促进共享

进一步促进共享，就是建立公平正义体制机制，缩小贫富差距，促进关键共享。十八大报告指出，公平正义是中国特色社会主义的内在要求，共同富裕是中国特色社会主义的根本原则。十八届三中全会提出"以促进社会公平正义、增进人民福祉为出发点和落脚点"[1]。这些都非常明确地告诉我们，新一轮改革要聚集在"公平"二字上。前几年就有人认为，如果说我国前 30 年的改革是注重"发展"的话，那么后 30 年的改革则注重"公平"。正因为如此，习近平总书记在《2014 年元旦献词》中强调："我们推进改革的根本目的，是要让国家变得更加富强、让社会变得更加公平正义、让人民生活得更加美好。"[2] 在五大发展理念中，共享发展理念是出发点也是落脚点。在未来经济社会发展中，广东要在践行新发展理念方面走在全国前列，就要在促进公平方面走在全国前列。

经济社会发展犹如一艘巨轮，既需要有动力系统，也需要有平衡系统，即稳定系统。动力系统推动巨轮向前航行，稳定系统保持巨轮平稳运行。如果只有动力系统而没有平衡系统，巨轮快速航行时就会翻船；如果只有平衡系统而没有动力系统，巨轮就不能前行。对于一个社会来说，平

---

[1] 《中共中央关于全面深化改革若干重大问题的决定》，《人民日报》2013 年 11 月 15 日。
[2] 习近平：《2014 年元旦献词》，《人民日报》2014 年 1 月 1 日。

衡系统和动力系统同样重要。这就是前些年理论界一直讨论的公平与效率的关系问题。如果说效率是动力系统的话，那么公平就是稳定系统。社会没有效率就没有活力，没有公平就不能稳定。我们发展社会主义市场经济，以市场为改革的取向，让市场在资源配置中起决定性作用，就是为了增强经济社会发展的活力。但是，我们在发挥市场经济优势的同时，要克服市场经济的弊端和缺陷。市场经济是竞争经济，竞争必然有输有赢，输赢的结果容易导致两极分化，市场经济的一大弊端就是容易导致贫富两极分化。而贫富两极分化是我们社会主义所不能允许的，它不是社会主义本质的东西。邓小平多次强调，"社会主义最大的优越性就是共同富裕，这是体现社会主义本质的一个东西。"[1] 如果我们的改革导致两极分化，那我们就失败了。我们要让市场经济的优势为社会主义服务，用市场的效率促进社会的公平。

广东在40年的改革开放中，经济发展走在全国前列，但是在促进社会公平、实现共同富裕方面，还有较大的提升空间。这是广东的短板，现在不仅要补这个短板，还要为全国树立榜样。如何做？首先要兜底，要有底线思维。这就要提高低收入者的收入水平，让普通劳动者能够有尊严地生活，确保全体人民共享改革发展成果。当前，特别要在就业、养老、医疗、教育、住房等基本民生领域取得突破性进展，走在全国前列，在精准扶贫方面走在全国前列。其次要建立保证公平正义的制度体系。广东要率先建立以权利公平、机会公平、规则公平为主要内容的社会公平保障体系，营造公平的社会环境，保障人人参与、平等发展的权利。

（作者单位：广东外语外贸大学马克思主义学院）

---

[1]《邓小平文选》第3卷，人民出版社1993年版，第364页。

引领民族复兴的科学理论体系

孙占元

习近平总书记的系列重要讲话作为一个系统完整的科学理论体系，以实现中华民族伟大复兴的中国梦、坚持和发展中国特色社会主义为主题，从统筹"五位一体"总体布局到协调推进"四个全面"战略布局和牢固树立"五大发展理念"，形成一系列治国理政的新理念新思想新战略，开辟了马克思主义中国化的新境界，为我们在新的历史起点上实现新的奋斗目标提供了基本遵循，是实现"两个一百年"奋斗目标和中华民族伟大复兴的科学理论指导和行动指南，揭示了中国革命、建设和改革的历史逻辑、理论逻辑和实践逻辑的贯通结合。

一 百年梦想与必由之路

实现中华民族伟大复兴，是居于引领地位的宏伟奋斗目标，凝结着13亿多中国人民的共同梦想，体现了我们党在理论和实践上的伟大创造。党的十八大以来，我们党的所有理论和实践，都紧紧围绕着实现这个崇高奋斗目标精进展开。实现中华民族伟大复兴，是中华民族近代以来最伟大的梦想；坚持和发展中国特色社会主义，是实现中华民族伟大复兴的必由之路。习近平总书记的系列重要讲话以此开篇布局，指明了中国发展的目标追求和道路指向。

1. 中华民族伟大复兴的中国梦

2012年11月15日，习近平总书记在十八届中央政治局常委与中外记者见面时的讲话中首先谈到对民族的责任："就是要团结带领全党全国各族人民，接过历史的接力棒，继续为实现中华民族伟大复兴而努力奋斗，使中华民族更加坚强有力地自立于世界民族之林，为人类作出新的更大的贡献。"11月29日，他和中央政治局常委李克强、张德江、俞正声、刘云山、王岐山、张高丽等来到国家博物馆，参观《复兴之路》基本陈列，回顾近代以来中国人民为实现民族复兴走过的历史进程，深情地指出："实现中华民族伟大复兴，就是中华民族近代以来最伟大的梦想"，发出"我们这一代共产党人一定要承前启后、继往开来，把我们的党建设好，团结全体中华儿女把我们国家建设好，把我们民族发展好，继续朝着中华民族伟大复兴的目标奋勇前进"的号召。2017年5月3日，习近平在中国政法大学考察时强调当今中国最鲜明的时代主题，就是实现"两个一百年"奋斗目标、实现中华民族伟大复兴的中国梦。

"历史是最好的老师。"追溯中华民族源远流长、世代赓续、历久弥新的历史文化传统，回首近代以来岁月蹉跎但又波澜壮阔的民族复兴历程，我们可以深深地感到，自1840年鸦片战争以来的170多年间，我们伟大的祖国经历了刻骨铭心的磨难，我们伟大的民族进行了感天动地的奋斗，我们伟大的人民创造了彪炳史册的伟业，中华民族面对着争取民族独立和人民解放，实现国家富强和人民幸福两大历史任务，为实现中华民族伟大复兴进行了艰难困苦、前仆后继的奋斗。这期间，历经旧民主主义革命的80年、新民主主义革命的30年、社会主义革命和建设30年、改革开放和社会主义现代化建设近40年的不懈探索，找到了中国特色社会主义道路。"中华民族历经磨难，自强不息，从未放弃对美好梦想的向往和追求。实现中华民族伟大复兴的中国梦是近代以来中华民族的夙愿。在新的历史时期，中国梦的本质是国家富强、民族振兴、人民幸福。我们的奋斗目标是，到2020年国内生产总值和城乡居民人均收入在2010年基础上翻一番，全面建成小康社会。到本世纪中叶，建成富强民主文明和谐的社会主义现代化国家，实现中华民族伟大复兴的中国梦"。

实现中国梦，必须坚持中国道路，这是一条符合中国国情、富民强国的正确道路；必须弘扬中国精神，用以爱国主义为核心的民族精神和以改革创新为核心的时代精神振奋起全民族的"精气神"；必须凝聚中国力量，用13亿多中国人的智慧和力量，一代又一代中国人不懈努力，把我们的国家建设好，把我们的民族发展好。实现中国梦，必须坚持和平发展，中国梦与世界各国人民的美好梦想相通。

2. 坚持和发展中国特色社会主义

2012年11月17日，习近平总书记在十八届中共中央政治局第一次集体学习时的讲话中指出："中国特色社会主义是中国共产党和中国人民团结的旗帜、奋进的旗帜、胜利的旗帜。我们要全面建成小康社会、加快推进社会主义现代化、实现中华民族伟大复兴，必须始终高举中国特色社会主义伟大旗帜，坚定不移坚持和发展中国特色社会主义。"

对于中国特色社会主义道路的丰富内涵及逻辑关系，习近平总书记作了这样的阐述："中国特色社会主义道路，是实现我国社会主义现代化的必由之路，是创造人民美好生活的必由之路。中国特色社会主义道路，既坚持以经济建设为中心，又全面推进经济建设、政治建设、文化建设、社会建设、生态文明建设以及其他各方面建设；既坚持四项基本原则，又坚持改革开放；既不断解放和发展社会生产力，又逐步实现全体人民共同富裕、促进人的全面发展。"这就把党的基本路线、基本纲领即中国特色社会主义的"五位一体"和社会主义本质论有机贯通起来。

对于怎样认识中国道路与中国模式问题，习近平总书记不仅强调道路问题是关系党的事业兴衰成败第一位的问题，道路就是党的生命，而且从历史与现实、国内与国外多重视角回答了人们的关切。他通过对世界社会主义思想从提出到现在的500年历史过程的回顾，联系近代中国各种主义的摸索和尝试，指明是马克思列宁主义、毛泽东思想引导中国人民走出了漫漫长夜、建立了新中国，是中国特色社会主义使中国快速发展起来了。他针对国际上那些"唱衰中国"以及"中国崩溃论"等论调，指出中国非但没有崩溃，反而综合国力与日俱增，人民生活水平不断提高。他还针对国内外有些舆论提出中国现在搞的还是不是社会主义的疑问，阐明了当代中国在新的历史条件下体现科学社会主义基本原则的内容："包括在中国共产党领导下，立足基本国情，以经济建设为中心，坚持四项基本原则，坚持改革开放，解放和发展社会生产力，建设社会主义市场经济、社会主义民主政治、社会主义先进文化、社会主义和谐社会、社会主义生态文明，促进人的全面发展，逐步实现全体人民共同富裕，建设富强民主文明和谐的社会主义现代化国家；包括坚持人民代表大会制度的根本政治制度，中国共产党领导的多党合作和政治协商制度、民族区域自治制度以及基层群众自治制度等基本政治制度，中国特色社会主义法律体系，公有制为主体、多种所有制经济共同发展的基本经济制度"，强调"如果丢掉了这些，那就不成其为社会主义了"。习近平进一步就国际上关于"北京共识""中国模式""中国道路"等议论和研究作了阐述，认为所谓的"中国模式"就是中国人民在自己的奋斗实践中创造的中国特色社会主义道路。他借用了鲁迅先生的名言:"其实地上本没有路,走的人多了,也便成了路。"走自己的路,建设中国特色社会主义,就是中国人民的正确选择。"中国特色社会主义,是科学社会主义理论逻辑和中国社会发展历史逻辑的辩证统一,是根植于中国大地、反映中国人民意愿、适应中国和时代发展进步要求的科学社会主义,是全面建成小康社会、加快推进社会主义现代化、实现中华民族伟大复兴的必由之路。"

二 统筹"五位一体"总体布局和协调推进"四个全面"战略布局

中华民族正行进在具有许多新的历史特点的伟大征程中。以习近平为总书记的党中央从坚持和发展中国特色社会主义全局出发,从统筹"五位一体"总体布局和协调推进"四个全面"战略布局的新高度进行谋篇布局,丰富和发展了中国特色社会主义理论体系。就这个理论体系的逻辑结构的两个维度来看,一是以纵向维度体现在中国特色社会主义的思想路线、发展道路、发展战略、发展动力、发展目的和发展理念上;另一是以横向维度体现在社会主义经济建设、政治建设、文化建设、社会建设、生态文明建设和党的建设以及国防和军队现代化建设、祖国统一、国际战略和外交工作等九个领域。同时,纵向与横向两个维度都统一于中国特色社会主义伟大实践。

首先,"四个全面"战略布局从纵向与横向两个维度的贯通上,突出问题意识和抓住主要矛盾,作出战略谋划。

当代中国正处于全面建成小康社会的决胜阶段,中华民族正处于走向伟大复兴的关键时期,能不能如期实现和怎样才能全面建成小康社会,对于实现现代化"三步走"战略和"两个一百年"奋斗目标关系重大。邓小平曾说:"党的十一届三中全会以后,我们集中力量搞四个现代化,着眼于振兴中华民族。"于是,开始了全党工作重心的转移,发展才是硬道理、发展是党执政兴国的第一要务,从奔小康、人民生活总体上达到小康水平,到全面建设小康社会、全面建成小康社会,以习近平同志为核心的党中央站在新的历史起点上肩负起时代赋予的庄严使命,对如何全面建成小康社会进行战略谋划,把此视为"实现中华民族伟大复兴中国梦的关键一步",在"四个全面"战略布局中居于引领地位。

全面建成小康社会是我们的战略目标,全面深化改革、全面依法治国、全面从严治党是三大战略举措。回顾十八大以来的历史进程,从2012

年12月7—11日，习近平总书记在广东考察工作时强调："现在我国改革已经进入攻坚期和深水区，我们必须以更大的政治勇气和智慧，不失时机深化重要领域改革，在深入调查研究的基础上提出全面深化改革的顶层设计和总体规划，聚合各项相关改革协调推进的正能量"，到2013年11月12日党的十八届三中全会通过《中共中央关于全面深化改革若干重大问题的决定》；从2012年12月4日，习近平总书记在首都各界隆重纪念现行宪法公布施行30周年大会上的讲话中指出："落实依法治国基本方略，加快建设社会主义法治国家，必须全面推进科学立法、严格执法、公正司法、全民守法进程"，到2014年10月23日党的十八届四中全会通过《中共中央关于全面推进依法治国若干重大问题的决定》；从十八大提出全面建成小康社会的奋斗目标，到2015年10月23日党的十八届五中全会通过《中共中央关于"十三五"规划》；从2012年12月4日，中共中央政治局召开会议审议中央政治局关于改进工作作风、密切联系群众的八项规定，到2016年10月27日十八届六中全会通过的《关于新形势下党内政治生活的若干准则》和《中国共产党党内监督条例》，"四个全面"战略布局清晰展现。

对于为什么在坚持和发展中国特色社会主义全局中提出"四个全面"战略布局，习近平总书记指出，要学习掌握事物矛盾运动的基本原理，不断强化问题意识，积极面对和化解前进中遇到的矛盾。我们提出要协调推进全面建成小康社会、全面深化改革、全面依法治国、全面从严治党，是当前党和国家事业发展中必须解决好的主要矛盾。我们既要注重总体谋划，又要注重牵住"牛鼻子"。在任何工作中，我们既要讲两点论，又要讲重点论，没有主次，不加区别，眉毛胡子一把抓，是做不好工作的。

强化问题意识、坚持问题导向，就是要针对经济总量领先下发展的不平衡、不协调、不可持续仍然突出的状况如何改变，改革进入攻坚期和深水区，怎样才能冲破思想观念的束缚、突破利益固化的藩篱，法治建设还存在同推进国家治理体系和治理能力现代化目标相比的许多不适应、不符合问题如何解决，党风廉政建设方面存在着人民群众反映强烈的问题怎样切实解决等矛盾突出的问题。"四个全面"战略布局的逐步形成并积极推进，是我们党勇于担当责任、敢于直面矛盾，不断解决问题、化解挑战的新法宝，使我们的前进方向更加明确，发展布局更加科学，战略举措更加有效。

其次，从五位一体建设、国防和军队建设与国际关系来看，在理论和实践上提供保障。

在这里主要从建成富强民主文明和谐的社会主义现代化国家的中国大势、顺应和平发展合作共赢的世界大势两个视角予以阐述；从协调推进"四个全面"战略布局和牢固树立五大发展理念上，深化对统筹五位一体总体布局以及加强国防和军队建设、构建新型国际关系等领域的把握。

建成富强民主文明和谐的社会主义现代化国家体现在党的基本路线、中国特色社会主义道路、"两个一百年"奋斗目标和社会主义价值观中。从党的基本路线与党的基本纲领的联系来看，党的基本纲领作为党的基本路线的展开，逐步发展成为中国特色社会主义经济、政治、文化、社会建设和生态文明建设五个方面的内容，形成中国特色社会主义五位一体总体布局。习近平总书记提出的关于经济发展新常态、推进供给侧结构性改革、创新是引领发展的第一动力、使市场在资源配置中起决定性作用和更好发挥政府作用；人民当家作主是社会主义民主政治的本质和核心、推进社会主义协商民主广泛多层制度化发展、坚持贯彻以宪法为核心的依宪治国和依宪执政；巩固马克思主义在意识形态领域的指导地位、积极培育和践行社会主义核心价值观、让中国优秀传统文化同世界各国优秀文化一道造福人类；消除贫困、精准脱贫、改善民生、实现共同富裕和加强社会治理；着力推进人与自然和谐共生、真正下决心把环境污染治理好、把生态环境建设好，努力走向社会主义生态文明新时代、为人民创造良好生产生活环境等一系列新思想、新论述；关于努力建设一支听党指挥能打胜仗作风优良的人民军队、推进军民深度融合发展；坚持"九二共识"政治基础，继续推进两岸关系和平发展等新思想新观点，为中国特色社会主义理论体系注入了新的时代精神和丰富内涵。

习近平总书记提出和平发展、合作共赢成为时代潮流，必须顺应这个世界大势的思想。他强调，要高举和平、发展、合作、共赢的旗帜，统筹国内国际两个大局，统筹发展安全两件大事，牢牢把握坚持和平发展、促进民族复兴这条主线，维护国家主权、安全、发展利益，为和平发展营造更加有利的国际环境，维护和延长我国发展的重要战略机遇期，为实现"两个一百年"奋斗目标、实现中华民族伟大复兴的中国梦提供有力保障。因此，必须丰富和平发展战略思想，强调建立以合作共赢为核心的新型国际关系，提出和贯彻正确义利观，倡导共同、综合、合作、可持续的安全观,推动构建新型大国关系,提出和践行亲诚惠容的周边外交理念、真实亲诚的对非工作方针,构建人类命运共同体。他强调,要树立世界眼光、把握时代脉搏,要把当今世界的风云变幻看准、看清、看透,从林林总总的表象中发现本质,尤其要认清长远趋势,要充分估计国际格局发展演变的复杂性,更要看到世界多极化向前推进的态势不会改变;要充分估计世界经济调整的曲折性,更要看到经济全球化进程不会改变;要充分估计国际矛盾和斗争的尖锐性,更要看到和平与发展的时代主题不会改变。因此,我们必须把握世界大势,保持战略定力,使中华民族更加坚强有力地自立于世界民族之林,为人类作出新的更大的贡献。

三 看家本领:系统掌握马克思主义基本理论

习近平总书记在全国宣传思想工作会议上的讲话中强调,党员、干部要坚定马克思主义、共产主义信仰,脚踏实地为实现党在现阶段的基本纲领而不懈努力,扎扎实实做好每一项工作,取得"接力赛"中我们这一棒的优异成绩。领导干部特别是高级干部要把系统掌握马克思主义基本理论作为看家本领,老老实实、原原本本学习马克思列宁主义、毛泽东思想特别是邓小平理论、"三个代表"重要思想、科学发展观。新干部、年轻干部尤其要抓好理论学习,通过坚持不懈学习,学会运用马克思主义立场、观点、方法观察和解决问题,坚定理想信念。

习近平总书记系列重要讲话所蕴含的丰富内涵与治国理政的新理念新思想新战略,正是在善于运用马克思主义立场、观点、方法观察和解决当代中国所面临的新情况新问题方面,推进了马克思主义中国化。在这里,把中央政治局三次集体学习的情况作一些摘要:

2013年12月3日,中央政治局就历史唯物主义基本原理和方法论进行第十一次集体学习。习近平指出,社会存在决定社会意识。党的十八届三中全会对我国全面深化改革作出了总体部署,是从我国现在的社会存在出发的,即从我国现在的社会物质条件的总和出发的,也就是从我国基本国情和发展要求出发的。要学习和掌握物质生产是社会生活的基础的观点,准确把握全面深化改革的重大关系。生产力是推动社会进步的最活跃、最革命的要素。社会主义的根本任务是解放和发展社会生产力。要学习和掌握人民群众是历史创造者的观点,紧紧依靠人民推进改革。

2015年1月23日,中央政治局就辩证唯物主义基本原理和方法论进行第二十次集体学习。习近平指出，辩证唯物主义是中国共产党人的世界观和方法论，我们必须不断接受马克思主义哲学智慧的滋养，更加自觉地坚持和运用辩证唯物主义世界观和方法论，增强辩证思维、战略思维能力，努力提高解决我国改革发展基本问题的本领。他强调，要学习掌握世界统一于物质、物质决定意识的原理，坚持从客观实际出发制定政策、推动工作。当代中国最大的客观实际，就是我国仍处于并将长期处于社会主义初级阶段，这是我们认识当下、规划未来、制定政策、推进事业的客观基点，不能脱离这个基点。既要看到社会主义初级阶段基本国情没有变，也要看到我国经济社会发展每个阶段呈现出来的新特点。我们提出要准确把握、主动适应经济发展新常态，就是适应国际国内环境变化、辩证分析我国经济发展阶段性特征作出的判断。准确把握我国不同发展阶段的新变化新特点，使主观世界更好符合客观实际，按照实际决定工作方针，这是我们必须牢牢记住的工作方法。要根据时代变化和实践发展，不断深化认识，不断总结经验，不断实现理论创新和实践创新良性互动，在这种统一和互动中发展 21 世纪中国的马克思主义。

  2015 年 11 月 23 日，中央政治局就马克思主义政治经济学基本原理和方法论进行第二十八次集体学习。习近平指出，党的十一届三中全会以来，我们党把马克思主义政治经济学基本原理同改革开放新的实践结合起来，不断丰富和发展马克思主义政治经济学，形成了当代中国马克思主义政治经济学的许多重要理论成果，比如，关于社会主义本质的理论，关于社会主义初级阶段基本经济制度的理论，关于树立和落实创新、协调、绿色、开放、共享的发展理念的理论，关于发展社会主义市场经济、使市场在资源配置中起决定性作用和更好发挥政府作用的理论，关于我国经济发展进入新常态的理论，关于推动新型工业化、信息化、城镇化、农业现代化相互协调的理论，关于用好国际国内两个市场、两种资源的理论，关于促进社会公平正义、逐步实现全体人民共同富裕的理论，等等。这些理论成果，是适应当代中国国情和时代特点的政治经济学，不仅有力指导了我国经济发展实践，而且开拓了马克思主义政治经济学新境界。

  总之，认真学习领会习近平总书记系列重要讲话精神，需要深入领会系列讲话的丰富内涵和核心要义，深入领会贯穿其中的马克思主义立场观点方法，包括立党为公、执政为民的鲜明立场，辩证唯物主义和历史唯物主义基本原理，实事求是、群众路线等思想方法和工作方法，把系统掌握马克思主义基本理论作为看家本领，坚定对马克思主义、共产主义的信仰，自觉锤炼，增强党性，增强看齐意识，脚踏实地为实现党在现阶段的基本纲领而不懈努力，扎扎实实做好每一项工作，取得"接力赛"中我们这一棒的优异成绩；弘扬理论联系实际的学风，强化问题导向、实践导向、需求导向，做到学以致用、学用结合，增强战略思维、历史思维、辩证思维、创新思维、底线思维能力，努力提高解决我国改革发展基本问题的本领，"坚持学习、学习、再学习，坚持实践、实践、再实践"，更好地用讲话精神指导解决实际问题，把学习成效转化为做好本职工作、推动事业发展的生动实践。

（作者单位：中共山东省委党校）

论党内法规体系和法律规范
体系的统筹推进

周敬青

党内法规体系和法律规范体系统筹推进,是完善中国特色社会主义法治体系的必然要求。党内法规体系与法律规范体系既相互独立、自成一体,又相辅相成、辩证统一,有效衔接、互为保障。两者不能模糊混淆,不能孤立和割裂,不能重叠打架。要统筹推进两个体系的建设,共同促进国家治理体系和治理能力的现代化。

第一,党内法规体系与法律规范体系相互独立、自成一体,两者不能模糊混淆。

党内法规体系是指以党章为统领,反映党的主张的现行的全部党内规章制度有机联系的集合体,是对全体党组织和党员的规范要求,是从执政党的层面维护社会主义法治,体现的是依规治党的理念。法律规范体系是指以国家宪法为基础,反映国家意志的现行的全部法律规范有机联系的集合体,是对一切国家机关和武装力量、各政党和各社会团体、各企业事业组织及全体公民(含党员)的规范要求,是从国家层面维护社会主义法治,体现的是依法治国的理念。

根据《中华人民共和国立法法》和《中国共产党党内法规制定条例》的规定,构成法律规范体系的各领域(部门)的具体法律规范和构成党内法规体系的各类具体党内法规,在制定主体、制定程序、调整对象、适用范围、实施方式上不同。一是制定主体和程序不同。党内法规主要是党的组织依据党内立法程序制定的,而法律规范主要是指全国人民代表大会及其常务委员会依据国家立法程序制定的。二是调整关系不同。党内法规主要调整的是党内关系和党内政治生活,而法律规范主要调整的是社会关系和社会秩序。三是适用范围不同。党内法规仅适用党组织和党员,而法律规范适用于包括中国共产党党组织和党员在内的一切国家机关和武装力量、各政党和各社会团体、各企业事业组织、全体公民。四是实施方式不同。法律规范和党内法规都具有强制性和约束力。党内法规主要是以党的纪律作为强制手段。党的组织和党员违背党内法规，主要是由党的纪律检查机关调查认定处理。而法律规范则由国家强制力保证实施。公民等主体违反法律规范，按照违法性质和后果等，主要由国家公安机关、检察机关、审判机关等来拘束和惩处。

《中华人民共和国宪法》规定"一切国家机关和武装力量、各政党和各社会团体、各企业事业组织都必须遵守宪法和法律""任何组织或者个人都不得有超越宪法和法律的特权"。《中国共产党章程》规定"党必须在宪法和法律的范围内活动"，《中国共产党党内法规制定条例》规定"制定党内法规应当遵守党必须在宪法和法律的范围内活动"。这就要求党内法规的制定和实施，必须在宪法和法律范围内进行，不能凌驾于宪法和法律之上，不得与其相冲突相抵触。所以，从这个意义上看，普遍适用于全体公民等主体的调整各类社会关系和社会秩序的法律规范体系的效力位阶高于党内法规体系。党的先进性和纯洁性的性质要求，决定了党内法规的强制性和约束力要比国家法律规范的强制性和约束力更严，要求和标准更高。对党员来说，违反党内法规，不一定构成违反法律规范，但只要违反了法律规范，就必定违反党内法规。所以，对涉嫌违纪违法的党员，首先要追究党内违纪责任，对违法的问题还要移送司法机关，追究其法律责任。

第二，党内法规体系与法律规范体系相辅相成、辩证统一，不能孤立和割裂。

党内法规体系与法律规范体系虽有上述不同之处，但二者在制度属性、价值目标、核心原则和规则渊源上具有一致性，同属中国特色社会主义法治体系的有机组成部分，相辅相成，辩证统一，不能孤立和割裂。

首先，在制度属性上具有一致性。党的性质、宗旨和我国的国体、政体决定了党内法规体系和法律规范体系在制度属性上具有一致性，即坚持党的领导，坚持中国特色社会主义制度，坚持中国特色社会主义法治道路。习近平总书记指出："我们要坚持的中国特色社会主义法治道路，本质上是中国特色社会主义道路在法治领域的具体体现；我们要发展的中国特色社会主义法治理论，本质上是中国特色社会主义理论体系在法治问题上的理论成果；我们要建设的中国特色社会主义法治体系，本质上是中国特色社会主义制度的法律表现形式。""党的领导是中国特色社会主义最本质的特征，是社会主义法治最根本的保证。把党的领导贯彻到依法治国全过程和各方面，是我国社会主义法治建设的一条基本经验。"

其次，在价值目标上具有统一性。中华人民共和国是中国共产党团结带领人民，经过艰苦卓绝的斗争取得革命胜利，推翻旧政权，打破旧法统建立起来的，具有"党建国家"属性。中国共产党是中国唯一的合法的长期执政的政党，党的宗旨是"全心全意为人民服务"，"党除了国家、民族、人民的利益，没有任何自己的特殊利益"。一切为了人民，是党的领导和社会主义法治建设的基础。习近平总书记强调："坚持人民主体地位，必须坚持法治为了人民、依靠人民、造福人民、保护人民……要把体现人民利益、反映人民愿望、维护人民权益、增进人民福祉落实到依法治国全过程，使法律及其实施充分体现人民意志。"党内法规体系是党要管党、全面从严治党的制度依据和保障，目的是让党更好地为人民服务；法律规范体系是推进国家治理能力和治理体系现代化的制度依据和保障，目的是让人民生活得更美好。在社会主义法治体系建设过程中，要始终如一地坚持党的领导，始终如一地坚持人民主体地位，始终如一地把法律规范体系建设和党内法规体系建设统一于党的宗旨"全心全意为人民服务"这一最高目标之下，是中国特色社会主义法治体系建设的价值取向的必然要求。反之，中国特色社会主义法治体系建设的价值追求就会异化变质变味，最终沦落为一些特权阶层、特殊利益集团歧视剥削奴役人民的工具。

再次，在规范渊源上具有一致性。纵观以党章为统领的党内法规体系和以宪法为基础的法律规范体系的发展史，可以看出，党在长期革命和建设实践过程中形成的符合中国发展道路、符合中国"工人阶级和最广大人民群众的利益"的正确的路线方针政策，是构成党内法规体系和法律规范体系内容的主要渊源。党内法规体系和法律规范体系分别从党内法治和国家法治的视角，生动地诠释了中国共产党团结带领人民建设党、建设国家的波澜壮阔的历史进程。法律规范体系和党内法规体系是中国特色社会主义法治体系缺一不可的重要组成部分，都是长期执政的中国共产党治国理政的重要依据，共同构筑起中国特色社会主义法治体系的前提和基础，最终统一于"全面推进依法治国""全面从严治党"，进而建设社会主义法治国家的伟大实践。

第三，党内法规体系与法律规范体系相互衔接、互为保障，不能重叠打架。

形成完备的法律规范体系，着眼于全面推进依法治国，建设法治国家、法治政府、法治社会；形成完善的党内法规体系，推进全面从严治党，着眼于制度治党、依规治党，提升党的依法执政、民主执政、科学执政水平。两者落脚于巩固实现党的长期执政地位，共同发力促进国家治理体系和治理能力的现代化。

从宏观层面看，党内法规体系对法律规范体系的保障作用体现在：对宪法、法律确立的党的领导，从领导体制、机制、方式等方面加以具体化，以落实宪法、法律的原则性规定；通过建立各种党内的制度机制来促进和约束全体党员特别是党员领导干部带头守法、保证执法、支持司法，从而有力保障国家法律的实施等方面。而法律规范体系对党内法规体系的促进、保障作用体现在：为党内法规的制定提出合法性标准，保障党内法规的制定质量；以保障性、配套性、转化性的规定来支持、配合和保障党内法规的有效实施等方面。以完备的法律规范体系作后盾，党内法规才有足够的刚性和强制力。

从微观层面看，随着《中国共产党廉洁自律准则》《关于新形势下党内政治生活的若干准则》《中国共产党纪律处分条例》《中国共产党问责条例》《中国共产党党内监督条例》等的颁布实施，以及高压反腐和党风廉政建设的持续推进，党内法规体系和法律规范体系的边界和效力关系已越来越清晰，充分体现了"纪法分开""纪在法前，党纪严于国法"的立规立法本意，展现了中国共产党作为执政党的高度自省、自觉、自律的崇高精神境界。中国共产党是马克思主义执政党，必须坚持党内法规体系严于法律规范体系，党内法规体系必须对全体党员特别是党员领导干部提出更加全面、更加严格、更加精准的行为规范。这对于其他公民的遵法向善具有十分重要的示范意义。党内法规严于国家法律，要求党员特别是党员领导干部要模范遵守国家法律，按照党规党纪以更高标准严格要求自己。通过紧抓"党员这一关键社会群体"和党员领导干部这一"关键少数"的模范带头作用、正面示范效应、反面警示教育，促进增强全社会厉行法治的积极性和主动性，形成守法光荣、违法可耻的社会氛围，从而使得国家法律法规得到有效的认同和贯彻落实。

党的十八大以来，为扎紧全面治党的制度笼子，党内法规制定工作驶入快车道,制订或修订了 70 多部党内法规,超过现有中央党内法规总数的 40%,有效解决了党内法规体系与法律规范体系衔接方面存在的部分党内法规合法性缺失、党内法规与国家法律规范界限不清等问题。当前,为适应党风廉政建设和反腐败的新形势,党内法规体系建设,应对党的各级组织和党员领导干部行使公权力规定更加严格的程序与标准。要按照"法律优先"等基本的法治原则,正确认识党内法规体系建设和法律规范体系建设之间的内在逻辑关系。凡是只能由国家法律规定的事项,党内法规应不作规定,两者且不可重叠打架。凡是国家法律已作规定,党内法规应确保与法律规范规定保持一致。对于一些涉及道德层面的有必要对党员进行行为禁止,而法律规范没有规定的,应由党内法规逐步予以全覆盖。要通过对法律规范和党内法规的立改废常态化,及时消除二者之间的矛盾冲突。对于那些经过长期实践检验的正确的行之有效的党内法规,同时又具备转化为法律规范必要性和可行性的,要通过国家立法程序适时转化为法律规范。

(作者单位:中共上海市委党校科研处)

深入开展中国梦基层宣传教育研究
——基于哈尔滨市调研分析

胡永琴

习近平总书记关于中国梦的重要论述，具有国家政治的战略意义。中国梦的提出，反映了全体中华儿女梦寐以求的共同心愿。深入开展中国梦基层宣传教育，是新时期党的全部理论和实践的主题，是确保"中国梦"宣传教育取得实效的关键。

哈尔滨市委党校"中国梦基层宣传教育课题组"于2016年1月至5月在哈尔滨市进行了调研。课题组对哈尔滨市5个区（道里、道外、南岗、平房、呼兰）、4个县（宾县、巴彦、通河、方正）、两个县级市（五常、尚志）进行了调研。调查的对象主要包括一线工人、农民等普通群众；知识分子；党政机关干部；大中小学生等群体，共计6539人。调查男女比例基本相等，其中男性占52%，女性占48%。41%的受访者年龄在25—45岁之间，33%的受访者年龄在45岁以上，26%的受访者在25岁以下。调查主要群体比例各不同，其中普通群众占45%，知识分子占13%，党政机关干部占16%，大中小学生占26%。

调研调查了上述四类人群关于中国梦的提出和本质内涵；中国梦与个人梦；实现中国梦的主要途径和信心等问题的掌握和理解情况，通过人们对于中国特色社会主义和中国梦的认知、情感、意志以及行为表现等深入把握被调研对象的总体态势。

课题组调研主要采取发放问卷、个别访谈等方式进行调查，先后对不同群体发放调查问卷6539份，回收有效问卷5926份，有效率为90.6%，重点访谈83人，组织召开座谈会11次。

一 对中国梦认识的总体态势

（一）对中国梦的大体认知状况

1. 多数人对中国梦有所了解。要实现中华民族伟大复兴，必须使多数人正确了解中国梦。经过调查显示（图1），76.2%的人认为自己了解中国梦，其中42.8%的人一般了解，28.7%的人比较了解，仅有4.7%的人非常了解。表明多数人对中国梦有一定程度的了解。

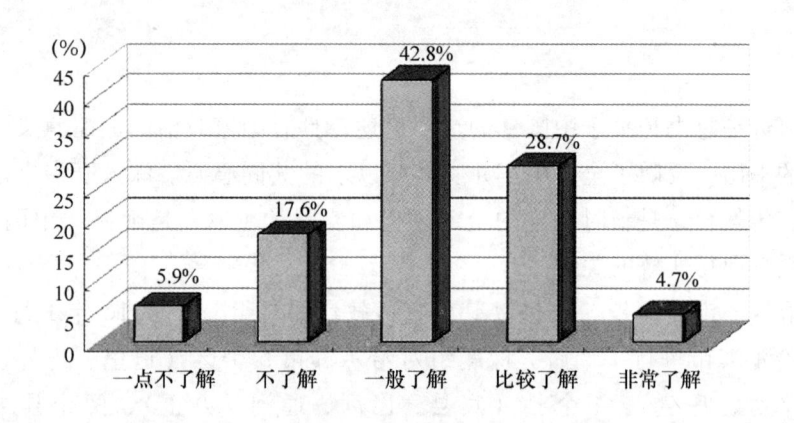

图1 中国梦的了解程度

2. 多数人对"中国梦"的第一理解是社会和谐、人民富足。对中国梦理解的调查显示（图2），55%的人认为中国梦是实现社会和谐、人民富足；23%的人认为中国梦是实现中华民族伟大复兴，实现国家富强、民族振兴、人民幸福；13%的人认为中国梦是每个人梦想的组合，实现中国梦就是每个人都能实现个人梦想；还有9%的人认为实现中国梦就是像美国一样称霸世界。表明多数人期盼实现人民幸福。

3. 对提出中华民族伟大复兴的中国梦有比较普遍的认同。调查显示，在回答"实现中华民族伟大复兴的中国梦应不应该成为中国特色社会主义的总任务和中华民族的奋斗目标"时，68.26%的人选择"应该"。多数人认为中国梦的提出具有现实意义（表1），72.97%的人认为中国梦的提出有意义。表明大多数人认为实现中华民族伟大复兴的中国梦是中国人的共同追求，是引导中华民族积极向上的原动力。

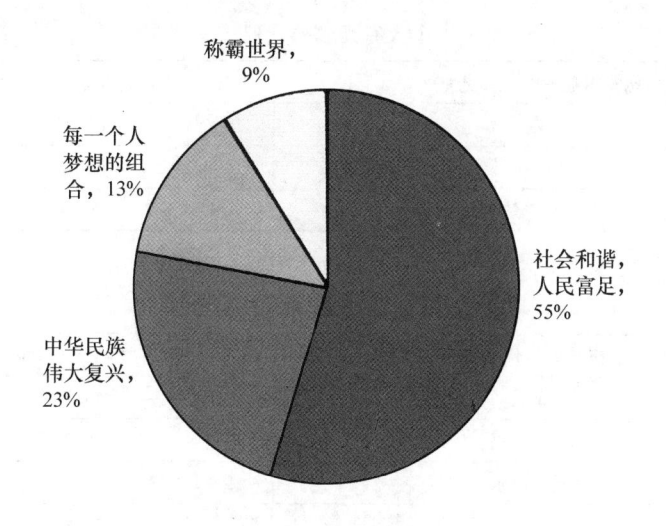

图2 对中国梦的理解状况

称霸世界，9%
每一个人梦想的组合，13%
中华民族伟大复兴，23%
社会和谐，人民富足，55%

表1　　　　　　　对提出中国梦的意义认识状况

对于提出中国梦的意义，您个人更认同以下的哪一种说法？	有效百分比（%）
有一定的意义，但实现起来是很困难的	40.81
有很强的现实意义	32.16
没有意义	12.39
空想，没有实现的可能	5.74
其他	8.90

（二）个人梦想与"中国梦"的关系

1. 多数人有自己的个人梦想。调查显示（表2），85.37%的人有自己的梦想，仅有9.52%的人没有自己的梦想，还有5.11%的人不清楚；43.75%的人个人梦想是事业成功，56.21%的人个人梦想是家庭幸福，39.78%的人个人梦想是健康快乐（表3）。表明多数人是怀抱着自己的梦想在生活和奋斗，每个人的梦想不尽相同，但在这些可能有的共性中，家庭幸福排在首位，由此可见，居民的"中国梦"最关乎民生问题，因此，要全面实现"中国梦"，还需要不断提高居民收入，政府要继续加大对各项民生工作的投入。

表2　　　　　　　　　　　　个人有无梦想状况

您觉得您有个人梦想吗?	有效百分比（%）
有	85.37
没有	9.52
不清楚	5.11

表3　　　　　　　　　　　　个人梦想状况

您心中最初梦想是什么?（可多选）	有效百分比（%）
事业成功	43.75
家庭幸福	56.21
健康快乐	39.78
其他	27.84

2. 多数人在努力争取实现个人梦想。调查中显示（表4），多数人对自己的梦想持乐观态度，40.91%的人会和周围合适的人谈自己的梦想，并且付出行动和努力，争取实现梦想；24.82%的人虽然不会和人谈论，但自己会暗中努力，争取实现梦想。表明多数人在积极努力为实现梦想而奋斗。

表4　　　　　　　　　关于个人实现中国梦努力状况

当有梦想时，您一般会怎么做?	有效百分比（%）
只在自己心里想想而已，什么都不做	12.58
不会和人谈论，但自己会暗中努力，争取实现梦想	24.82
会和周围合适的人谈自己的梦想，但一般没什么行动	21.79
会和周围合适的人谈自己的梦想，并且付出行动和努力，争取实现梦想	40.91

3. 多数人对个人梦想的实现条件的选择是合理的。调查显示多数人认为，当今社会，一个人要实现自己的梦想，个人勤奋程度最重要（图3）。

4. 多数人把个人梦想与中华民族伟大复兴的中国梦联系起来。多数人有自己的梦想而且把个人梦想与中华民族复兴的中国梦联系起来，认为个人梦想是中国梦的一部分，中国梦实现了，自己的梦想也就实现了（表5）。

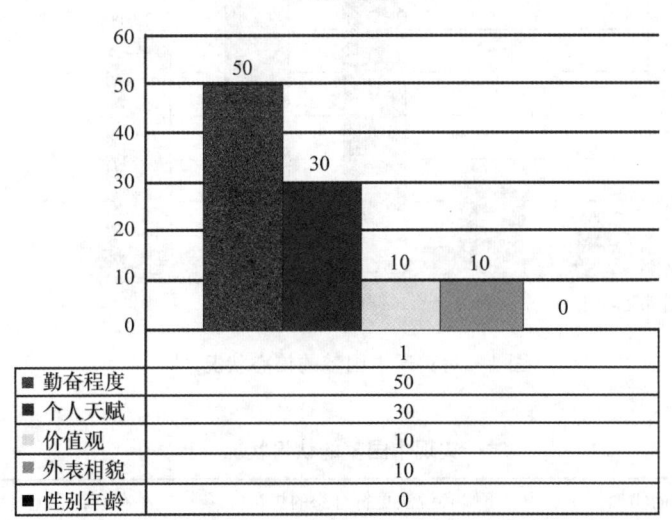

当今社会，一个人要实现自己的梦想，以下方面
重要程度

勤奋程度	50
个人天赋	30
价值观	10
外表相貌	10
性别年龄	0

图3　实现个人梦想条件的重要程度状况

表5　　　　　　对于个人梦想与中国梦的关系认识状况

如果您有个人梦想，那么个人梦想与中国梦的关系，您更认同以下的哪一种说法（可多选）？	有效百分比（%）
紧密联系，高度统一	73.61
有一定联系，但彼此之间并不会有太大影响	41.37
国家好，民族好，大家才能好	82.96
没有什么关系	25.13

（三）对实现中国梦的认识

1. 多数人对实现中国梦有信心。在回答"您对实现中国梦有信心吗？"时，25.4%的人充满信心，32.5%的人有些信心，悲观和非常悲观的两项合起来仅占11.4%（图4）。调查表明多数人认为中国梦可以实现，但超过半数的人认为要实现中国梦必须克服一些阻碍因素（表6）。

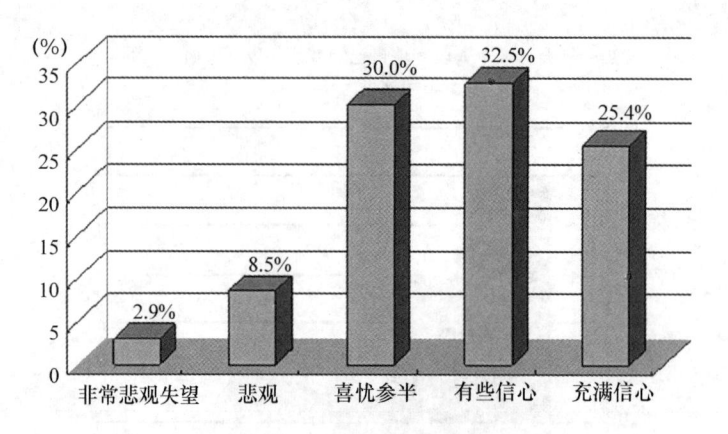

图4　对实现中国梦的信心状况

表6　对于实现中国梦的认识状况

对于中国梦的实现,您认为以下哪种说法更符合您的想法?	有效百分比（%）
一定能够实现	24.85
不可能能实现	10.93
克服掉一些阻碍因素的情况下可以实现	57.31
其他	6.91

2. 多数人认为,阻碍中国梦实现的首要因素是贪污腐败（表7）。社会公平问题以及法制不健全问题也占有相当比例。这说明实现"中国梦"要解决贪污腐败的问题,要加大惩治贪污腐败的力度,才能增强老百姓的凝聚力。

表7　关于阻碍中国梦实现的主要因素的认识状况

您认为阻碍中国梦实现的主要因素有哪些?（可多选）	有效百分比（%）
贪污腐败问题	73.61
国家统一问题	38.49
环境污染问题	50.92
人口老龄化问题	26.47
法制问题	23.85
社会公平问题	52.96
其他	19.72

3. 多数人对实现中国梦最重要因素的认识是积极的。在调查中显示，有50.07%的人认为国家综合国力的强弱是实现中国梦的最重要的因素，其次是文化及环境取得较好的发展占到了25.1%，再次是经济的高速发展和政治的高度民主分别占到了13.7%和13.1%，认为其他因素的占到了2.4%。从总体上来看，大部分人认为中国梦能否实现取决于国家的综合国力，以及文化和环境的发展，这和我国大力发展经济，并努力保护环境，以提高综合国力的大政策具有一致性。

二 对中国梦理解认知存在的突出问题

（一）多数人不能准确理解中国梦

根据调查结果显示虽然多数人知道中国梦的说法，但只有24.87%的人能准确理解中国梦的本质内涵（表8），表明虽然多数人了解了中国梦，但很多人对新时期的中国梦的内容并没有准确的概念，对中国梦内涵和精神实质的了解比较模糊。

表8　　　　　　　　关于中国梦的本质内涵理解状况

如果您听说过中国梦，那么关于中国梦的本质内涵您认为以下哪种描述更为准确？	有效百分比（%）
经济快速、稳定的发展	21.69
实现社会、人民、环境等各方面的和谐	26.41
国家富强、民族振兴、人民幸福	24.87
实现公平正义	18.36
实现共产主义	4.73
其他	3.94

（二）对中国梦的认知程度还有待提高

在这次调查过程中，对于中国梦，半数（50.19%）人认为是一种为了凝聚国民，增加国家向心力的价值观的宣传；53%的人个人梦想是实现自己的人生价值从而获得自身的提高，21%的人个人梦想是赚钱，仅有16%的人个人梦想是实现国家富强，表明多数人没有深刻领会中国梦的丰富内涵，将中国梦简单化，对中国梦的认知程度并不高。

（三）大多数人对中国梦的实现时间认识模糊

在这次调查过程中，提到您认为我们实现中国梦还需要多少年？56.9%的人认为20—30年就能实现（图5）。表明多数人没有充分认识到实现中国梦的艰巨性，实现中华民族伟大复兴的中国梦还任重而道远，还需要全国人民长时期的不懈奋斗、努力奋斗。

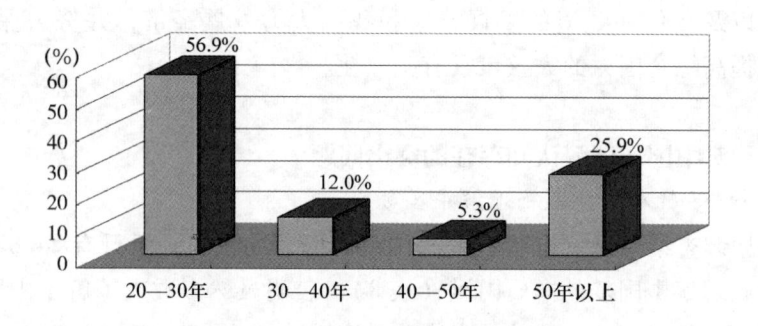

图5　关于中国梦的实现时间认识状况

（四）一部分人对实现个人梦想存在极端态度

在实现个人梦想最重要的条件上，大部分居民对个人梦想的实现途径态度较理性，但仍然有不少人对个人梦想的实现看法显消极，还有很多人认为梦想实现得"拼爹"（表9）。

表9　关于实现中国梦个人重要条件的认识状况

您认为以下哪项是实现个人梦想最重要的条件？	有效百分比（%）
个人努力与意志	48.13
机会和运气	10.96
有个"好爹"（出身决定一切）	21.18
国家政策	15.81
其他	3.92

三　对中国梦的认识存在问题的主要原因分析

（一）对中国梦的宣传教育力度不够

在我们的调研过程中，发现还有很多民众对中国梦这一问题并不熟悉，甚至还有 23.74% 的居民没有听说过中国梦这个说法（表 10）。说明相关部门的宣传还不够普及，很多人对中国梦理解不准确，还缺少对中国梦进行全面细致的学习和解读。

表 10　　　　　关于是否听说过中国梦的状况

请问您听说过中国梦这个说法吗？	有效百分比（%）
听说过	76.36
没听说过	23.74

（二）对中国梦的宣传教育渠道狭窄

调查显示，在问到您最早在哪里听到关于习近平总书记中国梦的宣传时，目前了解关于习总书记提出的中国梦宣传的主要渠道是网络和电视的新闻节目，35.21% 的提及渠道是通过网络了解（表 11），31.78% 的人提及渠道是通过电视的新闻节目了解，由此说明关于习总书记提出的中国梦的宣传教育渠道仍然过于单一和集中。

表 11　　　　关于在哪里听到习近平总书记中国梦的宣传状况

您最早是从哪里听到关于习近平总书记中国梦的宣传呢？（单选）	有效百分比（%）
电视的新闻节目	31.78
报纸、杂志	8.17
单位文件传达	2.31
听其他人说的	3.52
网络	35.21
其他	19.01

（三）缺乏针对性，形式主义现象比较突出

很多地方对中国梦的宣传教育停留在表面现象，宣传教育中多数地方坚持统一标准、统一要求，脱离实际，脱离受教育者主体特性，缺乏层次性和科学性。调查显示，尽管党政干部、教师、在校学生群体对中国特色社会主义理论了解和掌握较好，但是，超过半数（表 12）的普通民众不了解中国梦与中国特色社会主义理论的关系。表明不同群体对中国梦的了解认知程度是不同的，中国梦的宣传教育不同群体应采用不同的教育方式，普通民众的政治文化素养较低，要想使他们正确理解中国梦困难较大，中国梦的宣传教育还需进一步贴近普通群众。

表12　　　　　各类群体对中国特色社会主义理论的掌握情况

群体	了解（%）	不了解（%）
工人、农民	48.4	51.6
党政干部	96.9	3.1
在校学生	80.2	19.8
教师	82.9	17.1
新社会阶层	49.3	50.7

对中国梦的宣传教育，有些地方与现实生活脱节，形式主义现象比较突出，很多宣传教育远离老百姓的生活，难以真正深入人心。在调查目前中国梦宣传教育存在的主要问题时，59.38%的人认为是"宣传教育形式化"。在调查访谈中，有很多人认为，关于中国梦的宣传教育活动开展了很多，可是很多地方的宣传教育简单化、形式化。很多地方把中国梦的宣传教育当成政治任务来完成，重形式、轻效果。宣传教育的内容脱离百姓生活，受教育者不可能入心、入脑。

（四）中国梦的宣传教育能力不足

现在有些地方特别是在农村社区缺乏最基本的宣传设备。课题组在调查中发现一些社区和农村没有宣传教育的硬件设施；宣传教育队伍参差不齐，很多社区、村镇的宣传员马克思主义、中国特色社会主义理论水平不高，宣传员的工资、福利待遇低，而且尚未形成日常宣传教育工作机制，很多人对工作也缺乏积极性。

四　加强中国梦基层宣传教育的对策思考

（一）加强中国梦的宣传教育力度

调查显示，在回答你所在的地方开展中国梦宣传教育了吗？41.96%的人不知道所在的地方是否开展了中国梦宣传教育（表13），只有27.41%的人表明所在的地方已经开展了中国梦宣传教育，表明目前仍然有很多地区并未开展关于中国梦的宣传教育。说明还有一些人不了解中国梦，需要进一步加大宣传教育力度，中国梦的宣传教育进一步向基层延伸和拓展，让各阶层都能接受到中国梦的洗礼，使中国梦深入人心，让每个人都为了我们的中国梦而努力奋斗。

表 13　　　　　　　　　地方开展中国梦宣传教育状况

您所在的地方开展中国梦宣传教育了吗？	有效百分比（%）
不知道	41.96
没开展	30.63
已经开展	27.41

（二）拓宽教育渠道，形成中国梦宣传教育的立体化格局

1. 要继续发挥传统媒介传递正能量的作用，做好正面的宣传教育和引导。要用好传统主流媒介，如报纸、杂志，要掌握舆论风向标，凝聚正能量，发出好声音，主流媒介要发挥其在宣传教育中的主体、主导作用。这些媒介承担着传递校园各种学习活动、先进人物宣传、经验典型推广、对外交流联系、科技创新成果展示等重要信息，也是学生获取正能量的重要渠道。

2. 充分利用新媒体，拓展宣传教育新阵地。新媒体传播具有大众化、对象化、个性化的特点，这对于推进中国梦的宣传教育提供了新的有效渠道的同时也提出了新的考验和挑战。中国梦的宣传教育要充分发挥新媒体的沟通、协商和引导的功能，实现广大居民对中国梦的认识由差异到理解、由分歧到共识的跨越和转化。

3. 注重中国梦的隐性宣传教育。相对于传统媒介和新媒体的显性宣传教育，寓于各种群众文化活动和群众社会实践活动中的隐性宣传教育更具有实效性。中国梦与广大人民每个人的梦想是紧密相连的，实现中国梦需要中华各族儿女的努力奋斗，因此，把中国梦的宣传教育同开展各种群众文化活动和群众社会实践活动联系起来，有利于强化基层群众对中国梦的认同。

（三）注重以人为本，增强宣传教育的针对性

在这次调查过程中，提到中国梦、中国道路、中国精神、中国力量等观念时很多人不清楚甚至看不懂，很多群众根本没有听说过。因此，把中国梦大众化、平民化、生活化非常必要，要编写中国特色社会主义理论体系和中国梦的通俗读本；用通俗易懂的语言宣传中国特色社会主义理论体

系和中国梦。各群体的理论素养,利益诉求不同,其对中国梦的认知存在差异。中国梦的宣传教育应以人为本,要积极实践"三贴近"的原则,面向社会、面向基层采取各种宣传教育形式,广泛宣传实现中国梦的重大意义,使各行各业普通劳动者,为实现中华民族伟大复兴的中国梦而脚踏实地、实干兴邦、奉献创新、不懈奋斗。

(四) 注重整合资源,提高中国梦的宣传教育能力

中国梦的宣传教育不仅仅是宣传部门的工作任务,需要多方齐抓共管,将思想宣传教育、媒体宣传教育以及文化宣传教育等部门统一到中国梦宣传教育工作中来,加强宣传教育资源的整合,形成整体合力。建立中国梦宣传教育的长效投入机制。要加大宣传教育经费投入,力争纳入政府年度财政预算,并保证到位,确保宣教工作顺利开展。加强基层农村和社区的宣传教育的硬件建设。加大资金投入,完善中国梦宣传教育的基础设施。要注重宣传教育的队伍建设。人才是提升宣传教育能力的关键。要提高中国梦宣传教育的有效性,必须培养一支稳定的多元的高素质的宣传教育队伍。

(作者单位:哈尔滨市委党校科社教研部)

论新时代反腐败斗争思想的科学内涵

王小元　桂西丹

党的十八大以来，以习近平同志为核心的党中央，坚持以马克思主义执政党廉政建设理论为指导，借鉴中国优秀传统廉政思想和西方廉政建设思想，并结合中国廉政建设的实际情况，进一步丰富和发展了中国共产党的廉政建设思想，带领全党和全国人民谱写了反腐倡廉的新篇章。

一　党要管党，从严治党

从严治党是党风廉政建设的内在要求，也是党开展反腐败斗争的重点和中心。执政党的腐败必然影响政权的稳固。只有建设一个廉洁奉公的执政党，形成良好的政治环境，才能引导形成崇廉尚洁的社会氛围，只有塑造一个敢于从严惩治自身腐败行为的执政党，才能保障整个国家的反腐败斗争顺利进行。

（一）加强理想信念教育，补足精神上的"钙"

从严管党治党，首先要从思想政治教育入手，提高党员干部的政治素养，培育坚定的理想信念和高尚的道德情操，打牢拒腐蚀的思想基础。

加强思想政治教育毫无疑问就是要求共产党人用马克思列宁主义、毛泽东思想、邓小平理论、"三个代表"重要思想和科学发展观武装头脑，自觉培育对中国特色社会主义共同理想和共产主义远大理想的坚定信仰。习近平对此曾发表多次讲话，强调理想信念对于共产党人永葆政治本色的极端重要性。他这样说："理想信念是共产党人精神上的'钙'，没有理想信念，或理想信念不坚定，精神上就会'缺钙'，就会得'软骨病'，就可能导致政治上变质，道德上堕落，经济上贪婪，生活上腐化。"[①]

[①]《十八大以来重要文献选编》（上），中央文献出版社2014年版，第80—81页。

理想信念坚定的干部是党的好干部，没有理想信仰的干部，是很难为党和国家作出贡献的。崇高的思想信仰能够激励共产党人奋不顾身地去拼搏，去追求远大的理想，促使他们站得更高，开阔眼界，并能坚持正确的政治方向。有一些干部自身存在着信仰缺失的问题，有的干部认为共产主义是不可信的，马克思列宁主义已经过时，反而推崇西方的社会制度和价值观念，社会主义立场不坚定。因此，必须采取措施，从思想政治上对问题党员严加教育，将对党员干部浩然正气的培养建立在他们对马克思主义科学理论的价值认同上，让他们通过不断的学习获得马克思主义世界观、价值观、人生观，从而领导社会主义事业走向辉煌。

（二）严明党的纪律，管党治党一刻不松懈

习近平强调："党要管党，才能管好党；从严治党，才能治好党。严明纪律是管党治党的'良方'，管党治党一刻都不能松懈"①。从严治党，从其根本上的意义来讲，就是使全体党员干部都依照党内生活准则及各项规章制度来办事，党内纪律不严明，从严治党就成了一句空话。党的纪律是要绝对遵守的，坚持有纪必执，不能有任何含糊，绝不允许铁的纪律成为"稻草人""纸老虎"，凡是有任何违纪行为都不能轻饶。

严明党的纪律，摆在首位的是严明党的政治纪律，铁的政治纪律是管党治党的基础和根本。假如一个政党失去了政治纪律的管束，党组织及其干部能持有不同的政治政策主张，并允许广大党员在政治行动上与党组织背离，任意妄为，那么我们的党将支离破碎，不能团结一致的党就会失去凝聚力和战斗力，进而削弱党的领导能力、执政能力。因此，坚持全面从严治党必然要求加强党的组织纪律性；必然要求党员按照铁的组织制度行事；必然要求增强党员的组织意识，牺牲个人意志服从组织意志，始终与党组织站在同一条线上，维护党的纪律不受侵犯，使党的纪律成为人人都不敢碰触的"高压线"。因此，党员干部必须服从党的政治纪律不动摇，在党的统一领导下工作，自觉同党的思想理论纲领路线保持高度一致，要以大局意识摒除地方保护主义等狭隘思想，绝不容忍"上有政策，下有对策"的现象发生。

（三）惩治腐败"零容忍"，"老虎""苍蝇"一起打

习近平同志对腐败的危害性保持着清醒的认识，着重表明了反对腐败

---

① 《十八大以来重要文献选编》（上），中央文献出版社2014年版，第349—350页。

的坚定立场以及惩治腐败零容忍的态度,并时常告诫全党要谨记"蠹众而木折,隙大而墙坏"的深刻道理,强调全党务必要以高压之势惩治腐败。

习近平同志深刻把握当下反腐败的严峻形势,号召全党治理腐败要拿出"猛药去疴、重典治乱的决心和刮骨疗毒、壮士断腕的勇气"①。他认为腐败分子有两种,一种是"老虎"型,一种是"苍蝇"型。反对腐败既要严打"老虎",也要收拾"苍蝇",消灭了"老虎",才能威慑"苍蝇",收拾了"苍蝇","老虎"就没了帮手,才能够全面消除腐败。在习近平同志的带领下,中国共产党以坚决的态度重拳反腐,在"老虎"和"苍蝇"的治理上取得了显著的成果,用案件处理的实际数量赢得了群众的信任,让全国全社会看到了反腐的美好前景。

二 狠抓作风建设

党中央明确表示开展反腐倡廉建设的着力点就是抓党的作风建设,党的作风建设和反腐败工作是密不可分,相互配合,缺一不可的。

(一)落实"八项规定"精神,坚决纠正"四风"

习近平指出,要想在反腐败斗争中取得釜底抽薪的效果,就必须从加强党的作风建设入手。为此,他提出了改进党的工作作风、密切联系群众的"八项规定"和反对官僚主义、享乐主义、形式主义、奢靡之风的"反四风运动"。

"八项规定"为全体党员干部制定了端正工作作风的规范,其内容详细且具体,包括"改进调查研究、规范出访活动、改进警卫工作、严格文稿发表、精简文件简报、精简会议活动、改进新闻报道、厉行勤俭节约"等内容。这样的严格要求和硬性规定告诫了党员干部什么该做,什么不该做,该做的需怎样做,为广大党员干部提供了行动指南,因而在很大程度上防止了腐败现象的发生。可见,要想切实改进党的工作作风,就必须坚决遏制"四风"现象的发生,就必须坚决贯彻落实党中央的"八项规定",从实际出发,从党员干部的日常工作入手,以"八项规定"矫正党内歪风,使良好的工作作风成为一种习惯。

(二)树立和发扬"三严三实"的作风

全面深化改革的重任能否顺利完成,取决于党员干部自身建设的状

---

① 李清:《习近平在十八届中央纪委三次全会上发表重要讲话》(http://news.xinhuanet.com/politics/2014-01/14/c_126004516.htm)。

况,对此,习近平同志提出了对党员干部的作风建设的新要求,即"三严三实"的作风,推动了中国共产党作风建设的深入发展。

"三严"要求党员干部要用马克思主义的政治智慧修身心养党性,培养为人民服务的公仆情怀、忠于党忠于人民,提高执政能力、为社会主义事业奋斗不止;要坚决办好党中央的决策部署,自觉遵守党的政治纪律,严格按照法律、制度、规矩的尺度办事,做到谨小慎微,自我反思;要有公权意识,牢记权力取之于民需用之于民的道理,把为民谋利作为权力行使的目的,清廉为政。

"三实"要求全体党员干部要从实际出发谋划社会主义事业,了解世界、洞察国情、体恤民意,坚持真理,联系实际,切忌好高骛远,脱离实际;在日常工作中要一步一个脚印,真抓实干,面对困难不退缩,直面矛盾,勇于担当,作出实实在在的成效;要对党和人民忠诚,要言行一致、胸怀坦荡,不阳奉阴违、表里不一,做人做事要有始有终,善做善成,无愧于党、无愧于民、无愧于心。

(三)抓作风问题要"抓细""抓常""抓长"

党的作风建设永远没有休止符,解决党的作风问题是全党必须高度重视的一项政治任务,只有进行时,没有完成时。作风问题之所以难以根除,是因为作风问题出现了反弹。针对作风问题的反复性和顽固性,习近平强调,作风建设要坚持"抓细""抓常""抓长",只有长久用功、常抓不懈,才能取得显著成效。

"抓细"指的是抓作风建设要从细节入手,从小事抓起,把重点放在具体问题的解决上。比如,整顿景区的高档会所、节日送礼、官员办各种宴会收取红包、公车配备、公费出差餐饮等具体细节。通过整顿细节问题,养成良好习惯,才能形成良好的风气。

"抓常"指的是作风建设要经常抓,频繁抓,使抓作风建设成为常态。习近平认为"风气养成重在日常教化,作风建设贵在常抓不懈,需时刻摆上位置、有机融入日常工作,做到管事就管人,管人就管思想、管作风"①。党员干部要将作风建设牢牢抓在手上,时刻把握党内作风动向,及时洞悉作风问题出现的状况,采取有效的解决办法。从日常工作中抓作风

---

① 马俊卿:《习近平指导兰考县委常委班子专题民主生活会》(http://news.xinhuanet.com/politics/2014-05/09/c_126482730.htm)。

建设，才能使抓作风建设成为常态，成为党员干部的一种工作模式，而不是像一阵风一样地刮过无痕。

"抓长"是指抓作风建设要注重时间上的长久，抓作风建设不能期望毕功于一役，要有驰而不息、久久为功的意识。只有一遍一遍地反复抓，形成长效机制，才能保证抓得彻底，防止反弹。

三 打造高素质干部队伍

为政之要，莫先于用人。习近平同志在全国组织工作会议上的讲话表示，"进行具有新的历史特点的伟大斗争，关键在党，关键在人。关键在人，就要建立一支宏大的高素质干部队伍"[①]。在当今复杂的国内国际形势下，习近平同志创造性地从什么是好干部、如何培养好干部和如何使用好干部三方面阐述了新时期如何优化干部队伍的新思路。

（一）树立正确的好干部标准

树立正确的好干部的标准是打造一支优秀的干部队伍的首要之策，以好干部标准为尺度来衡量什么样的干部才是合格的干部，是党和人民需要的好干部。对此，习近平提出了"信念坚定、勤政务实、清正廉洁、敢于担当、为民服务"[②]的五条好干部标准。

首先，要考察其理想信念是否坚定。成为党的干部必须要坚定马克思主义、共产主义的方向，要有为社会主义事业奉献的赤胆忠心。其次，好干部一定要勤政务实。好干部一定要勤勉敬业、真抓实干，任何一名优秀的干部都要拥有为官一任，造福一方的公仆意识，认真负责，作出实实在在的成绩。再次，好干部一定要清正廉洁。党的干部在掌权、用权的具体实践中需遵循清正廉洁的标准，怀敬畏之心，慎用权力。纪检监察干部要用实际行动守住共产党人的拒腐蚀、永不沾的政治本色，真正做到严于律己，廉洁奉公。再其次，好干部一定要敢于担当。党的干部要以担当精神履职尽责，权力、责任、担当是相伴而生，密切联系的，享有多大权力，就需承担多大责任，责任靠担当，党的干部要敢于担当、勇于担当，面对大是大非要坚定立场，敢于直面困难，敢于与党内存在的一切歪风邪气和腐败问题做永不妥协的斗争。最后，好干部一定要为民服务。为民服务是

[①] 《习近平谈治国理政》，外文出版社2014年版，第411页。
[②] 同上书，第412页。

衡量一名好干部的最终标准,党的干部要秉承为人民服务的党性宗旨,以人民公仆而非人民主人的身份服务于民,心与人民在一起,为实现人民的幸福奔走。

(二) 靠自身和组织培养好干部

习近平强调,"成长为一个好干部,一靠自身努力,二靠组织培养"①。干部自身的努力与党组织的培养,一个是内在动力,一个是外在环境,干部对自身的要求并为之努力是干部得以成长的内在因素,对干部成才起着决定性作用。

要想成为一名合格的干部,就必须不断改造主观世界,促进思想观念的与时俱进,增强党性修养,与党组织保持高度一致,加强自身的道德品质,提升自己的人格魅力,老实做人,踏实干事,清白为官。就要勤奋学习,勤于思考,学习马克思主义理论,以马克思主义的视角认识问题、解决问题,充实知识框架,加快知识更新,优化自身的知识结构,打牢增强执政能力、提升执政水平的知识储备。好干部除了要加强学习,还要注重丰富自身的实践经验,要不断深入实际、深入基层、深入群众,经风雨、见世面,提高本领。

好干部还要靠组织培养。党组织为干部成才提供良好的外部环境是打造高素质干部队伍的必要措施。组织培养干部,要以党性教育为核心,以道德建设为基础,辅之以宗旨意识、公仆意识教育。要强化干部实践锻炼,不能只在"温室"里讲道理,那样必然导致身在心不在,与人民群众脱离,而是要督促干部深入基层,深入群众。一个优秀的干部,必然有牢固的群众基础,必然会把作为人民公仆的职责时刻放在心上。因此,培养干部,尤其是年轻的干部,要提供更多机会去实践锻炼,让他们多做艰难险重的工作,鼓励多与群众交流。此外,外部的管理监督与约束是必要的,而且要是经常性的,要严格要求,不可松懈,使他们始终保持如临深渊的觉醒,否则任何权力都将滋生腐败。

(三) 坚持正确的用人导向,合理使用干部

用一贤人则群贤毕至,见贤思齐就蔚然成风。知人要善任,用人要当其时、尽其才。用好干部标准赏识人才、选拔人才是基础工作,关键的还是要会用、用好干部,不用或用错位,都等于没有好干部。什么样的干部

---

① 《习近平谈治国理政》,外文出版社2014年版,第416页。

就有什么样的作风，形成什么样的党风，因此，正确使用干部是党风廉政建设的重要任务。

习近平表示，"用人得当，首先要知人。知人不深、识人不准，往往会出现用人失误、用人不当"①。做到用人得当，一方面要坚持历史、全面、辩证地考察干部，考察识别干部要在日常工作中，在处理细节的过程中，更要考察其对重大问题的见识见解，在大事上看其品质表现，在小节上察其志向情趣。干部好不好要由人民说了算，选人民群众信得过的人，而不是由领导干部的个人好恶、感情亲疏说了算，这样才能防止关系网、潜规则。另一方面要求科学合理使用干部，也就是说，以实际的工作需要决定使用具有什么特长的人，用在什么样的岗位上才能充分发挥其才能。以事择人，而不是只看资历，论资排辈，用非所长，不仅干部吃力，工作也会困难重重。

四　完善党风廉政体制机制建设

党的十八大以来，为进一步推进党风廉政制度体系改革与创新，习近平指出，要逐步建立健全权力运行制约与监督体系，为领导干部从政行为筑起反腐堤坝；要建立党风廉政建设责任制，着力增强反腐倡廉责任意识；要完善中央及省区市巡视制度，实现对地方、部门、企事业单位的全覆盖。

（一）健全权力运行制约和监督机制

健全权力运行制约和监督机制是党风廉政建设的必修课，如果权力得不到制约与监督势必滋生腐败。要保证权力的行使不是为了谋取个人私利，就必须为权力构建制度的笼子，让权力在制度允许的范围内运行。同时，要健全权力行使的监督机制，调动各方面的监督力量，使权力在阳光下运行，这样能够防止权力腐化变质。

首先，要解决的就是权力的配置问题，权力的过分集中必然导致越权乱权滥权行为的发生，权力集中于一人手中就会形成绝对权力从而引发绝对腐败。所以，科学合理地划分决策权、监督权和执行权，形成相互制约又相互促进的权力运行机制，是确保权力行使主体公正合法行使权力的有效途径。其次，权力运行程序的规范性、明确性及严密性能够保障权力不

---

① 《习近平谈治国理政》，外文出版社2014年版，第418页。

被滥用，减少侵权越权现象的出现，权力运行程序更规范更明确，权力腐化的可能性就更小。再次，阳光是权力的防腐剂，权力运行透明公开才能使权力避免被私用，权力行使主体给出权力清单，既能清楚自己的权力界限，又能维护自身权力不受侵犯，实行党务政务公开制，避免暗箱操作，损害公共权益。最后，加强对权力的监督是权力行使的最后一道防线，无论是谁，权力的行使都只能是为人民服务，无条件接受人民的监督，使人大监督、行政监督、司法监督、法律监督和社会媒体监督，形成监督合力，促进反腐监督取得实效。

（二）建立党风廉政建设责任制

习近平同志在第十八届中央纪委第二次全体会议上明确表示，开展党风廉政建设和反腐败斗争要严格执行责任制，即党的各级委员会负有主体责任，纪检监察机关负有监督监察的职责。党的各级委员会和纪律检查委员会在明确各自责任的基础上要相互协调，相互促进，各级党委要无条件地接受纪委的检查与监督，支持纪委的监察工作，并保障纪委顺利履行职责，各级纪委也要遵从党委的统一领导，协助党委更好发挥主体作用。

党的各级地方委员会及基层委员会在党风廉政建设中发挥着领导、落实和推进作用，党内之所以出现腐化风气，很大原因在于选人用人培养人方面发生偏差，党委主要负责人必须选好用好党员干部，管理好教育好党员干部队伍，主动做廉洁从政的带头人。党委在行使权力的过程中要加强对自身行为的约束，防止拥权自重、以权谋私，自觉杜绝一切损害人民利益的行为。此外，党委的主体责任还在于领导和支持纪检机关监察违纪违法行为；各级纪委承担的监督职责体现了其对反腐倡廉工作的检查、监督与问责究责作用，纪委需协助党委开展反腐败工作，需监督检查相关部门将预防及惩治腐败任务落到实处，严肃对腐败问题的问责及追究。同时，确保各级纪委具有相对独立的、不容侵犯的监督监察权，提高权力制约与监督的实效。

（三）改进党风廉政建设巡视制度

习近平总书记十分重视党的巡视工作，认为党的巡视工作是预防"四风"问题、及早发现党员干部的违法违纪苗头、遏制党内日常工作中出现的不正之风和腐败行为的必要措施，也是完善党内监督形式的必然选择。

改进党风廉政建设巡视制度要求顺应形势的不断发展，在巡视内容、巡视的方式方法及巡视的制度法规上实施创新，改善工作体制机制，充分发挥巡视在反腐败斗争中的监督作用。习近平强调，党的巡视工作需搞清楚其职责所在，巡视的方向要集中，内容不可以太过宽泛，而要以党的反腐败工作为中心进行，着力发现党内存在的腐败现象。党的中央巡视组要随时抽查并核实领导干部的有关个人事项的报告，发现并及时纠正处理腐败问题。此外，巡视组要强化对反腐倡廉工作中党委主体责任及纪委监督责任的落实情况及组织纪律的执行情况的监督与检查。创新巡视的方式方法是完善巡视制度的重要着力点，党中央在深入开展常规巡视工作的基础上，创造性地提出了专项巡视的形式，专项巡视使得巡视工作更加灵活多变，具有针对性，专项巡视有利于及时了解并处理某个领导干部甚至是某个单位部门的突出问题，有利于及时掌握线索，聚焦重点，精准打击。党中央巡视工作开展顺利，起到了示范作用，而省市区巡视工作还存在很大改善空间，需要进一步加强引导，督促落实基层巡视工作。省市区党委务必以中央巡视方针为指导，着力解决省市区内的腐败问题，避免将问题带到中央。加快完善巡视法规条例是发挥巡视对腐败问题的震慑及遏制作用的力量保证，巡视条例是党内法规的重要组成部分，只有不断完善巡视工作条例，建立健全巡视制度法规，才能实现巡视工作有法可依，保障巡视作用的高效发挥。

另外，习近平同志认为，党员干部在反腐败斗争中始终坚持"一切依靠群众、一切为了群众，从群众中来，到群众中去"的群众路线，在群众工作中做到真抓、实干、务实，坚持求真务实的工作作风，做到心系百姓，把党和人民的事业放在首位；同时，党员干部要充分认识人民群众的重要作用，把人民群众作为可靠力量，在作出决策之前体察民情，倾听民意，与人民群众心心相印。

（作者单位：江西理工大学）

反腐败斗争压倒性胜利的六大观测标识

董 瑛

党的十八大以来，习近平总书记围绕党风廉政建设和反腐败斗争作了一系列重要讲话，成为当代中国马克思主义的鲜活内容。其中关于反腐败斗争形成"压倒性态势"、取得"压倒性胜利""坚决打赢反腐败这场正义之战"的相关论述①，内涵丰富，思想深刻，意义重大，为党风廉政建设和反腐败斗争提供了目标遵循。2012年11月，习近平总书记在十八届中央政治局第一次集体学习会上指明腐败的严重性："大量事实告诉我们，腐败问题越演越烈，最终必然会亡党亡国！我们要警醒啊！"② 2015年1月13日，习近平总书记在十八届中央纪委五次全会上强调："反腐败斗争形势依然严峻复杂，主要是在实现不敢腐、不能腐、不想腐上还没有取得压倒性胜利"③ "腐败和反腐败呈胶着状态"④ 2016年1月12日，习近平总书记在十八届中央纪委六次全会上指出，党的十八大以来反腐败斗争取得新的重大成效，"不敢腐的震慑作用充分发挥，不能腐、不想腐的效应初步显现，反腐败斗争压倒性态势正在形成"并强调两个没有变，"党中央坚定不移反对腐败的决心没有变，坚决遏制腐败现象蔓延势头的目标没

---

① 习近平：《全面贯彻落实党的十八届六中全会精神 增强全面从严治党系统性创造性实效性》，《人民日报》2017年1月7日。
② 中央纪委、中央文献研究室：《习近平关于党风廉政建设和反腐败斗争论述摘编》，中央文献出版社、中国方正出版社2015年版，第3页。
③ 习近平：《深化改革巩固成果积极拓展 不断把反腐败斗争引向深入》，《人民日报》2015年1月14日。
④ 张广昭、陈振凯：《腐败和反腐败呈胶着状态》，《人民网》2017年1月6日。

有变"①。2017年1月6日,习近平总书记在十八届中央纪委七次全会上指出,经过全党共同努力,"反腐败斗争压倒性态势已经形成,不敢腐的目标初步实现,不能腐的制度日益完善,不想腐的堤坝正在构筑,党内政治生活呈现新的气象"②。由此可见,夺取反腐败斗争的"压倒性胜利","坚决打赢反腐败这场正义之战",是党中央坚定不移的战略决心和目标自信。根据习近平总书记重要讲话精神,厘清反腐败斗争"胜利"和"打赢"的主要标识,是一个亟待探析的重大现实问题。笔者认为,可从时间、理论、数量、质量、队伍、动力上设置标识并进行评价。

1. 时间标识——到2020年形成与全面建成小康社会相适应的"更加成熟更加定型"的"不敢腐、不能腐、不想腐"体制机制。在党的历史上,邓小平提出了小康社会建设的伟大目标和三步走的时间标识,党的十六大、十七大、十八大据此先后作出了全面建设小康社会和全面建成小康社会的战略目标和时间标识;同时,邓小平提出了制度建党、廉洁政治的建设目标和时间标识。1992年南方谈话时,邓小平强调要坚持两手抓,一手抓改革开放,一手抓廉洁政治建设,"在整个改革开放过程中都要反对腐败",要求全党把廉政建设"作为大事来抓",特别强调"还是要靠法制,搞法制靠得住些"③。当时,邓小平同志还提出了制度建党的阶段性时间标识,指出:"恐怕再有三十年的时间,我们才会在各方面形成一整套更加成熟、更加定型的制度。"④可见,邓小平当时设想到2022年左右即建党一百周年的时候建成包括廉政制度在内的"一整套更加成熟、更加定型的制度"。

在此基础上,党的十八届三中全会通过的《中共中央关于全面深化改革若干重大问题的决定》顶层设计:"到二〇二〇年,在重要领域和关键环节改革上取得决定性成果","形成系统完备、科学规范、运行有效的制度体系,使各方面制度更加成熟更加定型"⑤。紧接着,党的十八届四中全会围绕全面依法治国、依规治党、法纪相依、依法反腐作出战略部署,强

---

① 习近平:《坚持全面从严治党依规治党 创新体制机制强化党内监督》,《人民日报》2016年1月13日。

② 习近平:《全面贯彻落实党的十八届六中全会精神 增强全面从严治党系统性创造性实效性》,《人民日报》2017年1月7日。

③ 《邓小平文选》第3卷,人民出版社1993年版,第379页。

④ 同上书,第372页。

⑤ 《中共中央关于全面深化改革若干重大问题的决定》,人民出版社2013年版,第7页。

调坚持依据宪法法律治国理政与依据党内法规管党治党相结合,制度治党、管权与治吏相统筹,党内法规与国家法律相衔接。2015年10月,党的十八届五中全会制定了国民经济和社会发展第十三个五年规划的建议,明确"十三五"时期是全面建成小康社会的决胜阶段,把"各方面制度更加成熟更加定型"作为全面建成小康社会新的重要目标要求①,到2020年实现"两个一百年"奋斗目标的第一个百年奋斗目标;同时,全会再次重申"反腐倡廉建设永远在路上"的战略定力,在全党达成"十三五"期间"反腐不能停步、不能放松"的战略共识,确定了"构建不敢腐、不能腐、不想腐的有效机制,努力实现干部清正、政府清廉、政治清明,为经济社会发展营造良好政治生态"②,也即"制度笼子"的战略目标。随后,中央修订颁布了《中国共产党巡视工作条例》《中国共产党廉洁自律准则》《中国共产党纪律处分条例》等反腐败党内法规,加快完善以党章为根本的党内法规体系建设。按照中央的战略布局,反腐败"制度笼子"是国家治理体系的重要领域,是推进全面依法治国、全面建成小康社会的重要目标内容,反腐败斗争取得"压倒性胜利"的时间节点和重要标志,是到2020年形成与全面依法治国、全面建成小康社会目标相适应的"更加成熟更加定型"的"不敢腐、不能腐、不想腐的有效机制",真正将权力关进制度的笼子里,"坚决打赢反腐败这场正义之战"。

2. 理论标识——形成中国特色的反腐败理论、学科和话语体系。"当代中国正经历着我国历史上最为广泛而深刻的社会变革,也正在进行着人类历史上最为宏大而独特的实践创新"③。反腐败是一项科学性、思想性、理论性很强的学科工程。从制度上、根本上解决中国的腐败问题,"坚决打赢反腐败这场正义之战",实现反腐败的"压倒性胜利"目标,无疑需要中国特色的科学理论、中国气派的学科体系、中国风格的话语体系,深入研究和回答我们党深化全面从严治党、治理腐败的重大理论和实践问题。当下中国处于深化改革机遇期和矛盾凸显期,同时进入腐败高发期、反腐败困境期。改革开放40年来,反腐败虽然不断取得重要阶段性成果,但是滋生腐败的土壤依然存在,反腐败形势依然严峻复杂,反腐败学科体

---

① 《中共中央关于制定国民经济和社会发展第十三个五年规划的建议》,人民出版社2015年版,第8页。
② 同上书,第40页。
③ 习近平:《在哲学社会科学工作座谈会上的讲话》,《人民日报》2016年5月19日。

系尚处于探索甚至空白状态,在国家学科目录中至今没有纪检监察相应学科,"反腐败严峻复杂"的情势已经对国家治理、执政党建设、经济转型、和谐社会形成了严峻的挑战,反腐败理论体系到了不得不创新的时候,反腐败学科体系到了不得不创立的时候,反腐败话语体系到了不得不调整的时候,迫切需要中国特色的反腐败理论、学科和话语体系提供理论支撑和方法指引。不论是实现"当前以治标为主"的"不敢腐"战略目标,还是推进标本兼治、形成和保持反腐败"压倒性态势",再到开展"以治本为主"的"不能腐""不想腐"的战略转型,实现反腐败斗争"压倒性胜利"、形成山清水秀的政治生态目标,反腐败必须学科化、专业化,且是中国化的学科化、专业化,即以学科化、中国化的反腐败理论引领中国反腐败的实践、研究和创新。①

改革开放以来的反腐败实践中,各界人士先后用西方的权力寻租理论、管理学的博弈理论、经济学的成本收益理论等分析和阐释中国的腐败问题、探求中国反腐败的策略,试图以此构建中国反腐败理论框架和话语体系。但是,反腐败严峻复杂的形势表明,西方的反腐败理论体系在中国遇到了水土不服的问题,西方的理论框架无法诠释、破解中国的反腐败困境。研究、回答中国腐败和反腐败问题,要从中国的特殊国情、党情、干情、民情出发,要从中国和中华民族的特殊历史和现实出发,要从中国共产党革命、建设、改革的特殊实际出发,要从中国共产党执政兴国、实现中国梦的历史必然性和特殊使命出发,加快构建中国特色反腐败理论、科学和话语体系。可见,"坚决打赢反腐败这场正义之战",夺取反腐败斗争"压倒性胜利",必须挖掘和借鉴中国历史上几千年的反腐败和监督经验得失,加快建构以监督学为核心、以纪检学为支点的反腐败理论体系、学科体系和话语体系,用中国特色、中国气派、中国风格的反腐败理论体系、学科体系和话语体系,指导治理腐败的中国实践、阐释治理腐败的中国道路、形成治理腐败的中国话语、传播治理腐败的中国声音,切实打破以西方理论框架和反腐败话语体系为蓝本的研究范式,切实防止出现选择性、运动式的反腐路径和偏好,切实改变监督资源分散、监督权能虚弱、权力腐败易发多发的制度缺陷,也是构建 21 世纪马克思主义和当代中国马克思主义的题中之要义,也是为人类治理腐败提供"中国方案"、夺取反腐

---

① 参见董瑛《关于构建中国特色监督学科的思考》,《党政干部论坛》2014 年第 10 期。

败的国际话语权、占领国际道义制高点之要义。

3. 数量标识——在"减存量、遏增量"上取得"决定性成果"。2012年11月17日,习近平总书记在十八届中央政治局首次集体学习会上敬告全党:"大量事实告诉我们,腐败问题越演越烈,最终必然会亡党亡国。"① 这是改革开放以来党的最高领导人首次从反腐败的现状("大量事实")上指明腐败问题的严重性("越演越烈""会亡党亡国")和反腐败形势的严峻复杂性。2015年2月12日,中共中央政治局会议首次提出"腐败存量"和"腐败增量"的概念,强调"全党要清醒认识反腐败斗争依然严峻复杂的形势,深刻认识全面从严治党的重大意义,担负起管党治党的责任",要"用最坚决的态度减少腐败存量,用最果断的措施遏制腐败增量"。② 在十八届中央纪委五次全会上,习近平总书记鲜明强调,"减少腐败存量、遏制腐败增量、重构政治生态的工作艰巨繁重。"③ 在十八届五中全会第二次全体会议上,习近平总书记再次强调,"要利剑高悬,以顽强意志和坚定决心,持续形成强大震慑,坚决减存量、遏增量,确保反腐败斗争取得压倒性胜利。"④ 十八届中央纪委七次全会把"坚决减少腐败存量,重点遏制增量"⑤ 作为当前和今后一个时期反腐败斗争的重要任务。由此可见,"减少腐败存量""遏制腐败增量",不仅是以习近平同志为核心的党中央对"越演越烈"的腐败问题有了"量"的研判和考量,而且表明我们党对"严峻复杂"的反腐败形势作出了新的治理目标和战略举措。

按照党中央和习近平总书记的战略研判,笔者认为,"腐败存量"主要是指改革开放始至十八大召开前的30多年时间里,已经发生的违纪违法甚至犯罪的腐败行为,但至今仍然没有被发现,或虽已被发现、被举报但还未查处,或虽已查处但有遗漏而沉淀下来的腐败案件。"腐败增量"

---

① 中央纪委、中央文献研究室:《习近平关于党风廉政建设和反腐败斗争论述摘编》,中央文献出版社、中国方正出版社2015年版,第3页。
② 《中共中央政治局召开会议 讨论政府工作报告 审议关于巡视31个省区市和新疆生产建设兵团情况的专题报告》,《人民日报》2015年2月13日。
③ 习近平:《深化改革巩固成果积极拓展 不断把反腐败斗争引向深入》,《人民日报》2015年1月14日。
④ 习近平:《在党的十八届五中全会第二次全体会议上的讲话(节选)》,《求是》2016年第1期。
⑤ 《中国共产党第十八届中央纪律检查委员会第七次全体会议公报》,《人民日报》2017年1月9日。

主要是指十八大后不收敛不收手,问题反映集中、群众反映强烈,现在重要岗位且可能还要提拔使用的领导干部;以及十八大后、中央八项规定出台后、群众路线教育实践活动开展后仍顶风违纪的行为。事实表明,十八大以来中央纪委查处的周本顺、万庆良、谭力、王敏等"老虎"均集"腐败存量"和"腐败增量"于一身。可见,要"坚决打赢反腐败这场正义之战"实现反腐败斗争"压倒性胜利"目标,务必着眼于"腐败和反腐败两军对垒,呈胶着状态"的"严峻复杂"形势,致力于"减存量、遏增量"上取得"决定性成果",一方面要保持坚强政治定力,强化兴党忧党意识,落实管党治党的主体责任和监督责任,坚持"无禁区""全覆盖""零容忍"地"打虎""拍蝇",坚持"力度不减、节奏不变""一寸不让"地纠正"四风",坚决遏制腐败蔓延势头,有效解决"腐败增量"问题;同时,坚持全面从严治党,以党章、宪法为根本遵循、以党纪国法为基本准绳,健全法规制度体系,正视和评估"腐败存量",探索化解"腐败存量"的方式方法,运用法治思维和法治方式逐步解决"腐败存量"问题,以坚如磐石的意志和决心、直面问题的勇气和智慧啃下反腐败斗争中的"硬骨头"。

4. 质量标识——形成"决策科学、执行坚决、监督有力"的科学权力结构。结构是制度的定型,结构决定功能。权力结构,作为人类阶级社会的基本存在,是国家治理体系和政党制度安排的基本问题,是党和国家的顶层领导制度和组织制度。权力结构"好""坏",不仅关系人心向背,而且关系国家治理成败。① 历史表明,"权力过分集中",即"多数办事的人无权决定,少数有权的人负担过重"② 的权力结构,既是苏共亡党、东欧剧变的"总病根"③,是我党出现官僚主义、"犯各种错误"的"总病根"④,也是中国"腐败问题越演越烈"的"总病根",因而是全面深化改革的"硬骨头"。党的十八大以来,习近平总书记深刻指出:"腐败的本质是权力出轨、越轨,许多腐败问题都与权力配置不科学、使用不规范、监

---

① 参见董瑛《苏共权力结构模式演变的历史考察》,《中共党史研究》2014年第10期。
② 《邓小平文选》第3卷,人民出版社1993年版,第329页。
③ 参见董瑛《权力结构关系国家治理成败:苏共权力结构模式研究》,中共中央党校出版社2014年版,第3页。
④ 《邓小平文选》第3卷,人民出版社1993年版,第329页。

督不到位有关"①。因而,"反腐倡廉的核心是制约和监督权力","要强化制约,科学配置权力,形成科学的权力结构和运行机制"②。科学的权力结构,既是防治腐败、建设廉洁政治的治本之策,也是深化反腐败体制机制改革、"坚决打赢反腐败这场正义之战"的质量目标。

可见,要"坚决打赢反腐败这场正义之战",实现反腐败斗争"压倒性胜利",必须着眼于"权力过分集中"这个"总病根"和"硬骨头",与推进国家治理体系现代化和"四个全面"战略布局相适应,科学有序地推进以国防和军队改革、国家监察体制改革先行的权力结构改革,依法清理权力、整合权力、分解权力、运行权力,依法授受权力、规范权力、制约权力、监督权力,合理确定权力归属,划清权力边界,厘清权力清单,明确权力责任和风险,强化权力流程控制,压缩自由裁量空间,减少权力寻租空间,理顺权力与权力、权力与权利的权限边界和法律关系,理顺党代会、全委会和常委会的权限边界和法律关系,理顺党委、人大、政府、政协、司法、群团的权限边界和法律关系,构建起"决策科学、执行坚决、监督有力"③的科学权力结构和权力运行体系,从制度上、根本上消除腐败滋生蔓延的土壤,真正把权力关进制度的笼子里,以权力结构改革的重点突破,推进党的建设制度改革和政治体制改革取得决定性成果,努力实现"不能腐"的长效质量建设目标,推进权力治理现代化,"坚决打赢反腐败这场正义之战"。

5. 队伍标识——形成反腐败领导力和职业能力建设标准。反腐败是一项学科性、职业性、实务性很强的专业工程,需要相应的专业品质、专业思维、专业方向、专业水准、专业工匠作支撑。历史和现实表明,"坚决打赢反腐败这场正义之战"不仅需要中国特色的科学理论作指导、学科体系作支撑、话语体系作阐释,还需要足够的专业领导力作引领、职业能力作基础、专业人才作保障。在管党治党过程中,一些党组织之所以出现主体责任缺失、监督责任缺位,存在宽松软现象,一些地方和部门之所以出现党的领导弱化、党的建设缺失、全面从严治党不力现象,一些党员、

---

① 中央纪委、中央文献研究室:《习近平关于严明党的纪律和规矩论述摘编》,中央文献出版社、中国方正出版社2016年版,第63页。

② 习近平:《强化反腐败体制机制创新和制度保障 深入推进党风廉政建设和反腐败斗争》,《人民日报》2014年1月15日。

③《中共中央关于全面深化改革若干重大问题的决定》,人民出版社2013年版,第35页。

干部之所以出现党的观念淡漠、组织涣散、纪律松弛现象，一些纪检监察机关之所以出现"无案可查"和"纹丝不动"现象，甚至有不懂得反腐败的人在领导、协调反腐败，有不懂得监察的人在从事纪检工作，不懂得查案的人在执纪查审，不懂得监督的人在搞巡视，不懂得反腐败队伍建设规律的人在管理反腐干部队伍，重要原因之一是全面从严治党的本领恐慌、反腐倡廉的能力不足、反腐专业人才缺乏问题，是反腐败领导力短板、职业能力建设短板、监督能力短板问题。

回顾历史，1956年9月10日，毛泽东在党的八大二次预备会议上对领导班子的专业化建设问题作了重要阐述，至今仍给我们深刻的启示。他指出："中央委员会中应该有许多工程师，许多科学家。现在的中央委员会，我看还是一个政治中央委员会，还不是一个科学中央委员会"，存在着"没有多少科学家，没有多少专家"这个缺点，因而"计划在三个五年计划之内造就一百万到一百五十万高级知识分子"①，去改善中央和地方领导班子的结构和成分。于是，改革开放之初，在邓小平的提议和推动下，"专业化"的职业能力建设成为我党干部队伍建设的一个重要方针并沿用至今。党的十八大以来，习近平总书记多次强调领导班子和干部队伍的专业化建设问题。在十八届五中全会上，他特别强调："优化领导班子知识结构和专业结构，注重培养选拔政治强、懂专业、善治理、敢担当、作风正的领导干部，提高专业化水平"②；在建党95周年大会上的讲话中，他要求"各级领导干部要加快知识更新、加强实践锻炼，使专业素养和工作能力跟上时代节拍，避免少知而迷、无知而乱，成为做好工作的行家里手"③。当前，改革、发展、稳定作为各级党委、政府的主体责任已经成为共识，但是反腐败作为各级党委和政府必须始终抓好的重大政治任务，这一主体责任并没有真正扛到肩上、落实到行动上。反腐败斗争开展40年来，反腐倡廉的能力建设和纪检监察机关的专业化建设有所忽视，一些地方、部门和单位常常把党委在全面从严治党、反腐倡廉建设上的主体责任转化、矮化或下压为纪委的监督责任，常常把纪检监察机关当作党委的一

---

① 《毛泽东文集》第七卷，人民出版社1999年版，第102页。
② 《中共中央关于制定国民经济和社会发展第十三个五年规划的建议》，人民出版社2015年版，第39页。
③ 习近平：《在庆祝中国共产党成立95周年大会上的讲话》，人民出版社2016年版，第25页。

个工作部门来建设,常常把纪检监察干部当作通识型党务干部来配置,与国内的公安、检察、法院队伍相比,与新加坡反贪污调查局、香港廉政公署相比,不仅各级党政领导班子和干部队伍中反腐败领导人才明显不足,而且像纪检监察机关这样的反腐败和党内监督专责机关,通用型领导、通识型干部居多,反腐败领导人才、研究人才、实务人才严重短缺,反腐败能力不足的问题突出,"两个责任"(主体责任、监督责任)弱化、异化、虚化的情况不同程度存在,反腐败高压态势及其效能在一些地方和单位自上往下呈现递减现象。十八大后被查处的安徽省原副省长倪发科在受审时感叹:"假如'八项规定''反四风''老虎、苍蝇一起打'的重大举措早出台3—5年,我可能也不至于痴迷上疯狂的石头,犯下如此重罪"。

因此,要在建党一百周年的时间里,"坚决打赢反腐败这场正义之战",实现反腐败斗争的"压倒性胜利"目标,必须切实正视和解决反腐败"能力不足的危险",务求在各级党委、政府的反腐倡廉领导能力和纪检监察队伍的职业能力建设上取得"决定性成果"。可借鉴我国历史上"彰善瘅恶、肃正纲纪、小大相制、内外相维"的监督机构配置模式,及其"人众、秩卑、位尊、职广、权重"的监察队伍职业能力建设经验[①],借鉴当前正在全国推行的从律师和法学专家中公开选拔立法工作者、法官、检察官办法,利用正在开展的国家监察体制改革契机,开展党委、政府反腐败能力测评、研究和提升工作,注重领导班子和反腐败队伍的职业背景和学术学科配置,在各级党政领导班子和纪检监察系统尽快开展反腐败专业人才选配工作,力争在"十三五"期间实现县级以上党委、政府和反腐败专门机构领导班子中至少有一名专家、学者、律师等专业人才,提高各级党委、政府领导、协调、组织、推进全面从严治党和反腐败的能力;同时要特别注重创新纪检监察队伍职业能力建设体制和机制,整合和优化反腐败机构、职能和人员,多种方式选配反腐败职业型、专业型、专家型人才,改善反腐败机构领导班子及其队伍专业思维、专业素养、专业方法,建立反腐败机构和队伍的职业化、专业化标准[②],破解纪检监察机关专业化水平偏低、反腐倡廉效能不高、反腐败"本领不足、本领恐慌、

[①] 参见董瑛《党内干部监督制度建设论》,人民出版社2010年版,第230—231页。
[②] 参见董瑛《切实抓好反腐败的基础性工作》,《光明日报》2015年11月22日。

本领落后"①、专业短板、能力短板、监督短板等问题，打造敢反腐、想反腐、能反腐的"铁军"。

6. 动力标识——形成民众有序参与和积极支持反腐败的社会氛围，不断增强民众对反腐败的更多获得感。反腐败是一项公共性、民意性、参与性很强的民心工程。人民群众不仅是腐败的"对立物"，更是反腐败的主人、主体和生力军。70多年前，毛泽东在与黄炎培的"窑中对"中就指出："只有人民来监督政府，政府才不敢懈怠。只有人人起来负责，才不会人亡政息。"② 十八大以来，习近平总书记明确提出"以人民为中心"的发展理念和"让人民监督权力"的执政思想，在党的群众路线教育实践活动总结大会上特别指出："人民群众中蕴藏着治国理政、管党治党的智慧和力量，从严治党必须依靠人民，要织密群众监督之网，开启全天候探照灯，各级党组织和党员、干部的表现都要交给群众评判。"③ 面对"腐败问题越演越烈"的"大量事实"和"严峻复杂"的反腐败斗争形势，只有人人起来监督，才能将公权看住管牢；只有人人起来反腐，才能打赢反腐败这场没有硝烟的人民战争。在这场关乎党的生死存亡、关乎群众民生福祉的反腐败斗争中，亿万群众的目光在聚焦，亿万群众的掌声在支持，亿万群众的心口在点赞。但是，在现阶段的反腐败斗争实践中，总体上看，广大群众对反腐败的参与度、知情度成为反腐倡廉建设的一个短板，群众在反腐败中的主人和主体作用没有得到有效落实和保障，群众反腐的深厚伟力远远没有发掘出来，一些地方反腐败主要还是靠专门机关单打独斗，广大群众被当成反腐败的"观众"和"看客"，还没有形成抗战时期成千上万的民众参与抗日、共同"打鬼子"的全民反腐机制和氛围。

由此，广大人民群众积极有序参与和支持反腐败之时，就是"坚决打赢反腐败这场正义之战"，反腐败斗争取得"压倒性胜利"之日。按照习近平总书记提出的"坚持人民主体地位"和"共享发展"理念，必须把以人民为中心的发展思想落实到反腐倡廉建设各个环节，探索民众有序参与和支持构建"不敢腐、不能腐、不想腐"的有效机制，建立相应的平台、通道和制度，健全举报奖励制度、惩治打击报复举报人制度、举报回复制

---

① 习近平：《领导干部要勤于学敏于思》，《人民日报》2015年2月28日。
② 黄方毅：《黄炎培与毛泽东周期率对话》，人民出版社2011年版，第58页。
③ 习近平：《历史使命越光荣奋斗目标越宏伟 越要增强忧患意识越要从严治党》，《人民日报》2014年10月9日。

度等，破解专门机构力量不足、人民群众参与不便的问题，不断增强广大群众对反腐败的物质获得感和精神获得感、理论获得感和现实获得感、当前获得感和预期获得感，力求在发挥群众反腐败的主体作用、增强群众对反腐败"更多获得感"上取得"决定性成果"。当前要特别注意加强对科技反腐、网络反腐的引导和规范性建设，发挥人民群众运用新兴媒体参与和支持反腐败的深厚伟力。

"干在实处永无止境，走在前列要谋新篇"[①]。按照中央的顶层设计和战略部署，通过"十三五"期间五年时间的群策群力，在建党一百周年的时候，"坚决打赢反腐败这场正义之战"，实现反腐败斗争"压倒性胜利"目标，必须与全面建成小康社会、全面深化改革、全面依法治国、全面从严治党战略布局相适应，以"啃硬骨头""涉险滩"的勇气和担当，在反腐败重要领域改革上重点突破，谋求"决定性成果"，即以理论、学科和话语体系建设解决反腐指引问题，以法治思维和法治方式解决腐败存量和增量问题，以权力结构改革解决反腐败治本问题（权力过分集中），以职业能力建设解决反腐本领问题，以增强群众更多获得感解决反腐动力问题，从而整体推进"不敢腐、不能腐、不想腐的有效机制"的系统构建，形成关住权力的"更加成熟更加定型"的"制度笼子"，为实现"两个一百年"奋斗目标和中华民族伟大复兴的中国梦提供坚强保障。

（作者单位：中共浙江省委党校马克思主义研究院）

[①] 习近平：《干在实处永无止境　走在前列要谋新篇》，《人民日报》2015年5月28日。

当代大学生的马克思主义信仰问题探究

舟鸿燕

党的十八大报告指出:"要坚定理想信念,坚守共产党人精神追求。对马克思主义的信仰,对社会主义和共产主义的信念,是共产党人的政治灵魂,是共产党人经受住任何考验的精神支柱。"可见,马克思主义信仰对国家前途和民族未来有着重要的影响。目前中国社会正在经历转型,大多数民众的"三观"、思维、认识都随社会转型发生了变化,大学生所接触的社会中的每一种变化,都影响他们信仰的确立及价值观的形成,大学生是社会主义的鲜活力量,是国家未来建设和发展的重要倚重,因此引导大学生进行正确的信仰选择、确立科学的信仰尤为重要和迫切。

一 信仰的内涵和功能

(一)信仰的内涵

信仰是什么?"信仰"一词来自于西方,是英文 faith 的汉译,对信仰的理解首先有一个令人费解的问题,即信仰与宗教的关系。信仰与宗教有关,又不全关乎宗教,起初的信仰主要是自然信仰,后才进入宗教领域。今天西方对信仰的理解,在一定意义上仍然是和宗教相关联在一起的。《简明不列颠百科全书》中写到信仰是"在无充分的理智认识足以保证一个命题为真实的情况下,就对它予以接受或同意的一种心理状态"[1]。明显带有脱胎于宗教的意味。在我国,理论界有人认为,信仰"一般只在主观上有充分根据,即说服自己,而在客观上却没有根据,或没有充分根

---

[1] 中美联合编审委员会:《简明不列颠百科全书》(第8卷),中国大百科全书出版社1986年版。

据"①。随着对信仰研究的不断深入,目前信仰的内涵已经"从宗教信仰的狭隘含义中走出来,成为一个更为一般的概念"②。因此对信仰的理解不应该单纯地仅指宗教信仰,还应该包括其他的多种信仰形式。《现代汉语词典》中写到信仰是"对某人或某种主张、主义、宗教极度相信和尊敬,拿来作为自己行动的榜样或指南"③。对信仰内涵的界定可谓仁者见仁,智者见智。我认为信仰就是指个体对某一种主义的极度信奉,并以此为自己的精神力量和行动准绳。

(二) 信仰的功能

信仰不管是对个人还是社会都具有价值导向的功能。对个人来说,信仰为个人的人生目标照亮了前进的道路,提供了评判善恶的价值标准,引导人们如何实现有价值的人生,找到人生的意义。在复杂的社会潮流中,人面对的选择很多,价值标准也是多种多样,信仰的引导能够使人们在变幻万千的各种不确定中找到合适的标准,从而对各种价值观进行评判和选择,最终树立远大的理想。对社会来说,信仰是全体人民团结奋斗追求最高理想的一面旗帜,引领人民朝着美好的未来奋进,尤其在中国的战争时期,无数的革命战士把实现共产主义确定为个人终生的信仰和追求,为新中国的建立前仆后继,不惜一切代价,为了心中的信仰甘愿奉献生命,最终实现了人生价值。如今的中国虽已不再硝烟四起,但国内国际环境依然不容乐观,在大刀阔斧改革的今天,信仰作为一面旗帜必将继续引导中国人民和中华民族走向繁荣富强。

信仰能够充分唤起人的潜能,达到凝聚人心的功能。信仰的凝聚力量是自觉建立起来的,具有稳固的特性,能够把社会上不同想法、不同年龄、不同身份的个体通过共同的信仰凝聚起来,使得人们的归属感和认同感达到一致,从而在民族发生困难的情况下,能够凝聚人心,共渡难关。从历史上来看,中华民族在每一个危难关头,共同信仰的召唤总是能够把数亿中国人民凝聚在一起,砥砺前行。从新中国成立到改革开放再到今天的现代化建设,都深刻体现着信仰对一个国家和民族的重要性,在"非典""汶川地震"这样的大灾大难面前,中国人民万众一心,凝聚成一股

---

① 胡军、张学森:《信念与信仰的异同及现实意义》,《教学与研究》2004年第8期。
② 刘建军:《马克思主义学术视野中的信仰概念》,《教学与研究》2007年第7期。
③ 《现代汉语词典》,商务印书馆1981年版。

绳，正是信仰这种凝聚人心的功能带领中国走出危难，迎接光明。当前中国人民在共同信仰的旗帜引领下努力为"中国梦"的实现团结奋进，必将取得最后的胜利。

信仰是意识的一种表现，具有激励人们的行为的功能。一个人一旦坚定了某种信仰，就会内化为自己的精神意志，以此来规范自己的行为。科学且具有积极性的信仰是一个人的精神源泉，能够引导人们战胜各种困难，激励人们不断为超越自我、跨越挑战而丰富自己、提高自己。信仰能为整个民族输入源源不断的动力，使民族具有持久的奋发向上的力量，不断实现自我壮大。新中国成立初期，刚刚经历过血与火洗礼的新中国百废待兴，急需恢复经济稳定民心，值此国家困难时期，全国人民为了社会主义建设团结一致、奋勇前进，并创造了一系列成绩。当今世界和平与发展是大势，但也有地区不安定因素在起反作用，对中国来说，周边不和谐因素正在滋生，对中国目前改革进入关键期具有非常不利的影响。因此共同信仰能激励全世界人民为维护世界和平发展作出共同努力，同时激励中国人民在应对国际国内挑战时齐心协力，携手前行。

二 马克思主义信仰的内涵及特征

（一）马克思主义信仰的内涵

怎样认识马克思主义信仰？我国学界之前很少用信仰指称马克思主义，甚至"一说到信仰必说宗教，一说到宗教必说到迷信，一说到迷信必说到反科学，一说到反科学必说到反马克思主义。如是，信仰与马克思主义无缘了"[①]。但随着社会发展和人们的思想变化，研究发现"信仰是比宗教更为根本的东西。所谓现代人之趋向宗教不如说是趋向信仰更为妥帖"[②]。所以马克思主义信仰的提法逐渐在学界中出现并被大众接受。马克思主义提出的信仰诉求是倡导人人追求个体的自由和全面发展，这种发展不仅仅是物质和欲望的满足，而是更高程度上通过自己的努力实现自己的理想，创造自我价值，实现自我飞跃。到底马克思主义信仰指的是什么？有人指出："马克思主义信仰是指无产阶级和进步人士对马克思主义理论的极度信服、对共产主义远大理想的坚定执着的追求，并以此作为自己精

[①] 荆学民：《现代信仰学导引》，中国传媒大学出版社2012年版，第3页。
[②] 同上书，第7页。

神支柱和行动指南。"[①] 还有人指出马克思主义信仰"首先它是指人们对马克思主义理论的相信和信奉；其次是指信仰者的信仰内容，只有人们将马克思主义理论包含在他们信仰之中，并与实际上的马克思主义相结合，人们的信仰才越来越成为'马克思主义信仰'；最后是指马克思主义是帮助人们认识世界、改造世界的世界观和方法论"[②]。理论界很多学者都为马克思主义信仰的内涵进行了不同的界定。笔者认为，马克思主义信仰是人们在自身积累的知识与经验，主观上形成的情感与心理基础上对马克思主义理论形成的一种自觉地认同与信服，并将此作为自己的行动准则。

那么，怎样认识大学生的马克思主义信仰呢？首先对大学生队伍应该有一个客观的认识，大学生是社会主义事业的生力军，肩负着重大的责任和使命，他们的信仰选择既会影响个人的成长和未来的发展，又会在一定程度上影响着国家的命运。但是大学生群体有其自身发展的特点，由于年龄、背景、心理等多种个人因素和复杂、多变的社会因素的影响，大学生信仰大体上呈现复杂、多样的发展态势，宗教信仰、神灵信仰、对中国传统的"儒、释、道"的信仰、马克思主义信仰等多种信仰形式以不同比例存在于大学生队伍中。因此研究大学生马克思主义信仰，首先就要把各种形式的信仰区分开来，主要对马克思主义信仰进行探究。我认为大学生的马克思主义信仰可以这样来理解，即大学生将马克思主义信仰内化为自己的意志，并在实际行动中，如在自身的学习过程、个人认知、职业规划等方面将马克思主义信仰充分体现出来。

(二) 马克思主义信仰的特征

1. 马克思主义信仰具有科学性。

马克思主义信仰体现着对马克思主义真理的追求与信奉，无可厚非具有科学性。首先，它对客观世界作出无疑正确的判断，科学的预测并指引了人们的认识活动和实践行为。尤其是在无产阶级革命中，马克思主义理论指导了工人阶级的英勇无畏的革命斗争并取得最终胜利。其次，马克思、恩格斯通过对人类历史发展规律的研究和总结得出，人类最终只有实现共产主义，实现"自由人联合体"，才能获得真正的解放。对共产主义理想的勇敢展望及实现的可能性分析并不是空穴来风，而是在科学的思想

---

① 薄明华：《论马克思主义信仰的科学内涵》，《广西社会科学》2011 年第 9 期。
② 李钟麟：《论马克思主义信仰的地位和功能》，《湖南科技学院学报》2008 年第 1 期。

理论引导下的正确预示。最后，在西方社会，人们在马克思主义信仰的启发指导下逐渐从宗教信仰中脱离出来，在中国社会，马克思主义理论自广泛传播以来就对中国的革命和社会主义建设发挥着不可估量的作用，激励着中国人民砥砺前行，不懈追求。同时社会和实践的发展也使得马克思主义信仰不断地丰富和完善，以顺应时代潮流，并显示出无可比拟的生命力。

2. 马克思主义信仰具有实践性

马克思主义是在无产阶级革命及全世界人民的实践中逐渐确立并形成的，其重要特征就在于它的实践性。它是具有指导力和凝聚力的理论。马克思主义信仰是一种实践活动，是能在社会主义革命、建设中发挥重要行动力的实践活动。马克思主义自诞生以来，尤其在苏联建立社会主义、中国进行社会主义建设的伟大实践中发挥着重要作用，与人民的实践活动紧紧相连，在目前和今后全力建设中国特色社会主义和全面建成小康社会的过程中必将继续迸发出重要的力量。对马克思主义的信仰，最终要实现共产主义。共产主义的实现是一个充满艰辛的漫长的征程，需要在实践中，凝聚全世界人民的力量来完成，这种实践活动是对人类自身的肯定，肯定人民群众的主体地位，信赖人民群众能够团结一致改变国家和民族命运的能力。在中国，要使马克思主义信仰在实践和行动中发挥力量，对马克思主义的相关理论不能教条地、形式化地理解，而是要在中国共产党的领导下，把马克思主义理论真正运用到中国具体实际当中去，为中国社会主义事业的前进发展提供坚定的理论指导，在马克思主义信仰的引领下为实现"中国梦"奋勇前行。对个人来说，马克思主义信仰能够给个体的行为提供准绳和规范，使个体的实践活动在社会规范的范围内展开并朝着有利于社会和谐稳定的方向发展。

3. 马克思主义信仰具有价值性

首先，马克思主义信仰作为一种精神指导和精神寄托能够为人们的行为提供引领作用。《共产党宣言》的发表为全人类带来了福音，引领人民与剥削进行斗争，探索走向新世界的光明道路。在苏联建立社会主义的实践中，马克思主义作为一种信仰为苏联领导阶层以及广大人民提供了强大的精神动力。对于中国来说，全国人民在马克思主义信仰的引领下取得社会主义建设的傲人成绩，在新的历史阶段继续斗志昂扬，奋发向上，同时它引导个人实现自我的超越，完成一个目标到另一个目标的跨越，从而实现自我价值。其次，马克思主义信仰能发挥凝聚的价值，作为一种凝聚力维护民族团结统一，并在国家危急关头发挥重要作用。对于中国人民来说，对这一点体会应该尤为深刻。随着国际国内局势动荡不安，国内的改革、建设处在重要关口，如何应对来自各方的压力，在激流中找到适合改革的路径和方法显得尤为重要。马克思主义信仰能发挥巨大的凝聚力，在当前的困难形势下能够使中国人民万众一心，突破难关，实现跨越。最后，马克思主义信仰作为一种价值规范能够对个体行为作出衡量和评价。对个人来说，自身的行为正确与否，对社会有利还是有害，对个人发展有益还是有弊，需要有一个确定的标准来进行评判，马克思主义信仰可以对个体的种种行为作出评价，以使个体不断进行反思和完善，朝着更好的方向发展。

三　树立当代大学生马克思主义信仰的意义

当代大学生是社会主义建设事业的接班人，是国家未来发展的新力量，树立起大学生的马克思主义信仰，对大学生自身的塑造和成长以及对国家未来具有巨大意义。

（一）有利于加强对大学生队伍的认知

从历史来看，20世纪70年代，大学生通过高考便逐渐成为社会建设的后备力量之一开始发挥作用。20世纪80年代，全国的高等院校到处洋溢着青春的气息，那时的大学生的公众形象大都积极向上，大众普遍认为他们是有文化、有素质的社会精英。改革开放之后，伴随着国家建设思路和工作重心的转移，高校进行了一系列改革，在改革中大学生的思维和观念逐渐发生了改变。时至今日，大学生已不再是社会认可的天之骄子，接受高等教育成为社会普遍现象，取代大众精英认识的是社会负面评价的增多。2005年9月，《中国青年报》发表题为《北京一项调查显示：公众对当代大学生整体评价下降》的文章，文中指出，"经过十几年的变迁，大学生的追求从道德自我完善转型为商业成功""大学生在公众中的形象已经跌到20年的最低点。"这项调查表明社会对大学生的负面评价增多、公众好感度降低，因此加强信仰教育，使大学生不管在思想上还是行动中都表现出昂扬向上的精神风貌，有利于加强社会对大学生队伍的好感度和信任感。

（二）有利于高校政治教育工作的开展

习近平在 2016 年 12 月 7—8 日召开的全国高校思想政治工作会议上提出："要教育引导学生正确认识世界和中国发展大势，从我们党探索中国特色社会主义历史发展和伟大实践中，认识和把握人类社会发展的历史必然性……正确认识远大抱负和脚踏实地，珍惜韶华、脚踏实地，把远大抱负落实到实际行动中，让勤奋学习成为青春飞扬的动力，让增长本领成为青春搏击的能量。"[①] 高校思想政治工作对于大学生信仰的树立是一个必不可少的因素，全国高校思想政治工作会议的召开更体现了党和国家对高校在政治教育中所起作用的高度重视，因此高校要从大学生的可塑性出发，充分考虑大学生身心特点同时创新信仰教育的方式方法，丰富内容，加大力度，使高校政治教育工作大范围顺利开展。

（三）有利于全面建成小康社会的实现

当代大学生是青年中的精英团体，有着较扎实的理论水平和较高的个人素养，在全面建成小康社会事业中能发挥出重要的作用。全面小康社会需要在马克思主义正确引领下动员全社会之力，而马克思主义信仰既符合中国实情又具有理论上的科学性，必然能带领中国人民全面奔向小康，实现"中国梦"的美好愿望。全面建成小康社会的目标能否实现是社会多种因素作用的结果，但其中很重要的一点就是大学生在这个过程中能发挥多大的力量。当代大学生是社会中充满激情、满怀信心、斗志昂扬的青年团体，在社会各方的努力下帮助大学生树立起马克思主义信仰，让他们在马克思主义信仰的光芒下健康成长，树立正确的价值观，激励他们增强自身本领，提高个人素质，丰富自身力量，为社会主义事业出力献计，为全面建成小康社会添砖加瓦。

四 树立当代大学生马克思主义信仰的路径

（一）坚持马克思主义的指导立场

1. 在马克思主义引导下建立主流价值观

对于社会主义中国来说，人民的信仰选择和信仰状况会影响国家的未来和命运，一定程度上影响着"中国梦"的实现。在当前社会转型和改革

---

① 习近平在全国高校思想政治工作会议上强调：把思想政治工作贯穿教育教学全过程 开创我国高等教育事业发展新局面，《人民日报》2016 年 12 月 9 日。

的大环境下，经济形势的变化、就业前景的不明朗导致大学生的价值观呈现出多元化，因此应在马克思主义指导下尽快建立社会主流价值观，引导大学生进行正确的信仰选择。当代中国主流价值观应该是以社会主义核心价值体系为主导地位的价值观，包括"马克思主义指导思想，中国特色社会主义共同理想，以爱国主义为核心的民族精神和以改革创新为核心的时代精神，社会主义荣辱观"①。因此全社会要努力构建以此为主流的价值观，在这个过程中帮助大学生树立起马克思主义信仰。

2. 在马克思主义引导下应对各类思潮

当代中国存在各种社会思潮，这些思潮的出现，是历史原因和现实原因、国际原因和国内原因交织作用的结果，对这些思潮的处理要根据具体情况采取相应措施，建立一整套马克思主义的方法体系，要在马克思主义指导下科学辩证地分析出其中的优劣，摒弃其中的不健康、非科学的思潮，而将科学的马克思主义坚持下来。

（二）创造优良的马克思主义信仰环境

1. 促进经济发展，夯实信仰的物质基础

中国社会整体向前发展的基础是社会经济的不断发展。各种思潮较量的背后其实是各种社会力量的较量，尤其是经济实力的较量。中国目前生产力水平总体还不高，综合实力与发达资本主义国家之间存在较大差距，西方在强大的经济背景下往往衍生出话语强势，所以树立马克思主义信仰首先要发展经济，夯实信仰的物质基础。

从国情看，我国的经济发展还比较缓慢，生产力相对落后，既不能满足人民对物质方面的需要也不能满足人民对精神文化的追求，从国际看，对外开放不断扩展和深入，发达国家带给我们机遇的同时也带来了许多压力。因此必须坚定不移地发展生产力，朝着"经济强国"的目标前进。

2. 建设政治文明，提供信仰的政治保障

马克思主义信仰要追求和实现的共产主义理想代表着全人类的诉求和愿望，马克思主义信仰的这种政治追求要求我们要建设政治文明，努力创建干净的政治环境，为信仰的树立提供政治保障。

首先要提高政治透明度，在我国，上至国家机关下至地方各市，甚至乡镇、街道，往往由于政治不透明使得各种来历不明的消息到处乱传，尤

---

① 《中共中央关于构建社会主义和谐社会若干重大问题的决定》，《人民日报》2006年10月19日。

其对容易引起社会广泛关注的重要政策和人事安排产生不利影响，因此要尽可能提高政治透明度。其次，要适度限制政府权力范围，政府应该把人民装在心中，为人民服务，但政府在发挥职能时不免出现权力扩张的欲望和行为，一方面阻碍了公民权利的行使，一方面降低了公众对政府的信心，因此要制定法律来限制政府权力，确保公民基本权利的实施和当家作主愿望的实现。最后，要建设党的队伍，提高党员素质和形象，充分发挥党员队伍的模范作用，使公众对党和政府充满信心，使马克思主义信仰在良好干净的政治环境中树立并传播。

3. 推动文化发展，营造良好的文化氛围

社会文化环境对于当代大学生的成长发展具有重要影响，优良的文化环境能使大学生塑造高尚的品质和完善的人格，使他们在良好的文化氛围中树立起正确的"三观"和人生理想，并能够踏实稳重地学习和生活，不断地丰富自己。

首先，坚持文化发展的社会主义方向，支持多种文化形式共同发展，鼓励文化创新，积极塑造优秀的文化作品，使全社会的文化氛围健康向上。其次，对文化产业的经营管理要加强，既要支持帮助文化产业发展，又要对其严格管理，把好关卡，防止不健康的文化思潮进入我国文化产业，给大学生带来不利影响。最后，坚持文化的发展始终贯彻"以人为本"，使人民主力军的作用在文化事业发展和建设中得到发挥，培养"四有"公民，在全社会范围内形成健康融洽的文化气氛，确保当代大学生在一个明澈、积极的文化环境中树立起马克思主义信仰。

（三）完善高校的马克思主义信仰教育

1. 守好马克思主义信仰教育的主阵地

大学校园是当代大学生马克思主义信仰形成和教育的主阵地，要充分发挥其教育和宣传的作用，引导学生确立健康的"三观"和正确的信仰选择。目前大多数大学生的身心各方面都还不成熟，价值观还处于形成期，他们不但具有较强的可塑性，同时期望来自他人的指点和帮助，如果不坚守住学校教育这一阵地，其他思潮可能会乘虚而入，给大学生带来误导，因此必须有阵地意识，守好校园阵地。

2. 丰富马克思主义信仰教育的内容

社会在发生着日新月异的变化，马克思主义信仰教育的内容必须要不断丰富以适应变化了的社会形势，在坚持核心内容不动摇的情况下，根据时代特征和学生特点进行充实完善。"正如革命战争年代我们围绕土地革命、抗日战争、夺取政权等任务进行理想信念教育，建国时期围绕社会主义改造和社会主义政权巩固进行理想信念教育一样，在当代中国改革开放和市场经济建设实践中，理想信念教育也必须有明确的针对性，即围绕实现社会主义、共产主义在当代的中国实践中的现实实践要求，推进理想信念教育"①。要将信仰教育与现实生活结合起来，同时考虑学生自身的特点，充实教育内容。

3. 完善马克思主义信仰教育的方式

教育内容的充实和教育方式的完善是密切相关的，好的教育方式可以增强内容的感染力。在新媒体时代，大学生的日常生活和学习离不开手机、互联网，"微信""微博"等社交软件几乎占据了全部的大学生群体，和传统媒体相比，此类新兴媒体具有即时性、开放性等特点，为学生的生活学习带来极大便利。因此，要加快网络平台建设，使新媒体逐渐成为大学生马克思主义信仰教育的新方式。

（四）引导大学生进行自我教育

1. 积极学习马克思主义理论

要在全社会范围内树立起当代大学生的马克思主义信仰，除了调动社会、学校、家庭发挥作用外，还应该对大学生自身提出要求。大学生要从自我做起，积极学习马克思主义相关理论，提高自己的政治素养，提升自己的信仰觉悟，面对纷繁复杂的社会和多元文化交织的思潮，自信勇敢地利用自己掌握的马克思主义理论作出正确的选择和准确的判断。

2. 在社会发展中作出正确选择

树立大学生的马克思主义信仰除了要求他们积极学习理论、提高觉悟外，还要求他们在人生道路上作出正确选择，这种选择不仅关系到个人前途，还关系到国家、民族的命运，个人的选择和追求只有与社会的需要相一致时，才是正确的。大学生在个人成长和社会发展中逐渐正确自主地作出自己的选择，在这个过程中马克思主义信仰也就慢慢树立起来了。

3. 在实践中践行马克思主义信仰

树立马克思主义信仰，不仅要将此内化为自己的意志，还要切实践行。把所学知识运用到实践中去，探索真理、改造世界。当代中国，实现

---

① 刘宁：《关于理想信念问题的三点思考》，《北京马克思主义研究》2000 年第 4 期。

"中国梦"是最伟大的社会实践,在这一艰辛长远的征程中,大学生有潜力为此作出不可估量的贡献。因此大学生要将马克思主义信仰付诸实践,在实践中锻炼和奉献自我,为创造祖国和人民美好的明天不懈奋斗。

(作者单位:中共辽宁省委党校哲学教研部)

"四个全面"治国方略的内在联系

张 彬

中国梦既承载着希望也寄托着未来，这是一个国家、民族奋斗前行的精神火炬。实现中华民族伟大复兴的中国梦一经提出，就迅速点燃了亿万华夏儿女心中的激情，凝聚了亿万人民对美好生活的期盼。"四个全面"治国方略，为实现中国梦指明了路径。

一 战略目标与战略举措的关系

作为现代化建设的治国方略，"四个全面"围绕一个战略目标，构建三大战略举措，形成一个完整的战略布局。"全面建成小康社会是我们的战略目标，全面深化改革、全面依法治国、全面从严治党是三大战略举措"[1]。"四个全面"治国方略既体现发展目标的全面性，又体现战略目标与战略举措关系的协调性。

1. 目标系统与支撑系统的互动关系

在"四个全面"战略布局中，全面建成小康社会居于目标引领、方向导航的重要地位。这就是说，"四个全面"布局的战略基础，在于"全面建成小康社会"。能否实现这一战略目标，关系着中华民族伟大复兴的中国梦能否顺利实现。

围绕顺利实现这一战略目标系统，我们党推出动力机制、法治保障、领导力量三大战略举措，构建了实现战略目标的支撑系统。全面深化改革，破解民族复兴进程中深层次的矛盾问题，为全面建成小康社会提供动力源泉。全面依法治国确保现代化建设有序进行，为全面建成小康社会提

---

[1] 罗志军主编：《"四个全面"战略布局研究丛书总论》，江苏人民出版社2015年版，第57页。

供法治保障。全面深化改革和全面依法治国的"双轮"驱动，从根本上增强可持续发展的内生动力。全面从严治党，巩固和提升中国共产党领导中国特色社会主义事业的核心地位，为实现中华民族伟大复兴的中国梦提供坚强的政治保证。

我们如果对目标系统与支撑系统的逻辑关系进行具体分析会发现，全面建成小康社会的战略目标，体现着中国特色社会主义的根本属性和必然要求。实现全面建成小康社会的战略目标，必须进一步解放和发展社会生产力，解决我国发展面临的一系列突出矛盾和问题，需要全面深化改革。全面深化改革，是为全面建成小康社会提供动力支撑。依法治国作为现代治理方式，是国家治理体系和治理能力的重要依托。全面建成小康社会必须更好地发挥法治的规范作用。全面推进依法治国，是为全面建成小康社会提供制度支撑。中国共产党是执政党。治国先治党，治党务必从严。全面建成小康社会，党的建设是关键。全面从严治党，是为全面建成小康社会提供政治支撑。

2. 主导地位与服务功能的主从关系

在"四个全面"战略布局中，全面建成小康社会是战略目标，居于主导性的中心地位；全面深化改革、全面依法治国、全面从严治党作为战略举措，具有为实现战略目标服务的功能，战略举措从属于占主导地位的战略目标。

深化改革、依法治国、从严治党的重要目的和功能，就是服务于全面建成小康社会的战略目标。人民福祉是所有工作的价值指向，只有全面深化改革，破除利益藩篱，实现全面小康才有持续动力。只有全面依法治国，建立规则秩序，推进公平正义，实现全面小康才有制度保障。只有全面从严治党，锻造领导核心，实现全面小康才有组织保证。以全面深化改革破解民族复兴进程中的深层次矛盾问题，以全面依法治国确保现代化建设有序进行，以全面从严治党巩固党的执政基础和群众基础，才能绘就全面建成小康社会的宏图。

战略举措的服务功能，以全面深化改革为例。唯物史观认为，社会主义的根本任务是解放和发展社会生产力。改革开放以来的实践，为解放和发展生产力开辟了道路，但目前仍存在着制约生产力发展的各种制度性障碍。全面深化改革战略举措的提出，正是敢于直面社会现实问题的体现。党的十八届三中全会对全面深化改革作出一系列重大部署，提出要不失时机深化重要领域的改革，坚决破除一切妨碍科学发展的思想观念和体制机制弊端，构建系统完备、科学规范、运行有效的制度体系，使各方面的制度更加成熟定型。全面深化改革的目的在于解放和增强社会活力，让一切创造社会财富的源泉充分涌流，让改革发展的成果更公平地惠及全体人民，为全面建成小康社会创造更多的物质财富。

3. 相辅相成与相得益彰的依存关系

相辅相成意味着两个事物相互配合，相互辅助，缺一不可；相得益彰意味着两个事物相互促进，有益于双方功能作用的发挥。全面深化改革、全面依法治国、全面从严治党是根据全面建成小康社会的实践要求提出来的。作为全面建成小康社会的三大支撑系统，缺少其中的任何一个方面，全面建成小康社会的目标就难以成为现实。一个目标、三个推进器，构成一个有机整体。习近平之所以将全面深化改革和全面依法治国比作"鸟之两翼、车之双轮"，是为了充分说明两者相互依存，在实现全面建成小康社会战略目标的进程中具有同等重要的作用。如果说深化改革是推动经济社会发展的活力源泉，那么依法治国则是护佑改革活力的动力机制，全面从严治党是全面建成小康社会、全面深化改革、全面依法治国的根本保证。战略目标与战略举措的有机结合和紧密互动，既使战略目标的实现由于战略举措的强力支撑而成为可能，也使战略举措的实施由于战略目标的确立而具有方向感，二者相辅相成、相得益彰。战略举措的相辅相成，以全面依法治国和全面从严治党为例。在全面建成小康社会的进程中，全面依法治国的目标是在中国共产党领导下，坚持中国特色社会主义制度，以中国特色社会主义法治理论为指引，形成完备的法律规范体系、高效的法治实施体系、严密的法治监督体系、有力的法治保障体系，形成完善的党内法规体系，坚持依法治国、依法执政、依法行政共同推进，坚持法治国家、法治政府、法治社会一体建设，实现科学立法、严格执法、公正司法、全民守法，促进国家治理体系和治理能力现代化。党发挥着总揽全局、协调各方的领导核心作用，是全面建成小康社会、全面深化改革、全面依法治国的领导力量。当然，党的建设领域中也存在许多问题，解决问题的出路在于全面从严治党。"四个全面"作为战略目标与战略举措有机统一的战略布局，是全方位治国理政的总体方略。

二　三大战略举措之间的联系

党的十八大之后，以习近平为总书记的党中央从坚持和发展中国特色社会主义全局出发，团结带领全党全国各族人民，围绕"四个全面"战略布局，抓改革、促发展、兴法治、强党建，各方面工作都取得新的重大进展，不断开创新局面。

1. 相互贯通的顶层设计

"四个全面"战略布局积极回应人民群众的现实关切，是立足现实的战略构想。其中，全面深化改革、全面依法治国、全面从严治党是相互联系的三大战略举措。"四个全面"并不是简单并列的关系，而是有机联系、相互贯通的整体，是执政党主动性选择的顶层设计，是对社会主义中国未来发展图景的系统勾画。战略布局顶层设计的优势在于，全盘谋划、系统设计、统筹考虑、理念一致、功能协调、重点突出，避免实践中的盲目性和无序性。

"四个全面"战略布局以实现中国梦为总目标，体现顶层设计协同创新的系统性。这个协同创新，是系统性与创新性、整体性与协调性的统一。如果说中国梦是轴心，那么"四个全面"就是轴距，其关系相辅相成、缺一不可。

全面建成小康社会是实现中国梦的关键一步，全面深化改革是实现中国梦的根本途径，全面依法治国是实现中国梦的重要保障，全面从严治党是实现中国梦的根本保证。

在实现中国梦的顶层设计中，既包括"四个全面"战略布局的有机整体，也包括经济、政治、社会、文化、生态等诸要素组成的"五位一体"建设，体现出相互贯通顶层设计的优势。在中国梦的目标体系中，这些子系统要素的每一个方面，固然各有其特殊性，但都不是孤立的存在，而是相互贯通、相互渗透、相互作用的。只有作为整体的个别，这些要素才有存在的价值和意义。

2. 举措内涵的相互联系

把握三大战略举措之间的内在联系，我们需要系统理解每一个"全面"的重大战略意义和丰富理论内涵。从全面深化改革分析，全面深化改革是中国特色社会主义制度自我完善与自我发展的根本路径，是激发社会活力与创新活力的根本方式，是推动社会进步的根本动力，具有鲜明的时代特征。自从党的十八届三中全会对全面深化改革的任务作出系统部署后,全面深化改革的各项实践正在紧紧围绕完善和发展中国特色社会主义制度,推进国家治理体系和治理能力现代化的总目标有序展开。我们只有在把握全面深化改革重大关系的基础上,使各项改革举措在目标取向上相互配合、在实施过程中相互促进、在实际成效上相得益彰,始终把改革创新精神贯穿到治国理政的各个环节中去,立足于国家根本利益与长远利益进行整体部署,才能破除妨碍深化改革发展的思维定式,从而不断推动经济社会持续健康地发展。

从全面依法治国分析,国家治理的法治化,是现代国家的重要标志,是文明国家的必然选择。全面依法治国作为坚持和发展中国特色社会主义的本质要求和重要保障,是推进国家治理体系和治理能力现代化的必然要求,事关我们党执政兴国,事关人民幸福安康,事关党和国家长治久安。

党的十八届四中全会对全面依法治国作了系统具体的部署。全面推进依法治国,涉及思想观念、体制机制、领导方式和作风建设等各方面变革。只有使改革与法治相互联动,才能切实满足人民群众对社会公平正义的期盼。

从全面从严治党分析,中国共产党作为执政党,从严治党是执政党加强自身建设的必然要求。党的领导是中国特色社会主义最本质的特征,是做好党和国家各项工作的根本保证。全面深化改革以实现国家治理的现代化,全面推进依法治国以实现国家治理的法治化,都离不开党的执政能力与执政水平的提升。一方面,我们通过全面从严治党,保障全面深化改革的进行,推进国家治理现代化、法治化,以顺利实现全面建成小康社会的战略目标;另一方面,我们要依据国家治理现代化、法治化的新要求,全面深化改革的新趋势,全面建成小康社会的新目标,全面推进从严治党,二者是相互联系的。

3. 良性循环的动态系统

作为一种战略性布局,"四个全面"具有理想与现实、整体与局部、理论与实践相统一的哲学视角,需要我们从整体上把握其内在关联和深层逻辑。全面深化改革、全面依法治国、全面从严治党三大战略举措,共同为全面建成小康社会这一战略目标提供基本动力、基本保障、基本支撑。全面建成小康社会是中国梦的近期目标和人民期待的愿景,全面深化改革是实现战略目标的手段和方法,全面依法治国是实现战略目标的途径和保障，全面从严治党是实现战略目标的政治保证，这"四个全面"互相配合、互相渗透，改革引领法治，法治护航改革，在实际工作中即融为一体。

从总体上看，"四个全面"相辅相成、相互促进、螺旋递进，形成一个良性循环的动态系统。从全面深化改革角度考察，全面深化改革的任务已进入改革的深水区，既要冲破思想观念的障碍，又要突破利益固化的藩篱，深化改革任务的本身也包含法治建设和管党治党的内容。全面深化改革不仅是为了克服制约党和国家事业发展的体制机制弊端，更是为党和国家的长治久安奠定坚实的制度基础。这就是说，全面深化改革需要从治理结构、治理机制、治理理念、治理效率等更深层次上实现全方位优化，解决好事关党和国家长治久安的制度现代化问题。全面深化改革的本质，就是在党的领导下，推动社会主义中国跟上制度现代化的时代潮流。这就需要围绕坚持党的领导、人民当家作主、依法治国的有机统一深化政治体制改革，围绕提高科学执政、民主执政、依法执政水平深化党的建设制度改革，使中国特色社会主义制度更加成熟、更加定型。

从全面依法治国角度考察，依法治国是治国理政的基本方式。无论是全面建成小康社会、全面深化改革，还是全面从严治党，法治都是不可或缺的治理方式。全面依法治国为全面深化改革提供稳定性、规范化的社会环境，全面深化改革需要法治保障；同时，全面依法治国也需要全面深化改革提供动力源泉。全面依法治国与全面从严治党的关系本质上也是一致的，依法治国首先要依规治党，依规治党才能依法治国。至于全面深化改革与全面从严治党，全面从严治党的目标任务中包括深化改革的内容，党的纪律检查体制的变化就是一项成功的改革。全面深化改革是执政党自我完善、自我革新、自我提高的根本途径，党的领导则是实现全面深化改革目标的根本保证。全面从严治党，才能为协调推进"四个全面"提供政治保证，为实现"两个一百年"奋斗目标凝聚力量。

从全面从严治党的角度考察，党是中国特色社会主义事业的领导核心。全面建成小康社会、全面深化改革、全面依法治国，都需要坚持和完善党的领导，需要全面从严治党。保持党的纯洁性、先进性，是社会主义事业成败的关键。全面从严治党，以党的执政能力建设和先进性建设为主线，着重解决党自身存在的突出问题，有很强的针对性。坚持党要管党、从严治党，必须加强党的思想建设、组织建设、作风建设、反腐倡廉建设、制度建设。只有首先建设好制度化、法治化的平台，才能保证我们各级领导干部决策的科学化、民主化。

三 以整体思维把握"四个全面"

从时间坐标上看，"四个全面"是我们党在不同的高层会议场合逐步提出来的。2012年11月党的十八大提出全面建成小康社会，2013年11月十八届三中全会提出全面深化改革，2014年10月十八届四中全会提出全面推进依法治国，2014年10月8日在党的群众路线教育实践活动总结大会上提出全面从严治党。习近平总书记对"四个全面"总体布局有系统深邃的战略思考，对治国理政总体方略的顶层设计有章有法、逻辑严谨、思路清晰。

1. "四个全面"的结构整体性

思维方式体现的逻辑结构，从本质上说是人们的实践方式在理论思维中的内化形式。"四个全面"中的每一个"全面"，都有其特定的理论内涵。然而，把握"四个全面"的基本内涵，要着眼于从整体上理解，不能孤立地对待。

以整体思维方式分析，"四个全面"是我们党治国理政的战略布局，事关中国的长远发展。"四个全面"的治国方略，将发展目标、动力机制、治理模式、发展保证整合为一体，以一种全面建设、创新发展、开创未来的全新视野，展现出统筹全局、治国理政的新思路。"四个全面"的显著特征是全面推进，每一个方面都注重全面性。如果我们将"四个全面"整合成"一个全面"，就是全面推进中国特色社会主义新发展，实现中国梦。从逻辑结构角度分析，"四个全面"战略布局具有整体性的逻辑结构，既有战略目标，也有战略举措，每一个"全面"都具有重大战略意义。

全面建成小康社会是实现社会主义现代化的阶段性战略目标，是现阶段党和国家事业发展战略布局的总纲领。全面深化改革是实现战略目标的关键性抉择与动力源泉，全面依法治国是实现战略目标的基本方式与可靠保障，全面从严治党发挥党的坚强领导核心作用、为实现战略目标提供坚强的组织保证。

只有把每一项战略举措放在"四个全面"的总体布局中来把握，才能正确认识每一项战略举措同其他"三个全面"的关系。战略目标——强大动力——法治保障——政治保证，构成中国特色社会主义现代化建设全局的逻辑结构。这一逻辑结构是时代逻辑与历史逻辑、现实逻辑与思想逻辑、问题逻辑与规律逻辑相结合的产物。

2. "四个全面"的关系协调性

"四个全面"中的每一个"全面",都是一个相对完整的战略子系统。例如,全面建成小康社会的目标系统,就是经济、政治、文化、社会、生态文明"五位一体"建设共同推进,社会全面发展进步与人的幸福指数显著提升,国家依靠国防建设和强大军队提供坚强的安全保障,海内外华人、两岸同胞、祖国内地和港澳同胞共圆中国梦,走和平发展道路的全面小康社会。从整体协调性角度分析,全面深化改革,就要更加注重改革的系统性、整体性、协同性,深化经济体制、政治体制、文化体制、社会体制、生态文明建设体制、党的建设体制改革,形成系统完备、科学规范、运行有效的制度体系。全面依法治国,就要坚持党的领导、人民当家作主、依法治国有机统一,建设中国特色社会主义法治体系,建设社会主义法治国家。全面从严治党,就要落实从严治党责任,思想建党和制度治党同向发力,严肃党内政治生活,持续深入改进作风,严明党的纪律,发挥人民群众的监督作用。在"四个全面"战略布局中,每一个"全面"就其整体协调性要求来说,必须做到全方位覆盖、整体推进。全面建成小康社会,要落实"五位一体"的总体布局。全面深化改革,要求在经济、政治、社会、文化、生态文明以及军队国防、党的建设各个领域,突破利益固化藩篱,创新体制机制。全面推进依法治国,要求依法治国、依法执政、依法行政共同推进。全面从严治党,要求党的建设各个方面整体推进。"四个全面"作为战略目标与战略举措的结合,是执政目标、执政方式与执政党自身建设的统一。从总体上说,"四个全面"具有系统性、整体性、协调性。

3. "四个全面"的宏大全局观

"四个全面"的战略布局,具有宏大的全局观,成为我们党在未来一段时间治国理政的总遵循。一个战略目标、三大战略举措,为全面推进中国特色社会主义新发展指明方向路径。今后的工作重点是在这张顶层设计图下,逐步骤、逐领域地加以细化、深化,并全面落实。我们党确定"四个全面"战略布局的重要意义在于,能够有效防范改革发展过程中可能出现的碎片化、盲目性、短视观、片面性等各种不良倾向,有效稳定老百姓对美好生活的预期。"四个全面"这种宏大的全局观,是我们党高超的政治智慧和领导才能的体现。我们要整体把握"四个全面",协调推进"四个全面",将伟大梦想、伟大事业、伟大工程统一于造福人民的伟大实践。

全面深化改革、全面依法治国、全面从严治党犹如三足鼎立,三大战略举措共同支撑全面建成小康社会的实现过程。同时,三者又是环环相扣、互相嵌入的整体。全面深化改革就包括民主法制体制改革、党建体制改革,全面依法治国涵盖依法治党、用法治方式推进深化改革。党的十八届三中、四中全会都强调加强党对全面深化改革、全面依法治国的领导,全面从严治党对全面深化改革和全面依法治国进程具有重要的引领、护航作用。我们在实践中要以一种宏大的全局观把握"四个全面",不可分割它们之间的联系。全面深化改革、全面依法治国、全面从严治党相互作用、螺旋递进,贯穿于全面建成小康社会的全过程,贯穿于实现中国梦的全过程。

(作者单位:中共吉林省委党校中国特色社会主义研究中心)

新时代治国理政的哲学思维方式研究

姜华有

习近平总书记系列重要讲话，围绕坚持和发展中国特色社会主义这条主线，深刻阐明了当前和今后一个时期关系党和国家工作全局的一系列重大理论和实际问题，具有重要的指导意义。这些讲话充分展现了习近平从哲学高度来思考和解决问题的思维方式。学习以习近平同志为核心的党中央治国理政中提出的新理念新思想新战略新举措，应在领会和掌握以马克思主义哲学分析解决问题的思维方式上下功夫，只有这样才能深刻理解和把握贯穿于其中的马克思主义立场观点方法，提高广大党员干部的领导水平和工作能力。

一 崇尚实干、狠抓落实的求实思维

求实思维就是从实际出发，出实招、办实事、求实效的思维方式。求实思维的哲学基础是马克思主义哲学的唯物观点和实践观点。马克思主义哲学唯物论认为，客观存在决定主观意识，要求一切从实际出发，抛弃个人主观偏见，按照事物本来面貌认识世界。马克思主义哲学的实践观点认为，认识世界的根本目的是为了改造世界。理论、计划、战略等理性认识，只有落实到实践中才能得到检验、丰富和发展，才能取得实效，发挥其改造世界的作用。

（一）调查研究明实情

习近平指出："调查研究是谋事之基、成事之道。没有调查，就没有发言权，更没有决策权。"[1] 重视调查研究，是我们党在革命、建设、改革

---

[1] 《习近平谈科学的思想方法和工作方法》，人民网—中国共产党新闻网，2014年8月27日。

各个历史时期做好领导工作的重要传家宝。"知屋漏者在宇下",调查研究必须深入实际、深入基层、深入群众;必须多层次、多方位、多渠道地调查了解情况;既要调查机关,更要调查基层;既要解剖典型,更要了解全局;既要到工作局面好和先进的地方去总结经验,更要到困难较多、情况复杂、矛盾尖锐的地方去研究问题,而且应成为调研重点。习近平强调,领导干部搞调研应有"自选动作",看一些没有准备的地方,搞一些不打招呼的随机性调研,力求准确、全面、深透地了解情况,避免出现"被调研"现象,防止调查研究走过场。

（二）坚持真理讲实话

习近平指出:"坚持实事求是的原则,树立求真务实的作风,具有追求真理、修正错误的勇气。"[①] 对调查了解到的真实情况和各种问题,要坚持有一是一、有二是二,既报喜又报忧,不唯书、不唯上、只唯实。能不能、敢不敢实事求是,不只是认识水平问题,而且是党性问题。只有公而忘私,把党和人民利益放在第一位,才能真正做到实事求是。要进一步营造和保持讲真话、讲实话、讲心里话的良好氛围,鼓励如实反映情况和提出不同意见,积极开展批评与自我批评,坚决反对上下级和干部之间逢迎讨好、相互吹捧,反对把党内生活庸俗化。

（三）脚踏实地谋实事

社会主义初级阶段基本国情是我国最大的实际,是我们制定政策、推进事业的客观基点。为群众办好事、办实事,要从实际出发,尊重群众意愿,量力而行,尽力而为。习近平指出:"多做一些雪中送炭、急人之困的工作,少做些锦上添花、花上垒花的虚功"。想问题、办事情、做决策,都应立足现实多做打基础、增后劲、利长远的工作,不搞脱离实际的盲目攀比,不搞劳民伤财的"形象工程""政绩工程"。人民群众是最实在的,他们不但要听你说得如何,更要看你做得如何,不光要听"唱功",而且要看"做功"。

（四）坚持不懈抓落实

习近平强调要"狠抓落实,善抓落实""发扬钉钉子的精神"抓落实。抓落实必须具有知难而进、锲而不舍的奋斗精神,坚持一张蓝图绘到底;抓落实必须发扬求真务实、真抓实干的优良作风;抓落实必须抓得很具体

---

① 习近平:《坚持实事求是的思想路线》,《学习时报》2012 年 5 月 28 日。

很细致很扎实，抓铁有痕，踏石留印；抓落实必须树立正确的用人导向和形成完善的工作机制，要健全人人负责、层层负责、环环相扣、科学合理、行之有效的工作责任制。习近平指出，反对空谈、强调实干、注重落实，是我们党的一个优良传统。抓落实是我们党执政能力的重要展现，也是各级领导干部工作能力的重要检验。中央八项规定实施成效巨大，有力推进了党员干部工作作风转变，原因就在于党中央以上率下，狠抓落实。说到做到，雷厉风行抓落实，是习近平总书记执政风格的显著特征。

二 高瞻远瞩、统揽全局的战略思维

战略思维就是高瞻远瞩、统揽全局，把握事物发展总体趋势和方向的思维方式。战略思维的哲学基础就是唯物辩证法的联系观点。马克思主义哲学认为，世界万物处于普遍联系之中。事物相互联系构成一个有机的系统整体，整体决定部分，要求人们站在整体、全局的高度看问题。习近平总书记系列重要讲话，总是善于从全局角度、以长远眼光看问题，从整体上把握事物发展趋势，体现出恢宏的战略思维。

（一）开阔视野，胸怀大局

习近平强调要以全球视野谋划和推动创新，要胸怀大局、把握大势、着眼大事，找准工作切入点和着力点，做到因势而谋、应势而动、顺势而为。做好全局工作，一定要有开阔的视野。习近平强调善于从大局看问题："放眼世界，放眼未来，也放眼当前，放眼一切方面"。要放眼世界。现在的世界是开放的世界，中国的发展离不开世界。要放眼全国。深刻认识基本国情，了解全国工作大局，掌握党的大政方针，做到大局在胸，自觉在大局下行动。要放眼一切方面。列宁说："要真正地认识事物，就必须把握住、研究清楚它的一切方面、一切联系和'中介'。我们永远也不会完全做到这一点，但是，全面性这一要求可以使我们防止犯错误和防止僵化。"[①]

（二）统筹兼顾，综合平衡

开阔视野看到全局，但全局是有多个部分或多个要素组成的，这就必须统筹兼顾才能做好工作。习近平指出："在中国当领导人，必须在把情

[①]《列宁选集》第 4 卷，人民出版社 2012 年版，第 453 页。

况搞清楚的基础上,统筹兼顾、综合平衡,突出重点、带动全局"。① 要统筹处理当前和长远的关系。立足当前预测未来。习近平在福建工作期间,只要事关群众利益、百姓福祉,无论大事小事,都记挂在心,尽力解决。同时,他更注重以前瞻的目光,谋划发展方略,寻求解决民生问题的最佳路径和长远之策。必须统筹处理人民内部社会各阶层的利益关系,才能最广泛调动广大群众的积极性、主动性和创造性,形成推进全面深化改革的合力。习近平在庆祝中国人民政治协商会议成立65周年大会上发表讲话指出:"在中国社会主义制度下,有事好商量,众人的事情由众人商量,找到全社会意愿和要求的最大公约数,是人民民主的真谛。"找到"最大公约数"是统筹兼顾的生动体现。

(三) 增强定力,坚守原则

战略定力是习近平提出的新论断,是对战略学科的重大理论贡献。增强战略定力要求我们在重大原则问题上必须旗帜鲜明,毫不含糊;在复杂多变的局势中要平心静气,静观其变;在制定政策时候要谨慎从事,谋定而后动。

三 发现矛盾、析解矛盾的辩证思维

辩证思维就是承认矛盾、分析矛盾、解决矛盾,善于抓住关键,洞察事物发展规律的思维方式。辩证思维的哲学基础就是唯物辩证法的矛盾观点。马克思主义的辩证法认为,世界是在矛盾的不断产生和不断解决中永恒向前运动的。习近平系列重要讲话,处处体现着唯物辩证的思想方法。

(一) 掌握矛盾普遍性原理,强化问题意识,敢于正视矛盾、解决问题

习近平在《中共中央关于全面深化改革若干重大问题的决定》说明中指出:"要有强烈的问题意识""以重大问题为导向,抓住关键问题进一步研究思考,着力推动解决我国发展面临的一系列突出矛盾和问题。"问题就是事物的矛盾,哪里有没有解决的矛盾,哪里就有问题。我们做工作就是解决问题,发现不了问题、不能解决问题,就意味着丢弃了工作,事业难以取得新成就。改革是由问题倒逼产生的,又在不断解决问题中而深化。广大党员干部必须树立强烈的问题意识,对待问题和矛盾不回避,实事求是发现问题,敢于担当解决问题。

---

① 《习近平接受俄罗斯电视台专访》,《人民日报》2014年2月9日。

（二）掌握矛盾特殊性原理，坚持因地制宜，具体问题具体分析

我国地域辽阔，各地情况千差万别。这就要求我们贯彻中央着眼于全国制定的路线、方针、政策，必须学会运用矛盾特殊性规律，把上级政策与本地实际结合起来，创造性地开展工作，提出符合中央精神、切合本地实际的发展思路和决策部署。习近平在论述搞好扶贫工作、推进新农村建设、深化户籍改革、促进城镇化等工作时，都提出必须坚持因地制宜方针，防止采用"一刀切"的简单做法。

（三）掌握矛盾"两点论"原理，坚持一分为二，用全面的观点去观察和分析问题

习近平总书记在阐述全面深化改革时指出，推进改革一方面胆子要大、另一方面步子要稳。"一方面战略上要勇于进取，一方面战术上则要稳扎稳打"；既要摸着石头过河，又要加强顶层设计。在讲到可持续发展时指出，既要金山银山又要绿水青山；要使绿水青山变成金山银山。习近平指出领导干部做好工作既要务虚又要务实。务实是指做工作从实际出发，注重实践操作，办实事求实效。务虚指在工作实际开展之前，先从思想、政治、政策上进行学习思考、研究讨论，以求凝聚共识、增强信心。如果说务实是"决胜千里之外"的实践，那么务虚则是"运筹帷幄之中"的谋划，两者可谓并蒂之花、相辅相成，辩证统一于全部领导活动之中。

（四）掌握矛盾"重点论"原理，抓主要矛盾，注重牵住"牛鼻子"

主要矛盾规定着事物发展的方向和趋势，主要矛盾解决得好，次要矛盾就会迎刃而解。习近平在主持政治局第二十次集体学习时指出，我们既要注重总体谋划，又要注重牵住"牛鼻子"。在任何工作中，既要讲两点论，又要讲重点论，没有主次，不加区别，眉毛胡子一把抓，是做不好工作的。抓主要矛盾必须抓关键。习近平指出，全面依法治国必须抓住领导干部这个"关键少数"。抓主要矛盾必须重视抓薄弱环节和工作的着力点，使之成为推动全局发展的一个必要条件。

四 知难而进、开拓创新的创新思维

创新思维就是破除迷信、超越陈规，善于因时制宜、知难而进、开拓创新的思维方式。创新思维的哲学基础就是辩证唯物主义的发展观。马克思主义哲学认为，物质世界处于永不停息的运动发展之中，要求人们观念变革，抛弃陈规陋习，开拓创新，紧跟时代前进的步伐。习近平高度重视

创新思维,强调创新是引领发展的第一动力,抓创新就是抓发展,谋创新就是谋未来。

(一) 汇聚民智,尊重群众的首创精神

培养创新思维必须集中群众智慧,尊重群众的创新主体地位。邓小平指出:"农村搞家庭联产承包,农村改革的好多东西,都是基层创造出来的,我们把它拿来加工提高作为全国的指导。""农村改革中,我们完全没有意料到的最大收获,就是乡镇企业发展起来了……这不是我们中央的功绩""不是我们领导出的主意,而是基层农业单位和农民自己创造的"①习近平指出,我们要尊重人民首创精神,及时总结群众创造的经验,集中群众智慧,充分调动群众积极性、创造性。

(二) 解放思想,打破惯性思维障碍

习近平强调,创新思维必须打破迷信经验、迷信本本、迷信权威思维障碍。经验是有用的,日常生活中和工作中的很多事情就是靠经验解决的。但任何经验都有局限性。比如我们过去处理矛盾用的是阶级斗争方法,但是你今天再用这种方法处理矛盾就不行了。"橘生淮南则为橘,生于淮北则为枳",条件变化了,经验就不适用了。迷信本本、迷信权威、迷信经验错误都在于故步自封,不能因时而变,思想僵化保守。

(三) 责任担当,具有开拓奋进的精神状态

提高创新思维能力,开创工作新局面,与领导干部强烈的事业心、积极进取的精神状态紧密相关。习近平指出,培养创新思维能力,要有敢为人先的锐气,要有逢山开路的意志,要有求真务实的态度。

(四) 营造氛围,鼓励创新宽容失败

管理学家德鲁克说过,创新本身是有风险的,但是吃老本比未创造的风险更大。邓小平指出:"没有一点闯的精神,没有一点'冒'的精神,就干不出新的事业。不冒风险,办什么事情都有百分之百的把握,万无一失,谁敢说这样的话?"2013年7月习近平到中科院考察时强调,要营造勇于创新、鼓励成功、宽容失败的社会氛围。

五 从坏处准备,力争最好结果的底线思维

底线思维,就是客观地设定最低目标,立足最低点,争取最大期望值

---

① 《邓小平文选》第 3 卷,人民出版社 1993 年版,第 238、366、382 页。

的一种积极的思维能力。底线思维的哲学基础是唯物辩证法关于可能性和现实性的辩证转化原理。底线思维是要求人们充分发挥主观能动性,力争避免坏的可能性,力求使好的可能性变成现实。习近平总书记指出要善于运用"底线思维"的方法,凡事从坏处准备,努力争取最好的结果,这样才能有备无患、遇事不慌,牢牢把握主动权。

(一)居安思危,增强忧患意识

底线思维要求增强忧患意识。毛泽东说:"不论任何工作,我们都要从最坏的可能性来想,来部署。"习近平指出,我们面临的奋斗目标越宏伟越要增强忧患意识。底线思维首先来自忧患意识。要善于排查各种潜在风险,找出安全与风险、常态与危机的分水岭,守住各种风险的底线。底线思维是积极性思维。底线思维不是让人被动接受底线的结果,或者说只要达到最低要求就可以了,而是"有守"和"有为"的有机统一,即从底线出发,不断逼近顶线,让工作更上一层楼。

(二)未雨绸缪,增强前瞻意识

坚持底线思维,必须增强前瞻意识,把工作预案做得充分周详,心中有数才能处变不惊,取得最好的结果。"凡事预则立,不预则废。""预"就是有备无患、处变不惊,这是对底线思维的精辟概括。在工作中有备无患的根本在于"备"。着力化险为夷、转危为安。底线思维是注重促进矛盾转化的思想和工作方法,把工作基点放在不利的可能性上,构建预防系统;既重视预防,更突出预防中推进积极转化,从不利处准备,向有利处发展。因此,尽管对工作有最坏的设想,但最终结果是达到了最好的目标。

(三)慎独慎微,增强敬畏意识

坚持底线思维,要求党员干部慎独慎微,严于律己,手握戒尺,心存敬畏,敬畏人民、敬畏法纪、敬畏原则。习近平强调,党员干部都要努力做到"慎独",特别是领导干部手握权力,不仅要主动接受组织、制度的监督,而且还要不断加强自律。"做到台上台下一个样,人前人后一个样,尤其是在私底下、无人时、细微处,更要如履薄冰、如临深渊,始终不放纵、不越轨、不逾矩"。[①]

---

① 习近平:《追求"慎独"的高境界》,《之江新语》2007年3月25日。

六 立党为公、执政为民的人本思维

人本思维就是把人作为社会历史活动的出发点、立足点、归宿点,把人作为社会历史的主体、目的和尺度,强调尊重人、为了人、依靠人的思维方式。人本思维的哲学基础是唯物史观。唯物史观认为人民群众是社会历史发展的决定力量,人的解放和自由全面发展是人类社会发展的大趋势。习近平总书记高度重视人民群众的主体地位。多次强调"人民是历史的创造者""人民是历史的主体"。在十八届中共中央政治局常委同中外记者见面时1600字左右的讲话中,26次提到了人民,可见"人民"在其心中的巨重分量。习近平鲜明的人本思维,是历史唯物主义原理的生动体现。

(一) 人民对美好生活的向往,就是我们的奋斗目标

习近平明确提出:"我们的人民热爱生活,期盼有更好的教育、更稳定的工作、更满意的收入、更可靠的社会保障、更高水平的医疗卫生服务、更舒适的居住条件、更优美的环境,期盼孩子们能成长得更好、工作得更好、生活得更好。人民对美好生活的向往,就是我们的奋斗目标。"①

(二) 自觉拜人民为师,坚持人民主体地位

坚持人民主体地位,充分调动人民积极性,始终是我们党立于不败之地的强大根基。在人民面前,我们永远是小学生,必须自觉拜人民为师,向能者求教,向智者问策;必须充分尊重人民所表达的意愿、所创造的经验、所拥有的权利、所发挥的作用。马克思和恩格斯指出,历史活动是群众的事业,决定历史发展的是"行动着的群众"。改革开放40年来,我们认识和实践上的每一次突破,每一个方面成就的取得,无不来自广大人民群众的实践和智慧,无不来自广大人民群众强有力的支持。社会主义现代化建设是亿万人民自己的事业,必须坚持在党的领导下充分尊重人民首创精神。群众路线是我们党的根本工作路线,必须始终坚持党的群众路线。做到谋划发展思路向人民群众问计,查找发展中的问题听人民群众意见,改进发展措施向人民群众请教,落实发展任务靠人民群众努力。

(三) 衡量一切工作的成效,由人民群众评判

习近平指出,检验我们一切工作的成效,最终都要看人民是否真正得到了实惠,人民生活是否真正得到了改善,这是坚持立党为公、执政为民

---

① 《十八大以来重要文献选编》(上),中央文献出版社2014年版,第70页。

的本质要求，是党和人民事业不断发展的重要保证。

　　求实思维、战略思维、创新思维、底线思维侧重于解决问题的科学思想方法视角，而人本思维则凸显中国特色社会主义建设、改革和发展的根本价值取向。党中央治国理政的哲学思维方式实现了科学性与人民性的有机统一，实现了真理观与价值观的有机统一。广大党员干部掌握和运用习近平哲学思维方式，这对于深入学习贯彻习近平总书记系列重要讲话精神，提高自身马克思主义理论思维水平，提高分析解决实际问题的本领、开创工作新局面具有重要意义。

（作者单位：中共安徽省委党校哲学教研部）

新时代互联网治理思想探析

徐 曼 王忠丽

当今时代，信息化快速发展，互联网已经渗透到社会生活中各个领域，如何治理互联网、用好互联网是全社会的大事。习近平总书记对互联网高度重视，曾多次发表重要讲话，在准确分析和把握当前互联网发展形势的基础上，对网络治理作出了重要战略部署，明确了互联网治理的意义、内容及实践理路，对关乎网络空间治理的新闻宣传工作也作出了重要指示，彰显了党中央互联网治理的信心和决心，传递出具有中国特色的互联网治理思维，形成了新时代关于互联网治理的思想体系。

一 新时代互联网治理的现实意义

习近平总书记在第二届世界互联网大会上指出："以互联网为代表的信息技术日新月异，引领了社会生产新变革，创造了人类生活新空间，拓展了国家治理新领域，极大提高了人类认识世界、改造世界的能力。互联网让世界变成了'鸡犬之声相闻'的地球村，相隔万里的人们不再'老死不相往来'。可以说，世界因互联网而更多彩，生活因互联网而更丰富。"[①] 互联网带来的变革是全社会、全世界的，在这种变革中，社会各领域都注入了新的活力。

首先，经济与创新驱动发展战略，离不开互联网治理。"我国经济发展进入新常态，新常态要有新动力，互联网在这方面可以大有作为。要着力推动互联网和实体经济深度融合发展，以信息流带动技术流、资金流、人才流、物资流，促进资源配置优化，促进全要素生产率提升，为推动创

---

① 习近平：《在第二届世界互联网大会开幕式上的讲话》，《人民日报》2015 年 12 月 17 日。

新发展、转变经济发展方式、调整经济结构发挥积极作用"①。网信事业的发展已经成为经济发展的重要动力，随着我国经济发展进入新常态，网信事业代表新的生产力、新的发展方向，要积极践行经济发展的新理念，按照"创新、协调、绿色、开放、共享"发展理念稳步推进。互联网+、大数据等计划的推出，促进了互联网经济和实体经济的融合，推动了产业结构的调整，创造了许多新的经济增长点，电商已经遍布全国，已经成为许多人购物的首选，互联网经济迎来了大繁荣的时代。经济的全面深化改革，离不开互联网的拉动，互联网治理过程中，要紧紧把握互联网给经济带来的发展机遇，用新的发展理念引导互联网行业的健康发展。同时，互联网的快速发展，也为科技创新注入了新的动力，成为实施创新驱动发展战略的重要机遇。我们要用好互联网带来的重大机遇，深入实施创新驱动发展战略，加强互联网治理，来推动技术创新、服务创新、商业模式创新。

其次，国家治理体系和治理能力的现代化，离不开互联网治理。"我们提出推进国家治理体系和治理能力现代化，信息是国家治理的重要依据，要发挥其在这个进程中的重要作用。要以信息化推进国家治理体系和治理能力现代化，统筹发展电子政务，构建一体化在线服务平台，分级分类推进新型智慧城市建设，打通信息壁垒，构建全国信息资源共享体系，更好用信息化手段感知社会态势、畅通沟通渠道、辅助科学决策"②。信息流动的畅通和高效，是治理能力现代化的重大动力，无论涉及哪个行业的治理，信息的有效流动都是必不可缺的。在信息不发达的年代，获取信息的困难造成了国家治理的高成本，还不保证能及时、准确、快速的送达。如今互联网技术的发展，为信息的获取和流动提供了便捷的通道，为国家的各项决策提供了更丰富的依据，使国家治理能力跟上现代化的步伐。国家治理能力的现代化与行政效率的提高也是密不可分的，运用互联网来开展行政工作，大大提高了政府的行政效率。运用互联网可以听政于民，征集民意，确保干部和群众之间的信息畅通，深入实践群众路线，及时反映和解决人民群众最迫切的需要，制定有利于人民群众的方针政策。习近平总书记指出："百姓上了网，民意也就上了网。群众在哪儿，我们的领导

---

① 习近平：《在网络安全和信息化工作座谈会上的讲话》，《人民日报》2016年4月26日。
② 同上。

干部就要到哪儿去,不然怎么联系群众呢?各级党政机关和领导干部要学会通过网络走群众路线,经常上网看看,潜潜水、聊聊天、发发声,了解群众所思所愿,收集好想法好建议,积极回应网民关切、解疑释惑。"① 领导干部要学网、用网,学会用网络去解读国家的各项方针政策,去倾听民意,提高治理能力。

第三,改善民生离不开互联网治理。"网络安全和信息化网信事业做得怎么样,不能仅用简单的技术指标来衡量了,而是要看民众从中获得了什么"②。互联网的发展是以人民为核心,以造福人民为指向的,其发展与改善民生是紧密相连的。互联网的发展从根本上改变了人们的生产生活方式,网络业务遍及各个行业,繁荣的网络交易市场、便捷的网络支付方式、琳琅满目的网络产品无一不是互联网带给人们的巨大福利。习近平总书记指出:"要适应人民期待和需求,加快信息化服务普及,降低应用成本,为老百姓提供用得上、用得起、用得好的信息服务,让亿万人民在共享互联网发展成果上有更多获得感。"③ 如互联网+购物、互联网+支付、互联网+出行等消费形式及大数据等行动计划的推出,不仅推动经济的发展,更为人们的生活提供了巨大的便利,所谓"百姓少跑腿、信息多跑路",节约了人们的时间,克服了地域的限制,使大家都能享受到同样的待遇和服务。近年来,互联网的提速、降费,净网等活动惠及广大百姓,大大缩减了互联网的开支。此外,在统筹区域发展方面,互联网的运用也起到了巨大的推动作用。网络促进优质资源的合理流动,尤其是教育资源,通过网络,落后地区的孩子也能听到优质的课程,享受多媒体的教学,在很大程度上,网络对扶贫工作发挥了巨大的作用,习近平总书记指出:"发挥互联网在助推脱贫攻坚中的作用,推进精准扶贫、精准脱贫,让更多困难群众用上互联网。"④ 网络是攻克许多扶贫难关的关键所在,由此可见,网络对于改善民生是至关重要的。

第四,文化繁荣离不开互联网治理。互联网是文化传播和交流的重要载体,网络产品本身就是一种文化,互联网的发展促进了文化的大繁荣,

---

① 习近平:《在网络安全和信息化工作座谈会上的讲话》,《人民日报》2016年4月26日。
② 《让互联网更好造福人民——写在习近平总书记"4·19"重要讲话发表一周年之际》,新华网,2017年4月18日。
③ 习近平:《在网络安全和信息化工作座谈会上的讲话》,《人民日报》2016年4月26日。
④ 同上。

不仅创造出许多的文化产品,更扩大了文化产品的感染力和影响力。人们可以通过网络发布和获取丰富的文化产品,并通过网络互动交流,营造了良好的文艺分享创作的氛围。互联网为文化的大发展带来机遇,但是,在运用互联网创造文化产品时,必须坚持正确的导向。网络文化产品必须传递正确的价值观,弘扬中华民族优秀传统文化,植根于现实生活,扎根于人民。互联网不仅促进国内的文化传播与交流,更使国际间的文化交流更为便利和频繁。"要打造网上文化交流共享平台,促进交流互鉴。文化因交流而多彩,文明因互鉴而丰富。互联网是传播人类优秀文化、弘扬正能量的重要载体。中国愿通过互联网架设国际交流桥梁,推动世界优秀文化交流互鉴,推动各国人民情感交流、心灵沟通。我们愿同各国一道,发挥互联网传播平台优势,让各国人民了解中华优秀文化,让中国人民了解各国优秀文化,共同推动网络文化繁荣发展,丰富人们的精神世界,促进人类文明进步"①。由此可见,互联网是文化繁荣的重要平台,运用互联网进行文化的国际国内交流,是互联网治理的重要板块。此外,还要加强互联网治理,运用互联网开展文明建设。建设文明网络空间必须开展有力的网络宣传工作,以道德教化来促进网络的伦理建设,营造健康积极的网络文化。网络的阵地必须用先进的文化、主流的意识形态去占领,网络文化必须是先进的社会主义文化,必须是社会主义核心价值观引领下的文化。

二 新时代互联网治理的核心内涵

互联网治理战略是关于互联网治理的顶层设计及总体目标,是互联网治理工作开展的指导。新时代互联网治理内涵十分丰富,是认识网络空间治理问题的思想前提,是制定网络空间治理战略的基本依据。

第一,以网络强国为导向。习近平总书记在中央网络安全和信息化领导小组第一次会议上指出:"网络安全和信息化是事关国家安全和国家发展、事关广大人民群众工作生活的重大战略问题,要从国际国内大势出发,总体布局,统筹各方,创新发展,努力把我国建设成为网络强国。"②随着网络走入千家万户、网民数量的快速增加,我国已经一跃成为网络大

---

① 习近平:《在第二届世界互联网大会开幕式上的讲话》,人民网,2015年12月17日。
② 习近平:《总体布局统筹各方创新发展 努力把我国建设成为网络强国》,《人民日报》2014年2月28日。

国,但网络大国并不意味着网络强国,针对当前面临的许多问题,要积极把我国从网络大国变为网络强国,实施网络强国战略。"建设网络强国,要有自己的技术,有过硬的技术;要有丰富全面的信息服务,繁荣发展的网络文化;要有良好的信息基础设施,形成实力雄厚的信息经济;要有高素质的网络安全和信息化人才队伍;要积极开展双边、多边的互联网国际交流合作。建设网络强国的战略部署要与'两个一百年'奋斗目标同步推进,向着网络基础设施基本普及、自主创新能力显著增强、信息经济全面发展、网络安全保障有力的目标不断前进"[1]。要实施网络强国战略,必须从网络技术、信息基础设施、网络文化、网络人才队伍以及国际合作等方面着力,齐头并进,防止短板效应,只有各方面都具备较强的实力,才能称得上建设网络强国。

第二,以为人民服务为宗旨。实施网络强国战略,发展互联网,必须解决的一个问题是:互联网的发展为了谁?针对这一问题,习近平总书记指出:"网信事业要发展,必须贯彻以人民为中心的发展思想。这是党的十八届五中全会提出的一个重要观点。要适应人民期待和需求,加快信息化服务普及,降低应用成本,为老百姓提供用得上、用得起、用得好的信息服务,让亿万人民在共享互联网发展成果上有更多获得感"[2]。因此,互联网事业的发展必须以人民为核心,做到发展为了人民,发展依靠人民,利用互联网解决人民最为关切的问题,为人民的生产生活提供巨大的便利,使人民共享互联网事业发展带来的伟大成果和红利,只有人民满意了、人民高兴了、人民受惠了,互联网发展的目标才算得以落实了。

第三,以基础建设、技术创新为基础。"信息技术和产业发展程度决定着信息化发展水平,要加强核心技术自主创新和基础设施建设,提升信息采集、处理、传播、利用、安全能力,更好惠及民生"[3]。互联网治理,最基础的就是基础设施和技术的支持,没有配套的基础设施和先进的技术,互联网的发展将难以前进。当前我国互联网基础设施逐步完善,网络覆盖率大大提高,已经从城市深入到农村,互联网技术也不断取得突破,

---

[1] 习近平:《总体布局统筹各方创新发展 努力把我国建设成为网络强国》,《人民日报》2014年2月28日。

[2] 习近平:《在网络安全和信息化工作座谈会上的讲话》,《人民日报》2016年4月26日。

[3] 习近平:《总体布局统筹各方创新发展 努力把我国建设成为网络强国》,《人民日报》2014年2月28日。

但是有个很大的问题就是核心技术的突破问题。"保障互联网安全、国家安全,就必须突破核心技术这个难题""我们要掌握我国互联网发展主动权,保障互联网安全、国家安全,就必须突破核心技术这个难题,争取在某些领域、某些方面实现'弯道超车'"。① 核心技术问题是互联网技术的命门,解决这个问题,实现自主创新,才能实现网络技术强国战略。因此,网络信息基础建设、网络技术开发,必须做到正确处理开放和自主的关系,既要鼓励自主创新,又要积极借鉴国外的先进技术和经验,要在科研投入上集中力量办大事,加大科研资金、人才和配套设施的投入,以科研来攻坚克难,积极推动核心技术成果转化,推动强强联合、协同攻关,包括各大企业和科研机构的联合,国内外的联合等。

第四,以健康的网络信息文化为依托。网络是个虚拟的社会,网络交往形成了特定的网络文化,同时,网络文化蕴含着不同的价值观,这些价值观来自于不同的网络主体,是无数网民思想碰撞的结果。由于网民数量庞大,每个人的价值取向都是不同的,因此,网络上充斥着多元的价值观,有主流的,也有非主流的。网络文化对于身处其中的每个人都有潜移默化的影响,因此,营造健康的网络信息文化显得尤为迫切。对此,习近平总书记提出:"根据形势发展需要,我看要把网上舆论工作作为宣传思想工作的重中之重来抓。宣传思想工作是做人的工作,人在哪儿重点就在哪儿。我国网民有近六亿人,手机网民有四亿六千多万人,其中微博用户达到三亿多人……必须正视这个事实,加大力量投入,尽快掌握这个舆论场上的主动权,不能被边缘化了。"② 网络宣传思想工作重在对网络主体进行引导,以社会主义核心价值观为引领,引导网络主体树立正确的世界观、人生观、价值观,使其主动传播健康、积极向上的信息,营造良好的网络文化氛围。"做好网上舆论工作是一项长期任务,要创新改进网上宣传,运用网络传播规律,弘扬主旋律,激发正能量,大力培育和践行社会主义核心价值观,把握好网上舆论引导的时、度、效,使网络空间清朗起来"③。健康的网络文化不仅有利于网络的健康发展,更有助于使媒体、网民都获得良好的上网体验,真正爱上互联网这个大家园。

---

① 习近平:《在网络安全和信息化工作座谈会上的讲话》,《人民日报》2016 年 4 月 26 日。
② 《习近平关于全面深化改革论述摘编》,中央文献出版社 2014 年版,第 83 页。
③ 习近平:《总体布局统筹各方创新发展 努力把我国建设成为网络强国》,《人民日报》2014 年 2 月 28 日。

第五，以高素质网络安全和信息化人才队伍为支撑。无论在任何时代任何地方，人才都是第一资源，网络事业的发展，离不开一支专业队伍的支撑。习近平总书记指出："建设网络强国，要把人才资源汇聚起来，建设一支政治强、业务精、作风好的强大队伍。'千军易得，一将难求'，要培养造就世界水平的科学家、网络科技领军人才、卓越工程师、高水平创新团队。"[1] 我国是个人口大国，更是人才大国，如何发掘人才、运用人才、留住人才是面临的重要问题。同时，互联网作为新兴的产业，必须有一大批专业化、职业化的人才去投入，其中包括许多的企业家、专家学者、科技人员，必须充分调动他们的积极性、主动性、创造性，使他们主动投入到网信事业的发展中来。人才更是自主创新突破的关键，因此，必须完善选人用人的制度和体系，要用政策、用待遇、用理念留住人才，要用制度来规范人才的使用，始终坚持队伍重在建设，造就一支精干的网络安全和信息化队伍，形成完整的培养机制。

第六，以高度的网络安全为保障。网络安全是互联网发展的基石，没有网络安全，就没有互联网的繁荣和发展。"网络安全和信息化是一体之两翼、驱动之双轮，必须统一谋划、统一部署、统一推进、统一实施。做好网络安全和信息化工作，要处理好安全和发展的关系，做到协调一致、齐头并进，以安全保发展、以发展促安全，努力建久安之势、成长治之业。网络和信息安全牵涉到国家安全和社会稳定，是我们面临的新的综合性挑战"[2]。网络化和信息化是相互促进的，没有安全的保障，信息化难以健康发展，因此，必须将网络安全放在重要位置，多方努力，共同维护网络家园的平安。网络安全必须加强网络管理，特别是面对传播快、影响大、覆盖广、社会动员能力强的微博、微信等社交网络和即时通信工具用户的快速增长，必须加强网络法制建设和舆论引导，形成从技术到内容、从日常安全到打击犯罪的互联网管理合力，确保网络信息传播秩序和国家安全、社会稳定。网络安全需要国际社会共同努力。互联网安全不是一国的问题，是牵一发而动全身的世界问题，每个国家必须尊重别国的互联网主权问题和信息安全问题，但面对共同的威胁，各国应该主动团结起来，

---

[1] 习近平：《总体布局统筹各方创新发展　努力把我国建设成为网络强国》，《人民日报》2014年2月28日。

[2] 同上。

共同应对。"国际社会要本着相互尊重和相互信任的原则,通过积极有效的国际合作,共同构建和平、安全、开放、合作的网络空间,建立多边、民主、透明的国际互联网治理体系"①。网络安全关乎每个人的切身利益,维护网络安全是全社会的共同责任,需要社会各界的努力,需要每个人为之付出,必须将网络安全问题的处理放在重要位置。

第七,积极建立多边、民主、透明的国际互联网治理体系。"互联网真正让世界变成了地球村,让国际社会越来越成为你中有我、我中有你的命运共同体。同时,互联网发展对国家主权、安全、发展利益提出了新的挑战,迫切需要国际社会认真应对、谋求共治、实现共赢"②。在推进国际共治的进程中,我国主办了三届世界互联网大会,世界各国踊跃参与,致力于将互联网打造成共治共享的生态。在第二届世界互联网大会开幕式上,习近平总书记表示,国际社会应该在相互尊重、相互信任的基础上,加强对话合作,推动互联网全球治理体系变革,共同构建和平、安全、开放、合作的网络空间,建立多边、民主、透明的全球互联网治理体系。提出了互联网治理的"四项原则",即尊重网络主权;维护和平安全;促进开放合作;构建良好秩序。"五点主张",即加快全球网络基础设施建设,促进互联互通;打造网上文化交流共享平台,促进交流互鉴;推动网络经济创新发展,促进共同繁荣;保障网络安全,促进有序发展;构建互联网治理体系,促进公平正义。这些主张,表明了我国参与国际互联网治理的原则和决心,是开展国际合作的重要指导。共建网络空间命运共同体,世界各国要在尊重各国主权的前提下优势互补、共同发展;要加强国家间的沟通、扩大共识、深化合作;面对网络安全问题,各国要携手应对,鼓励资金、技术在各国间的流动,以更好地应对互联网发展提出的问题和挑战。互联网是人类的共同家园,需要全世界参与其治理,以形成多边、民主、透明的国际互联网治理体系。

三 新时代互联网治理的实践理路

网络宣传舆论工作关乎着网络空间生态的治理,随着新媒体尤其是自媒体的发展,通过多媒体融合来引导舆论,通过宣传工作来净化网络环境

---

① 习近平:《弘扬传统友好 共谱合作新篇》,新华网,2014年7月19日。
② 《习近平致首届世界互联网大会贺词》,新华网,2014年11月19日。

成为重要课题。习近平总书记对网络宣传舆论工作高度重视,他在2016年2月19日召开的党的新闻舆论工作座谈会上强调:"党的新闻舆论工作是党的一项重要工作,是治国理政、定国安邦的大事,要适应国内外形势发展,从党的工作全局出发把握定位,坚持党的领导,坚持正确政治方向,坚持以人民为中心的工作导向,尊重新闻传播规律,创新方法手段,切实提高党的新闻舆论传播力、引导力、影响力、公信力。"[①] 网络作为新闻舆论的重要阵地,不仅是进行新闻宣传的重要平台,更是意识形态引导的重要载体。做好网络宣传舆论工作,是新时代互联网治理思想的重要内容,也是重要的实践路径。

第一,坚持党性原则。互联网的迅速发展,变革了党的宣传工作的平台和方式,利用新媒体来进行党的宣传工作,是发挥党的宣传工作优势的重要机遇。网络宣传舆论工作是党的重要工作,首要的就是要坚持党对这项工作的引导,坚持党性原则。习近平强调:"党的新闻舆论工作坚持党性原则,最根本的是坚持党对新闻舆论工作的领导。党和政府主办的媒体是党和政府的宣传阵地,必须姓党。党的新闻舆论媒体的所有工作,都要体现党的意志、反映党的主张,维护党中央权威、维护党的团结,做到爱党、护党、为党;都要增强看齐意识,在思想上政治上行动上同党中央保持高度一致;都要坚持党性和人民性相统一,把党的理论和路线方针政策变成人民群众的自觉行动,及时把人民群众创造的经验和面临的实际情况反映出来,丰富人们的精神世界,增强人民精神力量。"[②] 网络宣传舆论工作坚持党性原则,最重要的就是要做到接受党的领导,宣传马克思主义意识形态,宣传党的路线、方针、政策,与人民群众紧密联系在一起,紧跟时代的步伐,围绕着党在不同时期的任务主题进行宣传,传递党的重要会议精神,阐释党的重大决策和战略部署,反映人民群众的生活和迫切愿望,弘扬主旋律,传递正能量,巩固马克思主义在意识形态领域的领导地位,尤其是网络意识形态的领导权、话语权和解释权。

第二,坚持正确舆论导向。凡是宣传工作都是具有导向性的,正确开展网络宣传舆论工作,必须注重导向问题。对此,习近平总书记指出:"新闻舆论工作各个方面、各个环节都要坚持正确舆论导向。各级党报党刊、电台

---

① 《习近平谈新闻舆论工作:治国理政、定国安邦的大事》,人民网,2016年11月8日。
② 同上。

电视台要讲导向,都市类报刊、新媒体也要讲导向;新闻报道要讲导向,副刊、专题节目、广告宣传也要讲导向;时政新闻要讲导向,娱乐类、社会类新闻也要讲导向;国内新闻报道要讲导向,国际新闻报道也要讲导向。"① 坚持正确的舆论导向,就是要坚持正确的政治方向,坚持中国特色社会主义的方向,即是说网络宣传舆论工作不仅要具有党性、人民性,更要具有政治性。任何舆论工作都要注重导向问题,发布什么,不发布什么,以什么形式发布,都要遵循着正确的方向,舆论工作者要积极传递正确的立场、态度、观点,强化政治意识、政权意识、阵地意识,坚持以人民为中心的导向,多创造融思想性、艺术性为一体的优质产品。宣传舆论工作站在人民大众的立场,是为人民服务的,因此要多推出解读党的路线方针政策、反映社情民意的好文章,把宣传舆论工作引导到有利于推动改革发展、维护社会和谐稳定、实现中华民族伟大复兴的正确方向上来。

第三,坚持网络舆论宣传的客观、真实、正能量。宣传工作是一项专门的具有科学性的工作,宣传必须遵循正确的原则和方针,其中抓好正面宣传是做好党的宣传舆论工作的重要遵循。在全国宣传思想工作会议上,习近平总书记指出:"坚持团结稳定鼓劲、正面宣传为主,是党的宣传思想工作必须遵循的重要方针。"② 这是做好宣传思想工作的根本指针,也是做好网络宣传舆论必须遵循的原则。"团结稳定鼓劲、正面宣传为主,是党的新闻舆论工作必须遵循的基本方针。做好正面宣传,要增强吸引力和感染力。真实性是新闻的生命。要根据事实来描述事实,既准确报道个别事实,又从宏观上把握和反映事件或事物的全貌。舆论监督和正面宣传是统一的。新闻媒体要直面工作中存在的问题,直面社会丑恶现象,激浊扬清、针砭时弊,同时发表批评性报道要事实准确、分析客观"③。网络舆论工作主要是以发布新闻、推出内容产品的形式进行舆论的引导,如何通过发布的内容和形式去讲好故事,讲出人民群众愿意听、愿意看的故事是至关重要的。要关心人民群众的关切,解答人民群众的问题,提高正面宣传的质量,做好热点、敏感点问题的引导。同时,要积极挖掘典型、总结经

---

① 《习近平谈新闻舆论工作:治国理政、定国安邦的大事》,人民网,2016年11月8日。
② 习近平:《胸怀大局把握大势着眼大事 努力把宣传思想工作做得更好》,《人民日报》2013年8月21日。
③ 《习近平在党的新闻舆论工作座谈会上强调:坚持正确方向创新方法手段 提高新闻舆论传播力引导力》,《人民日报》2016年2月20日。

验、树立先进榜样，弘扬正能量。

第四，重视新媒体的舆论引导工作。随着新媒体的影响力和覆盖面的扩大，其在网络宣传工作中的地位日益受到重视，尤其是随着微信、微博、媒体客户端使用率的提高，微信不再仅仅是私人间的互动工具，大量公众号平台的兴起，推出形式多样的内容产品，扛起了宣传的大旗；微博作为一个网络互动社区，充斥着多元的价值观和参差不齐的信息，更是宣传的重要阵地。由此可见，新媒体在宣传中保持时、度、效的作用日益凸显，是做好网络宣传舆论工作不可错失的重要阵地，必须积极推动传统媒体和新媒体的融合发展。"推动传统媒体和新兴媒体融合发展，要遵循新闻传播规律和新兴媒体发展规律，强化互联网思维，坚持传统媒体和新兴媒体优势互补、一体发展，坚持先进技术为支撑、内容建设为根本，推动传统媒体和新兴媒体在内容、渠道、平台、经营、管理等方面的深度融合，着力打造一批形态多样、手段先进、具有竞争力的新型主流媒体，建成几家拥有强大实力和传播力、公信力、影响力的新型媒体集团，形成立体多样、融合发展的现代传播体系。要一手抓融合，一手抓管理，确保融合发展沿着正确方向推进"①。利用新媒体开展网络宣传舆论工作，就要在内容建设、平台建设、队伍建设、运营等方面下功夫。在内容建设上，要注重产品内容的导向和质量，要多推出具有吸引力、感染力的大众喜闻乐见的产品，有思想、有温度、有品质的作品；在平台建设上，要充分挖掘微信、微博、客户端平台在宣传方面的潜力，积极通过这些平台发布内容和信息，使用评论的功能来征集民意、及时作出正确的引导，使这些平台充分活跃起来，营造良好的宣传氛围；在队伍建设上，即是要建立专门的网络宣传舆论工作队伍，培养造就一支政治坚定、业务精湛、作风优良、党和人民放心的新闻舆论工作队伍。在运营方面，要积极建设新媒体实体运营中心，保持线上线下的有机联系和良好互动，完善运营的各项制度和保障机制，只有良好的运营才能保证平台的宣传工作发挥出最大的功能。

（作者单位：南开大学马克思主义学院）

---

① 《习近平十八大以来关于"宣传思想工作"精彩论述摘编》，人民网，2014 年 8 月 19 日。

习近平经济思想新境界探析
——以邓小平经济思想为观照

高云坚

习近平作为全面深化改革总路线图和时间表的规划者,不仅继承了总设计师邓小平的经济思想,而且又根据变化了的形势发展了邓小平的经济思想,并用于指导当今中国特色社会主义的伟大实践。

一 习近平经济思想的继承特质

(一)经济思想的同源性

邓小平经济思想和习近平经济思想均来源于马克思主义的三个组成部分之一的政治经济学。政治经济学的研究对象是一定生产力发展状况下的生产关系,揭示的是生产关系要适应生产力的发展要求的基本规律。作为一门研究经济关系及其运行规律的科学,它是观照经济社会发展的风向标。在社会主义初级阶段,政治经济学的根本任务是以改革和完善社会主义经济制度、促进社会生产力发展、增加国民财富、促进社会和谐为目标。邓小平推行改革开放,正是基于对马克思主义政治经济学基本精神的准确把握,他认为:"革命是解放生产力,改革也是解放生产力。推翻帝国主义、封建主义、官僚资本主义的反动统治,使中国人民的生产力获得解放,这是革命,所以革命是解放生产力。社会主义基本制度确立以后,还要从根本上改变束缚生产力发展的经济体制,建立起充满生机和活力的社会主义经济体制,促进生产力的发展,这是改革,所以改革也是解放生产力。过去,只讲在社会主义条件下发展生产力,没有讲还要通过改革解放生产力,不完全。"[①] 在全面深化改革开放新阶段,习近平主持中共中央政治局就马克思主义政治经济学

---

① 《邓小平文选》第3卷,人民出版社1993年版,第370页。

基本原理和方法论进行集体学习，指出："党的十一届三中全会以来，我们党把马克思主义政治经济学基本原理同改革开放新的实践结合起来，不断丰富和发展马克思主义政治经济学，形成了当代中国马克思主义政治经济学的许多重要理论成果。"① 2015 年 12 月，中央经济工作会议进一步强调："要坚持中国特色社会主义政治经济学的重大原则。"② 由此可见，中国特色社会主义政治经济学与马克思主义政治经济学是一脉相承的。

（二）经济体制的传承性

首先是坚持公有制的主体地位不动摇。我国是人民当家作主的社会主义国家，必须坚持把公有制作为社会主义经济制度的基础。无论是邓小平经济思想还是习近平经济思想中，都十分鲜明地体现出毫不动摇地巩固和发展公有制经济的基本要义，譬如，十三大报告提出："社会主义初级阶段的所有制结构应以公有制为主体""对于城乡合作经济、个体经济和私营经济，都要继续鼓励它们发展"。③ 进入全面建成小康社会决胜阶段，我们党依然"坚持公有制为主体、多种所有制经济共同发展。毫不动摇巩固和发展公有制经济，毫不动摇鼓励、支持、引导非公有制经济发展。依法监管各种所有制经济"④。

其次是坚持社会主义市场经济不动摇，逐步厘清政府和市场的关系。改革开放之初，邓小平已经认识到，完全由政府主导的计划经济，不仅不可能释放生产力的巨大潜能，而且会束缚生产力的发展。他说："我们过去一直搞计划经济，但多年的实践证明，在某种意义上说，只搞计划经济会束缚生产力的发展。把计划经济和市场经济结合起来，就更能解放生产力，加速经济发展。"⑤ 在此基础上，邓小平创造性地提出了"计划和市场都是经济手段"的著名论断，从而彻底厘清了人们过去普遍认为的社会主义＝计划经济，资本主义＝市场经济的错误思想，同时指出，发展社会主义必须借鉴人类社会一切文明成果，他认为："计划多一点还是市场多一点，不是社会主义与资本主义的本质区别。计划经济不等于社会主义，资

---

① 冯蕾：《把握大逻辑 谋求新境界——"新常态"理论引领中国经济稳中有进稳中有好》，《光明日报》2016 年 1 月 6 日。

② 同上。

③ 《十三大以来重要文献选编》（上），人民出版社 1991 年版，第 31 页。

④ 《中华人民共和国国民经济和社会发展第十三个五年规划纲要》，《中国青年报》2016 年 3 月 18 日。

⑤ 《邓小平文选》第 3 卷，人民出版社 1993 年版，第 148 页。

本主义也有计划；市场经济不等于资本主义，社会主义也有市场。计划和市场都是经济手段……总之，社会主义要赢得与资本主义相比较的优势，就必须大胆吸收和借鉴人类社会创造的一切文明成果，吸收和借鉴当今世界各国包括资本主义发达国家的一切反映现代社会化生产规律的先进经营方式、管理方法。"① 这就为后来社会主义市场经济理论的提出和社会主义市场经济体制的建立指明了方向。

社会主义市场经济体制的确立在社会主义国家中是一件新生事物，在我国各项改革中具有里程碑意义，但具体如何搞，一直也是众说纷纭的。究竟是政府的计划多一点还是市场要素多一点或者相反一直没有厘清，总体上还是在"摸着石头过河"，边做边总结边前进。党的十八届三中全会在全面总结30多年改革经验特别是实行社会主义市场经济20多年的基础上，提出："经济体制改革是全面深化改革的重点，核心问题是处理好政府和市场的关系，使市场在资源配置中起决定性作用和更好发挥政府作用。市场决定资源配置是市场经济的一般规律，健全社会主义市场经济体制必须遵循这条规律，着力解决市场体系不完善、政府干预过多和监管不到位问题。"② 这个论述至少告诉我们三点，第一，全面深化改革的重点领域是经济领域，是经济体制改革，其中处理好政府与市场的关系是重中之重；第二，市场决定资源配置是市场经济的一般规律，我们不能违背这个规律，必须使市场在资源配置中起决定性作用，同时也要更好地发挥政府作用；第三，要解决市场体系不完善、政府干预过多和监管不到位问题。按照这个论述，今后，资源配置的事主要交给市场去管，政府主要做好服务和监管，主要当好"裁判员"，而不是既当"裁判员"又当"运动员"。这样，作为市场，只要不在"负面清单"上的事都可以放手去做，从而大大激发市场活力；作为政府，只要不在"权力清单"上的事，就不可为，从而可以从源头上有效遏制政府乱作为和权力寻租等腐败问题。这标志着我国从"计划和市场都是经济调节手段"相对模糊的认识跃升到了"市场在资源配置中起决定性作用"的清晰认识，标志着我国对社会主义市场经济规律的认识和把握有了一个质的飞跃。

（三）经济归属的一致性

发展经济的目的是什么？在邓小平看来，改革就是为了解放和发展生

---

① 《邓小平文选》第3卷，人民出版社1993年版，第373页。
② 《中共中央关于全面深化改革若干重大问题的决定》，人民出版社2013年版，第5—6页。

产力，发展经济归根结底就是要改善人民生活，最终达到共同富裕的目标。邓小平高瞻远瞩提出："一部分地区、一部分人可以先富起来，带动和帮助其他地区、其他的人，逐步达到共同富裕。"[①] 后来在南方谈话中，邓小平更是归纳总结道："社会主义的本质，是解放生产力，发展生产力，消灭剥削，消除两极分化，最终达到共同富裕。"[②] 邓小平的这些谈话，一方面给我们揭示了社会主义的本质；另一方面给我们指出了实现共同富裕的方式和步骤，回答了发展经济最终目的的指向。

党的十八大以来，以习近平为核心的党中央坚持社会主义的本质要求，继承了邓小平关于共同富裕的经济思想，在新的形势下，进一步回答了发展为了谁的问题，习近平指出："人民对美好生活的向往，就是我们的奋斗目标。人世间一切幸福都需要靠辛勤的劳动来创造。我们的责任，就是要团结带领全党全国各族人民，继续解放思想，坚持改革开放，不断解放和发展社会生产力，努力解决群众的生产生活困难，坚定不移走共同富裕的道路。"[③] 党的十八届五中全会提出"坚持以人民为中心的发展思想"的重大命题。"这一重大命题，遵循了马克思主义唯物史观基本原理，坚持了马克思主义政治经济学的根本立场，是中国共产党发展思想的继承和发展。坚持以人民为中心的发展思想，就是坚持人民主体地位，坚持人民至上，坚持发展为了人民，发展依靠人民，发展成果由人民共享。"[④] 由此可见，时代虽然不同了，但是，以人民为中心的根本指向没有变，发展经济走共同富裕道路的思想没有变。

二 习近平经济思想的发展特质

尽管如此，与时俱进是马克思主义的本质属性，时代变化了，经济思想在某些方面跟着时代发生变化是情理之中的事情，换句话说，就是，习近平经济思想与邓小平经济思想既有共性的东西，又必然有差异性的东西、发展了的东西，突出地表现在以下几个方面。

[①] 《邓小平文选》第3卷，人民出版社1993年版，第149页。
[②] 同上书，第373页。
[③] 《习近平谈治国理政》，外文出版社2014年版，第4页。
[④] 孙存良、祁一平、贺霞：《深刻理解坚持以人民为中心的发展思想》，《光明日报》2015年12月27日。

（一）从"科学技术是第一生产力"到"最大限度解放和激发科技作为第一生产力所蕴藏的巨大潜能"——生产力观的新飞跃

前文已述，生产力问题是马克思主义经济学绕不开的关键问题，中国共产党历代领导集体高度重视，而当代生产力的发展，跟科学技术作用的发挥紧密相连。邓小平曾说："马克思说过，科学技术是生产力，事实证明这话讲得很对。依我看，科学技术是第一生产力。"①"科学技术是生产力"是马克思的发明创造，而将科学技术定义为第一生产力，则是邓小平的发明创造，正是邓小平的这个发明创造，点燃了中国依靠科技创新发展的火焰，开创了中国依靠科技进步而不是传统工艺发展进步的春天。党的十八大以后，党中央带领人民开启了全面建成小康社会新的征程，习近平对科学技术作为第一生产力的认识有了新的内涵，他强调指出："当今世界，科学技术作为第一生产力的作用愈益凸显，工程科技进步和创新对经济社会发展的主导作用更加突出，不仅成为推动社会生产力发展和劳动生产率提升的决定性因素，而且成为推动教育、文化、体育、卫生、艺术等事业发展的重要力量。"② 因此，要"最大限度解放和激发科技作为第一生产力所蕴藏的巨大潜能"，要加快"从要素驱动、投资规模驱动发展为主向以创新驱动发展为主的转变"③。这一论述，是对邓小平科学技术是第一生产力观点的升华与发展，集中体现了科技作为第一生产力对当代中国经济社会发展的极端重要性。此外，习近平认为："要正确处理好经济发展同生态环境保护的关系，牢固树立保护生态环境就是保护生产力、改善生态环境就是发展生产力的理念。"④ 这些，都为全面深化改革、全面建成小康社会提供了理论指导，开辟了马克思主义政治经济学关于生产力理论的崭新境界。

（二）从"搞试验田，开放窗口，办几个经济特区"到"以开放的最大优势谋求更大发展空间"——经济开放观的新内涵

中国的经济开放，是中国推行改革开放最早的试水领域。作为中国改革开放总设计师的邓小平，是从试办经济特区入手的。早在1979年4月他首次提出要开办"出口特区"，之后"出口特区"更名为"经济特区"，

---

① 《邓小平文选》第3卷，人民出版社1993年版，第274页。
② 习近平：《让工程科技造福人类、创造未来》，《光明日报》2014年6月4日。
③ 《习近平谈治国理政》，外文出版社2014年版，第120—121页。
④ 中共中央宣传部：《习近平总书记系列重要讲话读本》，学习出版社、人民出版社2014年版，第123页。

并在深圳加以试验，后来又多了珠海、厦门、汕头、海南几个经济特区。邓小平指出："深圳经济特区是个试验，"①"我们的整个开放政策也是一个试验，从世界的角度来讲，也是一个大试验。"② 1992年南方谈话时，他进一步指出："改革开放胆子要大一些，敢于试验，不能像小脚女人一样。看准了的，就大胆地试，大胆地闯。"③ 办经济特区就是要为中国特色社会主义现代化建设"闯"出一条路子来。在邓小平眼里，经济特区也是对外开放的窗口和基地。1984年邓小平视察深圳时指出："特区是个窗口，是技术的窗口，管理的窗口，知识的窗口，也是对外政策的窗口。"④ 此时的经济特区，仍以"引进来"为主，包括建设资金以外资为主，经济结构以"三资"（外资、侨资、港澳资）企业和"三来一补"（即来料加工、来样加工、来件装配和补偿贸易）企业为主，产品以外销为主。这个时期的经济开放观的突出特点是区域性、引进来、试验性。

党的十八大以来，以习近平为核心的党中央，审时度势，在全面提高开放型经济水平的总体构想中，提出了一系列重要思想，确定了"以开放的最大优势谋求更大发展空间"的总基调，极大地拓宽了经济开放的视野，进一步丰富了改革开放的实践与理论。习近平指出："要牢牢把握国际通行规则，加快形成与国际投资、贸易通行规则相衔接的基本制度体系和监管模式，既充分发挥市场在资源配置中的决定性作用，又更好发挥政府作用。"⑤ 对于全方位开放格局这样一种全新的实验，"要大胆闯、大胆试、自主改，尽快形成一批可复制、可推广的新制度。"⑥ 在这种思想指导下，对内，开设了中国（上海）自由贸易试验区、中国（广东）自由贸易试验区、中国（福建）自由贸易试验区、中国（天津）自由贸易试验区四个自由贸易试验区；对外，积极推进"一带一路"（丝绸之路经济带、21世纪"海上丝绸之路"）建设，积极主导成立"亚洲基础设施投资发展银行"，将"一带一路"建设与区域开发共赢结合起来，加强新亚欧大陆桥、重点港口节点建设，共建国际大通道和经济走廊。这是中国坚定不移地推

---

① 《邓小平文选》第3卷，人民出版社1993年版，第130页。
② 同上书，第133页。
③ 同上书，第372页。
④ 同上书，第51—52页。
⑤ 习近平：《推进上海自贸区建设》，《人民日报》（海外版）2014年3月6日。
⑥ 同上。

行全方位对外开放新格局,主动融入全球经济,提高我国在全球经济治理中的制度性话语权,构建广泛利益共同体的重要举措。这个时期的经济开放的鲜明特点是主动性与试验性的结合、"引进来"与"走出去"的结合、历史性与现实性的结合。从而使经济开放格局视野更宏大、内容更丰富,特色更鲜明,凸显中国经济全方位的开放性、包容性、共赢性和世界性,也是对"以开放的最大优势谋求更大发展空间"理论和实践的具体诠释。

(三)从"发展才是硬道理"到"中国经济新常态"——经济增长模式的新认识

"发展才是硬道理"是邓小平1992年在南方谈话中提出的一个著名论断。这个论断,是基于对"落后就要挨打"历史悲剧的准确认识、基于对党的工作重心已经转移到"以经济建设为中心"的客观现实而提出来的,也是当时在试办经济特区、推进改革开放进程中对姓资姓社问题争论的有力回击。这个论断浅显易懂、朴实无华,寓意深刻,抓住了解决中国一切问题的关键。邓小平的"发展论"连同他的"猫论",改变了中国在经济社会变革中过去凡事都要首先考量意识形态、凡事都要先问老祖宗先问教条的思维定式,为建设中国特色社会主义扫除了思想障碍,指明了前进方向。但是,一度盲目的以GDP增长率论"英雄"之风盛行,违背客观规律,罔顾民生问题、环保问题,大肆搞"面子工程""形象工程""政绩工程",导致GDP看似增长了,其实,环境破坏了,资源枯竭了,老百姓的获得感并没有增强,民生并没有真正改善这类现象时有发生。这本质上是对邓小平"发展论"的曲解,是对科学发展观的践踏,是一种不可持续的发展。

党的十八大以来,党中央对经济发展新态势高度重视,面对中国经济出现的增长速度换挡期、结构调整阵痛期、前期刺激政策消化期"三期"叠加的复杂时段,党中央提出了主动适应经济发展新常态的基本论断,所谓经济新常态,"就是经济结构的对称态,在经济结构对称态基础上的经济可持续发展,包括经济可持续稳增长。经济新常态是强调结构稳增长的经济,而不是总量经济;是着眼于经济结构的对称态及在对称态基础上的可持续发展,而不仅仅是GDP、人均GDP增长与经济规模最大化。经济新常态就是用增长促发展,用发展促增长。经济新常态不是不需要GDP,而是不需要GDP增长方式;不是不需要增长,而是把GDP增长放在发展模式中定位,使 GDP 增长成为再生型增长方式、生产力发展模式的组成部分"①。经济新常态,按照创新、协调、绿色、开放、共享的发展理念,坚持稳中求进和稳增长、调结构、惠民生、防风险的总基调,坚持以提高发展质量和效益为中心,坚持宏观政策要稳、产业政策要准、微观政策要活、改革政策要实、社会政策要托底的政策思路,稳步推进供给侧结构性改革,为破除"唯 GDP 神话",摆脱经济高速增长的"困局"找到了出路。认识新常态、适应新常态、引领新常态成为当前和今后一个时期我国经济发展的基本逻辑和基本遵循。习近平指出:"经济发展进入新常态,没有改变我国发展仍处于可以大有作为的重要战略机遇期的判断,改变的是重要战略机遇期的内涵和条件;没有改变我国经济发展总体向好的基本面,改变的是经济发展方式和经济结构。面对我国经济发展新常态,要认识新常态,适应新常态,引领新常态。"② 将稳中求进工作总基调作为治国理政的重要原则,同时作为做好经济工作的方法论,这是新时期习近平经济思想的集中体现,是指导我国当前经济建设的基本遵循。

(四)从"初级小康社会"到"全面建成小康社会"——经济发展受益面的新表述

小康社会是介于温饱与富裕之间的一个特定发展阶段,"小康社会"是邓小平 20 世纪 70 年代末 80 年代初在规划中国经济社会发展蓝图时提出的战略构想。但在那个年代,小康仍然是十分初级的,正如党的十二大提出到 20 世纪末要使人民生活达到小康水平,所谓小康水平,其实重点就是解决温饱问题,跟邓小平提出的小康社会(不是单纯的物质文明,还包括精神文明和政治文明等)是有差别的。后来,我们党提出了"全面建设小康社会"的命题,把"小康社会"提升到更高的级别和更大的面,但何时能建成,仍然是没有时间表的。直到党的十八大,才正式提出"确保到 2020 年实现全面建成小康社会宏伟目标",正式给出了时间表。党的十八届三中全会,为实现这一宏伟目标进行了全面深化改革的总部署,细化了各项改革的时间表,描绘了改革路线图。根据改革的时间表和路线图稳步

---

① 中国经济新常态(经济特征),http://baike.baidu.com/link?url=6O1ezVfVVzmDtmKfvowVbbR8Hra3jV5v44FSKANF0KuDSiXW40DpZELCV3qogmBmfmMWTAQe9lbyerWvNtPiCfxm8oQUbFvPQpPaq5UD4bW。

② 江夏、白天亮、赵永平、陆娅楠:《迈出大国经济铿锵步履——十八大以来党中央领导经济工作述评》,《人民日报》2016 年 2 月 1 日。

推进，可以预料，到 2020 年，国内生产总值和城乡居民人均收入比 2010 年翻一番的目标一定可以实现，经济建设、政治建设、文化建设、社会建设、生态文明建设等统筹推进，改革开放的"红利"将惠及十几亿人，全国范围的精准脱贫将在 2020 年成为现实，人民将在共建共享发展中有更多获得感，朝着共同富裕方向稳步前进。就像十八届五中全会所描述的那样"按照人人参与、人人尽力、人人享有的要求，坚持底线、突出重点、完善制度、引领预期，注重机会公平，保障基本民生，实现全体人民共同迈入全面小康社会"[①]。

（作者单位：广东外语外贸大学政管学院）

[①] 《中国共产党第十八届中央委员会第五次全体会议文件汇编》，人民出版社 2015 年版，第 13 页。

"共同价值"思想的哲学
解读与现实路径

陈文旭

2015年9月28日，国家主席习近平在第七十届联合国大会演讲中首次提出："和平、发展、公平、正义、民主、自由，是全人类的共同价值"[1]。"共同价值"提出后，随即引发国内学术界一系列讨论和争辩。关于"共同价值"的论争主题集中于四个方面：其一，何为"共同价值"；其二，多样文化交往中是否存在"共同价值"；其三，认同"共同价值"是否意味着接受以自由、民主、人权为核心的西方"普世价值"；其四，"共同价值"与社会主义核心价值观二者的关系。可见，将"共同价值"置于多样文化交往中来进行考察是十分必要的。如今全球化、信息化、媒介化时代，多样文化间的交流、互动已经成为一种新常态。随之而来的是，不同种族、地域、国家的人们价值观的相互借鉴、碰撞乃至冲突。这需要我们从价值哲学维度来分析多样文化交往中的价值本质，特别是集中探讨不同文化中有无"共同价值""一般价值"和"特殊价值"的关系等问题。对此，我们既要敢于承认不同文化中确实存在"共同价值"，又要旗帜鲜明地反对西方社会标榜的"普世主义"和"普世价值"，通过辨析和厘清"共同价值"与"普世价值"的本质区别，并最终探寻出不同文化间"共同价值"的具体途径。因此，立足于"人类命运共同体"基础之上，寻求多样文化交往中的"共同价值"已然成为人类共同面临的时代课题。

---

[1] 习近平：《携手构建合作共赢新伙伴　同心打造人类命运共同体——在第七十届联合国大会一般性辩论时的讲话》，《人民日报》2015年9月29日。

一 多样文化交往中的"价值"本质

生活在现代社会里的人们每天都面对不同文化的选择与取舍问题,世界文化差异性使得人们永远行走在学习的路上。人是社会的存在物,也是文化的存在物。人在社会生活中深受文化的洗礼和熏陶,在成长过程中不断学习、了解和选择文化。在对多样文化进行认知、判断与选择过程中,人们根据自身的"主体尺度"进行着文化"价值评价"。

哲学上讲的"价值"是揭示外部客观世界对于满足人的需要的意义关系的范畴,意指具有特定属性的客体对于主体需要的意义,彰显的是外部客观世界的事物(客体)对于人(主体)的需要满足与否(意义)的关系。哲学的价值概念具有最大的普遍性,是对各种特殊的价值现象的本质概括。单就交往中的多样文化而言,其对于不同种族、地域、国家的人们具有差异化的精神诉求和价值引领。在这个过程中,多样文化交往中的"价值评价"已成为普遍存在的一种文化现象。需要指出的是,人们对文化的"价值评价"并不是一种完全主观随意的认知活动,而是同样具有客观性的实践过程。实践是主体改造客观世界及自身的客观物质活动,也是一种对象化过程。"对象化是通过主体的实践活动将主观的观念的东西转化为客观的物质的东西的过程,也是主体观念的现实化过程"①。马克思指出:"随着对象性的现实在社会中对人来说到处成为人的本质力量的现实,成为人的现实,因而成为人自己的本质力量的现实,一切对象对他来说也就成为他自身的对象化,成为确证和实现它的个性的对象,成为他的对象,而这就是说,对象成了他自身。"② 文化价值评价作为一种对象化的实践活动,是人们在实践活动中将自身对文化的主体观念现实化的过程。人们在实践过程中根据自身的客观需要或要求产生出反映价值关系的文化评价,同时又在实践过程中印证、修正和改变自己的文化价值评价。诚如列宁所说:"必须把人的全部实践——作为真理的标准,也作为事物同人所需要它的那一点的联系的实际确定者——包括到事物的完整的'定义'中去。"③

---

① 王玉樑:《价值哲学新探》,陕西人民教育出版社1993年版,第29页。
② 《马克思恩格斯文集》第1卷,人民出版社2009年版,第190—191页。
③ 《列宁专题文集 论辩证唯物主义和历史唯物主义》,人民出版社2009年版,第314页。

在现实生活中，由于对文化进行价值评价的主体是具体的，可以是个人、群体或人类，而不同的主体在需要或要求方面往往存在着差异和不同，这就决定了不同主体对同一种文化的价值评价也常常会产生差异抑或截然相反。但是，这并不说明不同主体对同一文化所作出的价值评价是"公说公有理，婆说婆有理"，纯粹是一种没有任何客观标准的主观评价。正确的文化价值评价一定是反映文化本质要求的或与社会历史发展趋势相一致的。这需要人们在多样文化交往中形成正确的文化价值评价，因为文化价值评价作为人对自身的客观需要和要求的主观反映，会转化为实现主体文化价值的强大精神驱动力量。可以说，文化价值评价过程同样伴随着文化价值观的确立，即逐步形成人们关于文化价值本质的认识以及对不同文化的评价标准、评价原则和评价方法的观念体系。通常情况下，正确的文化价值评价是构成科学的文化价值观的前提和基础。需要说明的是，这里谈及的"文化价值观"与"核心价值观"是有不同所指的。"文化价值观"体现的是人们面对同质或者异质文化时所持存的心理、观点和态度。而"核心价值观"一般是指一定社会形态性质的集中体现，在社会思想观念体系中处于主导地位，决定着社会制度、社会运行的基本原则，制约着社会发展的基本方向。一个社会的"核心价值观"往往会直接影响人们"文化价值观"的形成和内容。

在人类社会的历史长河中，不同文化都蕴含着人类的智慧结晶、价值追求和审美情趣。文化的核心是价值观，在本质上是一个民族的血液基因、人们的精神家园、国家的精神支撑。多样文化交往的实质是不同文化间价值观的交往，人们面对多样文化所作出的选择实质是价值观的选择。当前，人们越来越意识到世界先进文化是有效地解决人类社会生存和发展中各种矛盾的精神武器，越发重视各国多样文化的一般价值和普遍意义。从价值哲学视角看，全球化背景下多样文化交往的本质是文化价值观的互动，反映的是人类精神世界的最高层次和灵魂核心，具有形而上的特点。

二 "共同价值"：全人类普遍意义的价值共识

当前，不同文化间交往、互动频繁，准确把握多样文化交往中的"绝对"与"相对"，这对于深刻理解作为全人类普遍共识的"共同价值"具有重要意义。实践证明，无论是"文化相对主义"片面主张文化的特殊性，还是"文化绝对主义"过分强调文化的普遍性，二者都是对待文化的不科学态度和方法。在全球化时代多样文化交往过程中，人们面对自己民族文化与世界他国文化，既要看到不同文化间的共通性、普遍性地方，又要重视自身文化的差异性、特殊性方面，这是文化选择的"辩证法"。文化的"共性"和"个性"相统一的关系，既是文化这一客观事物的固有属性，也是我们对待文化本身所应持存的科学的认识方法。习近平所提出的以"和平、发展、公平、正义、民主、自由"为核心内容的全人类"共同价值"，是指导中国文化与世界文化交往互动的基本遵循，是立足于"人类命运共同体"基础之上而提出的全人类普遍意义的价值观系统。"共同价值"的提出具有深刻的社会历史背景，对于解构资本主义文化霸权、建构国际价值观新秩序、提升中国国际话语权都具有重大的理论和现实意义。

（一）"共同价值"根植于世界历史的深厚土壤

近代以来，随着资本主义世界市场的形成与发展，一切国家的生产和消费冲破了民族和地域的限制，成为资本主义世界体系的一部分。正如马克思在《德意志意识形态》中指出的那样，这种转变"是完全物质的、可以通过经验证明的行动，每一个过着实际生活的、需要吃、喝、穿的个人都可以证明这种行动"[1]。在迅猛发展的生产力和不断扩大的分工的共同作用下，每一个国家和民族都改变了过去与世隔绝的生存状态，全世界范围内的密切交往日益成为一种普遍现象。"各个相互影响的活动在这个发展进程中越是扩大，各民族的原始封闭状态由于日益完善的生产方式、交往以及因交往而自然形成的不同民族之间的分工消灭得越是彻底，历史也就越是成为世界历史"[2]。正是在生产力普遍发展和人类社会普遍交往的基础之上，人类历史向世界历史发生转变，而这种转变为人类在共同的实践过程中形成共同的文化价值提供了深厚土壤。在全球化历史背景下，"过去那种地方的和民族的自给自足和闭关自守状态，被各民族的各方面的互相往来和各方面的互相依赖所代替了。各民族的精神产品成了公共的财产。民族的片面性和局限性日益成为不可能，于是由许多种民族的和地方的文学形成了一种世界的文学"[3]。

---

[1] 《马克思恩格斯选集》第1卷，人民出版社2012年版，第169页。
[2] 同上书，第168页。
[3] 同上书，第404页。

在世界历史的大背景下，伴随着经济全球化和科学技术迅猛发展，世界各国都被卷入普遍联系和交往洪流当中，"地球村""世界公民"已经变得名副其实。与此同时，在这一过程中也出现了一系列困扰人类自身生存与发展的全球性问题，如促进经济发展、打击恐怖主义、惩治跨国犯罪、预防重大传染性疾病、应对气候变化，等等。面对这些全球性问题，世界各国相互联系，彼此依存，逐渐形成"你中有我、我中有你"、利益相关、休戚与共的人类命运共同体。全球性问题需要国际社会协同行动，共同治理。加强和改善全球治理，应对和解决全球性问题，已经成为世界各国的共同关切和普遍共识。正因为如此，国际社会普遍呼吁要以全人类的共同需要和共同利益为出发点和落脚点，同舟共济，齐心协力，在全球治理的实践过程中共建人类命运共同体，在达成普遍共识基础上形成"共同价值"。

（二）"共同价值"表达了世界人民的共同愿景

"共同价值"是在世界历史的大背景下，基于全人类的共同实践活动，为满足全人类的共同需要和共同利益而形成的人类命运共同体价值，是全人类的价值共识。在经济全球化、政治民主化、文化多样化的当今时代，"共同价值"回应了国际社会共同应对和解决全球性问题、构建人类命运共同体的现实需要，反映了不同国家、地区和民族之间的共同利益，是对全人类共同需要和共同利益的真实反映和客观表达。和平、发展、公平、正义、民主、自由，是"共同价值"的重要内容和基本概括。这些价值理念绝不是简单的罗列，而是有着密切联系的整体，系统表达了全人类的利益诉求和美好追求。

和平与发展是当今世界的时代主题，也是人类赖以生存的前提和基础。人类的生存离不开和平与发展。和平是人类生存的前提，没有和平就没有人类生存的安全保障。和平的对立面是战争。战争给人类带来了巨大的灾难，它侵蚀人类的文明成果，践踏人类的生命安全。维护世界和平早已成为全世界人民的共同愿望。发展是人类生存的基础，没有发展就没有人类生存的物质保证。人类只有通过发展，才能摆脱贫困和匮乏，才能更好地满足自身生产和生活的需要。公平和正义是和平与发展的伦理保障。没有公平和正义，就不可能有和平，更不可能有发展。国际社会必须摒弃弱肉强食的丛林法则和零和博弈的传统思维，充分尊重各国的主权和领土完整，切实保证任何国家在国际事务中都享有独立平等的地位。构建公平正义的国际秩序，制定公正合理的国际规则，建立互利共赢的国际关系，是实现和平与发展的重要条件。民主和自由是实现人类全面发展的重要内容。和平与发展为人类实现民主和自由创造了安全和物质基础，而公平和正义则为其提供了制度和秩序保证。可以说，"共同价值"的三个方面相互联系，融为一体，全面表达了世界人民的共同愿景。

（三）"共同价值"致力于维护全人类的共同利益

由于历史和现实的原因，世界各国国情不同，发展状况各有差异。因此，"共同价值"以承认彼此的特殊价值为前提条件，在尊重差异的基础上，求同存异，聚同化异。这是因为"全球化所引发的价值冲突已经否定了用单一价值替代共同价值的可能。人类历史上出现过的文明冲突已经给人类以充分的启示。世界不可能是单一文明、单一价值的结果"[1]。"共同价值"坚持文化特殊性与普遍性的统一，旨在塑造一个既满足各国自身发展需要又能实现所有国家共同利益的新型国际关系，构建一个尊重文化多样性、反对单一文化霸权的国际新秩序，形成一个合作共赢、共建共享的人类命运共同体。

人类只有一个地球，各国共处一个世界。列宁曾指出："人的意识不仅反映客观世界，而且创造客观世界。"[2] "共同价值"为应对和解决当前人类共同面临的全球性问题提供了科学引导和正确方向。"共同价值"有利于全面加强和改善全球治理，不断推进经济全球化、政治多极化、文化多样化的合理有序发展，共同构建平等协商、互利共赢的人类命运共同体，实现全世界的和平、稳定、繁荣与发展。"共同价值"是推动人类文明进步的精神源泉，是世界各国人民普遍认可、认同、接受的价值理念，致力于维护全人类的共同利益。

中国在国际上积极倡导和推动"共同价值"，同时在国内则大力培育和践行社会主义核心价值观。"共同价值"和社会主义核心价值观，是中国共产党长期以来进行文化建设、价值观培育的经验总结和理论概括，二者统一和服务于中国特色社会主义伟大实践。具体来看：一方面，社会主义核心价值观充分吸收和借鉴了"共同价值"，比较完整地彰显和体现了

---

[1] 陈心刚：《全球治理依托于人类秩序——访复旦大学国际关系与公共事务学院林尚立教授》，《社会科学报》2006年11月9日。

[2] 《列宁全集》第55卷，人民出版社1990年版，第182页。

"共同价值"。对此,有学者认为:"社会主义核心价值观来源于人类共同价值,充分继承了人类千百年来所形成的价值成果。"[①] 另一方面,"共同价值"是社会主义核心价值观的延伸与升华,是社会主义核心价值观在世界舞台上的国际表达,是对西方社会所标榜"普世价值"的内生性回应。可以说,"共同价值"是中国政府在国际范围内主动建立自己的话语体系、建构自己的表达方式的一次有益尝试。

三 寻求"共同价值"不等于接受西方"普世价值"

需要指出的是,我们积极寻求多样文化交往中的"共同价值"并不等于接受西方国家标榜的"普遍主义""普世价值"。伴随着包括中国在内的广大发展中国家先后开启工业化和现代化进程,以美国为首的西方国家开始热衷于推广西方文化中的"普世价值"理念,并将其标榜为具有"放之四海而皆准"的"普遍主义"意义,宣称自由、平等、博爱、人权和民主等"普世价值"理念在时空上绝对永恒地存在。实际上,"普世价值""普遍主义"概念遮蔽了价值与真理的复杂关系,背离了矛盾普遍性和特殊性辩证统一的基本哲学原理,并导致了社会文化交往中"绝对主义"与"相对主义"的根本对立,最终陷入了哲学价值困境而难以自拔。一般而言,真理具有唯一性和一元性,而价值主体之间的差异决定了价值是多元的、具体的、特殊的。作为价值主体的现实中的人,既有普遍的、共通的一面,但又是具体的、历史的,这就决定了不可能有适用于一切民族、一切时代和一切人的"普世价值"和"普遍主义"。

以美国为首的西方国家将自身文明视为具有普遍意义的"普世价值",完全无视广大非西方国家的"特殊价值",这显然体现出文化帝国主义和新殖民主义的虚伪本质。从历史维度看,早在20世纪80年代,美国就开始把"普世价值"作为思想武器,用来争夺全球文化领导权和推行全球化的战略部署。冷战结束后,美国新保守势力抬头,强调意识形态在外交中的作用,将"民主"和"自由"的理念推广到全球,试图通过"民主化"进程来创建一个"自由世界"。2008年,奥巴马上台后,通过建设更广泛联盟的方式,希望"通过榜样的力量,而非力量的榜样"来推进"普世价

---

① 虞崇胜、叶长茂:《社会主义核心价值观与人类共同价值》,《中共中央党校学报》2016年第2期。

值"。同时，作为传统"商品、资本输出"的补充，美国更加热衷于推行所谓"人权外交""人权高于主权"和"民主人权输出"，打着"文明"的幌子，以加快民主进程、促进他国人权实现为借口，赤裸裸地干涉他国内政、侵犯他国主权。以美国为首的西方社会推行"普世价值""普遍主义"的实质，是争夺意识形态领导权和话语霸权的表现，是推行文化帝国主义的扩张战略。中国无疑是西方国家推销"普世价值"的明确目标，就是要以"和平演变"方式将中国的发展方向引入资本主义既有轨道，颠覆我国社会主义制度性质。苏东剧变为我们提供了深刻的历史教训。为此，我们要在充分肯定人类文明进步优秀成果的同时，积极参与国际合作和文化交流并达成有效"共同价值"。与此同时，要时刻警惕西方国家宣扬的"普世价值"，认清其虚伪本质，筑牢意识形态领域思想防线。[1]

不难看出，习近平总书记所提出的"共同价值"同西方的"普世价值"截然不同，具有本质区别。从倡导主体来看，"共同价值"的倡导者是以中国为代表的广大发展中国家，而"普世价值"的倡导者是以美国为代表的少数西方发达国家。从内在特征来看，"共同价值"具有包容开放的特点。"共同价值"认为，不同国家、地区和民族在历史发展过程中形成的带有人类共性的价值，都应成为国际社会共同认可、认同、接受的价值。每个国家都应该作为一个独立自主的主体，在"共同价值"面前享有平等的权利。同时，由于各国家、各地区和各民族处在不同的发展阶段，因此，在"共同价值"的具体实现形式上可能会存在差异。在这点上，"共同价值"充分尊重文明多样性，主张各国根据自身的现实状况选择适合自己的实现形式和具体路径。与之相反，"普世价值"具有强制性和单一性的特点，认为只存在资本主义这一种价值形态，不允许、不承认、不接受其他的价值形态，主张资本主义世界化、全球化。从实践目的来看，"共同价值"以人类命运共同体为依托，倡导国际社会共同参与人类共同价值体系的建构，在平等协商、共建共享的基础上将共同利益的价值理念呈现出来，引领世界各国走上"各美其美、美人之美、美美与共、天下大同"的康庄大道，实现全人类的共同繁荣、稳定与发展。与之相对，"普世价值"是西方国家攻击非西方国家意识形态的手段和工具。西方国家打着"普世价值"的旗号，企图实现整个世界的西方化，其目的就是确保自

---

[1] 谢晓光：《美国为什么热衷于推广"普世价值"》，《红旗文稿》2013年第15期。

身利益不受损害。

以文化殖民为目的的西方"普世价值"非但无益于达成多样文化间的"共同价值",反而会破坏不同文化间的交流与互鉴。文化因交流而多彩,文化因互鉴而丰富。多样文化是全人类共同的资源和财富,而"共同价值"正是整合这些宝贵资源和财富的金钥匙。寻求多样文化"共同价值","绝不仅是为了哲学本身,而是为了社会实践,是为了人类的福祉。它是关系到全世界人的切身利益的根本性问题"①。2014年3月,习近平总书记在联合国教科文组织总部的演讲中指出,"我们应该从不同文明中寻求智慧、汲取营养,为人们提供精神支撑和心灵慰藉,携手解决人类共同面临的各种挑战。"② 中国作为"共同价值"的积极倡导者和有力推动者,坚决反对西方的"普世价值"。"共同价值"是以中国为代表的广大发展中国家对西方"普世价值"的正面回应。"这种回应不是出于抵制西方价值的民族主义情感,也不是出于对普世价值论的先入之见,而是出于中国数千年政治实践和文化传统的内生逻辑,是中国共产党革命和执政经验的高度凝结"③,也是中国为解决全球性问题提出的中国立场、中国主张、中国方案。

四 积极寻求多样文化"共同价值"的现实路径

文化的民族性是文化多样性的基本表现形态,是一个民族区别于其他民族的独特标识,文化的民族性并没有因为全球化时代到来而被削弱。当今世界文化是由具有特殊性的各个民族文化所组成的,是一个百花齐放、百家争鸣、五彩缤纷的有机统一体。世界文化不是众多民族文化的简单叠拼,而是在各种文化交往过程中逐渐凝练、积淀而形成的"共同价值"理念,这些构成人类文明进步的标志,体现着人类精神文化世界的共同财富。在当今全球化的进程中,各国各族人民俨然成为一个你中有我、我中有你的利益共同体,人类面临的环境问题、发展问题、反恐问题、疾病问题等,都需要集思广益来共同解决。全世界人民从来没有像今天这样被紧密地联系在一起,这就需要人类在多样文化的交往过程中去努力寻求具有

---

① 马庆钰:《对文化相对主义的反思》,《哲学研究》1997年第4期。
② 《习近平谈治国理政》,外文出版社2014年版,第262页。
③ 袁敦卫:《论习近平共同价值思想对传统文化的传承》,《科学社会主义》2016年第5期。

普遍"共同价值"的现实路径。

一是面对异质的多样文化，树立科学的文化态度。每一种文化都有其自身的传统和渊源，是在特定的地域环境和历史土壤中生长出来的。充分承认和尊重文化的差异性和多样性是寻求"共同价值"的重要前提。"一花独放不是春，万紫千红春满园。"正是文化的差异性和多样性，才构成了人类丰富多彩的精神家园。文化也只有在开放和共享中才更具魅力。文化没有高低贵贱之分，每一种文化都有自由生存发展的权利，都蕴含着人类创造的文明成果，是世界文明的重要组成部分。"全球化进程并不是某一个现代文化的普及和代替其他文化的过程，而是所有参与这个进程的文化体的重构性互动的过程。在这种互动中，不同的文化体实际上都进行了新的包容性的多重认同重构"①。在文化交往过程中，我们既要反对西方国家推行的文化霸权主义，又要防止文化自卑心理和狭隘的民族至上主义。"要推动中华文明创造性转化、创新性发展，激活其生命力，让中华文明同各国人民创造的多彩文明一道，为人类提供正确精神指引""不仅要让世界知道'舌尖上的中国'，还要让世界知道'学术中的中国''理论中的中国''哲学社会科学中的中国'，让世界知道'发展中的中国''开放中的中国''为人类文明作贡献的中国'"②。在传播自己优秀文化的同时，应以平和而客观的态度、以宽广而包容的胸怀去面对、学习和借鉴各国文化。多样文化因异而求同，求同而存异。只有承认和尊重多样文化的差异性才能更好地寻求"共同价值"。

二是扩大经济交流，促进互利共赢。文化交流是经济交流的补充与延伸，经济交流为文化交流提供强大动力。实践表明，国与国之间的经济交流往往会带动两国之间的文化交流。历史上的丝绸之路不仅是中国与欧亚非各国之间的经贸通道，更是中西文化对话交流的重要窗口。举世闻名的莫高窟更是成为中国文化、印度文化、中亚文化、波斯文化等不同文明相互交融、相互影响的结晶，是研究沿线国家历史文化、多样文化交流互鉴的史料宝库。2013年9月和10月，习近平主席在访问哈萨克斯坦和印度尼西亚两国期间，先后提出建设"丝绸之路经济带"和21世纪"海上丝绸之路"的战略构想。"一带一路"建设不仅为国家间的经济交流合作创

---

① 韩震：《全球化时代的文化认同与国家认同》，北京师范大学出版社2013年版，第43页。
② 习近平：《在哲学社会科学工作座谈会上的讲话》，《人民日报》2016年5月19日。

造了巨大机遇，也为各国人民的文化交流提供了广阔空间。经济交流使合作双方形成兴衰相伴、安危与共的伙伴关系，在互利共赢、共同发展的基础上寻求文化交往的"共同价值"。只要坚持团结互信、平等互利、包容互鉴、合作共赢，不同种族、不同信仰、不同文化背景的国家完全可以共享和平发展，追求公平正义，捍卫民主自由。

三是建立文化对话机制，搭建文化交往平台。全球化是一个涵盖经济、政治、文化、社会等在内的全方位系统，文化全球化需要世界各国广泛参与，建立稳定高效的对话机制和交往平台。"国之交在于民相亲，民相亲在于常往来"。自2003年中法互办文化年以来，中国先后与美国、印度、俄罗斯、英国、意大利等国合作举办文化节、文化周和文化年等活动，进一步加深了中国人民与各国人民彼此间的沟通与了解，也推动了双边关系发展迈上一个新台阶。文化对话机制的建立、文化交往平台的搭建，必须建立在科学、平等、互惠的基础之上。作为经济、政治、军事等"硬实力"的重要补充，文化"软实力""软外交"在当今国际交往中扮演着越来越重要的角色。语言是文化传播的重要载体，世界各国越发重视本国语言的国际传播和跨文化交流。以中国为例，伴随着"汉语热""中国热"持续升温，孔子学院从无到有、从小到大，架起了中外语言文化沟通理解的桥梁。据统计，自2004年第一所孔子学院——乌兹别克斯坦塔什干孔子学院创办至今，全球已有500余所孔子学院和1000个中小学孔子课堂，遍布126个国家，累计注册学员345万人。有61个国家和欧盟已将汉语教学纳入国民教育体系，全球汉语学习者已达1亿，比10年前增长3.3倍。实践证明，孔子学院不仅是语言教学的重要平台，也是深化中外人文交流、促进多元文明交流互鉴、寻求彼此"共同价值"的重要载体。

四是注重文化产业发展，推进跨国文化合作。电影、电视剧、动漫等文化产品已经成为各国文化交往的重要载体和基本形式，美国好莱坞大片、日本动漫、韩国电视剧等早已风靡全球，不仅收获了丰厚的经济利益，而且有效地传播了本国文化价值理念。我国应重视文化产业发展，推动文化产品走出国门，努力传播当代中国价值观念，展示中华文化的独特魅力。2016年8月，以大宋文化为背景的中国文化宣传片亮相美国纽约时代广场，再现了北宋时期首都开封"人口过百万、富华甲天下"的繁荣景象，激发了国际媒体和国际社会对中国文化的浓厚兴趣。在文化产业发的过程中，还应进一步推动跨国文化合作。2008年，一部以中国功夫为主题、以熊猫为主角的美国电影《功夫熊猫》风靡全球，堪称动漫业跨国合作的经典之作。2015年，中国与13个国家签署了电影合拍协议，合拍立项作品82部，创历史之最，多部华语电影也在西方国家相继上映。文化行业之间的跨国合作有效整合了不同的文化资源，以崭新的视角将各种新的文化元素推向全世界，增进了各国人民对多样文化价值观的理解和认同。

五是在全球治理中推进"共同价值"的实现。多样文化交往中的"共同价值"，不仅是一种文化理念形式，更是一种实践活动和现实需要。世界各国人民面临共同的时代困惑和发展难题，需要全球治理的协同化参与和机制化运作，每一个国家在谋求自身发展的同时，都应积极促进其他各国共同发展，不能把世界长期发展建立在一批国家越来越富而另一批国家却长期贫穷落后的基础之上。世界各国要同心协力、化危机为生机，谋求世界和平与发展，打造分享的"共同价值"。2016年9月召开的二十国集团领导人杭州峰会一致认为，面对难民危机、全球变暖、恐怖主义等诸多挑战，没有哪个国家可以独善其身，置身事外。世界各国必须联动互信，通力合作，在"共同价值"的基础上构建人类命运共同体。

（作者单位：南开大学马克思主义学院）

改革开放：发展新时代中国特色社会主义的强大动力[*]

滕明政

在华盛顿同美国总统奥巴马举行中美元首会晤时，习近平指出："改革开放是中国的基本国策，也是今后推动中国发展的根本动力。"[①] 改革开放作为国家治理的动力，不仅是理论推演的结果，更是得到实践确证了的。在理论上，矛盾是事物变化发展的根本动力、社会基本矛盾运动构成社会发展的根本动力，体现为两条基本规律：第一，生产关系一定要适合生产力状况的规律；第二，上层建筑一定要适合经济基础发展要求的规律。适应的过程就是改革，即改变不适应的、使之适应，不断与时俱进。这样一来，改革就成为事物变化发展的内在动力。与此同时，一个良好的生态系统必须是开源的，即必须有"源头活水"的不断涌入，否则就会成为"一潭死水"，缺少生机和活力，在这个意义上开放成为事物变化发展的外在动力。

在实践中，改革开放作为动力，已经被1978年以来的中国实践活动所充分证明。改革开放40年间我国GDP年均增长9.8%，远远高于同期世界平均水平3%左右的增长速度，30年脱贫人数几乎相当于两个日本、4个英国、24个瑞典。联合国和世界银行认为，全人类取得的扶贫事业成就中，2/3的成就应归功于中国[②]。所以，习近平明确指出："没有改革开放就没有当代中国的发展进步，改革开放是发展中国、发展社会主义、发

---

[*] 本文系中国博士后科学基金资助项目"中国特色社会主义深化发展研究"（项目编号：14AZD003）、北京师范大学"中国化马克思主义理论研究与教育宣传协同创新中心"成果。

[①] 《习近平同美国总统奥巴马会晤——强调增强中美战略互信，推动中美新型大国关系不断向前发展》，《人民日报》2015年9月25日。

[②] 孔祥云：《改革开放：发展中国特色社会主义的强大动力》，《清华大学学报》（哲学社会科学版）2010年第S1期。

展马克思主义的强大动力。"①

一 社会主义是一个经常变化和改革的社会

恩格斯指出，社会主义"不是一种不变的东西，而应当和任何其他社会制度一样，把他看成是经常变化和改革的社会"②。马克思、恩格斯所设想的未来共产主义社会，不是"人间天国"，不是一个没有矛盾的世界，相反，他们强调矛盾是事物变化发展的根本动力，只有不断变化发展才能推动社会进入更高一级的形态，促进人的解放，实现人的全面而自由的发展。

列宁承继了这一重要思想，指出："我们每前进一步和每提高一步都必定要同时改善和改造我们的苏维埃制度，而现在我们在经济文化方面水平还很低。我们有待于改造的东西很多。"③ 只有不断改善和改造苏维埃制度，苏联才能巩固、才能前进、才能提高。

毛泽东在探索中国革命、建设道路时，也从不把马克思、恩格斯的"本本"教条化、把苏联经验神圣化，他充分秉承了恩格斯所讲的"我们的理论是发展着的理论，而不是必须背得烂熟并机械地加以重复的教条"的话，根据中国实情，提出了"农村包围城市"的革命道路，提出了和平赎买的社会主义改造道路，这些做法不仅在马克思、恩格斯著作中找不到明确的"指示"，甚至与苏联的做法也不完全相同，但它们却是符合中国发展需要的。毛泽东深知变革发展的重要性，他指出："马克思主义一定要向前发展，要随着实践的发展而发展，不能停滞不前。停止了，老是那么一套，它就没有生命了。"④ 所以，他强调要创造新的理论，写出新的著作，产生新的理论家，来为当前的政治服务，明确告诫我们"单靠老祖宗是不行的"。

在毛泽东探索变革中国之路的基础上，邓小平进一步指出："绝不能要求马克思为解决他去世之后上百年，几百年所产生的问题提供现成答案。列宁同样也不能承担为他去世以后五十年，一百年所产生的问题提供

---

① 习近平：《以更大的政治勇气和智慧深化改革 朝着十八大指引的改革开放方向前进》，《人民日报》2013年1月2日。
② 《马克思恩格斯全集》第37卷，人民出版社1971年版，第443页。
③ 《列宁选集》第4卷，人民出版社1995年版，第613页。
④ 《毛泽东文集》第7卷，人民出版社1999年版，第281页。

现成答案的任务。"① 所以，中国共产党人必须根据中国的实际情况，继承、发展和创新马克思主义，写出马克思主义中国化的新篇章，指导中国新的实践。但由于我们现在所干的事业是一项新的事业，马克思没有讲过，我们的前人没有做过，其他社会主义国家也在探索中，即是说没有现成的经验可供我们直接参考。我们只能在干中学，在实践中摸索。这就要求我们必须具有敢闯敢干的探索精神和勇气。

在邓小平看来，社会主义基本制度的确立并不意味着我们就可以一劳永逸地享受社会主义基本制度的红利，相反任何制度的执行都需要细化、任何制度要想更好地发挥作用，都必须根据现实的发展不断予以完善。所以，我们要在社会主义基本制度的基础上建立起充满生机和活力的社会主义经济体制，促进生产力的发展。这是一个不断改革创新的过程。邓小平用一场"实践是检验真理的唯一标准"的大讨论结束了僵化的马克思主义教条的束缚，打开了新局面；用"不改革开放只能是死路一条"促使"东方风来满眼春"。总之，邓小平对改革目的非常明确，即"我们要赶上时代，这是改革要达到的目的"②。结合三十多年来我国改革发展历程可以看得更清楚，是邓小平的改革开放挽救了经历"文化大革命"、经济濒于崩溃、人民温饱都成问题的中国，使中国的现代化事业和社会主义事业免遭葬送。我们发展中国、追赶时代的目的正逐步实现。此后江泽民、胡锦涛等中央领导集体继续深化改革，大踏步地追赶时代潮流，使中国稳步走上了伟大复兴的宽广道路。

习近平上任伊始第一站外出考察就是去深圳莲花山公园向伫立在山顶的邓小平铜像敬献花篮。"释放出了新一代领导人对改革的决心，就是要坚定不移地走邓小平开辟的改革开放道路"③。如果没有邓小平同志指导我们党作出改革开放的历史性决策，我们国家要取得今天的发展成就是不可想象的。可以说，改革开放是我们党的历史上一次伟大觉醒，正是这个伟大觉醒孕育了新时期从理论到实践的伟大创造。

如今，"改革"已经成为中国人使用最多的词汇之一，成为民众的一

---

① 《邓小平文选》第3卷，人民出版社1993年版，第291页。
② 同上书，第242页。
③ 汪玉凯：《习近平视察深圳释放三个重要信号》（http://news.ifeng.com/mainland/special/xijinpingshenzhen/content-2/detail_2012_12/11/20051888_0.shtml，2014-12-11/2016-03-17）。

种生活方式。"改革开放已辐射到社会生活的一切领域,涉及人们的切身利益、思想观念、生活习惯,促进社会发生整体转型"①。继续推进中国的发展,要求我们必须"坚定不移、一以贯之"地对待邓小平开创的这条正确道路。正如邓小平所强调的"改革的意义,是为下一个十年和下世纪的前五十年奠定良好的持续发展的基础。没有改革就没有今后的持续发展。所以,改革不只是看三年五年,而是要看二十年,要看下世纪的前五十年。这件事必须坚决干下去"②。

值得注意的是,当我们用长时段来观察中国历史时,我们发现中华民族具有无比的韧性:无论经受多大的苦难,但仍然能繁衍至今,中华文明成为世界上唯一一个没有中断的文明。对此,金庸先生提供了一个饶有意思的回答,在他看来:"我们中华民族之所以这样壮大,靠的就是改革和开放。当我们遇到困难的时候,内部要积极进行改革,努力克服困难,改革成功了,我们的民族就会中兴。同时我们还要对外开放,这点更为重要,因为我们中国人有自信心,我们自信自己的民族很强大,外来的武力或外来的文化我们都不害怕。"③

二 国际社会日益成为一个命运共同体

同改革是发展中国和实现中国国家治理现代化的动力一样,开放也是发展中国和实现中国国家治理现代化的动力。马克思、恩格斯指出:"资产阶级,由于开拓了世界市场,使一切国家的生产和消费都成为世界性的了……过去那种地方的和民族的自给自足和闭关自守状态,被各民族的各方面的互相往来和各方面的互相依赖所代替了。物质的生产是如此,精神的生产也是如此,"④ 以至于每一国家和人民都受到另一国家发生的事情的影响。由资本主义发展所推动的全球化把整个世界联结成为一个有机的整体。在这样一个相互联系、相互影响的世界,任何国家都不能逃到一个不受外在影响的"独立王国"中,所谓的闭关孤立只能是自欺欺人。

---

① 孔祥云:《改革开放:发展中国特色社会主义的强大动力》,《清华大学学报》(哲学社会科学版) 2010 年第 S1 期。
② 《邓小平文选》第 3 卷,人民出版社 1993 年版,第 131 页。
③ 金庸:《为什么中华民族总是能赢?》(http://www.whjlw.com/2016/0803/38137.html,2016 – 08 – 03/2016 – 08 – 19)。
④ 《马克思恩格斯选集》第 1 卷,人民出版社 1995 年版,第 276 页。

中国问题专家、新加坡国立大学东亚研究所所长郑永年教授指出："世俗文明的最大特征就是包容性（Inclusive）。包容性的代名字就是开放，就是说中国文明向其他文明开放，不排斥其他文明……每当中国成功吸纳外来文明的时候，中国文明就会有长足的进步和发展。反之则是晚清中国落伍于世界、最终被人欺凌的重要原因。"[①] 这一点同金庸先生的认识可谓"英雄所见略同"。

邓小平对此更是有深刻的认识，在他看来：闭关自守是中国长期处于停滞和落后状态的一个重要原因。所以，中国要摆脱停滞和落后状态，就必须开放。邓小平主政后，立刻实现了工作重心的转移，带领当时的中共中央坚定地作出了对外开放的战略决策，在他看来"中国的发展离不开世界""实现四个现代化必须有一个正确的开放的对外政策。我们实现四个现代化主要依靠自己的努力，自己的资源，自己的基础，但是，离开了国际的合作是不可能的。应该充分利用世界的先进的成果，包括利用世界上可能提供的资金，来加速四个现代化的建设。这个条件过去没有，后来有了，但一段时期没有利用，现在应该利用起来"[②]。

这种对外开放与对内改革交相辉映，都是为了寻找中国发展动力而采取的重要举措，通过"大胆吸收和借鉴人类社会创造的一切文明成果，吸收和借鉴当今世界各国包括资本主义发达国家的一切反映现代社会化生产规律的先进经营方式、管理方法"[③]，中国迅速革新了旧有的经营方式、管理方法，为实现快速发展奠定了坚实的基础。

如果说邓小平当年作出对外开放的决策更多的是认识到全球化时代"中国的大发展离不开世界"，尤其是离不开发达资本主义国家；那么现在习近平的开放观则更加重视中国与世界的相互依存，而且在某种意义上强调中国对世界大家庭的贡献、作用和影响。这一点尤其体现在习近平所提出的"命运共同体"战略构想和中国所采取的一系列构建国际新秩序的努力上。

关于"命运共同体"，习近平指出："各国相互联系、相互依存的程度空前加深，人类生活在同一个地球村里，生活在历史和现实交汇的同一个

---

① 郑永年：《开放、竞争和参与：实践逻辑中的中国政治模式》，《人民日报》（海外版）2014年6月12日。
② 《邓小平文选》第2卷，人民出版社1994年版，第233页。
③ 《邓小平文选》第3卷，人民出版社1993年版，第373页。

时空里，越来越成为你中有我、我中有你的命运共同体。"① 面对世界多极化、经济全球化、文化多样化和社会信息化，面对日益增多的粮食安全、资源短缺、气候变化、环境污染、跨国犯罪等世界性难题，任何国家都不可能独善其身、一枝独秀，"不论人们身处何国、信仰何如、是否愿意，实际上已经处在一个命运共同体中"②。这就要求我们携手共同应对挑战、共建和谐世界、共享发展成果，"在追求本国利益时兼顾他国合理关切，在谋求本国发展中促进各国共同发展，建立更加平等均衡的新型全球发展伙伴关系，增进人类共同利益，共同建设一个更加美好的地球家园"③。

随着国力不断增强，中国必将在力所能及范围内承担更多国际责任和义务，为人类和平与发展作出更大贡献。一方面努力推动已有的体制机制落到实处，中国积极倡导和践行多边主义，积极参与多边事务，高度重视联合国的作用，支持二十国集团、亚太经合组织、上海合作组织、金砖国家等发挥积极作用。另一方面积极创设新的全球公共产品，建设好丝绸之路经济带、21世纪"海上丝绸之路"，积极筹建亚洲基础设施投资银行，加入欧洲复兴开发银行，建设自由贸易试验区等等。

从中国国家治理的角度来看，邓小平当年的开放更多的是引"外来之水"活国内发展，当时中国国家治理对世界的意义在于，中国通过有效的国内治理不向外输出革命、输出贫穷，换句话说，与"引进来"相比，"走出去"在当时整个对外开放战略中的占比不突出。而新时期习近平时代的改革则是相互交融，相互影响，"走出去"在整个对外开放战略中的占比大幅增加。2016年，我国境内投资者共对全球164个国家和地区的7961家境外企业进行了非金融类直接投资，累计实现投资11299.2亿元人民币，同比增长44.1%④。中国的国家治理不仅对国内具有重要意义，而且中国国家治理的"溢出效应"也越来越明显。这也是世界兴起研究中国模式、中国经验、中国道路热潮的重要原因。

顺应全球化的趋势，借助开放的大潮，中国在重要国际问题上不断发

---

① 中共中央宣传部：《习近平总书记系列重要讲话读本》，学习出版社、人民出版社2014年版，第147页。
② 曲星：《人类命运共同体的价值观基础》，《求是》2013年第4期。
③ 习近平：《中国是合作共赢倡导者践行者》，《人民日报》2012年12月6日。
④ 《2016年我国对外投资同比增长44.1%》（http://www.gov.cn/shuju/2017-01/17/content_5160475.htm，2017-01-17/2017-04-24）。

出中国声音，提出中国方案，越来越具有参与全球治理的意愿。开放之于当代中国也不再仅是中国依赖世界，利用好国际资源、国际市场来发展自己，而是充分利用好国内、国际两种资源、两个市场，真正把"引进来"和"走出去"结合起来。中国已经不再仅仅依赖这个世界，而是深深融入这个世界，并成为这个世界向着更加美好未来——"人类命运共同体"发展的积极推动力量。

三　更全面的改革，更坚定的开放

正是在这样一个世界大变革大调整、国内深水攻坚改革的时期，无论是习近平上台伊始去改革开放前沿阵地——深圳践志，还是第一个三中全会就确立"全面深化改革"的主题，都是以习近平为核心的党中央"坚定不移高举改革开放大旗的重要宣示和重要体现"，清楚地表明中央深刻认识到"全面深化改革，关系党和人民事业前途命运，关系党的执政基础和执政地位。在整个社会主义现代化进程中，我们都要高举改革开放的旗帜，决不能有丝毫动摇"。[①] 对待未来中国的发展，思路有万千条，但最根本的就是——更全面的改革，更坚定的开放。

更全面的改革就是各领域的改革、各主体协同的改革。习近平指出："要制定一个全面深化改革的方案，而不是只讲经济体制改革，或者只讲经济体制和社会体制改革……因为要解决我们面临的突出矛盾和问题，仅仅依靠单个领域、单个层次的改革难以奏效，必须加强顶层设计、整体谋划，增强各项改革的关联性、系统性、协同性。只有既解决好生产关系中不适应的问题，又解决好上层建筑中不适应的问题，这样才能产生综合效应。"[②]

就各领域的改革来说，全面改革不只是经济领域的改革，或者某一个领域或者某几个领域的改革，而是全面的改革。政治、经济、文化、社会、生态、党建、国防和外交等各个领域的改革，中央、地方、基层各个层次的改革，生产关系、上层建筑等各个维度的改革。需要注意的是，全面改革不是所有方面同一时间、同一步骤的改革，科学的改革是有次序

---

① 中共中央文献研究室：《习近平关于全面深化改革论述摘编》，中央文献出版社 2014 年版，第 9—10 页。
② 习近平：《关于〈中共中央关于全面深化改革若干重大问题的决定〉的说明》，《人民日报》2013 年 11 月 16 日。

的。就时间而言,改革方案是不断完善的,不能一次就设计出一个完美的改革方案;就空间而言,改革也是逐步推开的,局部成功后才逐渐在面上推广。所以,在某些方面、某个时期,改革快一点、慢一点是正常的,但总体上不存在中国改革哪些方面改了,哪些方面没有改。我们不赞成那种笼统认为中国改革在某个方面滞后的说法,尤其要驳斥那种认为中国只有经济改革、没有政治改革的说法。经济基础决定上层建筑,上层建筑反作用于经济基础。如果说中国没有政治改革,那么政治反作用下,经济也是难以为继的,这就无法解释中国改革开放40年的经济高速增长。因此问题的关键不在于中国有没有政治改革,而在于中国没有实行西方那种"激进的政治改革"[1],对此,我们一定要保持清醒的头脑。要系统把握各项改革举措,不要盲人摸象、以偏概全,要自己首先吃透中央全会精神,不当"歪嘴和尚",其次要坚决反对那些蛊惑人心、搬弄是非、妄议中央大政方针的人士。

就各主体协同推进来说,习近平指出:"每一项改革都会对其他改革产生重要影响,每一项改革又都需要其他改革协同配合。"[2] 这就提出了改革的协同性,一方面改革措施要配套,如果各领域改革不配套,各方面改革措施相互牵扯,甚至相互抵触,全面改革就很难推进下去,即使勉强推进,效果也会打折扣。另一方面改革主体要配合,要破除部门利益、个人私利等对改革的阻碍和牵绊。习近平强调:"形成改革合力,最终要体现在各项改革举措协调共振上。政策不配套,实践当中必然疙疙瘩瘩,也就谈不上形成合力。"[3] 改革是一盘棋,不配合只能满盘皆输。

更坚定的开放就是中国开放的大门不会关上。中国将在更大范围、更宽领域、更深层次上提高开放型经济水平,坚决反对任何形式的保护主义。在同外国专家代表座谈时,习近平明确表示:"关起门来搞建设不可能成功。我们要坚持对外开放的基本国策不动摇,不封闭、不僵化,打开大门搞建设、办事业。"[4] 在G20领导人峰会上,习近平向世界郑重承诺,

---

[1] 滕明政、秦宁波:《论邓小平的社会主义有序发展观——兼论对全面深化改革的启示》,《云南社会科学》2016年第2期。
[2] 中共中央文献研究室:《习近平关于全面深化改革论述摘编》,中央文献出版社2014年版,第35页。
[3] 同上书,第44页。
[4] 习近平:《中国是合作共赢倡导者践行者》,《人民日报》2012年12月6日。

中国将"坚定维护和发展开放型世界经济……反对各种形式的保护主义,统筹利用国际国内两个市场、两种资源"①,中国的大门永远向世界各国敞开,也希望世界各国的大门对中国敞开,大家共建共享多边经贸机制。在会见基辛格等中美"二轨"高层对话美方代表时,习近平再次重申了中国深入融入世界的主张,强调中国会"继续全面深化改革,坚持开放发展,发展更高层次的开放型经济"②。十八届五中全会将"开放"上升为中国发展的五大理念之一,强调:"坚持开放发展,必须顺应我国经济深度融入世界经济的趋势,奉行互利共赢的开放战略,发展更高层次的开放型经济,积极参与全球经济治理和公共产品供给"③。

回顾十八大以来,从首次出访俄罗斯、访问非洲三国,并参加金砖领导人会议,积极推动"亲、诚、惠、容"的周边外交方针;到亚信峰会、博鳌论坛、APEC 会议等,充分利用主场外交,主动设置议题,积极融入国际多边的游戏规则;到习近平多次访问俄罗斯、美国等的"首脑外交",彭丽媛的随访及接访等的"夫人外交",李克强多次推销高铁等中国装备的"超级推销员"式外交;再到金砖银行、"一带一路"、亚投行等。中国外交呈现出频繁、主动、开放、多元、建设等特点。这都是以习近平为核心的党中央深刻认识到我们的事业是同世界各国合作共赢的事业,国际社会日益成为一个你中有我、我中有你的命运共同体的有力佐证。因为在全面对外开放的条件下,发挥优势也好,弥补劣势也好,都不是我们关起门来说了算的。要想推动形成更加公平合理的全球治理体系,深度参与新的国际经贸谈判和规则制定,我们就必须更坚定地开放,同世界一起共建共享共赢。

进一步推进开放,就要摈弃"毗邻式开放"(跟谁挨着就跟谁合作),走向"全局性开放"(放眼世界规划合作);就要避免国内与国际以及国内地区、城乡之间的"断裂化",防止出现联而不通、通而不畅的问题;就要脱离对历史和文化的过度依赖,就要不仅要请进来,更要走出去;就要打造精品④。总之,在这样一个全球化时代,我们必须树立世界眼光、培养全球

---

① 习近平:《共同维护和发展开放型世界经济——在二十国集团领导人峰会第一阶段会议上关于世界经济形势的发言》,《人民日报》2013 年 9 月 6 日。
② 《习近平会见基辛格等中美"二轨"高层对话美方代表》,《人民日报》2015 年 11 月 3 日。
③ 《中共中央关于制定国民经济和社会发展第十三个五年规划的建议》,《人民日报》2015 年 11 月 4 日。
④ 赵磊:《打造参与全球经济治理制度话语权》,《学习时报》2016 年 7 月 11 日。

视野。正如习近平在中央政治局第三次集体学习时所强调,要"更好把国内发展与对外开放统一起来,把中国发展与世界发展联系起来,把中国人民利益同各国人民共同利益结合起来"①,在共同应对挑战中发展自己,以自己的发展为全球问题的解决贡献中国智慧、中国方案和中国力量。

四 以更大的政治勇气和智慧推动下一步改革开放

改革开放是中国发展的动力,是中国国家治理现代化的动力,这已经成为全党全社会的广泛共识。所以中国要继续发展、国家治理要迈向现代化,只能通过进一步的改革开放。无论是在新当选中共中央总书记,同中外记者见面时提出"人民对美好生活的向往,就是我们的奋斗目标",还是此后一直强调和不断落实的"不断解决好前进道路上面临的问题,是我们这一代人的责任",都体现出以习近平为核心的党中央推动下一步改革开放的庄严承诺、巨大勇气和非凡智慧。对如何具体做好下一步的改革开放,习近平的谋篇布局主要有三点。

第一,坚定信心,凝聚共识

其一,为什么要坚定信心?最根本的就是我们的改革已经进入深水区和攻坚期,面临的问题越来越多,难度越来越大。正如习近平所指出的:"中国改革经过三十多年,已进入深水区,可以说,容易的、皆大欢喜的改革已经完成了,好吃的肉都吃掉了,剩下的都是难啃的硬骨头。"② 因此,现在推进改革的复杂程度、敏感程度、艰巨程度,一点都不亚于三十多年前。即是说,发展起来后所面临的问题比发展起来前更多、更复杂、更尖锐,更需要勇气和智慧来解决。

而这些矛盾和问题之所以越来越棘手,就是因为进一步的改革开放越来越涉及利益的调整和重新分配。李克强总理曾对利益调整之难有过这样的感慨——"触动利益比触动灵魂还难"。可想而知现在的改革有多难。习近平指出:"深化改革,难免触动一些人的'奶酪',碰到各种复杂关系的羁绊,不可能皆大欢喜。"③ 甚至夸张一点地讲,改革就是要拿刀割自己

---

① 习近平:《更好统筹国内国际两个大局夯实走和平发展道路的基础》,《人民日报》2013年1月30日。
② 《习近平接受俄罗斯电视台专访》,《人民日报》2014年2月9日。
③ 中共中央文献研究室:《习近平关于全面深化改革论述摘编》,中央文献出版社2014年版,第40页。

的肉。所以,改革的阻力不仅来自于体制外,也来自于体制内,尤其是在破除改革思想障碍方面,体制内的阻力往往非常强大。习近平曾尖锐地讲过:"在深化改革问题上,一些思想观念障碍往往不是来自体制外而是来自体制内。"①

面临越来越重的任务,越来越大的压力,越来越多的暗礁、潜流、漩涡,唯有坚定信心,方能推动下一步的改革。要有"明知山有虎,偏向虎山行"的勇气,要一鼓作气、坚定不移,不可迟疑、不可退缩,敢于啃硬骨头,敢于涉险滩,做到改革不停顿、开放不止步。一定要清楚地认识到我们的改革是"立足国家整体利益、根本利益、长远利益进行部署的",是具有道义感的。所以,各地方、各部门要站在党和国家事业全局的高度思考问题、推动工作,防止局部利益相互掣肘、相互抵消。

其二,为什么要凝聚共识?主要原因有三点:第一,"没有广泛共识,改革难以顺利推进,推进了也难以取得全面成功。"② 第二,改革开放是人民的事业,必须凝聚人民的力量。"我们十三亿人,八千二百多万党员,包括海外同胞,大家能凝聚共识,本身就是力量。"③ 第三,从历史经验看,凝聚共识对改革能否成功至关重要。历史上,战国时期的商鞅变法,宋代的王安石变法,明代的张居正变法,在当时历史条件下都取得了一定成效。但是,在凝聚共识方面做得不够好,没有争取到更多的支持者以破除既得利益者集团的阻碍来继续推进改革,除商鞅"身死法不亡"外,大部分改革都随着改革者个人的"失败"而废止。

因此,要想更好地推进改革,就必须凝聚共识,而凝聚共识的根本方法就是"求同存异",寻找"最大公约数"。要尊重不同地方、不同阶层、不同领域、不同方面人士的不同想法。要加强对改革的正面宣传和舆论引导,及时回答干部群众关心的重大思想认识问题,把群众思想统一到中国特色社会主义事业这个最大公约数上,坚持改革开放为了人民、依靠人民,成果由人民共享。对此,习近平有充分的信心,认为凝聚共识是可以做到的。他指出:"只要加强思想引导,把党内外一切可以团结的力量广

---

① 习近平:《关于〈中共中央关于全面深化改革若干重大问题的决定〉的说明》,《人民日报》2013年11月16日。
② 中共中央文献研究室:《习近平关于全面深化改革论述摘编》,中央文献出版社2014年版,第31页。
③ 同上。

泛团结起来,把国内外一切可以调动的积极因素充分调动起来"①,是完全可以形成共识的。

第二,方向要准,举措要实

其一,改革开放方向为什么要准?因为"方向决定道路,道路决定命运"。习近平则进一步指出:"我国改革开放之所以能取得巨大成功,关键是我们把党的基本路线作为党和国家的生命线,始终坚持把以经济建设为中心同四项基本原则、改革开放这两个基本点统一于中国特色社会主义伟大实践,既不走封闭僵化的老路,也不走改旗易帜的邪路。"②

方向要准,不仅是中国成功的重要原因,也是苏联失败的重要原因。当时,东欧一些国家特别是俄罗斯则认为,传统的社会主义体制不具有可改革性,只能放弃社会主义制度,通过资本主义私有化转向自由市场经济。实践证明,俄罗斯的这种转型步履艰难,特别是在1991—1998年期间,经济总规模竟下降了50%,超过了苏联卫国战争和20世纪初资本主义大危机时期的总和,遭受了和平时期最大的灾难③。

因此,正反两方面的经验教训表明,我们必须头脑清醒地认识到"我们的方向就是不断推动社会主义制度自我完善和发展,而不是对社会主义制度改弦易张"④"不论怎么改革、怎么开放,我们都始终要坚持中国特色社会主义道路、中国特色社会主义理论体系、中国特色社会主义制度,坚持党的十八大提出的夺取中国特色社会主义新胜利的基本要求"⑤。要对一些错误的观点进行剖析,以正视听。一些敌对势力和别有用心的人在那里摇旗呐喊、制造舆论、混淆视听,把改革定义为往西方政治制度的方向改,否则就是不改革。他们是醉翁之意不在酒⑥。对此,我们一定要有自

---

① 中共中央文献研究室:《习近平关于全面深化改革论述摘编》,中央文献出版社2014年版,第31—32页。

② 习近平:《以更大的政治勇气和智慧深化改革朝着十八大指引的改革开放方向前进》,《人民日报》2013年1月2日。

③ 孔祥云:《改革开放:发展中国特色社会主义的强大动力》,《清华大学学报》(哲学社会科学版)2010年第S1期。

④ 习近平:《以更大的政治勇气和智慧深化改革朝着十八大指引的改革开放方向前进》,《人民日报》2013年1月2日。

⑤ 习近平:《在新进中央委员会的委员、候补委员学习贯彻党的十八大精神研讨班上的讲话》,《人民日报》2013年1月6日。

⑥ 中共中央文献研究室:《习近平关于全面深化改革论述摘编》,中央文献出版社2014年版,第19页。

信、要有定力,当世界都兴起了研究"中国模式""中国道路""中国经验"的热潮时,我们自己再没有自信、再没有定力,那就显得"另类"了①。改革模式千万种,适合自己的才是最重要的。"如果不顾国情照抄照搬别人的制度模式,就会画虎不成反类犬,不仅不能解决任何实际问题,而且还会因水土不服造成严重后果"②。所以,在改革方向问题上一定要坚持党的领导、坚持社会主义道路,这是我们的特点也是我们的优势,再过多长时间也不能改。

其二,改革开放举措为什么要实?因为,第一,不抓实,再好的蓝图只能是一纸空文,再近的目标只能是镜花水月。第二,阶段性改革目标设定的期限是2020年,还剩没有几年,时间很紧,没有切实的改革,时间一晃而过,无法完成改革目标。第三,全党在看,群众在盼,国际社会也在关注。改革不是做样子,不是做表面文章,只说不做不行,说了做了没有成效也不行。第四,改革方向已明,方案已有,军令状已经下达,集合号已经吹响,作战指挥部已经成立,必须干出成效。

自古以来就是空谈误国、实干兴邦。在落实改革上,如果只是以文件落实文件、以会议落实会议、以讲话落实讲话,那么大好的改革发展时光都会被浪费掉。当前,中国正处于改革发展的机遇期,正是奋发有为、大有可为的时期,如果不能落实改革,那么就会坠入"中等收入陷阱",这不是危言耸听,拉美的巴西、阿根廷、智利、墨西哥、哥伦比亚等国近30年人均GDP没有明显的增长,这就是前车之鉴啊。

推进改革,重在落实。正如习近平总书记所说的"一分部署,九分落实"。落实中央改革开放的战略决策。第一,要落细。制定时间表、路线图。注意分解任务,明确责任,各项改革都要有具体部署、具体规划、具体要求。既指明行动方向和行动步骤,又形成压力、逼迫落实。第二,要落小。要一步一个脚印、稳扎稳打向前走,积小胜为大胜,积跬步致千里。对一些重大改革,不可能毕其功于一役,可以提出总体思路和方案,但推行起来还是要稳扎稳打,通过不断努力逐步达到目标,积小胜为大胜。这就叫"图难于其易,为大于其细。天下难事,必作于易;天下大事,必作于细"。第三,

---

① 滕明政、王路坦:《强化"三个自信"抵制错误思潮》,《中国教育报》2016年2月4日。
② 中共中央文献研究室:《习近平关于全面深化改革论述摘编》,中央文献出版社2014年版,第21页。

要落实。要从老百姓最期盼的领域改起,从制约经济社会发展最突出的问题改起,从社会各界能够达成共识的环节改起,推出一些立竿见影的改革,让老百姓得到实实在在的好处,让全社会感受到市场环境、创业条件、干部作风在一天天好转。此外,要以多种形式督促检查,指导和帮助各地区各部门把任务落到实处,形成改革落实的反馈机制。

针对当下复杂和严峻的形势,把改革开放举措落到实处,习近平尤其强调了"胆子要大、步子要稳","我们一定要坚持胆子要大、步子要稳,战略上要勇于进取,战术上则要稳扎稳打"。① 胆子大不是蛮干,蛮干一定会导致瞎折腾。习近平指出:"我们的政策举措出台之前必须经过反复论证和科学评估,力求切合实际、行之有效、行之久远。"② 与此同时,也不能因此就谨小慎微、裹足不前,什么也不敢干、不敢试……只要经过了充分论证和评估,只要是符合实际、必须做的,该干的还是要大胆干③。在干中学、在干中总结经验、在干中进步。

第三,既要摸着石头过河,又要加强顶层设计

其一,为什么要摸着石头过河?因为摸着石头过河这种渐进式改革是适合中国的。在谢志岿看来,中国的改革是一个反复试验,逐步推广的渐进过程④。韩博天认为,在制定国家政策之前,分级进行政策试验(Experimentation Underhierarchy)具有纠错功效,能够修正政策中的纰漏,促进制度完善⑤。孔祥云则进一步指出,中国之所以有今天的发展,是因为我们没有像苏东国家那样采取激进的办法,而是根据自己的实情,采取循序渐进的改革路径⑥。

习近平强调:"不能说改革开放初期要摸着石头过河,现在再摸着石

---

① 中共中央文献研究室:《习近平关于全面深化改革论述摘编》,中央文献出版社 2014 年版,第 145 页。
② 同上书,第 42 页。
③ 习近平:《关于〈中共中央关于全面深化改革若干重大问题的决定〉的说明》,《人民日报》2013 年 11 月 16 日。
④ 谢志岿:《转型期社会问题与国家治理创新——兼论中国政治体制改革的核心内涵与路径选择》,《理论与改革》2011 年第 4 期。
⑤ 韩博天、石磊:《中国经济腾飞中的分级制政策试验》,《开放时代》2008 年第 5 期。
⑥ 孔祥云:《改革开放:发展中国特色社会主义的强大动力》,《清华大学学报》(哲学社会科学版) 2010 年第 S1 期。

头过河就不能提了。"① 摸着石头过河的渐进式改革仍然要坚持。首先，"我们是一个大国，决不能在根本性问题上出现颠覆性失误，一旦出现就无可挽回、无法弥补。"② 其次，摸着石头过河就是摸规律，而不是到处瞎摸，"要按照已经认识到的规律来办，在实践中再加深对规律的认识，而不是脚踩西瓜皮，滑到哪里算哪里"③。再次，"摸着石头过河"本质是试错，其方法论基础是枚举，主要应用于简单问题的解决。它最大的优势就是思路简洁，它不需要过于复杂的论证就可以直接投入实践，改革开放的成功开启，在很大程度上就得益于这种方法。但与此同时，它的弊端也是很明显的，其一，在复杂的环境中，试错的成本极高；其二，试错法只寻求某种解决方法，并不会去尝试出其他所有的解法，亦不会找出问题的最佳解法；其三，试错法所得出的解决方案，其推广价值有限④。

随着改革开放向纵深推进，浅层问题解决了，深层问题凸显了；显性矛盾化解了，隐性矛盾浮现了；条件变好了，要求更高了。改革开放愈向前推进，需要攻克的难题就愈多。改革已进入攻坚期、深水区，由相对容易的改革进入"啃硬骨头"的改革，由单项的改革进入全面综合的改革，而传统的就事论事、零敲碎打、拆东墙补西墙、头痛医头脚痛医脚的方法，已经难以适应全面深化改革的要求。因此，就提出了顶层设计的要求⑤。

其二，为什么要加强顶层设计？顶层设计，源于工程学，其在工程学中的本义是统筹考虑项目各层次和各要素，追根溯源，统揽全局，在最高层次上寻求问题的解决之道。"顶层设计"在中共中央关于"十二五"规划的建议中首次出现。这一新名词进入国家新五年规划，预示着中国改革事业进入了新的征程。它是运用系统论的方法，从全局的角度，对某项任务或者某个项目的各方面、各层次、各要素统筹规划，以集中有效资源，高效快捷地实现目标。它最大的优势就是通盘考虑，致力于从根源上解决

---

① 习近平：《以更大的政治勇气和智慧深化改革朝着十八大指引的改革开放方向前进》，《人民日报》2013年1月2日。
② 同上。
③ 中共中央文献研究室：《习近平关于全面深化改革论述摘编》，中央文献出版社2014年版，第43页。
④ 滕明政：《党建目标与实践互动：建设"三型"马克思主义执政党》，《大庆社会科学》2014年第6期。
⑤ 齐卫平：《处理好顶层设计和摸着石头过河的关系》，《人民日报》2013年9月16日。

问题，属于治本之策，甚至可以实现局部和短时间的"一劳永逸"。但与此同时，它的弊端也很明显。第一，它需要较长的时间和精力来进行系统论证，容易贻误宝贵时机。第二，它是一种全局性的变动，涉及方方面面的利益调整和体制变革，所以它所遭受的阻力会特别大，需要克服的困难也就尤为棘手。第三，它是一种根本性的变动，一旦顶层设计出现偏差，容易犯颠覆性错误①。

习近平强调："所谓顶层设计，就是要对经济体制、政治体制、文化体制、社会体制、生态体制作出统筹设计，加强对各项改革关联性的研判，努力做到全局和局部相配套、治本和治标相结合、渐进和突破相促进。"② 在他看来，"不谋全局者，不足以谋一域"。为此，中央成立全面深化改革领导小组，并将"改革总体设计"作为其四项重要职能之首，以期总揽全局、超越利益格局，为下一个五年、十年乃至三十年制定一套全面、系统、科学的国家治理改革发展方案。

其三，要把摸着石头过河与顶层设计结合起来。习近平强调："摸着石头过河和加强顶层设计是辩证统一的，推进局部的阶段性改革开放要在加强顶层设计的前提下进行，加强顶层设计要在推进局部的阶段性改革开放的基础上来谋划。"③ "结合论"是中国共产党人的重要方法论，"马克思主义中国化"就是把马克思主义基本原理同中国具体实际相结合，充分发挥理论的指导作用和实践的问题呼声；中国市场经济改革就是把社会主义基本制度同市场经济结合起来，充分发挥社会主义制度的优越性和市场配置资源的有效性；对外开放战略就是引进来与走出去相结合，充分发挥好两种资源、两个市场的优势，全面提升中国发展水平等。

"结合论"充分考虑了"摸着石头过河"与"顶层设计"的优势与劣势。就目前来讲，试错式创新的红利虽已式微，但并未完全殆尽，顶层设计虽似朝阳，但光热仍未强。特别是"大量经验证明，成功的政治改革大多没有什么'理论指导'，更谈不上什么'顶层设计'，多是逐步摸索，

---

① 滕明政：《党建目标与实践互动：建设"三型"马克思主义执政党》，《大庆社会科学》2014年第6期。

② 中共中央文献研究室：《习近平关于全面深化改革论述摘编》，中央文献出版社2014年版，第44页。

③ 习近平：《以更大的政治勇气和智慧深化改革朝着十八大指引的改革开放方向前进》，《人民日报》2013年1月2日。

一路探寻,最终获得成功的"[1]。而且,任何人都没有能力一步到位设计并建成一个完美的制度,或者说,这样的目标远远超越出人类的理性能力。尽管人类的理性很重要,但任何制度都是渐进演变的结果。夸大人类理性,制度设计和建设反而会酿成灾难[2]。所以,不能过分夸大顶层设计的作用,以至为了推行顶层设计而否定摸着石头过河。在进行顶层设计的时候,一定要避免两个误区:一是不能把顶层设计理解为"方案设计",指望用一次设计一套全面解决中国问题的完美方案,二是不能把顶层设计理解为"用好制度代替坏制度"[3]。要认识到科学顶层设计本身也是一个不断摸索的过程,而有效的摸着石头过河也要有宏观思维的指导,顶层设计与摸着石头过河相辅相成,而非截然对立。中国的政治转型应该是也必须是坚持摸着石头过河与顶层设计相结合的。充分发挥两种方法的优势,规避两种方法的弊端,更有利于推进中国改革开放事业的发展,更有利于中国梦的实现。

(作者单位:北京师范大学马克思主义学院)

---

[1] 房宁:《政治体制改革必须"摸着石头过河"》,《环球时报》2012年10月31日。
[2] 郑永年:《中国的改革模式及其未来》,陈明明主编《复旦政治学评论(第九辑)·转型危机与国家治理》,上海人民出版社2011年版,第70—86页。
[3] 辛鸣:《顶层设计绝非"改革计划书"》,《人民论坛·学术前沿》2012年第3期。

推进全面从严治党的实质：
先进性和纯洁性建设

张文雅

党的十八届六中全会具有非常鲜明的主题，就是全面从严治党，对加强党的建设、营造风清气正的党内政治生态提出了全面要求，并作出了明确的顶层设计和制度安排。会议没有制定《决定》，主要精神体现在审议通过的《关于新形势下党内政治生活的若干准则》（以下简称《准则》）和《中国共产党党内监督条例》（以下简称《条例》）这两部党内法规文献中，这两部党内法规围绕着党的先进性和纯洁性建设来展开，相辅相成，有机统一，是全面依法治国理念在党的建设中的集中体现，从而使全面从严治党的价值目标定位在：建党百年之际，继续保持党的先进性和纯洁性，实现不忘初心，继续前进。习近平同志在省部级主要领导干部学习贯彻十八届六中全会精神专题研讨班讲话中指出："党的十八届六中全会通过的《准则》《条例》，针对党内存在的突出矛盾和问题，既指出了病症，也开出了药方，既有治标举措，也有治本方略。学习领会《准则》《条例》，必须紧密结合新形势下全面从严治党新要求来进行。"[1]

一　先进性和纯洁性建设是推进全面从严治党的永恒主题

中国共产党的历史，就是党不断实现、保持与发展自己先进性和纯洁性的历史。

（一）全面从严治党的根本目的就是要永葆党的先进性和纯洁性

习近平同志曾经指出："先进性和纯洁性是马克思主义政党的本质属

---

[1]《以解决突出问题为突破口和主抓手 推动党的十八届六中全会精神落到实处》，《人民日报》2017年2月14日第1版。

性，我们加强党的建设，就是要同一切弱化先进性、损害纯洁性的问题作斗争，祛病疗伤，激浊扬清。"① 党的先进性，有两层含义：一是指一个政党在思想、理论、纲领等方面所具有的优于其他政党的特质；二是指一个政党在人类社会历史发展进步中所起的引领性作用。前者是后者的基础和前提，后者是前者的集中体现。看一个政党是否具有先进性，主要看它的理论、纲领、路线是不是科学的，是不是代表了社会发展的正确方向，是不是代表并维护了最广大人民的根本利益。这三条，既是衡量一个政党先进与否的根本标准，同时也是党的先进性的本质内涵。马克思主义政党的纯洁性，是指党员和党组织在思想、政治、组织、作风、行为等方面与党的性质、宗旨的一致性。我们党90多年的历史，是党领导中国人民不断赢得革命、建设、改革胜利的历史，也是党不断实现、保持、发展自己先进性和纯洁性的历史。确保党始终成为中国特色社会主义事业的坚强领导核心，必须始终保持党的先进性和纯洁性。坚持党的先进性和纯洁性是马克思主义政党的本质要求，党的先进性是我们党的执政兴国之基、发展壮大之源，纯洁性是我们党的性质的基本要求，也是马克思主义政党的政治本色。先进性和纯洁性是贯穿于党的性质、宗旨、任务和全部工作之中的，并且体现在各级党组织和全体党员的实际行动上。党的纯洁性同党的先进性是一个有机统一体，相辅相成、密不可分。纯洁性构成先进性的前提和基础，先进性成为纯洁性的体现和保证，二者在本质上是一致的，党的先进性及纯洁性关系到党的前途命运及生死存亡。

先进性建设的核心是发展问题。作为党的先进性的发展，包含有两层意思：一是党的事业的发展，现阶段集中体现为坚持和发展中国特色社会主义；二是党的自身的发展，我们党90多年的发展史，就是加强和改进自身建设、保持和发展党的先进性及纯洁性，不断经受住各种风险和挑战考验、发展壮大的奋斗历程。先进性建设的发展，在统筹推进"五位一体"总体布局、协调推进"四个全面"战略布局中得到有机统一。习近平同志指出："坚持不忘初心、继续前进，就要统筹推进'五位一体'总体布局，协调推进'四个全面'战略布局，全力推进全面建成小康社会进

---

① 习近平：《在庆祝中国共产党成立95周年大会上的讲话》，《人民日报》2016年7月2日第2版。

程，不断把实现'两个一百年'奋斗目标推向前进。"① 党的十八大以来，我们党形成并积极推进经济建设、政治建设、文化建设、社会建设、生态文明建设"五位一体"的总体布局，形成并积极推进全面建成小康社会、全面深化改革、全面依法治国、全面从严治党的战略布局。"五位一体"和"四个全面"相互促进、统筹联动。当前，我国发展仍处于可以大有作为的重要战略机遇期，也面临诸多矛盾叠加、风险隐患增多的严峻挑战，要更加有效地应对各种风险和挑战，集中力量把自己的事情办好，不断开拓发展新境界，必须统筹推进"五位一体"总体布局、协调推进"四个全面"战略布局，"两个一百年"宏伟目标的实现，离不开"四个全面"战略布局的科学推进。

纯洁性建设的核心问题是不断实现党的自我革命。习近平同志指出："勇于自我革命，是我们党最鲜明的品格，也是我们党最大的优势"②"要兴党强党，就必须以勇于自我革命精神打造和锤炼自己。只有努力在革故鼎新、守正出新中实现自身跨越，才能不断给党和人民事业注入生机活力。"③ 勇于自我革命，是我们党最鲜明的品格，也是我们党最大的优势。提出自我革命，反映了党的勇气和决心，体现了党的自信和坚定，也表明了党的理性和清醒，凝结着党加强自身建设的历史经验，反映了党的先进性质和崇高追求，彰显了党的鲜明品格和独特政治优势。全面从严治党，是党审时度势，在当下进行的新的"自我革命"，以自我革命的政治勇气加强党的建设，体现了党的主观能动性和高度的自觉行为，这个行为强调的是自我革除、自我修正，立足自我、着眼自我。党的十八届六中全会以全面从严治党为主题，这一主题所蕴含的就是"自我革命精神"。党的建设的历史经验表明，没有自我革命的政治勇气就不可能从根本上解决党内存在的问题，只有从严治党才能治好党、管好党，提高治党管党的质量和水平，切实增强党的建设成效，树立党的自身权威，全面促进党的自身发展，使我们党真正成为中国特色社会主义各项事业发展的坚强领导核心，

---

① 李捷：《面向未来 面对挑战 不忘初心 继续前进》，2016年7月3日，求是网（http://www.qstheory.cn/zhuanqu/zywz/2016-07/03/c_1119155632.htm）。

② 曲青山：《勇于自我革命是中国共产党最鲜明的品格和最大的优势》，2017年3月7日，中国共产党历史网（http://www.zgdsw.org.cn/n1/2017/0307/c349473-29129030.html）。

③ 习近平：《以勇于自我革命的精神打造和锤炼自己》，2017年2月14日，共产党员网（http://news.12371.cn/2017/02/14/ARTI1487036781465745.shtml）。

更好地肩负起实现中华民族伟大复兴的历史重任。我们要在全党弘扬践行"自我革命精神",从而在新的历史起点上更好地推进党的建设新的伟大工程。

(二)十八大以来推进全面从严治党的实践过程就是先进性和纯洁性建设的历史进程

1. "中央八项规定":今后这些事情再也不能干了。中共中央政治局2012年12月4日召开会议,审议中央政治局关于改进工作作风、密切联系群众的八项规定。这是新一届中央领导集体对全党和全国人民作出的庄严承诺,运用法治思维和法治方式规定领导干部的基本行为规范,体现了"治国必先治党、治党务必从严"的坚定决心。"中央八项规定"直指党内长期存在的作风顽疾及沉疴旧病,具有很强的针对性、规范性、可操作性。"中央八项规定"不是一个理论假设,更不是一个理论命题,而是在领导和管理中一些重要活动的操作规则,这种规则是指南,也是导向,指南和导向在实践中贵在于明确,贵在于具体。"中央八项规定改变中国""中央八项规定,它是新时期的'三大纪律、八项注意'"等,这些具体生动又意味深长的话语,道出了人们对中央八项规定的由衷赞许。

2. 群众路线教育实践活动:必须解决党的建设存在的突出问题。按照党中央部署,党的群众路线教育实践活动从2013年6月开始,自上而下、上下结合,分两批有序进行,到2014年9月底基本结束。党的群众路线教育实践活动剑指党内形式主义、官僚主义、享乐主义和奢靡之风等"四风"问题。教育实践活动贯彻"照镜子、正衣冠、洗洗澡、治治病"总要求,聚焦"四风"、反对"四风",抓住党的建设关键问题,顺应群众热切期盼,向实处使劲、往细处用力、从严处较真,在党的建设史上写下重要一笔。

3. "三严三实":"关键少数"应当首先打牢思想基础。"三严三实"体现着共产党人的价值追求和政治品格,明确了领导干部的修身之本、为政之道、成事之要。开展专题教育,目的是推动领导干部自觉践行"三严三实",在深化"四风"整治、巩固和拓展党的群众路线教育实践活动成果上见实效,在守纪律讲规矩、营造良好政治生态上见实效,在真抓实干、推动改革发展稳定上见实效。

4. "两学一做":全体党员都必须解决好筑牢思想基础的问题。为了适应新的形势和任务要求,进一步加强党的思想政治建设,把全面从严治党向纵深推进，真正落实到基层，进一步密切党和人民群众的血肉联系，2016年4月6日，"两学一做"学习教育座谈会在京召开，习近平总书记对开展"两学一做"学习教育作出重要指示。"两学一做"学习教育是教育管理党员的重要举措，是加强党的思想政治建设的重大部署，是推动全面从严治党向基层延伸的有力抓手。

5. 以规治党：贯彻思想建党与制度治党有机结合的新思路。党的十八届六中全会通过《关于新形势下党内政治生活的若干准则》和《中国共产党党内监督条例》两部重要的党内法规。在中国共产党的历史上，以一次中央全会通过两部党内法规是不多见的。习近平总书记在关于制定《准则》《条例》的说明中专门强调，《准则》在党内法规体系中位阶比较高，仅次于党章，匡定了党内政治生活应当遵循的各项原则和规范。《条例》厘定了党内监督的体制机制，对于党内监督的主体、权限和程序进行了安排，构建了党内监督体系，对党员领导干部特别是高级领导干部的言行予以监督。

二 推进全面从严治党赋予先进性和纯洁性建设新的时代内涵

从推进全面从严治党的新要求来看，先进性和纯洁性建设具有以下新的内涵：

（一）在"四个坚持"的基点上发展中国特色社会主义

党的十八届六中全会提出，"必须坚定对中国特色社会主义的道路自信、理论自信、制度自信、文化自信，"[①]"坚持中国特色社会主义道路、中国特色社会主义理论体系、中国特色社会主义制度、中国特色社会主义文化。"[②] "四个坚持"的提出，凝结着改革开放以来党坚持和发展中国特色社会主义的宝贵经验，特别是凝结着党的十八大以来以习近平同志为核心的党中央全面推进中国特色社会主义新发展的思想与实践结晶，进一步丰富和拓展了中国特色社会主义基本内涵和基本结构。

"四个坚持"规定中国特色社会主义前进方向。道路、理论体系、制度、文化，是中国特色社会主义的四根支柱。《准则》指出："全党必须毫

---

① 《中国共产党章程 关于新形势下党内政治生活的若干准则 关于党内政治生活的若干准则 中国共产党廉洁自律准则 中国共产党党内监督条例》，法律出版社2016年版，第54页。

② 同上书，第58页。

不动摇坚持四项基本原则,根本是坚持党的领导,坚持中国特色社会主义道路、中国特色社会主义理论体系、中国特色社会主义制度、中国特色社会主义文化,做到头脑清醒、立场坚定,矢志不移坚持和发展中国特色社会主义。"① 我们要在道路、理论体系、制度、文化等根本问题上坚持党的领导,紧紧扭住关系党和国家前途命运的关键问题加强党的领导。习近平同志指出:"中国特色社会主义是在改革开放历史新时期开创的,但也是在新中国已经建立起社会主义基本制度、并进行了 20 多年建设的基础上开创的"②"马克思主义必定随着时代、实践和科学的发展而不断发展,不可能一成不变,社会主义从来都是在开拓中前进的。坚持和发展中国特色社会主义是一篇大文章,邓小平同志为它确定了基本思路和基本原则,以江泽民同志为核心的党的第三代中央领导集体、以胡锦涛同志为总书记的党中央在这篇大文章上都写下了精彩的篇章。现在,我们这一代共产党人的任务,就是继续把这篇大文章写下去。"③

（二）牢牢把握强化"四个意识"这个党和国家赢得胜利的根本法宝

习近平同志指出:"讲政治,是我们党补钙壮骨、强身健体的根本保证,是我们党培养自我革命勇气、增强自我净化能力、提高排毒杀菌政治免疫力的根本途径"④"坚决维护党中央权威、保证全党令行禁止,是党和国家前途命运所系,是全国各族人民根本利益所在,也是加强和规范党内政治生活的重要目的。坚持党的领导,首先是坚持党中央的集中统一领导。一个国家、一个政党,领导核心至关重要。全党必须自觉在思想上政治上行动上同党中央保持高度一致。"⑤ "四个意识"是一个有机整体,具有完整的内在逻辑。政治意识保证目标和方向正确,大局意识保证局部和整体协调统一,核心意识保证团结和集中统一,看齐意识保证队伍整齐有力。正确理解和强化"四个意识",是确保全党统一意志、统一行动的重点所在,是形成全党的向心力、凝聚力和战斗力的重要思想保证。

---

① 《中国共产党章程 关于新形势下党内政治生活的若干准则 关于党内政治生活的若干准则 中国共产党廉洁自律准则 中国共产党党内监督条例》,法律出版社 2016 年版,第 57 页。
② 《习近平谈治国理政》,外文出版社 2014 年版,第 22 页。
③ 同上书,第 23 页。
④ 《以解决突出问题为突破口和主抓手 推动党的十八届六中全会精神落到实处》,《人民日报》2017 年 2 月 14 日第 1 版。
⑤ 《中国共产党第十八届中央委员会第六次全体会议文件汇编》,人民出版社 2016 年版,第 7 页。

增强"四个意识",要把讲政治摆在首位,把政治规矩、政治纪律挺在前面,特别要增强核心意识、看齐意识。核心就是中心,是事物赖以生存和发展最重要、最关键的"圆心"。领导核心就是一个组织和集体的中心或者"圆心",组织和集体的活动是一个个不同半径的"同心圆"。就中国特色社会主义事业而言,中国共产党是核心;就中国共产党而言,党中央是核心;就党中央而言,习近平总书记是核心。马克思主义政党发展的历史表明,没有核心意识就不能形成统一的意志,就不会有战斗力、号召力、凝聚力。改革开放的总设计师邓小平同志在国内外政治风波、经济风险等严峻考验面前,从容不迫地领导实现了党和国家领导的平稳交接。在这一历史过程中,邓小平同志深刻总结坚持党中央核心领导的成功经验指出:"任何一个领导集体都要有一个核心,没有核心的领导是靠不住的。"[①] "最关紧要的是有一个团结的领导核心。这样保持五十年、六十年,社会主义中国将是不可战胜的。"[②] 他还特别强调指出:"这是最关键的问题。国家的命运、党的命运、人民的命运需要有这样一个领导集体。"[③] 20多年后的今天,党的十八大以来以习近平同志为核心的党中央治国理政的全部实践,再次证明了这一点。在治国理政新的实践中,习近平总书记以非凡的理论勇气、高超的政治智慧、坚韧不拔的历史担当精神,把握时代大趋势,回答实践新要求,顺应人民新期待,围绕改革发展稳定、内政外交国防、治党治国治军发表一系列重要讲话,进一步丰富和发展了党的科学理论,为我们在新的历史起点上实现新的奋斗目标提供了基本遵循。所谓核心意识,就是要坚持中国共产党的领导,坚决听从党中央的决策部署,坚决维护习近平总书记的威信。党的十八大以来一切成就的取得,党和国家各项事业之所以不断取得新成就、开创新局面,根本就在于以习近平同志为核心的党中央的坚强领导,根本就在于习近平总书记系列重要讲话精神的科学指导。广大党员干部要始终在思想上、政治上、行动上同以习近平同志为总书记的党中央保持高度一致,做到党中央提倡的坚决响应,党中央决定的坚决照办,党中央禁止的坚决杜绝。

　　(三)在不断提升"四自能力"的历史进程中实现党的自我革命

　　习近平同志指出:"勇于自我革命,是我们党最鲜明的品格,也是我

[①] 胡建华:《增强"四个意识"六讲》,人民出版社2016年版,第81—82页。
[②] 《邓小平文选》第3卷,人民出版社1993年版,第365页。
[③] 同上书,第310页。

们党最大的优势。"① 他还曾经明确强调要"使从严治党的一切努力都集中到增强党自我净化、自我完善、自我革新、自我提高能力上来"②。"四自能力"具有丰富内涵,是保持和发展党的先进性和纯洁性的基础,深刻体现了"打铁还需自身硬"的要求,也深刻体现了我们党对马克思主义政党建设规律的把握。"四自能力"体现了我们党在自身建设上的自觉性和能动性。所谓自我净化,主要是指以强烈的忧患意识,依靠组织制度、纪律规矩、优良传统等实现自我纠错,防止党的肌体发生病变。所谓自我完善,主要是指通过思想建设、组织建设、作风建设、反腐倡廉建设和制度建设,使我们党更加成熟、更加坚强。所谓自我革新,主要是指党依据时代条件、具体环境和历史任务的变化,及时调整自己的理论和路线方针政策等,摒弃不合时宜的思想观念和体制机制,做到解放思想、实事求是、与时俱进、求真务实。所谓自我提高,主要是指党的建设水平由低向高发展的一种上升过程,体现于党的理论水平、执政能力、作风形象等方方面面。

"四自能力"揭示了马克思主义政党建设规律。我们党作为马克思主义政党,如何保持和发展党的先进性和纯洁性始终是党的建设的永恒主题,也是我们党肩负起历史使命的必然要求。我们党成立时,中国还处于半殖民地半封建社会,党长期处在国内外反动势力的压迫和"围剿"之中,一切生存发展危机都只能靠自我"调适"才能加以解决。只有增强"四自能力",党才能以自身的先进性和纯洁性赢得人民群众的拥护和支持,才能在恶劣的环境中生存发展。我们党长期执政后,要想始终成为坚强领导核心,必须更加注重提高"四自能力",否则就有可能在不知不觉中丧失先进性和纯洁性。世界上一些大党老党之所以丧失执政地位,很大程度上就是因为缺乏自我净化、自我完善、自我革新、自我提高的能力。"四自能力"作为我们党区别于其他政党的独特优势,既是我们党政治智慧和优良传统的结晶,也是我们党对马克思主义政党建设规律的深刻把握。

(四)围绕"四讲"践行社会主义核心价值观

党的十八届六中全会指出:"领导干部特别是高级干部必须带头践行

---

① 曲青山:《勇于自我革命是中国共产党最鲜明的品格和最大的优势》,2017 年 3 月 7 日,中国共产党历史网(http://www.zgdsw.org.cn/n1/2017/0307/c349473-29129030.html)。

② 崔耀中:《全面从严治党新要求、新特点、新部署》,人民出版社 2016 年版,第 153 页。

社会主义核心价值观,讲修养、讲道德、讲诚信、讲廉耻。"① 修养是指养成的正确的待人处事态度。修养在个人道德标准的第一位。一个领导干部自身必须有良好的修养,才能为认真履行自己的职责提供良好的前提。"修身"是一个过程,是一个艰苦而长期的自我努力、自我高标准要求的过程。列宁说:"政治上有修养的人是不会贪污的。"② 道德是以善恶评价为形式,依靠社会舆论、传统习俗和内心信念调节人际关系的心理意识、原则规范、行为活动的总和,包括道德意识、道德规范和道德实践等。习总书记指出,国无德不兴,人无德不立。这就要求我们全党、全国人民必须加强思想道德建设,不断提升干部的思想道德素质,构建崇德向善的社会道德氛围,促进行风政风的好转。诚信指的是诚实,强调信誉,在为人、处理人际关系的时候坚持实事求是,说一不二,说到做到。廉耻是指廉洁的操守和知羞耻的心理。讲廉耻是一种正确的人生观、价值观,也是人生的正确导向。讲廉耻,才能使我们行得端、走得正。讲廉耻才能使自己摆脱低级趣味,提升自己的人格。讲廉耻才是做人之本、为政之基。

道德是内心的法律,法律是成文的道德,全面从严治党内在地要求道德素养与法律体系的共同支持,必须一手抓德治,一手抓法治,实现道德和法律的相辅相成、德治法治的相得益彰。坚定理想信念,坚守共产党人精神追求,始终是共产党人安身立命的根本。没有理想信念,理想信念不坚定,精神上就会"缺钙",就会得"软骨病",就可能导致政治上变质、经济上贪婪、道德上堕落、生活上腐化。全面从严治党,就必须加强德治,重视发挥道德的教化作用,培育共产党人的社会公德、职业道德、家庭美德、个人品德,树立高尚的道德境界。各级领导干部是人民公仆,没有搞特殊化的权利,要带头执行廉洁自律准则,自觉同特权思想和特权现象作斗争,注重家庭、家教、家风,教育管理好亲属和身边工作人员,不断增强党员干部的德性与党性。马克思说过:"如果我们选择了最能为人类而工作的职业,那么,重担就不能把我们压倒,因为这是为大家作出的牺牲;那时我们所享受的就不是可怜的、有限的、自私的乐趣,我们的幸福将属于千百万人。"③

---

① 《中国共产党第十八届中央委员会第六次全体会议文件汇编》,人民出版社2016年版,第15页。
② 《列宁全集》第33卷,人民出版社1957年版,第57页。
③ 《马克思恩格斯全集》第1卷,人民出版社1995年版,第459页。

三 推进全面从严治党强化先进性和纯洁性建设的基本要求

全面从严治党是以习近平同志为核心的党中央治国理政的鲜明特征，党内政治生活状况决定政治生态，保持党的先进性和纯洁性必须从党内政治生活抓起，要旗帜鲜明讲政治，自觉把讲政治贯穿于党性锻炼全过程。

（一）要切实用马克思主义中国化的最新理论成果武装头脑

不断用马克思主义中国化的最新理论成果武装全党是我们党取得成功的宝贵经验。党的十八大以来，习近平总书记围绕改革发展稳定、内政外交国防、治党治国治军等方面，发表了一系列重要讲话，以巨大的理论勇气和政治智慧，提出了许多富有创见的新思想、新观点、新论断、新要求，深刻回答了新的历史条件下党和国家发展的重大理论和现实问题，丰富和发展了党的科学理论，进一步深化了我们党对中国特色社会主义规律和马克思主义执政党建设规律的认识，为我们在新的历史起点上实现新的奋斗目标提供了基本遵循。

（二）实现忠诚、干净、担当的有机统一

党的十八届六中全会指出，要"保证全体党员发挥先锋模范作用，保证党的领导干部忠诚干净担当"[①]。党员干部素养是多方面的，贯穿其中最重要的内容，可以集中到忠诚、干净、担当这三个方面。"对党忠诚、个人干净、敢于担当"是辩证统一的整体，内含着正确政治方向、政治立场，内含着高尚精神境界、道德操守，内含着强烈责任意识、进取精神，是党员干部理应具备的人格、品格、风格。忠诚是为政之魂，干净是立身之本，担当是成事之要，三者犹如鼎之三足、缺一不可，共同铸就着共产党人的精神风范，共同诠释着党员干部的政治本色，共同支撑着党的事业的健康发展。

（三）始终把不断强化党性锻炼与修养作为人生的基本支撑点

党性是立身、立业、立言、立德的基石，必须在严格的党内生活锻炼中不断增强。加强党性锻炼与修养，对于每一名共产党员特别是领导干部来说，是一个必须终身解决好的重大问题，也是事关加强我们党自身建设、巩固党的执政地位的重大问题。党性修养贵在知行合一，要求党员干

[①] 《中国共产党章程 关于新形势下党内政治生活的若干准则 关于党内政治生活的若干准则 中国共产党廉洁自律准则 中国共产党党内监督条例》，法律出版社2016年版，第149—150页。

部把党性原则、规范运用到自己的言行中去,并以这些准则作为镜子,经常对照、检查、修改以至摒弃自己思想中一切与此不一致的东西,从而不断增强自己的党性修养。提高党性锻炼与修养,既要有正确的途径,还要有科学的方法,这些方法包括:自比、自省、自慎、自律等。其中很关键的一点就是要不断反躬自省,正确认识自己,并改造自己,依靠自省达到自知,进而达到自觉与自律。

(作者单位:山东建筑大学)

新时代 新扶贫
——"精准扶贫"思想的哲学思考

徐莉薇

2013年11月,习近平在湖南十八洞村调研时,首次提出"精准扶贫"。2014年5月,国务院扶贫办等七部门印发《建立精准扶贫工作机制实施方案》。2015年,习近平在贵州考察时,就扶贫开发工作进一步提出了"六个精准"的基本要求。党的十八大以来,精准扶贫思想从落地、到发展、到实施,再到取得成效,不断创造着中国扶贫事业新的奇迹,也为世界其他国家的扶贫工作提供了宝贵的中国经验。"精准扶贫"战略思想的背后蕴含着深厚的马克思主义哲学思想内涵,是新时代中国特色社会主义思想的组成部分。

一 新时代 新扶贫

改革开放以来党和国家高度重视扶贫工作,已有6亿多人实现脱贫,成功创造中国奇迹。党的十八大以来,"脱贫攻坚战取得决定性进展,6000多万贫困人口稳定脱贫,贫困发生率从10.2%下降到4%以下"。[①]当然,我们必须看到,发展不平衡不充分所造成的一系列短板依然存在,脱贫攻坚任务更加艰巨。根据国务院扶贫开发领导小组办公室数据显示,截至2016年底,我国仍有4335万农村贫困人口。为确保到2020年实现脱贫攻坚目标,每年平均需要减少贫困人口约1100万人,脱贫攻坚战已进入攻坚高地,未来三年越往后脱贫成本越高,难度越大。脱贫工作已进行到攻坚拔寨的冲刺阶段,能否拿下这块"难啃的硬骨头"已经成为当前党

---

① 习近平:《决胜全面建成小康社会 夺取新时代中国特色社会主义伟大胜利——在中国共产党第十九次全国代表大会上的报告》,人民出版社2017年版,第5页。

和全国人民共同的奋斗目标和重大任务,是关乎党能否兑现庄严承诺的关键一步。中国特色社会主义已经进入新时代的关键时期,精准扶贫在新的历史变革大背景下也面临着新的形势,新的考验。

习近平在党的十九大报告中指出,经过长期努力,中国特色社会主义进入了新时代,这是我国发展新的历史方位。"这个新时代,是承前启后、继往开来、在新的历史条件下继续夺取中国特色社会主义伟大胜利的时代,是决胜全面建成小康社会、进而全面建设社会主义现代化强国的时代"。[①] 在新时代,中国特色社会主义发展和精准扶贫也迎来了新变化、新使命、新挑战。

首先,社会主要矛盾的新变化。中国特色社会主义进入新时代,我国社会主要矛盾已经转化为人民日益增长的美好生活需要和不平衡不充分的发展之间的矛盾。我国社会主要矛盾的变化,对党和国家的许多工作提出了新要求,要求在继续推动发展的基础上,着力解决好发展不平衡不充分的问题。深入开展脱贫攻坚,才能保证全体人民在共建共享发展中有更多获得感。

其次,中华民族的新使命。"我们唱着东方红,当家作主站起来;我们讲着春天的故事,改革开放富起来"。中华民族经历了从近代以来的久经磨难中站起来,再到改革开放国家人民富起来的飞跃,当前我们又迎来了强起来的历史新使命,迎来了决胜全面建设小康社会、进而全面建设社会主义现代化强国的新时代。实现"强起来"的历史使命首先要全面建成小康社会,而脱贫攻坚正是全面建成小康社会的关键一仗。

最后,精准扶贫的新挑战。伴随着社会主要矛盾和民族历史使命变化,精准扶贫在新时代所面临的形势和挑战也有了新变化。当前我国社会发展更加突出的问题是发展不平衡不充分,贫困问题具有显著的区域性特点。西部地区特别是民族地区、边疆地区、革命老区、集中连片特困地区贫困程度深、扶贫成本高、脱贫难度大,是脱贫攻坚的短板。精准扶贫工作在新时代背景下,更应意识到区域发展不均衡的问题,把握好主要矛盾的变化,采取系统的政策和措施,做好东西部扶贫协作和对口支援工作,全面打赢脱贫攻坚战。

[①] 习近平:《决胜全面建成小康社会 夺取新时代中国特色社会主义伟大胜利——在中国共产党第十九次全国代表大会上的报告》,人民出版社2017年版,第10页。

二 看真贫 识真贫

(一) 看真贫

深入了解贫困地区实际情况是精准扶贫的前提。做任何工作首先要明确工作的性质和任务，才能有的放矢、胸有成竹。扶贫工作难度高、任务重，更需要对贫困情况有深入的把握和了解。不经过实地考察"看真贫"，在办公室关起门来"拍脑袋、瞎指挥"是要不得的。习近平2010年3月1日在中共中央党校春季学期开学典礼上讲话时说："学习和掌握马克思主义的方法，必须学习和掌握实事求是的思想方法。实事求是，集中体现了马克思主义唯物的、辩证的认识论，是我们党始终坚持的根本思想方法。"[①] 扶贫工作千头万绪，各地区又普遍存在区域性特点，在工作中要做到实事求是，首先要充分了解实地情况，注重和坚持做好调查研究。习近平总书记曾多次到贫困地区实地调研走访，组织召开扶贫工作重要会议17次，扶贫调研25次，入户看望57户，足迹遍布全国11个集中连片特困山区。他说："不了解农村、不了解贫困地区、不了解农民尤其是贫困农民，就不会真正了解中国，就不能真正懂得中国，更不可能治理好中国。各级领导干部一定要多到农村去，多到贫困地区去，了解真实情况，带着深厚感情做好扶贫开发工作，把扶贫开发工作抓紧抓紧再抓紧、做实做实再做实，真正使贫困地区群众不断得到真实惠。"[②]

看真贫就是要实地去看，用眼看，用心看，弯下腰，低下头，田间地头走一走，老乡家里问一问，把贫困人口、贫困程度、致贫原因都摸清吃透，做到一清二楚、了然于胸。精准扶贫贵在"精准"，而做到"精准"，前提必须是深入考察实地情况，对当地的贫困形势有深刻的把握，把实践与认识相结合，做到主观与客观相统一，坚持把实事求是的思想方法应用到扶贫工作中去。这样才能在扶贫工作开展时做到"胸中有成竹""心中有时间表"，处理问题才能如庖丁解牛般得心应手，将扶贫工作稳步推进，尽早"摘帽"。

---

① 习近平：《深入学习中国特色社会主义理论体系 努力掌握马克思主义立场观点方法》，《求是》2010年第10期。

② 习近平：《在参加十二届全国人大二次会议贵州代表团审议时的讲话》，《人民日报》2014年3月7日。

(二) 识真贫

甄别"扶持谁"。扶贫先识贫，识贫首先就要我们明确贫困的主体是谁，甄别好"扶持谁"，找准扶贫工作的开展对象。当前扶贫对象主要存在以下几个特点：从地域分布来看，大部分贫困人口均分布在自然条件差、生存环境恶劣、经济基础弱、贫困程度深的地区，比如连片的深度贫困区；从群体自身特征来看，主要以老、弱、病、残为主，兼具受文化教育水平低和缺乏技能导致自身"无力脱贫"，特别是因病致贫、因病返贫在个别地区具有普遍性。有些地区的扶贫投入产出比例不佳，很重要的原因即在于对扶贫对象的识别精准度不够。对象把握偏差，扶贫施策必然收效甚微。

甄选"谁来扶"。推进新时期精准扶贫工作顺利有序开展，关键在于行之有效的运行机制，扶贫工作的协调运转，归根到底要把责任落实到人。明确了"扶持谁"，下一步就是甄选好"谁来扶"的问题。"帮钱帮物，不如帮助建个好支部"。精准扶贫在"谁来扶"的问题上，同样强调精准。每个贫困村要有驻村工作队，每个贫困户要有帮扶责任人。2020年日益临近，新时期脱贫攻坚任务刻不容缓，好的政策和运行机制还需要切实执行和落实到位，因此选好基层扶贫干部至关重要。基层干部是脱贫攻坚的前线指挥部，"识真贫"也需"识人才""选人才"。习近平在2015年11月的中央扶贫开发工作会议上讲话时指出："对贫困县党政负责同志的考核，要提高减贫、民生、生态方面指标的权重，把党政领导班子的主要精力聚焦到脱贫攻坚上来。要把脱贫攻坚实绩作为选拔任用干部的重要依据，在脱贫攻坚第一线考察识别干部，激励各级干部到脱贫攻坚战场上大显身手。"在习近平"精准扶贫"战略思想指导下，我国已调整3500多个贫困乡镇党委书记，配强5000多名贫困村党组织书记，组织77.5万名干部驻村帮扶，选派19.5万名优秀干部到贫困村和基层组织薄弱涣散村担任第一书记。①

甄识"贫困根"。甄别好了"扶持谁"，甄选好了"谁来扶"，下一步就是识别穷根，对症下药。甄识"贫困根"如同锁定了靶子，瞄准目标，而后全力出击，则一击制胜。要善于直面各种矛盾，并积极提高解决矛盾的本领。而解决矛盾，首先就要学习抓主要矛盾。现实中的矛盾体系中存

---

① 罗宇凡、崔静：《全面从严治党向基层延伸——以习近平同志为核心的党中央抓基层强基础纪实》，《新华每日电讯》2017年6月29日第1版。

在着诸多矛盾,在社会发展问题上更是趋于多样化,它们共同推动着事物的发展。我们将当前脱贫攻坚问题整体地看作一个矛盾体系,那么在推进精准脱贫工作中,"贫根"即"贫困之根源",是整个矛盾体系的主要矛盾。精确甄识出"贫根",将"贫根"用科学的工作方法进行精准化定位,着力解决好贫困问题的主要矛盾,才能牵对"牛鼻子",找到病灶。

三 扶真贫 真扶贫

(一) 扶真贫

扶真贫,首先要明确真贫集中于何处,脱贫攻坚的主要难点落在了哪里,要看清这个问题,就要从我国贫困问题的总体情况全面地去探寻。从马克思主义哲学的视角来说,人看待事物的方法有主观角度与客观角度两种,全面看问题,树立全局观就是要系统地、完整地、全面地来看待事物。要明确真贫集中于何处,上下一心向何处发力,脱贫攻坚难点落在哪里,就要系统、全面地分析我国当前新时期下的脱贫形势。只看一个地区,或者将一个地区的脱贫形势作为我国总体脱贫形势来看待,是不客观的、不科学的。目前从我国总体贫困群体分布来看,当前脱贫攻坚的坚中之坚是深度贫困地区,脱贫攻坚的主要难点是深度贫困。而"真贫"主要集中在以下几种地区:一是以西部地区为主的连片的深度贫困地区;二是贫困发生率较高的深度贫困县。据了解,深度贫困县贫困发生率平均为23%,县均贫困人口约3万人,且这些深度贫困县分布范围达14个省区。① 三是贫困村。全国12.8万个建档立卡的贫困村居住着60%的贫困人口。这三个地区是"贫中之贫",是脱贫攻坚的坚中之坚。对于如何去扶这些"真贫",习近平强调"深度贫困地区在2020年如期实现脱贫攻坚目标,难度之大可想而知。脱贫攻坚本来就是一场硬仗,而深度贫困地区脱贫攻坚是这场硬仗中的硬仗。我们务必深刻认识深度贫困地区如期完成脱贫攻坚任务的艰巨性、重要性、紧迫性,采取更加集中的支持、更加有效的举措、更加有力的工作,扎实推进深度贫困地区脱贫攻坚"。

(二) 真扶贫

真扶贫要明确真目标。真扶贫,首先要把制定"真、精、准"的目标放在第一位。有了目标,才能明确道路和方向。在精准扶贫战略中,习近

---

① 数据来源于国务院扶贫办2016年政府信息公开年度报告。

平总书记曾多次强调要"合理确定脱贫目标"。合理确定目标,就是要将脱贫工作这一实践活动用科学的、客观的、精准的态度来指导实际工作。习近平在湖南湘西调研时就曾指出:"扶贫要实事求是,因地制宜,要精准扶贫,切忌喊口号,也不要制定好高骛远的目标。""我们要以唯物主义的态度对待这个问题,即使到了2020年,深度贫困地区也不可能达到发达地区的发展水平。我们今天的努力是要使这些地区的群众实现'两不愁三保障',使这些地区基本公共服务主要领域指标接近全国平均水平。在这个问题上,我们要实事求是,不要好高骛远,不要吊高各方面胃口。"①习近平总书记所说的认清目标,就是要将精准扶贫工作以客观、辩证的态度来看待,避免唯心、蛮干和唱高调,要一切从贫困地区的实际出发,从贫困群众的实际问题出发,主观符合客观,实事求是。

真扶贫要做到真精准。真扶贫,还需切实把握好真精准。需要我们树立具体问题具体分析的哲学思维,在遇到问题时,结合客观实际,客观地分析和把握矛盾的多重性、多样性,辩证地分析问题和解决问题,精准扶贫也不例外。精准扶贫贵在"精"和"准",做到精准就要因地制宜,因人而异,因难而异。要在扶贫工作中施行"点对点"服务,一把钥匙开一把锁。不能盲目施策,搞"一刀切",真正落实好"五个一批"工程,把"精准"灌输到头脑中,把"精准"用在施策中,把"精准"融入脱贫实践中。

真扶贫要实现真帮扶。真扶贫除了制定真目标,做到真精准外,还需要实现真帮扶。真帮扶又可分为几个层次和类别:第一,激发内生动力。习近平说:"幸福不会从天降,好日子是干出来的。脱贫致富终究要靠贫困群众用自己的辛勤劳动来实现。要尊重扶贫对象主体地位。"马克思主义哲学告诉我们,内因决定着事物发展的特殊规律性、基本趋势和方向。外因是事物变化的条件,外因要通过内因起作用。贫困问题的主体是贫困群众,贫困矛盾问题的解决,归根到底要靠贫困群众自力更生。在扶贫工作中,要避免"干部干,群众看""靠着墙根晒太阳,等着别人送小康"的现象。要充分调动群众内生动力,激发群众主体意识,变"要我脱贫"为"我要脱贫",做到真真正正的"扶"。第二,调动扶贫干部和贫困群众的共同积极性。在我国,"愚公移山""水滴石穿"等祖祖辈辈们所传

---

① 习近平:《在深度贫困地区脱贫攻坚座谈会上的讲话》,《人民日报》2017年9月1日。

承的勤劳勇敢、脚踏实地的奋斗精神激励着一代又一代的中华儿女。新时期下的精准扶贫难度高,任务重,但我们不能因此畏难止步。没有比脚更长的路。脱贫工作不仅要调动群众积极性,也要调动干部的积极性,不怕苦不怕难,艰苦奋斗,决胜小康。第三,坚持"一元"到"多元"的大扶贫格局。俗话说:"人心齐,泰山移。"脱贫不仅仅是贫困地区的事,也是全社会的事。习近平指出:"要加大东部地区和中央单位对深度贫困地区的帮扶支持,强化帮扶责任,'谁的孩子谁抱'。""同时要强化东西部扶贫协作……动员全社会力量广泛参与扶贫事业,激励支持各类企业、社会组织、个人参与脱贫攻坚。"在精准扶贫实施中,我们要充分利用和发挥好我国的制度优势,在政府主导下,调动企业、社会组织和公民个人积极投入到扶贫战役中。目前为止,各方对口帮扶机制中,已有44所高校对口帮扶44个国家扶贫开发工作重点县,23家金融机构对口帮扶64个国家扶贫开发工作重点县,102家央企对口支援245个国家扶贫开发工作重点县。在这样"一元"到"多元"的大扶贫格局下,脱贫攻坚不断取得新的成果。

真扶贫要确保真落实。最后,真扶贫最终要确保好的政策措施实现真落实。俗话说,摸清了病因,找到了病灶,开对了药方,最后还要谨遵医嘱按时服药才能药到病除。同样地,好的政策要确保切实执行才能见真效,好的成果要经得起历史和实践的检验。"脱贫计划不能脱离实际随意提前,扶贫标准不能随意降低,决不能搞数字脱贫、虚假脱贫。要实施最严格的考核评估,坚持年度脱贫攻坚报告和督查制度,加强督查问责,对不严不实、弄虚作假的严肃问责。"[①] 同时还要做到"三实",即:"扶贫工作必须务实,脱贫过程必须扎实,脱贫结果必须真实。"2017年2月,各地对2016年脱贫真实性开展自查自纠,245万标注脱贫人口重新回退为贫困人口。精准扶贫要做到精准,离不开扶贫工作的切实落实,落实不到位,执行不严格,必然导致数据失真,实际问题无法彻底解决。全面小康是全国人民的小康,一个都不能少。只有切实做到"真落实",才能做到"真扶贫"。

通过对精准扶贫思想的哲学思考,将有助于我们更好地秉承马克思主义哲学的深刻内涵,用理论联系实际,实事求是,辩证而理性地实施精准

[①] 习近平:《在深度贫困地区脱贫攻坚座谈会上的讲话》,《人民日报》2017年9月1日。

扶贫工作。我们要与时俱进，紧跟新时代的步伐，更好地迎接全面建成小康社会的伟大胜利。同时，也要将精准扶贫打造成中国特色的扶贫经验，向世界各国展示在扶贫领域的"中国奇迹"，分享我国精准扶贫的重要理念，为世界扶贫减贫事业提供重要参考。

（作者单位：中共中央党校研究生院）

无所畏惧与有所畏惧的变奏：
兼谈当代中国共产党人的"崇高感"*

王东红

"人类最原始、最强烈的情绪就是恐惧"①，人也在畏惧的基础上超越存在并认识到自己的存在。"经由害怕而不是经由爱，人类才进入伦理世界……畏惧从开始就包含了后来的所有要素，因为它自身隐藏着自己消失的秘密；由于它已经是伦理的畏惧，而不仅仅是肉体上的害怕，因此所畏惧的危险本身是伦理的"②。关于"畏惧"的讨论可广泛地见于古今中外的文学、美学、哲学、心理学等论著。与之联系的"恐怖"也广泛存在于日常经验、审美领域、政治和当代生活领域，有着独特的生活形式和治理形式③。"畏惧"（fear）④ 这一词包含着两种截然相反的情感和行为，既可

---

* 本文为教育部人文社会科学研究青年基金"马克思恩格斯'论中国'研究"［项目编号：16YJC710039］、西藏自治区高校青年教师创新支持计划项目"中国特色西藏特点发展路子的理论阐释和宣传路径研究"［项目编号：QCR2016—61］的阶段性成果。

① 美国作家霍华德·菲利普斯·洛夫克拉夫特（Howard Philips Lovecraft）语，转引自［挪威］拉斯·史文德森：《恐惧的哲学》，范晶晶译，北京大学出版社2010年版，第32页。

② ［法］保罗·里克尔：《恶的象征》，公车译，上海人民出版社2005年版，第27页。

③ ［美］雅克·莱兹拉：《野性唯物主义》，王钦等译，北京大学出版社2014年版，中文版序第2—3页。

④ "畏惧"、"恐惧"等在译为汉语时多通用。如克尔凯郭尔名著丹麦语为 *Frygt og Bœven*，英译为 *Fear and Trembling*，中译本译名则有：［丹麦］克尔凯郭尔《恐惧与颤栗》，刘继译，贵州人民出版社1994年版；［丹麦］日兰·克尔凯郭尔《恐惧与颤栗》，一谌、肖聿、王才勇译，华夏出版社1999年版；［丹麦］克尔凯郭尔《恐惧与颤栗 恐惧的概念 致死的疾病》，京不特译，中国社会科学出版社2013年版。克尔凯郭尔认为，恐惧"完全地不同于'畏惧'以及其他类似概念：后者是指向某种特定的东西，而恐惧则是那作为'可能性的可能性'的自由之现实性。"［丹麦］克尔凯郭尔《畏惧与颤栗 恐惧的概念 致死的疾病》，京不特译，中国社会科学出版社2013年版，第199页。海德格尔指出："从现象上看，畏与怕显然具有亲缘……这两种现象多半总是不分的，是怕的东西被标识为畏，而有畏的性质的东西则被称为怕。"［德］马丁·海德格尔《存在与时间》修订译本，陈嘉映、王庆节合译，雄伟校，陈嘉映修订，生活·读书·新知三联书店2012年版，第214页。

能意味着伴随着惊异的敬重（敬服、respect）、敬畏（虔敬、reverence，awe），也可能表示害怕（畏怯、frightened）、恐惧（dread）乃至恐怖（terror）。用无私无畏、临危不惧来指"无所畏惧"多是褒扬，但用有恃无恐、无法无天来指代"无所畏惧"则充满了贬斥。同样就"有所畏惧"而言，如果含有如临深渊、如履薄冰之意就是褒义词，若指畏头畏尾、裹足不前便是贬义词。正如习近平"七一"讲话所说：有了自信的勇气，"我们就能毫无畏惧面对一切困难和挑战，就能坚定不移开辟新天地、创造新奇迹"，但正确的权力观与高尚的精神追求，必须"敬畏人民、敬畏组织、敬畏法纪"①。当代中国共产党人，应辩证地看待和实践积极的"无所畏惧"。

一 "彻底的唯物主义者是无所畏惧的"

理论是具有强大力量的，"理论只要说服人，就能掌握群众；而理论只要彻底，就能说服人。所谓彻底，就是抓住事物的根本。而人的根本就是人本身。德国理论的彻底性的明证，亦即它的实践能力的明证，就在于德国理论是从坚决积极废除宗教出发的"②。超越唯心主义，对于宗教的批判使理论更加彻底，但旧唯物主义还主要是机械的而非辩证的，抽象地理解"人的本质"，也不理解"革命实践活动"的意义，是"半截子的唯物主义"。直到1848年《共产党宣言》的发表，"这部著作以天才的透彻而鲜明的语言描述了新的世界观，即把社会生活领域也包括在内的彻底的唯物主义、作为最全面最深刻的发展学说的辩证法以及关于阶级斗争和共产主义新社会创造者无产阶级肩负的世界历史性的革命使命的理论"③，才使彻底的唯物主义更有力量。恩格斯晚年还指出，继《共产党宣言》等著作的发表，"经过足足20年的潜伏阶段，到《资本论》出版以后，就越来越迅速地为日益广泛的各界人士所接受。现在，它已远远越出欧洲的范围，在一切有无产者和无畏的科学理论家的国家里，都受到了重视和拥护"④。

坚持和发展唯物主义，并将其贯彻到底，从对自然界的认识推广到对

---

① 习近平：《在庆祝中国共产党成立95周年大会上的讲话（2016年7月1日）》，《人民日报》2016年7月2日第2版。
② 《马克思恩格斯文集》第1卷，人民出版社2009年版，第11页。
③ 《列宁专题文集·论马克思主义》，人民出版社2009年版，第5页。
④ 《马克思恩格斯文集》第9卷，人民出版社2009年版，第11页。

人类社会的认识，这只是理论的彻底性。探寻事物的根本所在和最终意义，从坚实的理论基础出发，坚持贯彻这种真理进而解释世界，但迟迟不见行动，或者没有执行计划一以贯之的韧性而来"改变世界"，这也不是彻底的唯物主义者。

1922年苏联为同各种唯心主义思潮作斗争并宣传无神论，创办了《在马克思主义的旗帜下》。该杂志在发刊词中鲜明地指出，团结在该杂志周围的不全是共产党员，然而都是彻底的唯物主义者。列宁也在指导办刊的《论战斗唯物主义的意义》一文中，说明了共产党员和彻底唯物主义者的关系。"无论如何，我们俄国还有——而且在相当长的时期内无疑还会有——非共产党员的唯物主义者，而吸收一切拥护彻底的战斗唯物主义的人来共同反对哲学上的反动，反对所谓'有教养社会'的种种哲学偏见，是我们不可推诿的责任"①。因此，"战斗唯物主义为了完成应当进行的工作，除了同没有加入共产党的彻底唯物主义者结成联盟以外，同样重要甚至更重要的是同现代自然科学家结成联盟，这些人倾向于唯物主义，敢于捍卫和宣传唯物主义，反对盛行于所谓'有教养社会'的唯心主义和怀疑论的时髦的哲学倾向"②。不过，"共产党员和一切彻底的唯物主义者虽然在一定程度上要同资产阶级中的进步分子结成联盟，但是当这些进步分子变成反动的时候，就要坚决地揭露他们"③。共产党员在捍卫唯物主义的斗争中就是要将结成的联盟成员变为辩证唯物主义者。

"共产主义者是理论和实践一致的，即有革命彻底性"④。彻底的唯物主义有着严密的逻辑性、完整的系统性，抓住了根本性的事物及其最根本的内涵，揭示了自然界、人类社会和思维发展的本质规律，有着明确的结论。"马克思的观点极其彻底而严整，这是马克思的对手也承认的，这些观点总起来就构成作为世界各文明国家工人运动的理论和纲领的现代唯物主义和现代科学社会主义"⑤。也就是说，彻底的唯物主义者更有鲜明的立场、透彻的指向。"共产党人不屑于隐瞒自己的观点和意图。他们公开宣

---

① 《列宁专题文集·论辩证唯物主义和历史唯物主义》，人民出版社2009年版，第323页。
② 同上书，第327页。
③ 同上书，第326页。
④ 《毛泽东选集》第2卷，人民出版社1991年版，第688页。
⑤ 《列宁专题文集·论马克思主义》，人民出版社2009年版，第7页。

布：他们的目的只有用暴力推翻全部现存的社会制度才能达到"①。即为了人类解放，实现共产主义社会而不懈奋斗。

在当代中国，共产党员要在立场、观点、方法上坚持彻底的唯物主义，学习辩证唯物主义与历史唯物主义这一最根本的世界观和方法论，致力于实现以劳动人民为主体的最广大人民的根本利益这一最鲜明的政治立场，树立共产主义远大理想。同时，又要以此为指导，积极投身于捍卫和实践彻底唯物主义的进程中，坚持一切从实际出发，理论联系实际，实事求是，在实践中检验真理和发展真理，分析和解决问题，并以集体主义为原则，对周围事物的是非、善恶和重要性作出评价，宣传马克思主义，积极投身于中国特色社会主义事业，不断把实现"两个一百年"奋斗目标推向前进。

然而，无论是在理论上坚持还是在实际中实践彻底的唯物主义，总有诸多障碍。这就注定彻底的唯物主义者必然是无所畏惧的。这种无所畏惧，既源于彻底的唯物主义内部严整的构成，以及在创立和发展过程中是科学性和革命性的统一，也源于其作为无产阶级意识形态所表现出的批判性和战斗性的使命。

"马克思的学说直接为教育和组织现代社会的先进阶级服务，指出这一阶级的任务，并且证明现代制度由于经济的发展必然要被新的制度所代替，因此这一学说在其生命的途程中每走一步都得经过战斗，也就不足为奇了"②。彻底的唯物主义从理论和实践斗争中产生，其在坚持和发展的过程中，不仅有唯心主义者、资产阶级的反对，而且有其内部修正主义、教条主义等分子的反对。19世纪与20世纪之交，列宁曾经就俄国马克思主义者内部的争论指出："一派想始终做彻底的马克思主义者，根据改变了的条件和各国当地的特点来发展马克思主义的基本原理，进一步研究马克思的辩证唯物主义和政治经济学理论；另一派想抛弃马克思学说中若干相当重要的方面，例如，在哲学上不是站在辩证唯物主义方面，而是站在新康德主义方面，在政治经济学上是站在那些硬说马克思的某些学说'有片面性'的人们方面，等等。"③ 理论和实践证明，彻底的唯物主义不是教

---

① 《马克思恩格斯文集》第2卷，人民出版社2009年版，第66页。
② 《列宁专题文集·论马克思主义》，人民出版社2009年版，第148页。
③ 《列宁选集》第1卷，人民出版社2012年版，第259页。

条，是对历史过程的阐明，是发展着的理论，是研究的方法和行动的指南。然而，时至今日，"马克思主义过时论""社会主义失败论""共产主义渺茫论"仍然有着市场。但与之相关的斗争也从未停止，2011年出版的《马克思为什么是对的》①就反驳了马克思主义终结了、马克思主义付诸实践往往产生恶的结果、马克思主义是一种宿命论、是乌托邦之梦、唯物主义者的马克思对人类精神层面毫无兴趣而蔑视宗教等10种当前西方反马克思主义的观点。

中国共产党人在坚持和实践彻底唯物主义的过程中也是无所畏惧的，不仅坚持马克思主义在意识形态领域的指导地位，而且将其贯彻于中国革命、建设和改革的始终。"无所畏惧"不仅具有坚持真理的批判和战斗本性，更与中国传统文化相结合，是一种工作作风、道德品质、精神境界。如党中央认为："凡是认定的真理、看准了的事情，陈云同志从不轻易放弃，只要党和人民需要，不论情况多么复杂，也不论形势多么险峻，他都会下大决心，坚定不移地干下去。陈云同志坚持真理、坚持原则的非凡胆识和坚定立场，充分展示了彻底的唯物主义者的无私无畏精神。"②

无所畏惧反映着共产党员理论和实际相结合、密切联系群众、批评和自我批评的工作作风，是一种党性修养。错误的东西是有的，但并不可怕，关键在于修正错误。马克思主义是真理，不怕被批评，也批评不倒。共产党员也不怕被批评，而是要在批评斗争中，锻炼和发展自己，并不断扩大自己的阵地。"理论愈多接触实际问题，愈敢接触实际问题，不是绕开问题走，不是模棱两可，含混不清，理论就愈加彻底，愈能掌握群众，愈易变成物质力量。党中央号召我们，一定要恢复和发扬实事求是的作风，做大无畏的彻底的唯物主义者"③。只有坚持理论与实际相结合，才能不断推进党和人民的事业。实事求是和群众路线是中国共产党人最重要的作风。"毛泽东同志是彻底的唯物主义者，他充分信任群众，历来反对不信任群众、不依靠群众"④。群众是历史的创造者，只有不怕群众的批评，特别是善于从群众的议论中发现问题，关注群众的思想和诉求，并依靠群众，提出解决问题的方针和政策，才是彻底的唯物主义者。

---

① 参见 Terry Eagleton, *Why Marx Was Right*, New Haven & London：Yale University Press, 2011。
② 胡锦涛：《在陈云同志诞辰100周年纪念大会上的讲话》，人民出版社2005年版，第8页。
③ 《叶剑英选集》，人民出版社1996年版，第463—464页。
④ 《邓小平文选》第2卷，人民出版社1994年版，第45页。

无所畏惧反映着忠诚、勇敢等道德品质，是珍贵的革命传统。"彻底的唯物主义者是无所畏惧的。党的事业要前进，必须有回答和解决新问题的理论勇气和政治勇气"①。无所畏惧不仅是对原则和事业的忠诚，理直气壮肯定对的、坚持好的，而且是在分清是非、区别主次的基础上，以无私无畏的精神面对和处理各种问题，坚定不移纠正错的、调整偏的。革命大无畏的精神是共产党人重要的道德品质，但是因为不宽松的政治社会环境，不敢办事、不敢讲话，特别是不敢讲心里话，这种传统曾经在一时难以恢复。如很多同志仅敢写匿名信，且多说的是好话，这就是"半勇敢"而非"全勇敢"，"如果现在还是东怕西怕，还是怕讲心里话，我们党的老传统就恢复不起来"②。万里整顿铁路运输系统时指出："下边有许多问题，亟待我们去解决，而我们有些人只是在上面当官做老爷。他们不是三个面向：面向基层，面向群众，面向生产，而只有一个面向，就是保官。他们不是敢字当头，而是怕这怕那，畏缩不前。在座的大部分同志是从枪林弹雨中过来的，干革命把生命都交给了党，还怕吃苦，怕困难，怕派头头吗？对自己不敢严要求，不能以身作则，在困难面前畏首畏尾，不是迎着困难上，这不是一个共产党员的精神状态。我们要保持过去革命战争时期的那么一股劲，那么一股革命热情，那么一种拼命精神，把革命工作做到底。"③ 邓小平在改革开放过程中，更是强调："不要怕，一怕就不能搞改革了。"④

无所畏惧反映着共产党员矢志不渝崇高的理想信念。"彻底的唯物主义者是无所畏惧的，我们希望一切同我们共同奋斗的人能够勇敢地负起责任，克服困难，不要怕挫折，不要怕有人议论讥笑，也不要怕向我们共产党人提批评建议。'舍得一身剐，敢把皇帝拉下马'，我们在为社会主义、共产主义而斗争的时候，必须有这种大无畏的精神"⑤。有了一腔浩然正气，并认准社会主义、共产主义的方向，不改革命的初衷，不失必胜的信心，不忘初心，继续前进，才能以无所畏惧的英雄气概，团结一致的强大力量，旗帜鲜明地和各种错误思想、不良倾向和邪恶势力斗争，才能不屈

---

① 《江泽民文选》第3卷，人民出版社2006年版，第334页。
② 《邓小平文选》第1卷，人民出版社1994年版，第308页。
③ 《万里文选》，人民出版社1995年版，第94—95页。
④ 《邓小平文选》第3卷，人民出版社1993年版，第203页。
⑤ 《毛泽东文集》第7卷，人民出版社1999年版，第275—276页。

不挠地为国家、为社会建功立业。

二 "一切工作都要经得起实践、群众和历史的检验"

彻底的唯物主义承认客观世界的规律性，并且认为这种规律性在健全人脑中能得到近似正确的反映，而人的思维是至上性和非至上性的统一。因此，在实践中，要把遵循客观规律和发挥主观能动性统一起来。"马克思主义要求，任何郑重的政策必须以经得起严格的客观检验的事实作为根据"[①]。中国共产党也始终反对以主观愿望代替客观实际，反对不按客观实际办事。全体党员，"各级干部特别是领导干部要坚持实事求是、求真务实，坚持重实际、说实话、出实招、求实效，扎扎实实为人民群众办实事、办好事，使我们作出的决策、采取的举措、开展的工作符合实际情况和客观规律，符合人民群众的愿望和利益，努力创造经得起实践、人民、历史检验的实绩"[②]。

"一切工作都要经得起实践、群众和历史的检验"[③]，即对现实存在、人民群众、历史发展的遵循和敬畏就是共产党人的"有所畏惧"，而不是体现在信仰宗教或参加封建迷信活动或个人崇拜上、害怕别人批评上、担心犯错误而得过且过上。

"从有人类直到现在，大多数人永久处于很厉害的精神上的奴隶制度之下，饱受愚民政策，人类畏惧自己所造出来的神道或上帝。大多数人，遇着不能了解的自然界的力量，便都以为是神鬼……甚至于已经脱离粗蠢的宗教迷信的工人阶级，已经开始斗争的工人阶级，也还不能免于统治者阶级思想上的影响……甚至于已经成了社会主义者，已经能为自己阶级解放而奋斗的工人，在日常生活里，仍旧不自觉的保持着农民式的市侩式的资产阶级的思想习惯和成见"[④]。而彻底的唯物主义是关于人类解放的学说，其指出无产阶级必须从宗教中解放出来，而不要畏惧宗教。共产党人作为唯物主义者，虽然不信仰宗教，但尊重宗教存在和发展的客观规律，同时，在认识和说明宗教产生的历史根源和社会根源等过程中阐明自身的

---

① 《列宁专题文集·论马克思主义》，人民出版社2009年版，第302页。
② 《十七大以来重要文献选编》（上），中央文献出版社2009年版，第494页。
③ 《十六大以来重要文献选编》（上），中央文献出版社2005年版，第511页。
④ ［俄国］郭列夫：《无产阶级之哲学——唯物论》，瞿秋白译，《瞿秋白文集》（政治理论编第8卷），人民出版社1998年版，第342—343页。

党纲,并在实践中争取、团结、教育信教群众,特别是要在尊重宗教信仰自由的原则下,进行自然科学常识和无神论思想的通俗宣传。虽然随着社会环境的变化,有些"共产党员"或明或暗地参加宗教活动甚至皈依了宗教,在社会和党内也出现了"允许共产党员信教"的"呼声",但中国共产党党员不能信仰宗教的原则立场从未有过丝毫动摇。① 驱鬼降仙、算命相面、跳神、看风水等对神灵鬼怪的信仰,更是违反党纪。国家对于封建迷信活动进行依法取缔,共产党员要同落后的思想观念和旧的风俗习惯作斗争。

共产党人应对"现实存在"有所畏惧。这里的现实存在既指客观规律,也指实际情况。共产党人改造世界的前提是认识世界,而要认识世界不仅要认识现存事物的各种现象和实际存在的问题,更要研究自然的、社会的、思维的各种本质规律,从而尊重客观规律,按照客观规律办事。如灾后恢复重建工作中,"生态环境的恢复重建,要尊重自然、尊重规律、尊重科学,加强生态修复和环境整治,促进经济发展与人口资源环境相协调"②。不量力而行,搞主观臆断、违背客观规律的"拍脑袋"决策,追求脱离实际的盲目攀比,提哗众取宠的空洞口号,搞虚报浮夸和报喜不报忧则都是对"客观存在"缺乏畏惧的表现。

共产党人应对"人民群众"有所畏惧。这既指对人民群众地位、生命财产和愿望利益的敬重,也指对体现人民群众意志的党的政策和国家法律的畏惧。"切实保障人民群众生命财产安全,是我们党和政府肩负的重大责任。如果我们不做好这方面的工作,那就是极大的失职"③。中国就自然地理而言,灾害种类多、分布地域广、发生频率高、造成损失重。同时,由于经济生产方式、科学文化素质、社会治安环境等方面的原因,保护人民生命财产安全还任重道远。共产党员要树立人的生命高于一切、先于一切、重于一切的意识。有所畏惧还在于人民是社会主义中国的主人翁,党的各项事业的发展必须符合人民的意志、利益和需要,促进人的全面发展。作为人民的公仆,就要倾听群众呼声,了解群众意愿,集中群众智慧,以人民利益为重、以人民期盼为念,尊重劳动、尊重知识、尊重人

---

① 参见朱维群《共产党员不能信仰宗教》,《求是》2011年第24期;龚学增:《共产党员不能信仰宗教》,《内部文稿》(现《红旗文稿》)1999年第14期。

② 《十七大以来重要文献选编》(上),中央文献出版社2009年版,第533页。

③ 《江泽民文选》第3卷,人民出版社2006年版,第208页。

才、尊重创造,团结一切可以团结的力量,调动一切可以调动的积极因素,做到发展为了人民、发展依靠人民、发展成果由人民共享。在我国,党的政策和国家法律都是人民根本意志的反映,在本质上具有一致性。共产党人应关爱、服从、忠诚、维护组织,在思想上政治上行动上同党中央保持高度一致,并知法、懂法、守法、护法,时时处处严要求、讲规矩、当模范,遵守党纪国法,才能忠实并造福于人民。正如邓小平所说:"共产党员谨小慎微不好,胆子太大了也不好。一怕党,二怕群众,三怕民主党派,总是好一些。谨慎总是好一些。"①

共产党人应对"历史发展"有所畏惧。这里的历史发展既包括历史所赋予的使命,也包括历史所积累的经验。"历史从不等待一切犹豫者、观望者、懈怠者、软弱者"②。中国共产党自诞生之日就继承了中华民族的优秀传统,承载着社会主义这一人类美好的向往,担当起带领中国人民实现国家富强、民族复兴、人民幸福的历史使命。为了完成这一使命,共产党人前仆后继,无数革命先烈献出了宝贵生命,当代中国共产党人必须继续发挥先锋队的作用进而承担这个历史使命。历史是最好的教科书、营养剂、清醒剂。中国共产党在干革命、搞建设、抓改革中积累了正反两方面的历史经验,在发展中还不断吸收了其他共产党执政的经验,社会主义运动的启示,人类文明发展的成果。认真总结历史,正确看待历史,才能更深入地认识现实问题,分析未来发展。中国在根本问题上不能犯颠覆性错误,只有不动摇、不懈怠、不折腾,才能胜利实现宏伟蓝图和奋斗目标。共产党员也只有对历史发展有充分的尊重和省思,才能心存敬畏而非侥幸,手握戒尺而不越界越轨,不愧对人生,更好地成为历史的剧作者和剧中人。

三 "必须具有既勇敢又谨慎的风格"

中国古代就有刚柔相济、剑胆琴心的智慧。恩格斯在分析英法土联军与俄国军事力量相当的情况下战败的原因时,也指出是由勇敢与谨慎的不协调所致,"由于过分的勇敢和过分的谨慎的奇怪的结合,由于不适当的

---

① 《邓小平文选》第 1 卷,人民出版社 1994 年版,第 271 页。
② 习近平:《在庆祝中国共产党成立 95 周年大会上的讲话(2016 年 7 月 1 日)》,《人民日报》2016 年 7 月 2 日第 2 版。

勇猛和不适当的怯懦的奇怪的结合,由于忽视军事科学原则的冲动和放过有利战机的学究式的谨小慎微的奇怪的结合,由于联军一切行动所特有的那种所行非所需和所行非其时的奇怪做法,他们在巴拉克拉瓦会战中完全被打败了"①。对于《新生活报》的"也是马克思主义者"所声称的:"我们有的不是三倍的勇敢,而是两种长处,'我们有这样两种长处:温和和谨慎'",列宁也进行了批判。② 在革命战争时期,中国共产党就提出了既要坚定勇敢又要机警谨慎,从而进行领导斗争。毛泽东明确指出:"凡那种自称天下第一、骄气洋溢、目无余子的干部,须以深切的话告诉他们,必须把勇敢精神与谨慎精神联系起来,反对军队中的片面观点与机械主义。"③ 在社会主义建设时期,毛泽东也多次提示全党要两条腿走路,既要有高度的革命热情和冲天的革命干劲,又要保持冷静的头脑和科学分析的态度,当冷静的促进派。陶铸在1959年还专门阐述做好工作,"必须具有既勇敢又谨慎的风格"④,并赞同高级干部要多谨慎,下级干部应多勇敢。

勇敢和谨慎是既对立又统一的一对范畴,其反映了"无所畏惧"和"有所畏惧"的辩证关系。在当代,中国共产党人的"无所畏惧"首先表现为建立在掌握客观规律并胸怀大局、把握大势、着眼大事的基础上,对所从事的事业和所解决的问题充满自信的一种精神状态。但现实行动的准备必然是多方面的,行动观念形态的内容转化为现实效果必然会关系到人民群众的各种形式和类型的利益,行动过程也必须符合规律和规则,其效果也要由实践、人民和历史检验,因此要"有所畏惧"。

无所畏惧和有所畏惧在一定条件下是可以相互转化的,但要实现积极的转化。一方面,无所畏惧不是"为所欲为"。一些党员以"党员包办"代替群众至上,将其作为党的优势。"过去我们有些高唱优势的同志,认为共产党员占多数了,天下是我们的了,因而可以为所欲为了,于是许多过左的错误由之而生,中间分子对我不满,进步分子非常不安,群众对党的舆论也不好"⑤。一些党员还将党的领导误解为"党权高于一切",甚至发展为"党员高于一切",出现了党员"因党而骄","在政权中工作的党

---

① 《马克思恩格斯全集》第13卷,人民出版社1998年版,第680页。
② 《列宁选集》第3卷,人民出版社2012年版,第323页。
③ 《毛泽东文集》第2卷,人民出版社1993年版,第46页。
④ 《陶铸文集》,人民出版社1987年版,第157页。
⑤ 《邓小平文选》第1卷,人民出版社1994年版,第10页。

员自高自大，盛气凌人，自以为是，看不起非党员，自己可以不守法，不遵守政权的纪律和秩序。甚至有少数党员自成一帮，消极怠工，贪污腐化，互相包庇"①。对于认为共产党执了政，拿了权，不顾非党干部、群众的看法，怕见人，怕自己的主张通不过，自以为一切问题只要党员占多数便可万事皆迎刃而解的做法，邓小平也作了告诫："不要以为有了权就好办事，有了权就可以为所欲为，那样就非弄坏事情不可。"② 另一方面，有所畏惧不是"畏缩不前"。"现在问题相当多，要解决，没有一股劲不行。要敢字当头，横下一条心"③。但是一些党员在工作中患得患失、怕这怕那，草率迁就、听之任之，不仅没有敢想敢干的精神，不敢摸老虎屁股，甚至怕犯错误，对上级的正确指示也不坚决贯彻。事实上，无所畏惧和有所畏惧互为前提，相互补充。只有对真理、事业、困难无所畏惧，才能坚定立场、充满信心，以更大的政治勇气与智慧、更有力的措施与办法，为寻求和捍卫真理，为党和人民的事业而奋斗终生。只有对规律、人民、实际有所畏惧，才能在想问题、办事情、作决策中，既兢兢业业、如临深渊、如履薄冰，又头脑清晰、踏实前进、无私无畏，才能不断创造出经得起实践、人民、历史检验的业绩。

"鲁迅是真正的马克思主义者，是彻底的唯物论者。真正的马克思主义者，彻底的唯物论者，是无所畏惧的，所以他会写。现在有些作家不敢写，有两种情况：一种情况，是我们没有为他们创造敢写的环境，他们怕挨整；还有一种情况，就是他们本身唯物论没有学通。是彻底的唯物论者就敢写"④。要做到无所畏惧和有所畏惧的统一，既要有客观条件，也需要主观努力。就前者来讲，一方面，要加强社会主义道德建设，特别是要营造宽松、担当、向上的社会环境，培育自尊自信、理性平和、积极向上的社会心态；另一方面，在党内要坚持民主集中制，健全党内民主制度体系，纠正命令主义和分散主义，要加强对党员的教育和管理，选拔优秀的领导干部。

就党员自身要实现无所畏惧与有所畏惧的统一而言，一方面要加强学习，不断提高思想道德素质、科学文化素质、身心健康素质。不仅要加强

---

① 《邓小平文选》第1卷，人民出版社1994年版，第11页。
② 同上书，第303页。
③ 《邓小平文选》第2卷，人民出版社1994年版，第35页。
④ 《毛泽东文集》第7卷，人民出版社1999年版，第263页。

理论学习，学好辩证唯物主义和历史唯物主义，各学科门类的知识，以及形势政策和党纪法律制度，用科学的理论和知识武装头脑，而且要积极投身于人民群众的实践活动中，并善于组织和领导群众一道奋斗，开阔视野和心胸，淡泊个人名利，在改造客观世界的过程中改造主观世界，谦虚谨慎、戒骄戒躁，对党和人民的事业高度负责。从而在理论提升与实践锻炼的基础上，讲党性、重品行、作表率，坚定对马克思主义的信仰，对社会主义和共产主义的信念，使共产党人经受住任何考验。另一方面，要敢于与错误的思潮和不正之风作斗争。彻底的唯物主义不仅是科学的，而且是战斗的。不仅要与形形色色的唯心主义作斗争，引领各种社会思潮，引导、宣传、教育群众和自己一道始终如一地坚持彻底的唯物主义，而且要同形式主义、官僚主义、享乐主义和奢靡之风作斗争，注重团结，永葆共产党人清正廉洁的政治本色。

无所畏惧和有所畏惧的辩证关系，集中体现了马克思主义的科学性和革命性，体现了党和人民事业的崇高性。"崇高（sublime）是在规模和程度上都激起敬畏之感的大（magnitudo reverenda，令人敬畏的伟大），它吸引着人们去接近它（以便能用自己的力量去衡量它），但当人根据自己的估计与它作比较而使人显得微不足道时，它带来的恐惧又是威慑性的（例如在我们头上的雷霆，或是一座高峻荒蛮的山岭）。在这里，人自身处于安全之中，聚集自身的力量来把握这一现象，同时又担心不能够达到它的尺度，这时就激发出惊奇感（即通过不断地战胜痛苦而来的一种快适的感情）"[1]。只有树立对真理、人民、信念的崇高感，才会更有使命感直面问题而勇于创新，更知所止所守而慎独慎微，最终实现两者的统一。处理好无所畏惧和有所畏惧的关系，对党组织来说，关键是加强能力建设，增强忧患意识，避免变质改色；对党员来说，关键是要加强自身的本领，增强党性修养，避免本领恐慌。在全面深化改革的进程中，无所畏惧和有所畏惧的统一，就是要将胆子要大和步子要稳相结合，正确处理好改革发展稳定的关系，即最大限度集中全党全社会智慧，最大限度调动一切积极因素，敢于啃硬骨头、涉险滩，以更大决心冲破思想观念的束缚、突破利益固化的藩篱，时刻准备应对重大挑战、抵御重大风险、克服重大阻力、解

---

[1] ［德］伊曼努尔·康德：《实用人类学》，邓晓芒译，上海人民出版社2012年第2版，第118—119页。

决重大矛盾,广大党员要心中有党、有民、有责、有戒,在底线思维下想干事、能干事、敢担当、善作为,进而稳妥审慎推动中国特色社会主义制度自我完善和发展,实现中华民族伟大复兴的中国梦。

(作者单位:西藏民族大学)

新时代群众路线的唯物史观解读

刘 会

历史唯物主义（以下简称唯物史观）是马克思主义的重要原理，也是唯物主义和唯心主义的根本分歧之一。唯物史观是群众路线的思想来源和哲学基础，没有唯物史观就没有真正意义上的群众路线。群众路线思想是中国共产党马克思主义中国化理论成果之一，在习近平治国理政思想中占据着重要地位。在历史唯物主义视域下对习近平群众路线思想进行考察，深刻认识到习近平群众路线思想更加契合中国当代发展的理论与现实，深刻理解群众路线是习近平治国理政思想的理论基础和实践路径，是对党的群众路线的继承、创新和发展，也是对历史唯物主义的丰富和发展。

一 新时代群众路线是对历史唯物主义原理的运用和发展

"一切为了群众、一切依靠群众，从群众中来、到群众中去"，这是中国共产党总结的群众路线，是中国共产党人把马克思主义的普遍真理同中国实际相结合过程中作出的一项重大理论创新。建党九十多年来，它伴随着党的发展壮大而不断成熟完善。特别是党的十八大以来，习近平发表的系列重要讲话中有关群众观的论述，是对党的群众路线理论的进一步丰富和发展。

"群众路线本质上体现的是马克思主义关于人民群众是历史的创造者这一基本原理……只有坚持这一基本原理，我们才能把握历史前进的基本规律……只有按历史规律办事，我们才能无往而不胜……历史反复证明，人民群众是历史发展和社会进步的主体力量"[1]。习近平总书记所讲的马克

---

[1] 《习近平谈治国理政》，外文出版社2014年版，第27页。

思主义的基本原理就是指历史唯物主义的基本观点，也就是说，唯物史观是群众路线的哲学基础，唯物史观体现和外化为群众路线。群众路线是中国共产党的政治路线、领导作风和工作方法，是对马克思主义唯物史观的丰富和发展，并且使唯物史观从理论形态落实和转化为实践形态，从而在理论和实践达到一个新的高度。

"历史活动是群众的活动，随着历史活动的深入，必将是群众队伍的扩大"①，中国共产党在把马克思主义和中国实际相结合的过程中，创造性地把唯物史观和群众路线结合起来，形成党的群众路线思想。在实践中群众路线不仅成为我们党的世界观和方法论，也成为中国共产党政党的价值坐标，群众路线最终成为中国共产党革命、建设和改革中不断取得伟大胜利的重要法宝。"真正的铜墙铁壁是什么？是群众，是千百万真心实意地拥护革命的群众。这是真正的铜墙铁壁，什么力量也打不破的，完全打不破的"②。我们不仅掌握了唯物史观的基本原理，还在实践中不断验证和证明："九十年来的党的发展历程告诉我们，来自人民、植根人民、服务人民，是我们党永远立于不败之地的根本"③。习近平总书记强调，"检验我们一切工作的成效，最终都要看人民是否真正得到了实惠，人民生活是否真正得到了改善，这是坚持立党为公、执政为民的本质要求，是当前人民事业不断发展的重要保证。"④ "崇高信仰始终是我们党的强大精神支柱，人民群众始终是我们党的坚实执政基础。只要我们永不动摇信仰，永不脱离群众，我们就能无往而不胜"⑤ 历史反复证明，只有人民才是历史的创造者，唯物史观的原理和实践就在于如何认识人民群众的地位和作用，如何践行群众路线。党的十八大以来，围绕深入开展党的群众路线教育实践活动、密切党群关系，习近平总书记提出了新时期关于群众路线的新观点和新举措，进一步丰富和发展了群众路线的理论和实践，是对历史唯物主义原理的应用和发展，成为习近平治国理政思想的理论基础和实践路径。

---

① 《马克思恩格斯文集》第 1 卷，人民出版社 2009 年版，第 287 页。
② 《毛泽东选集》第 1 卷，人民出版社 1991 年版，第 138 页。
③ 《十七大以来重要文献选编》（下），中央文献出版社 2013 年版，第 441 页。
④ 习近平：《全面贯彻落实党的十八大精神要突出抓好六个方面工作》（2012 年 11 月 15 日），《求是》2013 年第 1 期。
⑤ 同上。

二　群众路线为全面深化改革提供价值动力和工作方法

党的十八大以来，习近平总书记语重心长地告诫大家："在全面深化改革进程中，遇到关系复杂、难以权衡的利益问题，要认真想一想群众实际情况究竟怎样？群众到底在期待什么？群众利益如何保障？群众对我们的改革是否满意？提高改革决策的科学性，很重要的一条就是要广泛听取群众意见和建议，及时总结群众创造的新鲜经验，充分调动群众推进改革的积极性、主动性、创造性，把最广大人民智慧和力量凝聚到改革上来，同人民一道把改革推向前进。"[①] 把全面深化改革和群众路线两者紧密结合，让群众路线为全面深化改革保驾护航。

习近平总书记不断强调："要学习和掌握人民群众是历史创造者的观点，紧紧依靠人民推进改革……人民是历史的创造者……要坚持把实现好、维护好、发展好最广大人民根本利益作为推进改革的出发点和落脚点，让发展成果更多更公平惠及全体人民，唯有如此改革才能大有作为……要坚持一切从实际出发，按照客观规律办事，一张蓝图绘到底，抓好打基础利长远的工作……同时，要鼓励地方、基层、群众大胆探索、先行先试，勇于推进理论和实践创新，不断深化对改革规律的认识。"全面深化改革的出发点和落脚点是实现好、维护好、发展好最广大人民根本利益，价值取向是让发展成果更多更公平惠及全体人民。只有如此，才能把13亿人民紧紧地团结起来，万众一心促改革，一心一意谋发展。习近平指出："我们要随时随刻地聆听人民呼声、回应人民期待，保证人民平等参与、平等发展权利，维护社会公平正义，在学有所教、劳有所得、病有所医、老有所养、住有所居上持续取得新进展，不断实现好、维护好、发展好最广大人民根本利益，使发展成果更多更公平惠及全体人民，在经济社会不断发展的基础上，朝着共同富裕方向稳步前进。"[②] "群众利益"成为全面深化改革的价值目标和评价标准，把党的"为人民服务"的宗旨和现实社会生活紧密结合，运用历史唯物主义原理来解决深化改革中的问题。从人民立场出发，从人民的利益出发，谋改革思路和举措。要一心一意为

---

① 《习近平谈治国理政》，外文出版社2014年版，第98页。
② 习近平：《在第十二届全国人民代表大会第一次会议上的讲话》（2013年3月17日），《人民日报》2013年3月18日。

人民群众做事，要时刻把困难群众放在心里，要关心群众，要解决困难群众的问题，不断提高人民群众的生活水平。要多调研，要去问题多的地方，把实际情况搞清楚，深入到群众中去，与人民心心相印，同甘共苦。全面深化改革目的就是保障人民群众的利益，让人民有更多的获得感，共享改革成果，真正体现社会公平正义。习近平深谙唯物史观奥妙，懂得群众路线才是真正的社会发展中的辩证法，是全面深化改革的价值动力之源和具体方法。

没有人民群众参与的改革，必然是失败的改革。只有坚持人民的主体地位，充分调动起群众的改革热情和干劲，才会取得全面深化改革的成功。习近平总书记指出："要坚持人民主体地位，把群众的安危冷暖放在心上，及时准确了解群众所想、所思、所盼、所忧、所急，把群众工作做细做透。"[①] 人民群众是改革的主要实践者，也是改革的深层次动力源，也是社会进步发展的主体力量。当前，改革已经进入深水区和攻坚期，既面临许多机遇，也面临许多不确定的风险。我们只有坚持走群众路线，不断调动、发现、激活人民群众的创造力，才能用中国智慧来解决中国的问题，才能不断增强社会的活力，不断解放和发展生产力。一切改革的体制机制包括顶层设计归根到底是由群众利益为导向，要坚决相信群众，依靠群众，把群众路线贯穿在全面深化改革的各个环节。

三　群众路线是从严治党推进执政党建设的重要法宝

如何跳出"历史周期律"，如何在长期执政和改革开放条件下保持党的先进性和纯洁性？早在"进京赶考"前，中国共产党人就交出了人民满意的答卷。人心向背关系党的生死存亡，只有人民才是真正决定历史的力量。随着世情、国情的变化，新时期"四大考验"和"四大危险"更加尖锐地摆在全党面前。习近平总书记指出党贯彻执行群众路线总体情况是好的，但是也必须看到，党内脱离群众的现象大量存在，集中表现在形式主义、官僚主义、享乐主义和奢靡之风这"四风"，究其根本管党不力、治党不严是重要原因。在新的历史条件下，党的领导水平、执政水平、党组织建设、党风建设和实际需要有一定差距，要想立于不败之地，必须打铁

---

① 习近平：《全面贯彻落实党的十八大精神要突出抓好六个方面工作》（2012年11月15日），《求是》2013年第1期。

还需自身硬,要补足共产党人精神上的"钙",要保持和人民群众的血肉联系。一些同志理想渺茫、信仰动摇,根本的原因在于历史唯物主义观点不牢固。坚定理想信念才能经受住各种风险考验,才能自觉抵御各种腐朽思想的侵蚀,这是中国共产党人安身立命的根本。在任何时候党都要和人民群众同呼吸,共命运,要牢记为人民服务,树立群众是历史的创造者的唯物史观。党要管党、从严治党,新时期党的自身建设主要标准就是全体党员是否心中装着群众,是否以群众利益至上为主要原则,是否坚持了"群众路线"。执政环境越复杂多变,我们的目标越宏伟,我们就越要增强忧患意识,越要从严治党。党中央在从严治党方面提出了"八点要求";在党的群众路线教育实践活动中,提出要着力解决"四风"问题;2014年习近平总书记对于处级以上党员干部提出"三严三实"要求,即"既严以修身、严以用权、严以律己,又谋事要实、创业要实、做人要实";2016年党中央又开展了"两学一做"即"学党章党规、学系列讲话,做合格党员活动"。这些全面从严治党的实践,深得人民的拥护,赢得民心。

同时,习近平总书记指出要以法治思维和法治方法抓作风建设,实现作风建设制度化、规范化、常态化,把群众路线和党内法治思想结合在一起,把作风建设和法制手段结合在一起,丰富和发展了群众路线的内容和方法。依据党章从严治党、依据宪法法律治国理政,党内法规思维和国家法律思维的运用有利于保障党内法规实效贯彻,也有利于养成"办事依法、遇事找法、解决问题用法、化解矛盾靠法"的行动自觉,用铁的纪律和法的刚性来加强党的作风建设,坚持以零容忍惩治腐败,充分调动广大党员干部的积极性主动性和创造性,增强党的战斗力和凝聚力。

四 群众路线是实现"中国梦"的根本途径

"现在,我们要实现党的十八大确定的奋斗目标和中国梦,必须紧紧依靠人民,充分调动最广大人民的积极性、主动性、创造性"[①]。习近平这一论断,创造性地将中国梦与群众路线有机结合在一起,把目标和手段紧密结合起来。

中国梦是群众路线的指向目标。习近平指出,实现中华民族伟大复兴的中国梦,就是要实现国家富强、民族振兴、人民幸福。中国梦把国家、

---

① 《习近平谈治国理政》,外文出版社2014年版,第367页。

民族和人民利益有机结合在一起,把国家、民族和人民作为一个整体统一在一起。从理论层面来说,"中国梦"建立在历史唯物主义和辩证唯物主义的基础上;就现实层面而言,国家富强、民族振兴必须依靠人民群众这个主体,人民群众才是创造者和实践者,中国梦归根到底必须依靠人民群众。习近平指出,"这个重大责任,就是对人民的责任……我们的人民是伟大的人民……在漫长的历史进程中,中国人民依靠自己的勤劳、勇敢、智慧,开创了各民族和睦共处的美好家园,培育了历久弥新的优秀文化……我们的人民热爱生活,期盼有更好的教育、更稳定的工作、更满意的收入、更可靠的社会保障、更高水平的医疗卫生服务、更舒适的居住条件、更优美的环境,期盼孩子们能成长得更好、工作得更好、生活得更好……人民对美好生活的向往,就是我们的奋斗目标。"[①] 习近平同志指出,"中国梦归根到底是人民的梦,必须紧紧依靠人民来实现,必须不断为人民造福。"[②] 中国梦是中国人的梦想,也是新时代赋予我们的新的历史任务。唯物史观认为人民创造历史,人民群众是中国物质财富和精神财富的创造者,也是建设社会主义事业的承担者,是实现中国梦的践行主体。要想让中国飞得高,跑得快,必须依靠13亿人民的力量,要团结一切人民实现中国梦,中国梦就是群众路线指向的目标和归宿。

群众路线是党的生命线,也是实现中国梦的根本途径。中国共产党90多年的历史经验告诉我们:只要坚持群众路线,我们的党就会坚持实事求是的方向,党和国家的事业就会顺利;只要偏离群众路线,就会脱离实事求是的道路,党和国家的事业必然会遭到挫折。我们党的最大政治优势是密切联系群众,党执政后的最大危险是脱离群众。中国共产党的胜利都是人民群众的力量,践行群众路线是党规避风险、永葆党的先进性、纯洁性的根本保证。中国梦与人民群众利益息息相关,正如习近平讲的"实现中国梦必须凝聚中国力量……只要我们紧密团结,万众一心,为实现共同梦想而奋斗,实现梦想的力量就无比强大,我们每个人为实现自己梦想的努力就拥有广阔的空间……生活在我们伟大祖国和伟大时代的中国人民,共同享有人生出彩的机会,共同享有梦想成真的机会,共同享有同祖国和时

[①]《十八大前前后后》,人民出版社2012年版,第148页。
[②]《中华人民共和国第十二届全国人民代表大会第一次会议文件汇编》,人民出版社2013年版,第4页。

代一起成长与进步的机会……有梦想,有机会,有奋斗,一切美好的东西都能创造出来。"[①] 只有坚持历史唯物主义,坚持群众路线,坚持实事求是,才能凝聚中国智慧,凝聚中国力量,为国家富强、民族振兴、人民幸福创造条件,才能真正早日实现中华民族伟大复兴的中国梦。

一言概之,历史唯物主义是中国共产党人的社会历史观和价值观,习近平群众路线思想是对历史唯物主义原理的运用和发展,为全面深化改革提供价值动力和工作方法,群众路线是从严治党推进执政党建设的重要法宝,是实现"中国梦"的根本途径。要坚持一切为了群众,一切依靠群众,从群众中来,到群众中去,不断把党的正确主张变为群众的自觉行动,把群众路线贯穿到治国理政全部活动之中。

(作者单位:新疆师范高等专科学校)

[①] 《中华人民共和国第十二届全国人民代表大会第一次会议文件汇编》,人民出版社 2013 年版,第 3 页。

坚定不移走出振兴发展新路

崔洪亮

党的十八大以来，习近平总书记提出了一系列治国理政新理念新思想新战略，为我们在新的历史条件下实现新发展提供了科学理论指导和行动指南。面对东北老工业基地振兴难的问题，习近平总书记指出"要坚持变中求新、变中求进、变中突破，走出一条质量更高、效益更好、结构更优、优势充分释放的新路。"① 习近平总书记的讲话牢牢抓住了东北老工业基地振兴的关键，为新一轮东北老工业基地全面振兴指明了一条新路。

一 变中突破是走出振兴发展新路的关键

变是世界的常态，世界是永恒运动和变化发展着的，只有不断适应新情况、解决新问题，只有坚持与时俱进，才能不断推进中国特色社会主义从胜利走向胜利。新路区别于老路，从马克思主义哲学的角度来考察，老路就是陈旧的、落后的、已经被淘汰的路，是不符合现实发展的濒临崩溃之路；新路就是最新的、先进的、已经被历史所选择的路，是符合现实发展的欣欣向荣之路。新路就是发展之路，走新路就是要在变中突破，促进旧事物的灭亡和新事物的产生和发展，是在新的历史条件下实现东北老工业基地振兴，建设幸福美好吉林的必经之路。

吉林是东北老工业基地之一，是新中国工业的摇篮，为建成独立完整的工业体系和国民经济体系，为国家的改革开放和现代化建设作出了历史性的重大贡献。然而，20世纪90年代以来，吉林老工业基地在体制转轨和市场化过程中产生了严重不适应，出现了产业结构不合理、设备工艺严重老化、经济效益提高缓慢、国有大中型企业改革滞后与活力不足、污染严重与环境恶化等诸多问题。2003年10月《中共中央国务院关于实施东

---

① 习近平总书记2015年7月在吉林视察工作时的讲话。

北等老工业基地振兴战略的若干意见》发布实施，东北老工业基地振兴正式启动。这一轮振兴先是经济增长显著，随着经济增长方式局限性的暴露，东北地区经济增速放缓。近年来，阻碍东北经济增长的各种矛盾进一步暴露，特别是由于难以提高自主技术研究与开发能力，使得东北经济增长后劲不足。

上一轮老工业基地振兴虽然在短期内使经济增长较快，但是由于改革不彻底，抑制发展的体制机制弊端尚未根除，吉林的经济增长再次放缓。我们可以从供给侧和需求侧的角度来理解其中缘由。供给侧改革主要包括要素端和生产端的改革，是指通过采取优化要素资源配置、鼓励企业创新、促进淘汰落后产能、降低税费负担和深化国有企业、战略性新兴产业和现代服务业等关键环节和重点领域改革等方式，使要素在市场力量配置下自由流动、产业在充分竞争中充满活力、创新在体制变革中蓬勃发展，实现经济社会的持续健康发展。需求侧则是以投资、消费、出口为着力点，主要通过财政政策和货币政策完成。从二者的关系来看，供给侧结构性改革重在长远发展，需求侧改革利于短期增长。在上一轮的吉林振兴过程中，我们实际上还是以需求侧为主线，依靠三驾马车释放经济潜力，促进经济增长，这样的做法短期内看来是行之有效的，但是从长远的眼光来考察，不利于生产端的转型升级和经济的可持续发展。实际上，供给侧改革和需求侧改革是不能割裂开的，虽然供给侧改革的提法较新，但是实际上新中国成立以来我国对土地、劳动力等生产要素的政策调节均属于供给侧改革的范畴，而需求侧改革也一直是促进经济增长的重要手段。因此，在东北老工业基地新一轮全面振兴的关键时期，必须双侧共举，在供给侧优化供给结构，解决供给不足与供给过剩问题，营造良好发展环境；在需求侧着眼需求下降与需求外移并存的难题，扩大内需的同时拓展中高端需求。

当前，我们面对的环境就是变，而变实际上并不可怕，变中有挑战就有机遇，变可导致淘汰又能促进升级。"东北老工业基地的振兴发展，不能再唱'工业一柱擎天'，结构单一的'二人转'，要做好加减乘除：加法——投资、需求、创新，减法——淘汰落后产能，乘法——创新驱动，除法——市场化程度。这个问题不解决，老工业基地难以凤凰涅槃、腾笼换鸟。"[①] 吉林工业"一柱擎天"和结构单一的"二人转"不能再唱了，

---

① 习近平，2015年"两会"在吉林团的讲话。

要在变中求新、变中求进、变中突破,这就是领导人的智慧和气魄。近年来吉林在全国 GDP 排名中一直处于劣势,人均可支配收入也不高,这种情况势必会影响全面建成小康社会和建设幸福美好吉林的进程。东北老工业基地需要新一轮全面振兴,对此习近平总书记强调"要瞄准方向、保持定力、一以贯之、久久为功,急躁是不行的,浮躁更不行。要向高新技术成果产业化发展,向选好用好各方面人才发展,临渊羡鱼不如退而结网。发展不能守株待兔、故步自封,要在市场竞争中求发展。要扬长避短、扬长克短、扬长补短,向经济建设这个中心聚焦发力,打好发展组合拳,奋力走出全面振兴新路子"①。

走出振兴发展新路,转型升级是主攻方向。经济转型升级,是一种经济运行状态转向另一种更高的经济运行状态。经济转型要把科技放在突出位置,要向高新技术成果产业化发展。因此,当前经济转型的实质就是用现代科技改造传统产业,发展高新产业和提高经济发展中的含金量。高新技术产业以高新技术为基础,是从事一种或多种高新技术及其产品的研究、开发、生产和技术服务的企业的集合,这种产业所拥有的关键技术往往开发难度很大,但一旦成功开发,则具有较高的经济效益和社会效益。高新技术产业是知识密集、技术密集的产业,其主要有信息技术、生物技术、新材料技术三大领域。对于吉林而言,高新技术产业化横向比较还有一定差距,工业"一柱擎天"和结构单一的"二人转"的现状还未完全改变,因此大力实施创新驱动发展战略,发展高新技术产业和现代服务业势在必行。

二 坚定信念是走出振兴发展新路的根本要求

走出东北老工业基地的振兴发展新路,特别是走出具有吉林特色的振兴发展新路,要求我们"以加快经济转型为主攻方向,以全面建成小康社会为历史使命,以幸福美好吉林为奋斗目标",②推进治理体系和治理能力现代化,而这个过程也是异常艰辛的。走振兴发展新路,向着全面建成小康社会历史使命和幸福美好吉林奋斗目标前进要求全体党员凝心聚力、攻坚克难,我们必须从根本上坚定理想信念,高举中国特色社会主义伟大旗

---

① 习近平,2016 年 3 月 7 日全国两会,在参加黑龙江省代表团审议时的讲话。
② 巴音朝鲁,2017 年 5 月 26 日,吉林省第十一次党代会报告。

帜,牢固树立"四个自信"。当前,少数党员干部的理想信念不坚定,本应信仰马克思主义却堕落为拜金主义,崇尚权钱交易、金钱至上,产生的腐败问题直接阻碍着社会发展。我们只有不断坚定理想信念,才能为走出振兴发展新路汇聚力量。

习近平总书记强调"心中有信仰,脚下有力量;没有牢不可破的理想信念,没有崇高理想信念的有力支撑,要取得长征胜利是不可想象的"[①]。同样,走振兴发展新路离开坚定的理想信念是万万不行的,坚定信念是走振兴发展新路的根本要求。所谓政党是指一定阶级以共同利益和共同意志为基础组成的政治团体。一个政党内部一定具备某种共识,中国共产党内马克思主义信仰是共识,中国特色社会主义道路、理论、制度和文化是共识,为人民服务是共识,全面建成小康社会和实现中华民族伟大复兴的中国梦是共识。

走出振兴发展新路,从根本上要求我们坚定理想信念,就是要求我们深学、真学社会主义理论,就是要求我们真信、深信中国改革发展的成果,继而以共识汇聚磅礴力量。近年来,少数党员领导干部没有自觉坚定理想信念,而是滔滔不绝于西方的自由民主,继而对社会主义民主产生曲解,这实际上就是社会主义理论素养不足或是不深学、真学社会主义理论导致的后果。我国的社会主义民主首先是真实的和广泛的,同时相比西方的自由民主,我国的社会主义民主制度具有一定的优越性。我国是人民民主专政的国家,本质上是对人民民主和对敌人专政,这里我们要认识到在任何国家都不会有超越阶级立场的抽象的民主。在我国人民是国家的主体,人民享有民主权利,而这种权利也同样是建立在履行相关义务基础上的。为了最大限度地保障人民的民主权利和生命财产安全,那些破坏国家统一、民族团结的人,那些危害公民安全、扰乱公共秩序的人,就会被剥夺一定的民主权利,只有深入学习领会社会主义的本质,才能坚定我们的理想信念。近些年,随着市场经济的进一步发展,我国社会贫富差距逐渐拉大,这使得少数人对社会主义经济制度的优越性产生了质疑。产生这种现象的原因在于一些人看问题不实事求是。我们要认识到贫富差距在世界上是普遍存在的,而不仅是我国面临的问题,在西方发达国家,资产阶级和工人阶级之间的收入差距也十分巨大,我们不能一叶障目。我们要认识

---

① 习近平,2016年10月21日在纪念红军长征胜利80周年大会上的讲话。

到改革红利的真实性。从对历史的考察中,我们不难发现当今中国人民生活水平有了质的飞跃,我们正处在离中华民族伟大复兴最近的地方,这是以往任何时期都不能比拟的。我们在考察中国是否得到发展、发展得好不好的时候要立足于历史和现实两个维度,用辩证与历史唯物主义的眼光去考察,忽略自身历史条件和历史发展规律的考察方法是不科学的。同时,我们要认识到社会主义按劳分配并不是万能的,有其自身的局限性,它能充分调动整个社会生产的积极性但不能最大限度地实现分配公平,不是最终的分配方式,为了追求最大限度的社会公平,共产主义社会的按需分配才是我们追求的目标。不过,实现共产主义远大理想不可能一蹴而就,我们要立足实际,放眼未来。"共产主义决不是'土豆烧牛肉'那么简单,不可能唾手可得、一蹴而就,但我们不能因为实现共产主义理想是一个漫长的过程,就认为那是虚无缥缈的海市蜃楼,就不去做一个忠诚的共产党员"①。

三 转变作风是走出振兴发展新路的重要途径

走出振兴发展新路,向着全面建成小康社会历史使命和幸福美好吉林奋斗目标前进要求我们不忘初心、艰苦奋斗,同时也要求我们转变作风、树立新风,弘扬共产党人价值观,践行群众路线。

转变作风、树立新风就要弘扬共产党人价值观。习近平总书记指出"政治文化是政治生活的灵魂,要注重加强党内政治文化建设,倡导和弘扬忠诚老实、光明坦荡、公道正派、实事求是、艰苦奋斗、清正廉洁等价值观,旗帜鲜明抵制和反对关系学、厚黑学、官场术、'潜规则'等庸俗腐朽的政治文化,不断培厚良好政治生态的土壤"②。这实际上是在新的历史条件下给全体党员提出了作风新要求。我们强调党员干部转"四风",就要树立新作风,新气象。我们面前的振兴发展新路,是必由之路、光明之路,但不是平坦之路,忘记初心不能成事。忠诚老实、光明坦荡、公道正派、实事求是、艰苦奋斗和清正廉洁的价值观是建党以来中国共产党人的优秀品质真实写照与凝练,是当前走振兴发展新路所必需的做派。在过去,我们少数党员领导干部不作为、乱作为、贪污腐败,都是因为价值观

---

① 习近平,《做焦裕禄式的县委书记》,2015 年 1 月 12 日。
② 习近平,在十八届六中全会第二次全体会议上的讲话。

不正。他们对自己忠诚老实、对名利忠诚老实，却不对党和人民忠诚老实；他们把光明坦荡和公道正派束之高阁而低下身段蝇营狗苟；他们满脑空想、满嘴空话大话，一肚子废话光说不练，既不实事求是也不艰苦奋斗，反而是将"关系学"、"厚黑学"运用得炉火纯青；他们把清正廉洁的宝剑悬在头上，把大把票子揣进兜里。共产党员不应当为了私利蝇营狗苟，因为"我们党除了国家、民族、人民的利益，没有任何自己的特殊利益"[1]，我们要做大时代的创造者，我们已经创造了历史，我们还将继续创造历史。

转变作风，树立新风就要践行群众路线。我们党一直以来都坚持走群众路线，革命年代如是，新中国成立以来如是，全面建成小康社会的新时期亦如是。人民群众是历史的创造者，是真正的英雄，人民群众给了我们力量，因此我们必须坚持以人民为中心的发展思想。可是近些年来，党员干部脱离群众的例子屡见不鲜。2013年以来，我们搞党的群众路线教育实践活动，以为民、务实、清廉为主题，就是要教育引导党员干部树立群众立场，弘扬优良作风，解决突出问题，保持清廉本色，使干部作风进一步转变，干群关系进一步密切。我们的少数党员干部不走群众路线，忘记了自己是从群众中来、要到群众中去，意识不到自己手中的权力是人民赋予的。这就使他们忘了本、得了病，他们成了独立于群众的存在，手中的权力成为了自家的砝码，同时他们也成为了无根之树、无光之灯。得众得国、失众失国，群众路线是党执政的制胜法宝，必须一以贯之。

总 结

在新的历史条件下，要实现东北老工业基地新一轮全面振兴，必须以坚定信念、转变作风为着力点，变中求新、变中求进、变中突破，坚定不移地走出振兴发展新路。

（作者单位：中共吉林省委党校）

---

[1] 习近平，在省部级主要领导干部学习贯彻十八届六中全会精神专题研讨班开班式上的讲话。

2017年中国特色社会主义理论体系研究综述

侯衍社 刘大正

改革开放40年来，中国特色社会主义理论和实践良性互动，不断发展，先后形成了邓小平理论、"三个代表"重要思想、科学发展观和习近平新时代中国特色社会主义思想。习近平新时代中国特色社会主义思想是对"新时代坚持和发展什么样的中国特色社会主义、怎样坚持和发展中国特色社会主义"这一重大时代课题的科学回应，是马克思主义中国化最新成果，是党和人民实践经验和集体智慧的结晶，是全党全国人民为实现中华民族伟大复兴而奋斗的行动指南。2017年，国内外学者对于中国特色社会主义理论体系的研究呈现出几大特征：第一，理论关注更加前沿化。理论研究从选题到立意以及相关材料的选取，都更具时代特征，反映出理论发展的新趋势。第二，回应问题更加现实化。中国特色社会主义理论体系作为中国特色社会主义建设实践的理论指导，最终要经过实践检验，因此理论所回应的问题是否满足国家和人民的需要，是理论能否保持生机活力的前提。第三，理论视域更加国际化。随着"一带一路"建设以及构建人类命运共同体计划的提出，中国特色社会主义理论体系的研究开始走出国门，成为世界理论研究所关注的重点问题，越来越多国外研究机构和学者将目光投向中国问题研究，一些国内学者积极参与国际学术交流，起到了很好的传递中国声音的作用。现将一年来学术界关于中国特色社会主义理论体系研究的相关成果进行归纳总结。

一 关于中国特色社会主义理论体系形成、发展的研究

（一）从理论发展脉络研究中国特色社会主义理论体系的演变

中国特色社会主义理论体系作为一个有机理论体系，有其产生、发展的理论脉络。中国特色社会主义理论体系是在对马克思列宁主义、毛泽东

思想科学继承基础上,结合中国特色社会主义实践不断丰富而来。弄清楚理论来源及发展路径,对于当前的研究具有重要意义。据此,有学者对中国特色社会主义理论体系的创建及发展脉络进行了梳理和研究。

关于毛泽东思想与中国特色社会主义理论体系关系的研究。安徽财经大学黄爱军认为,中国特色社会主义理论体系与毛泽东思想,在内容、在形成和发展的阶段划分上,都存在着一定的交叉,毛泽东思想涵盖了中国革命和建设两个大的历史阶段,其理论主题经历了从革命到建设的历史性跨越,毛泽东开创的中国社会主义的独特道路,表现在开创具有中国特点的社会主义政治制度、经济制度,以毛泽东为代表的党的第一代中央领导集体为我们所确立起来的社会主义基本政治、经济、文化制度,奠定了中国社会发展的基础,是我们必须长期坚持的。毛泽东思想是中国特色社会主义的活水源头,表现在第一代中央领导集体积极探索中国自己的社会主义建设道路并取得积极的理论成果,实际开启了中国共产党人接力相传的中国特色社会主义道路探索的先河,为中国改革开放提供了动力并成为开启中国改革开放的突破口,是中国改革开放能够顺利推进并取得成功的不可或缺的重要条件。[①] 关于这一问题,广东海洋大学鲁亚菲认为,从总体上客观、全面地把握毛泽东思想和中国特色社会主义理论体系的关系,可以更好地为社会主义现代化服务。在她看来,"两个三十年"的关系实质上是毛泽东思想与中国特色社会主义理论体系的关系问题。在对待两个"前后三十年"的问题时,她主张不应该武断地判定哪个"三十年"对与不对,而是应当用历史的眼光看待问题,认识到这两个阶段,都是中国共产党领导中国人民进行艰苦探索建设社会主义的阶段,我们更多的是要看到它们之间的内在联系,而不是抓住它们的差异不放。[②]

在研究上一代中央领导集体对中国特色社会主义理论体系的贡献问题时,郑州大学辛世俊、韩一凡认为,胡锦涛在继承和发展中国特色社会主义理论体系方面的历史性贡献主要有:把以人为本定位为中国特色社会主义的价值诉求,把科学发展作为中国特色社会主义的永恒主题,把建设中国特色社会主义和谐社会作为中国特色社会主义的本质属性,把精神文明

[①] 黄爱军:《中国特色社会主义理论体系与毛泽东思想关系的再探讨》,《佳木斯大学社会科学学报》2017年第35期。

[②] 鲁亚菲:《浅析毛泽东思想与中国特色社会主义理论体系的关系——兼论"两个三十年"的关系》,《当代经济》2017年第3期。

作为中国特色社会主义的重要特征,把党的建设作为中国特色社会主义的政治保证。①

(二) 从马克思主义中国化视角研究中国特色社会主义理论体系的演变

习近平总书记在7·26讲话中深刻指出:"中国特色社会主义是改革开放以来党的全部理论和实践的主题"这一重要科学论断。中国特色社会主义是改革开放以来党在理论和实践探索中的一条鲜明主线。

中共中央党校秦刚对中国特色社会主义理论体系的历史发展过程加以考察,指出中国特色社会主义理论体系长期探索的"总问题"就是"如何建设和发展社会主义、加快实现现代化",认为该体系是一个整体性、开放性的理论,是不断发展、前后相继,与时俱进的理论体系。② 中国人民大学陶文昭认为,改革开放可以细化为三个阶段,中国特色社会主义是改革开放以来党一以贯之的主题,是十八大以来党在治国理政中强调贯彻的主题,也是十九大之后党领导中国继续前进要始终坚持的主题,表明实践发展永无止境,马克思主义中国化理论也会不断创新和发展,中国特色社会主义作为马克思主义中国化的理论成果,它的形成有其理论根源和逻辑依据。③ 中国社会科学院金民卿、李张容认为,中国特色社会主义是中国共产党人在中国特色社会主义理论体系的建构中,把中国文化中的"大同"思想与马克思主义的"共产主义"理想相结合的理论创造,该理论是共产党人在融合马克思主义和中华文化差异基础上确立的以实现共产主义为终极目标而开辟的一条具体路径,体现了历史和人民的意愿选择。④

(三) 从某一特定视角入手研究中国特色社会主义理论体系的演变

1. 从社会主义市场经济历史演变的视角,考察中国特色社会主义理论体系的形成与发展。清华大学秦超认为,社会主义市场经济的演进历程与中国特色社会主义理论的形成与发展存在着逻辑关联。社会主义市场经济的发展需要在上层建筑层面做些调整,邓小平时期通过"摸着石头过河"

---

① 辛世俊:《胡锦涛对中国特色社会主义理论体系的历史性贡献》,《学习论坛》2017年第4期。
② 秦刚:《对中国特色社会主义理论体系的整体性认识》,《中国特色社会主义研究》2017年第4期。
③ 陶文昭:《改革开放以来党的全部理论和实践的主题》,《中国特色社会主义研究》2017年第4期。
④ 金民卿、李张容:《社会理想视域下马克思主义与中国文化的差异融合》,《中国特色社会主义研究》2017年第1期。

的探索试验,确认社会主义可以和市场经济相结合;江泽民时期通过经济关系和社会政治关系的调整,将社会主义市场经济坚持下去;胡锦涛时期通过科学发展观与构建和谐社会来化解市场经济所产生的矛盾和问题。以党的十八大为标志,中国经济社会发展进入了新的发展阶段,新一届党中央协调推进"四个全面"战略布局,既是对中国特色社会主义理论体系的丰富和发展,也使社会主义市场经济体制更加成熟和定型,表现为:第一,全面建成小康社会是社会主义市场经济成果的集中展示,表明社会主义可以利用市场经济发展方式初步实现共同富裕;第二,全面深化改革的核心是处理好政府与市场关系,旨在完善社会主义市场经济,使之更加成熟和定型;第三,全面依法治国为社会主义市场经济打造良好的制度环境,确保市场经济的有序运行;第四,全面从严治党消弭市场经济对党的肌体造成的不良影响,为社会主义市场经济的发展锻造坚强的领导核心。[1]

2. 从中国特色社会主义本质理论入手,研究中国特色社会主义理论体系的发展。厦门大学刘洪刚认为,中国特色社会主义本质理论在改革开放实践中逐步形成,其主要内容是在中国共产党领导下,坚持以人为本,解放和发展生产力,实现共享共富、公平正义与社会和谐,促进人的全面发展。邓小平在领导中国现代化建设征程中,坚持科学社会主义基本原则,解放思想,实事求是,结合中国实际提出了社会主义本质论,即解放生产力,发展生产力,消灭剥削,消除两极分化,最终达到共同富裕。邓小平社会主义本质论提出后,江泽民在庆祝中国共产党成立80周年大会上的讲话中,提出了促进人的全面发展是社会主义的本质要求的命题。中共十六大以来,胡锦涛深化了对中国特色社会主义本质的认识,提出"以人为本"的理念。中共十八大以来,以习近平为核心的党中央围绕坚持和发展中国特色社会主义,形成了治国理政的新思想,提出了"中国共产党的领导是中国特色社会主义最本质的特征"和"共享是中国特色社会主义的本质要求"的新观点,这是中国特色社会主义本质理论的最新发展。[2]

---

[1] 秦超:《中国特色社会主义理论的形成与发展逻辑——基于社会主义市场经济历史演变的探索》,《山西大学学报》(哲学社会科学版) 2017 年第 40 期。

[2] 刘洪刚:《中国特色社会主义本质理论研究》,《科学社会主义》2017 年第 3 期。

3. 从中国特色社会主义理论体系的哲学基础切入,阐述理论的哲学逻辑与科学性。有学者运用理论与实践的辩证关系原理,研究中国特色社会主义道路的发展与中国特色社会主义理论体系的形成。江西师范大学王玲玲、高军龙、康凤云认为,中国特色社会主义理论体系是中国共产党带领全国人民在探索和践行中国特色社会主义道路上形成的马克思主义中国化的第二个伟大思想结晶,中国特色社会主义理论体系是在中国特色社会主义探索期萌发的,是在中国特色社会主义发展期形成的。并认为,实践是理论的来源,对中国特色社会主义道路的践行和发展是中国特色社会主义理论体系形成的现实前提和实践来源。① 也有学者从唯物史观、科学社会主义等角度入手论证中国特色社会主义理论体系的科学性。中共中央党校刘海涛认为,中国特色社会主义理论体系作为马克思主义中国化的最新成果,延续了科学性这一特点,集中体现在：中国特色社会主义的科学性始终贯穿着唯物史观的理论基础,以科学社会主义为原则；它正确地反映了和平与发展的时代主题、初级阶段的基本国情和中华民族的历史传统；它以实践为检验标准,接受历史和实践的检验。这一科学理论体系是共产党人在实践中的理论创新和智慧结晶,在实践的检验中不断修正。②

二 关于中国特色社会主义理论体系的理论特征的研究

通过概括学界对于中国特色社会主义理论体系的理论特征的表述,可以归纳为以下几点：现实性、创新性、开放性、规律性、整体性。

1. 关于中国特色社会主义理论体系现实性特征的研究。天津大学周小兵认为,中国特色社会主义理论体系具有"现实性"与"理论性"之两面。从国情上看,中国特色社会主义有"生计"和"统计"的两面；从经济建设看,有"公允"和"公平"的两面；从政治建设看,有"民本"和"民主"的两面；从文化建设看,有"自觉"和"先觉"的两面；从社会建设看,有"善治"和"共治"的两面；从生态文明建设看,有"节约"和"节制"的两面；从党的建设看,有"调整"和"调适"的两面；从当代中国与世界的关系看,有"主旨"和"主权"的两面。周小兵

---

① 王玲玲、高军龙、康凤云：《中国特色社会主义道路的发展与中国特色社会主义理论体系的形成》,《社会主义研究》2017 年第 5 期。
② 刘海涛：《论中国特色社会主义理论体系的科学性》,《唯实》2017 年第 9 期。

认为，从中国的实际情况看，现实的灵活性比理论的原则性更重要。坚持"实践逻辑"在先也是马克思主义的基本思想和中国特色社会主义的基石。中国共产党执政的特色在于强调其"两面"，但更注重"现实"①。

2. 关于中国特色社会主义理论体系创新性特征的研究。中共中央党校秦刚认为，中国特色社会主义理论体系是不断发展的开放性理论体系，党中央治国理政新理念新思想新战略的创新发展主要体现在这样几个方面：协调推进"四个全面"战略布局，以新的发展理念引领经济发展新常态，推进国家治理体系和治理能力现代化，确认基本经济制度是中国特色社会主义制度的重要支柱，推进协商民主广泛多层制度化发展，把权力关进制度的笼子里，构建整体化的国家安全体系，提出文化自信是道路自信、理论自信、制度自信的基础，明确新形势下的强军目标，构建人类命运共同体和利益共同体，开创管党治党新局面。秦刚认为，与时俱进，永不停滞，是中国特色社会主义理论体系的显著特点。②

3. 关于中国特色社会主义理论体系开放性特征的研究。山东师范大学徐稳认为，中国特色社会主义理论体系是一个开放的体系，它是在广泛汲取包括中国传统文化在内的人类一切文明成果的丰富营养的基础上发展起来的。在徐稳看来，中国特色社会主义理论体系的创新和发展，不应该抛弃自己的文化传统。要充分挖掘、提炼和研究中国优秀传统文化的价值，重视从中华优秀传统文化中汲取精华，以开放的姿态对待中华优秀传统文化。只有在继承和发展中国传统文化的基础上，中国特色社会主义理论体系才能显示出鲜明的中国气派、中国魅力和中国风格，进而呈现出鲜明的生命力。中国特色社会主义理论体系以开放的姿态汲取和吸收中华优秀传统文化的养分，既体现了马克思主义科学理论体系的开放性特征和宏阔视野，也体现了其本身具有鲜明的向历史传统开放的特性。③

4. 关于中国特色社会主义理论体系规律性特征的研究。河北师范大学王玉平认为，对中国特色社会主义理论体系的规律性认识，主要包括四大

---

① 周小兵：《对中国特色社会主义理论体系"现实性"的解读》，《山西高等学校社会科学学报》2017年第29期。

② 秦刚：《中国特色社会主义理论体系的最新成果》，《中共中央党校学报》2016年第20期。

③ 徐稳：《论中国特色社会主义理论体系的开放性发展——基于中国传统文化的视角》，《东岳论丛》2017年第11期。

特点：首先，社会主义道路是党基于长期的实践探索作出的选择；其次，坚持中国共产党的领导是中国特色社会主义的本质特征；再次，发展生产力是社会主义本质的根本要求；最后，不忘初心，继续前进是坚持和发展中国特色社会主义的必然要求。基于中国特色社会主义理论体系的科学性和创新性，必须科学把握和认识中国特色社会主义理论体系的规律性。①

5. 关于中国特色社会主义理论体系整体性特征的研究。武汉大学袁银传、彭晓妍从多个角度论证和阐释了中国特色社会主义理论体系是一个有机统一的整体性体系。这个整体性体系包含了伟大旗帜、发展道路、理论体系、制度规范和文化自信五大本质要素；具有四方面的特征：揭示中国特色社会主义建设的客观规律；设计和布局了中国特色社会主义建设的伟大事业；规划中国特色社会主义建设的宏伟蓝图；从整体上解答了当今时代和当代中国复杂性社会问题。这种整体性又彰显于对"洋教条""左教条"和"古教条"三大教条的批判中。坚持中国特色社会主义理论体系的整体性特征对于坚持"四个自信"具有重要意义。②

此外，西南大学陈跃、谢秀军认为，这一"整体性"特点表现在：在理论生成的时代背景上，中国特色社会主义理论体系始终是对时代主题的回应；从其现实基础的角度论证中国特色社会主义理论体系始终以社会主义初级阶段国情为逻辑前提；从现实发展逻辑上，中国特色社会主义理论体系以中国特色社会主义为全部主题；在理论特质上，中国特色社会主义理论体系始终坚持实事求是和与时俱进原则；在价值追求上，中国特色社会主义理论体系始终本着以人为本、保障民生；在实践任务上，中国特色社会主义理论体系始终保持着创新性发展。以上几个方面，充分论证了中国特色社会主义理论体系整体性特征。③

中共中央党校秦刚认为，中国特色社会主义理论体系是一个整体性的理论，从该理论体系一以贯之的主题、持续回答的问题可以得以论证：中国特色社会主义理论体系自改革开放以来的全部实践都围绕中国特色社会主义这一主题展开，持续着对什么是社会主义、怎样建设社会主义、建设

---

① 王玉平：《科学把握和深刻认识中国特色社会主义理论体系的规律性——评〈中国特色社会主义理论体系研究〉》，《中共石家庄市委党校学报》2017年第19期。
② 袁银传、彭晓妍：《中国特色社会主义理论体系的整体性》，《理论视野》2017年第7期。
③ 陈跃、谢秀军：《中国特色社会主义理论体系整体性逻辑研究》，《思想理论教育导刊》2017年第8期。

什么样的党、怎样建设党、实现什么样的发展和怎样实现发展的一系列问题的探索和解答,都可以归结为是对发展社会主义和实现社会主义现代化的问题的回答。这就决定了中国特色社会主义在不断发展中表现出连续性和阶段性的特征。①

三 关于习近平治国理政思想对中国特色社会主义理论体系的丰富与发展的研究

2017年,学术界围绕中国特色社会主义理论体系的新变化新特征和习近平新时代中国特色社会主义思想进行了热烈讨论和深刻研究,取得丰硕的理论成果。

(一) 关于习近平治国理政思想与其他理论之间关系问题的研究

学术界在深刻研究习近平治国理政思想和十八大以来系列重要讲话精神后,对该思想理论同其他理论之间的关系进行了广泛讨论。概括地说,十八大以来习近平治国理政思想和重要讲话精神是中国特色社会主义理论体系的组成部分,是该理论体系在新时代下的新发展。

1. 有学者着重分析了习近平治国理政思想与中国特色社会主义理论体系的关系。清华大学肖贵清、王然认为,"习近平治国理政思想"是中国特色社会主义理论体系的最新成果,开辟了马克思主义中国化的新境界。它是与邓小平理论、"三个代表"重要思想、科学发展观一脉相承的,它们都是中国特色社会主义理论体系的重要组成部分,具有共同的坚持马克思列宁主义、毛泽东思想的理论基础,坚持人民主体地位的价值准则,坚持实事求是的理论精髓,它们统一于马克思主义中国化的历史进程,统一于坚持和发展中国特色社会主义伟大实践。②

2. 关于如何处理习近平治国理政思想同其他理论之间的关系问题,以及如何开展对前者的理论研究。有学者提出应注重横向、纵向,现实的、历史的研究。青岛农业大学纪咏梅认为,学术界在研究中国特色社会主义理论体系方面既有内容上的纵向研究,也有横向上的研究,既有历史的研究,也有现实的研究。纵向上学术界重在探讨习近平总书记系列重要讲话

---

① 秦刚:《对中国特色社会主义理论体系的整体性认识》,《中国特色社会主义研究》2017年第4期。

② 肖贵清、王然:《习近平治国理政思想与中国特色社会主义理论体系的关系》,《当代世界与社会主义》2017年第1期。

对中国特色社会主义理论体系的发展,横向上重在厘清理论体系自身的内在逻辑。在历史的研究上,重在梳理中国特色社会主义理论体系的发展历程并揭示其历史规律。在现实的研究上,重在研究中国特色社会主义理论体系与改革开放、与中国特色社会主义制度和道路的关系。[①]

(二)关于习近平治国理政思想的发展和创新研究

1. 有学者从系统的角度对十八以来中国特色社会主义理论体系的发展进行研究。中共中央党校胡振良提出,十八大以来,中国特色社会主义理论在其基本方面的发展,可以归纳为三个大的系统性成果:首先,深化对中国特色社会主义必然性的认识,拓展了社会主义基本问题的科学内涵。坚持历史与理论逻辑统一,拓展了社会主义基本问题的科学内涵,把坚持和发展中国特色社会主义问题放在政治之首、理论之先,系统回答了为什么坚持和发展中国特色社会主义,有针对性地提出、解答广大干部群众相关的深层次思想理论问题,得出了一系列政治判断和理论结论。其次,提出"更基础、更广泛、更深厚"的"文化自信",把对中国特色社会主义认识提高到新水平,提出以人、社会、劳动为本,是中国特色社会主义文化价值的逻辑起点,"人的自由和全面发展"是中国特色社会主义文化的终极价值目标,明确中国特色社会主义文化价值理念是一个涉及社会、经济、政治、文化、生态的完整价值体系。最后,提出"治国理政"新理念新理论新战略,对"发展起来后"怎样建设社会主义作出了新的回答,把中国特色社会主义理论发展到新阶段。[②]

2. 有学者认为习近平治国理政思想开创了中国特色社会主义理论新境界。上海师范大学汪青松认为,习近平治国理政新理念新思想新战略是中国特色社会主义理论体系的最新成果,重点强调了"四个自信"从构成上对治国理政新理念的阐释作用、"四个总"从谋划上对治国理政新思想的阐发作用以及"四个全面"从战略布局上对治国理政新战略的阐述作用,汪青松认为,习近平治国理政思想围绕对"实现什么样的民族复兴、怎样实现民族伟大复兴"这一中国特色社会主义理论基本主题的创造性回答,丰富和发展了对中国特色社会主义理论这一根本主题的

---

① 纪咏梅:《党的十八大以来中国特色社会主义理论体系研究的新进展》,《毛泽东思想研究》2017 年第 4 期。

② 胡振良:《十八大以来中国特色社会主义理论的新发展》,《当代世界社会主义问题》2017 年第 1 期。

回答，把中国特色社会主义理论体系推进到了民族复兴理论的新阶段①。天津理工大学乔惠波认为，习近平治国理政思想从三个维度丰富发展中国特色社会主义理论体系。第一，逻辑维度。习近平治国理政思想以建设和发展中国特色社会主义为主题进行逻辑展开，在总结历史经验的基础上深刻揭示了中国特色社会主义的发展规律，形成了严密的逻辑体系，这一逻辑体系是理论、道路和制度的综合体，是中国社会继续发展前进的基本依据。第二，目标维度。习近平治国理政思想以实现全面建成小康社会、社会主义现代化和中华民族伟大复兴的目标进行战略布局，绘制了实现中华民族伟大复兴中国梦的宏伟蓝图，明确了党在相当长时期内的奋斗目标体系，对中国特色社会主义理论的发展起到了提纲挈领的作用，提出了"四个全面"战略布局，总结并提出了新时期的五大发展理念，确立了"五位一体"的总布局。第三，制度维度。习近平治国理政思想以推动国家治理体系与治理能力现代化为引领进行制度创新，把治理问题放在了一个突出的战略位置上，统筹制度建设，加强制度创新，在经济社会发展的各个领域制定了一系列富有创见的体制机制，对中国特色社会主义理论体系进行丰富发展。乔惠波认为，习近平治国理政思想产生于新的征程，既坚持了马克思主义的基本原则，又赋予其新的时代特征②。

(三) 关于习近平治国理政思想的哲学基础研究

在哲学语境下，一些学者认为习近平中国特色社会主义理论体系是以科学社会主义原则为指导的新的理论成果。中共中央党校梁波认为，习近平治国理政思想这一理论体系的哲学基础是马克思主义哲学，以历史唯物主义为核心指引，在解放和发展生产力过程中，坚持贯彻党的群众路线观；以马克思主义认识论为思想基础，在中国改革中始终贯彻落实马克思主义实践观和历史观；以唯物辩证法为指导，在实践中注重结合中国的民族特性和发展实际对马克思主义理论加以继承，使中国社会主义呈现鲜明的特色和优势。习近平治国理政思想以马克思主义方法论为指导，是对科

---

① 汪青松：《习近平治国理政思想开创中国特色社会主义理论新境界》，《思想理论教育导刊》2017年第4期。
② 乔惠波：《习近平治国理政思想对中国特色社会主义理论发展的三个维度》，《山东社会科学》2017年第7期。

学社会主义基本原则的坚持和创新。①

此外,以马克思主义政治经济学为基础,北京师范大学白暴力、中国石油大学方凤玲,共同论证了中国特色社会主义政治经济学的逻辑起点——人民主体论。从生产力、生产关系、社会生产目的和劳动价值理论四个方面分别阐述了以习近平为核心的党中央所提出的"人民主体论"的哲学依据是历史唯物主义的,认为其是对马克思主义政治经济学的新发展,构成中国特色社会主义政治经济学行为分析的逻辑起点。②

(四)关于习近平治国理政思想的重大意义研究

不少学者在总结十八大以来取得历史性成就和深刻变革的基础上,概括总结了习近平新时代中国特色社会主义思想的逻辑体系、结构框架和理论特质,阐述了习近平新时代中国特色社会主义思想的重大意义和实践要求。

空军党的创新理论学习研究中心王寿林认为,习近平新时代中国特色社会主义思想具有政治定向意义、理论开拓意义、实践指导意义;在长期的革命、建设和改革实践中形成内容上系统性、思想上承续性、观点上创新性的鲜明特征。③ 兰州大学朱大鹏、中国社科院辛向阳在《论党的十八大以来成就和变革的历史性》一文中,总结了党在十八大以来所取得的历史性成就和深刻变革,指出成就和变革具有全方位、开创性、深层次、根本性的历史性特征;对内使中华民族伟大复兴到达理性制高点上,对外贡献中国智慧中国方案达到道义制高点,纵观历史对科学社会主义的发展而言,达到规律制高点上,具有世界性历史性重大意义。④ 中国社会科学院吴波把中国特色社会主义在新的发展阶段所呈现的主要特征概括为强起来、发展的共享性强化、制度的成熟度提升、党的纯洁性建设加强和道路的普遍性增强。⑤ 清华大学肖贵清、田桥认为,习近平治国理政思想的逻

---

① 梁波:《习近平治国理政思想的哲学基础》,《中国特色社会主义研究》2017年第5期。
② 北京市中国特色社会主义理论体系研究中心课题组,白暴力、方凤玲:《人民主体论:中国特色社会主义政治经济学的逻辑起点》,《中国特色社会主义研究》2017年第1期。
③ 王寿林:《习近平新时代中国特色社会主义思想的理论思考》,《中国特色社会主义研究》2017年第1期。
④ 朱大鹏、辛向阳:《论党的十八大以来成就和变革的历史性》,《中国特色社会主义研究》2017年第1期。
⑤ 吴波:《中国特色社会主义新的发展阶段的主要特征与重大意义》,《中国特色社会主义研究》2017年第1期。

辑主线是推进国家治理体系和治理能力现代化,围绕坚持和发展中国特色社会主义这一根本主题,形成了一套系统的基本框架结构。①

四 关于党的十九大对中国特色社会主义理论体系丰富与发展研究

党的十九大胜利召开,中国特色社会主义进入新时代,中国特色社会主义理论体系的内涵得到进一步发展和完善。伴随着国内外形势变化和各项事业发展呈现的新特征,以习近平为核心的党中央坚持解放思想,实事求是,在理论和实践上创造性地回答了在新时代坚持和发展什么样的中国特色社会主义、怎样坚持和发展中国特色社会主义的重大问题,取得重大理论创新成果,形成了习近平新时代中国特色社会主义思想,极大地丰富和发展了中国特色社会主义理论体系。

(一) 关于"习近平新时代中国特色社会主义思想"的研究

1. 正确认识"习近平新时代中国特色社会主义思想"

清华大学肖贵清认为,习近平治国理政思想与邓小平理论、"三个代表"重要思想、科学发展观既一脉相承又与时俱进,具有共同的指导思想、价值准则和理论精髓,统一于马克思主义中国化的历史进程,统一于坚持和发展中国特色社会主义伟大实践。② 济南大学包心鉴认为,深入回答新的历史条件下中国特色社会主义新发展面临的重大问题,完善和发展中国特色社会主义制度,推进国家治理体系和治理能力现代化,是习近平治国理政思想的逻辑起点;以实现中华民族伟大复兴中国梦为统领,深入实施"四个全面"战略布局,在新的历史起点上开创当代中国现代化新境界,是习近平治国理政思想的主题主线;遵循人类现代文明的基本规律和发展趋势,把创造性传承中国优秀传统文化与创新性吸纳世界多样文明有机融合起来,是习近平治国理政思想的价值视野。③ 浙江省社科院黄宇从逻辑和历史相结合的角度,指出习近平新时代中国特色社会主义思想其理论创新的逻辑基点与实践基础在于以社会主义初级阶段主要矛盾为逻辑起

---

① 肖贵清、田桥:《习近平治国理政思想的逻辑主线和框架结构》,《中国特色社会主义研究》2017年第1期。

② 肖贵清、田桥:《习近平治国理政思想与中国特色社会主义理论体系的关系》,《当代世界与社会主义》2017年第1期。

③ 包心鉴:《马克思主义中国化的新成果新飞跃——论习近平治国理政思想的逻辑起点、主题主线、价值视野和历史地位》,《济南大学学报》(社会科学版) 2017年第27期。

点、以战略思维为理论支撑、以"五大发展理念"为实践取向、以人民为中心的价值追求、以全面深化改革为基本动力、以群众路线为根本方法、以法治建设为主要依托、以全面从严治党为根本保证。[①] 南京大学尚庆飞指出,治国理政的理论创新是紧密根植于"中国实践"基础上,"中国理论"的逻辑表达,是密切围绕坚持和发展中国特色社会主义这条主线进行的理论思索。习近平新时代中国特色社会主义思想具体的创新体现在三个维度:一是坚定中国共产党的"初心论"构成了治国理政实践的精神支柱;二是坚持"人民主体论"构成了治国理政实践的价值旨归;三是建构"科学布局论"成为治国理政的顶层设计。[②]

2. "习近平新时代中国特色社会主义思想"与邓小平理论的对比研究

首先,"四个全面",即全面建成小康社会、全面深化改革、全面依法治国、全面从严治党,是理论界分析研究新时代中国特色社会主义思想与邓小平理论关系的重要方面。

厦门大学冯霞从中国特色社会主义制度角度,分析指出习近平完善和发展中国特色社会主义制度的创新点正体现为"四个全面",具体来说:全面建成小康社会是新目标;全面深化改革是新动力;全面依法治国是新要求;全面从严治党是新原则。[③] 中国人民大学杨凤城认为,"四个全面"为我们认识邓小平的历史地位打开了新的视角。小康目标的提出标志着中国共产党治国理政思想的战略性调整;改革开放是中国特色社会主义的历史与逻辑起点;邓小平是国家治理现代化——法治化之路的开启者;邓小平推动全党完成从革命党向执政党的转型并提出了具体要求和措施。[④] 湖南师范大学莫志斌认为,"小康社会"是邓小平对"中国式现代化"进程的新设计,也是对马克思主义中国化的新贡献,而以习近平为核心的党中央提出全面建成小康社会的宏伟目标与重要举措,将邓小平建设小康社会

[①] 黄宇:《习近平新时代中国特色社会主义思想的逻辑基点与实践基础》,《浙江社会科学》2017年第12期。

[②] 尚庆飞:《习近平新时代中国特色社会主义思想理论创新的三重维度》,《求索》2017年第10期。

[③] 冯霞:《习近平完善和发展中国特色社会主义制度的理论创新维度》,《马克思主义研究》2017年第5期。

[④] 杨凤城:《从"四个全面"战略布局的时代高度看邓小平的历史地位》,《邓小平研究》2017年第2期。

的思想发展到新的理论高度,成为实现中华民族伟大复兴的关键路径。①同济大学周锟则站在全面建成小康社会的角度,梳理了邓小平共同富裕思想的发展轨迹,认为邓小平的共同富裕思想有着重要现实指导意义,并指出实现共同富裕要做到三点:第一,要继续以经济建设为中心,贯彻全面深化改革,进一步发展社会生产力,打下坚实的物质基础;第二,要在坚持公有制占主体的基本原则的同时,从调节分配角度开展研究;第三,要打好农村脱贫攻坚战。②

全面深化改革。清华大学周颖认为,全面深化改革理论既是对邓小平改革思想的继承和发展,又是对邓小平改革理论体系的丰富和创新。并从"全面深化改革形成的理论逻辑和创新发展""全面深化改革形成的历史逻辑和实践特征"两个角度分析了后者对于前者的继承和发展关系。③有学者对全面深化改革思想之于邓小平改革思想继承发展进行了更为具体的阐发。中共南京市委党校刘喜发、王兵认为,习近平对邓小平的改革观进行了全面继承和发展,具体表现在:1. 在改革的历史定位与必要性方面,习近平强调改革是"决定当代中国命运的关键一招",发展了邓小平关于"改革是第二次革命"的思想;2. 在改革的性质和目的方面,提出改革的总目标是"完善和发展中国特色社会主义制度,推进国家治理体系和治理能力现代化",以新的论断发展了中国特色社会主义理论;3. 在改革的总体方略上,习近平特别注重改革的系统性、整体性、协同性,以新的理论观点丰富和发展了邓小平的全面改革观;4. 在改革的原则方法上,习近平十分重视运用辩证唯物主义和历史唯物主义的世界观、方法论指导改革,发展了邓小平的改革方法论;5. 在改革的评判标准方面,习近平提出"多谋民生之利,多解民生之忧",发展了邓小平评判改革的标准。④有学者则从习近平全面深化改革思想的时代价值角度,论述了习近平对邓小平改革理论的深化发展。天津大学孙兰英、周星认为,习近平全面深化改革思想形成了以"顶层设计"为核心的改革思想体系,实现了改革方法的转换升

---

① 莫志斌:《论邓小平小康社会建设思想与全面小康社会的建成》,《邓小平研究》2017年第5期。
② 周锟:《邓小平共同富裕思想的发展轨迹和现实意义》,《党的文献》2017年第5期。
③ 周颖:《论全面深化改革之理论逻辑与历史逻辑的辩证统一——从邓小平改革思想到习近平全面深化改革思想重要论述》,《内蒙古师范大学学报》(哲学社会科学版)2017年第46期。
④ 刘喜发、王兵:《习近平对邓小平改革观的继承与发展》,《邓小平研究》2017年第4期。

级(从"摸着石头过河"向顶层设计的发展);改革目标的明确具体(从改革试验向国家治理体系治理能力现代化发展)以及改革切入点的调整转变(从普惠型改革向破除利益固化格局的发展)。①

全面依法治国。尽管邓小平没有直接的有关依法治国的表述,但是有学者还是从理论溯源的角度挖掘分析了邓小平的法制思想对于习近平提出全面依法治国思想的重要意义。大连理工大学戴艳军、段中卫认为,在开辟中国特色社会主义法治道路过程中,邓小平把马克思主义法学思想的基本原理同中国改革开放与社会主义现代化建设的具体实践紧密结合起来,创立了邓小平法制思想。而邓小平法制思想的核心集中体现在对民主与法制的关系、法治与人治的关系以及社会主义法制原则的科学阐述上。正是邓小平的法制思想,为习近平全面依法治国思想确立了正确的发展方向,奠定了坚实的理论和现实基础。②

全面从严治党。电子科技大学李冬青、戴钢书分析了邓小平从严治党的特性及方法论意义,指出,邓小平从严治党思想具有时代性、战略性、辩证性、创新性,被以习近平为核心的党中央所发展,具体体现在"思想上严格要求;严明纪律;从严治吏,抓住领导干部这个'关键少数';反腐败从严"。③ 贵州理工学院雷蕾、贵州省社会科学院雷厚礼认为,毛泽东创造了"思想建党+"的基本范式,即"思想教育"+"思想斗争"+"党内法规"的集合体;邓小平创立了"制度建党+"范式,即"制度治党"+"思想教育"+"党内民主";习近平则在继承创新毛泽东、邓小平管党治党基本范式的基础上,形成了"思想建党制度治党+"的管党治党基本范式,即"思想建党制度治党"+"讲政治严肃党内生活"+"按规律全面从严治党"。④

其次,"五大发展理念",即创新、协调、绿色、开放、共享,是习近平新时代中国特色社会主义思想的重要内容,新发展理念的提出不是无源之水、无本之木,是在继承发展中国特色社会主义理论的基础上不断成熟

---

① 孙兰英、周星:《试论习近平全面深化改革思想的时代价值》,《天津大学学报》(社会科学版) 2017 年第 19 期。

② 戴艳军、段中卫:《论习近平全面依法治国思想的理论渊源》,《马克思主义与现实》2017 年第 3 期。

③ 李冬青、戴钢书:《邓小平从严治党思想特性及方法论意义》,《毛泽东思想研究》2017 年第 34 期。

④ 雷蕾、雷厚礼:《论中国共产党管党治党的基本范式》,《贵州社会科学》2017 年第 5 期。

的，从"五大发展理念"角度分析习近平新时代中国特色社会主义思想与邓小平之间的关系也是理论界研究的重点。

理论界关注五大发展理念与我党历来经济发展理念尤其是邓小平有关发展理念之间的继承和发展关系。中国社科院徐崇温认为，改革开放初期，面对我国过去很长时间处于缓慢发展和停滞的状态，人民的生活还很贫困的情况，邓小平提出了"发展才是硬道理"的理念。而以习近平为核心的党中央为把握、引领新常态提出了创新、协调、绿色、开放、共享五大发展理念。五大发展理念与改革开放以来我们党提出的发展理念一脉相承。这个"脉"，就是为实现我国的社会主义现代化、中华民族的伟大复兴而努力奋斗。[①] 青岛大学纪爱真认为，新发展理念是在邓小平社会主义发展思想的基础上提出来的，是对邓小平社会主义发展思想的进一步深化和拓展。五大发展理念丰富了科技是第一生产力的思想，构建起全新的发展动力机制；破解了城乡二元结构带来的不均衡发展问题，推进了城乡一体化进程；进一步拓展了"以经济建设为中心"的发展理念，将经济建设与生态文明建设有机统一；将传统的"开放"理论推向新阶段，形成了我国对外开放的新格局；进一步丰富了社会主义本质理论，使社会主义共同富裕论的内涵和外延得到全面提升。[②]

最后，"四个自信"，即制度自信、道路自信、理论自信、文化自信，是习近平新时代中国特色社会主义思想的重要内容，"四个自信"与邓小平理论的关系也是学界的研究重点。中央编译局季正聚将"四个自信"与邓小平开启的改革开放结合起来进行研究，认为：中国改革开放既没忘"老祖宗"，又开辟了"新境界"，彰显了理论自信；中国改革开放既不走封闭僵化的老路，也绝不走改旗易帜的邪路，而是成功闯出了一条新路，彰显了道路自信；中国改革开放坚持不忘初心，砥砺奋进，保持战略定力和底线思维，彰显了制度自信；中国改革开放促进了文化的繁荣和发展，提升了文化软实力，彰显了文化自信。[③] 四川省社科院胡学举、西南石油大学郑晓阳将"四个自信"与邓小平的"特色论"结合起来研究，认为邓

---

① 徐崇温：《中国道路与五大发展理念》，《毛泽东邓小平理论研究》2017年第1期。
② 纪爱真：《"五大发展理念"是邓小平发展思想的继承与创新》，《中共青岛市委党校·青岛行政学院学报》2017年第2期。
③ 季正聚：《改革开放与"四个自信"——兼驳质疑改革开放的错误观点》，《马克思主义与现实》2017年第4期。

小平"特色"论指明了中国的发展道路,邓小平"特色"论完善了社会主义制度;邓小平"特色"论丰富了马克思主义的理论宝库;邓小平"特色"论彰显了中国的文化自信。由此指出,深刻理解邓小平的"特色"论,不仅可以加深对邓小平理论的认识,更可以坚定人们的"四个自信"。[①]

3."习近平新时代中国特色社会主义思想"的重大意义

在对习近平新时代中国特色社会主义思想与中国特色社会主义理论体系进行深入探讨的同时,理论界也从不同角度总结概括了习近平新时代中国特色社会主义思想的重大意义。

江南大学刘焕明、陈绪新认为,习近平治国理政思想无论是对共产党执政规律、社会主义建设规律,还是人类社会发展规律都有一个整体认识,具体表现在:对全面从严治党新实践的全方位谋划;对当前我国面临的意识形态领域问题的整体性回应;对马克思主义政治经济学的系统性创新;对国家治理体系和治理能力现代化的整体性设计;对中国特色大国外交的整体性布局的系统性展现等方面。[②] 山西师范大学贾绘泽认为,习近平新时代中国特色社会主义思想是马克思主义中国化的最新成果,它既坚持马克思主义基本原理,又运用马克思主义基本原理解决新时代中国问题,实现了马克思主义基本原理与新时代中国特色社会主义实践的有机结合;既借鉴中华优秀传统文化,又汲取世界先进文明成果,使马克思主义中国化创新成果具有中国气派、中国风格和国际视野;创新和发展了中国特色社会主义理论体系,是中国特色社会主义理论体系的重要组成部分,是全党和全国人民集体智慧的结晶;既具有宏观的战略思想,又有总体部署和安排,是决胜全面建成小康社会,推进社会主义现代化建设,实现中华民族伟大复兴的行动指南。[③]

(二)关于"习近平新时代中国特色社会主义思想"与中国特色社会主义理论体系关系的研究

中国特色社会主义是改革开放以来党的全部理论和实践的主题,许多

[①] 胡学举、郑晓阳:《邓小平"特色"论探析》,《邓小平研究》2017年第5期。

[②] 刘焕明、陈绪新:《习近平治国理政思想与中国化马克思主义的整体推进》,《马克思主义研究》2017年第6期。

[③] 贾绘泽:《习近平新时代中国特色社会主义思想是马克思主义中国化的最新理论成果》,《山东社会科学》2017年第12期。

学者从中国特色社会主义主题的角度论述了习近平新时代中国特色社会主义思想与中国特色社会主义理论体系的关系。

华南理工大学韦日平、中共广西壮族自治区委党校梁庆周认为,"中国特色社会主义"是邓小平理论、"三个代表"重要思想、科学发展观和习近平新时代中国特色社会主义思想的共同主题。这个共同主题表现为:理论创新成果的"同质"性;理论成果形成时代背景的"共时"性;理论创新成果形成历史脉络的"共核"性;理论成果目标、价值取向、发展趋势的"共向"性;理论成果定位的内在"一致"性。因为这个共同主题,习近平新时代中国特色社会主义思想成为中国特色社会主义理论体系的重要组成部分。[①]

中共中央党校宋福范认为,习近平治国理政思想的理论主题是在新的历史起点上坚持和发展中国特色社会主义,一方面,坚持和发展中国特色社会主义,是党的十一届三中全会以来中国共产党历届中央领导集体理论和实践一以贯之的主题;另一方面,坚持和发展中国特色社会主义,还站在我国经济社会发展已处于一个很高的发展水平上但是矛盾和问题很多这样一个新的历史起点上。[②]清华大学肖贵清、麻省理认为,习近平对中国特色社会主义主题的深化具体体现在四个方面:中国特色社会主义是科学社会主义理论逻辑和中国社会发展历史逻辑的辩证统一;坚定中国特色社会主义道路自信、理论自信、制度自信,根本是要坚定文化自信;中国共产党的领导是中国特色社会主义最本质的特征。[③]

中共中央党校陈述认为,习近平治国理政思想是对邓小平理论的创造性发展,体现出既一脉相承又与时俱进的突出特点。一脉相承体现在:二者都坚持人民立场和全心全意为人民服务、坚信社会主义和共产主义必然胜利、坚持马克思主义世界观和方法论。与时俱进则体现在:从基本路线动摇不得,到基本路线是党和国家的生命线、人民的幸福线;从推动改革、全面改革、深化改革到全面深化改革;从提出建立小康社会到全面建

[①] 韦日平、梁庆周:《论"中国特色社会主义"的共同主题》,《理论探讨》2017年第6期。
[②] 宋福范:《论习近平治国理政的宏观理路》,《中共中央党校学报》2017年第21期。
[③] 肖贵清、麻省理:《习近平对中国特色社会主义主题的认识和深化》,《社会主义研究》2017年第3期。

成小康社会。① 复旦大学顾钰民分析梳理了以习近平为核心的党中央关于社会主义初级阶段的基本思想,指出我国仍处于并将长期处于社会主义初级阶段是建设中国特色社会主义的总依据,是建设什么样的社会主义、怎样建设社会主义的现实出发点,是立足初级阶段实际,实现社会主义现代化和中华民族伟大复兴目标的基本遵循;而把握社会主义初级阶段内涵的实质是要以此为依据继续深化改革。②

(三) 关于十九大对中国特色社会主义理论体系重大创新的研究

陕西理工大学王其辉认为,党的十九大报告在高度凝练和概括的基础上对中国特色社会主义理论体系具有五大创新:创新性地提出了习近平新时代中国特色社会主义思想;精准判断和定位了中国特色社会主义新时代;重新表述了中国特色社会主义社会的主要矛盾;完美拓展了中国特色社会主义现代化建设目标的新内涵;科学规划了建设中国特色社会主义现代化国家的新征程③。国防大学李建德、王海山认为,十九大报告具有"十个鲜明"特色:鲜明提出坚持和发展中国特色社会主义,进一步丰富和深化了新时代中国特色社会主义的基本内涵;鲜明提出实现中华民族伟大复兴的中国梦,进一步丰富和深化了新时代中国特色社会主义的奋斗目标;鲜明提出新时代我国社会主要矛盾,进一步丰富和深化了新时代中国特色社会主义的矛盾理论;鲜明提出协调推进"四个全面"战略布局,进一步丰富和深化了新时代中国特色社会主义的总方略;鲜明提出统筹推进"五位一体"总体布局,进一步丰富和深化了新时代中国特色社会主义的战略部署;鲜明提出"五大发展理念",进一步丰富和深化了新时代中国特色社会主义的发展观;鲜明提出以强军目标为核心的强军思想,进一步丰富和发展了新时代中国特色社会主义国防和军队建设理论;鲜明提出以合作共赢为核心的新型国际关系思想,进一步丰富和深化了新时代中国特色社会主义外交理论;旗帜鲜明坚持以人民为中心的政治立场,进一步丰富和深化了新时代中国特色社会主义根本价值取向;深刻揭示党的领导是

---

① 陈述:《习近平总书记治国理政思想对邓小平理论的继承和发展》,《前线》2017 年第 5 期。

② 顾钰民:《从理论上把握习近平关于社会主义初级阶段的基本思想和科学内涵》,《毛泽东邓小平理论研究》2017 年第 5 期。

③ 王其辉:《党的十九大关于中国特色社会主义理论的五大创新》,《山西高等学校社会科学学报》2017 年第 29 期。

中国特色社会主义最本质的特征,进一步丰富和深化了新时代中国特色社会主义的政治保证,"十个鲜明"对坚持和发展中国特色社会主义作出了重大理论贡献。①

(四) 关于十九大提出的"新时代"概念的研究

中共中央党校李君如认为,党的十九大提出"中国特色社会主义进入了新时代"这一科学论断具有重大意义,需要重点理解。第一,新时代的科学内涵和历史意义。需要从历史、现实、未来的联系上,从我们承担的历史使命,从人民对美好生活的追求上,从民族复兴上,从为人类作出更大贡献的角度理解;第二,新时代提出的科学依据。即我国社会的主要矛盾已经转化为人民日益增长的美好生活需要和不平衡不充分的发展之间的矛盾;第三,新时代的指导思想。就是"习近平新时代中国特色社会主义思想",这不是一般的理论创新,而是党在指导思想上的理论创新;第四,新时代的基本方略。十九大一共提出了十四条基本方略。其中,第一条到第三条是管总的,强调要坚持党的领导、以人民为中心、全面深化改革,第四条到第九条是"五位一体"总体布局和"四个全面"战略布局的实施方略,即经济、政治、文化、社会、生态文明的实施方略,第十条到第十三条是关于国家安全、军队建设、祖国统一、构建人类命运共同体的原则要求,第十四条强调要坚持全面从严治党,这十四条基本方略逻辑清晰;第五,新时代的历史任务。一个是决胜全面建成小康社会,另一个是开启全面建设社会主义现代化国家的新征程。这两个相互衔接的任务,就是十九大向全党全国人民提出的新时代的新任务。②

中共中央党校韩庆祥从哲学角度对"新时代"问题进行阐述,认为中国特色社会主义进入新时代,既是一个重大的政治判断,也具有丰富的哲学内涵。从哲学上理解和把握中国特色社会主义进入新时代,有助于从根本上和规律上理解和把握新时代的本质特征和内在精髓。这首先需要理清中国特色社会主义进入新时代的根据,即"历史性成就""历史性变革"和"历史性影响",然后指出"三个意味着"是进入新时代的标识,"五个时代"是中国特色社会主义进入新时代的具体内容。虽然"新时代"与

---

① 李建德、王海山:《习近平新时代中国特色社会主义思想对中国特色社会主义的理论贡献》,《中国井冈山干部学院学报》2017 年第 10 期。

② 李君如:《我们进入了中国特色社会主义新时代》,《当代世界与社会主义》2017 年第 6 期。

"社会主义初级阶段"是不同层级的概念,但二者具有类似的哲学方法论意义。中国特色社会主义进入新时代,是我国改革开放和社会主义现代化建设伟大成就由长期量的积累到质的飞跃的必然结果,中国特色社会主义新时代,是一个应当从哲学上加以理性把握的新时代。①

五 关于中国特色社会主义理论话语体系、话语权的研究

1. 有学者提出中国特色社会主义理论体系应当具有世界话语权,要积极应对来自各方的挑战。中共中央党校许徐琪、孟鑫认为,中国特色社会主义理论应成为全球话语体系的重要成员,这既是全球话语体系多元发展的客观需要,也是中国发展成就的重要体现,更是我国从硬实力到软实力转变的必然趋势。当前,提升中国特色社会主义理论世界话语权面临诸多挑战,比如,人民群众对于中国特色社会主义理论的信仰程度不高、西方话语体系泛滥,存在"中国实践、西方解读"的现象、理论传播仍然存在较大局限、中国特色社会主义智库建设尚未成熟等。对此,要积极应对挑战,寻求出路。首先,践行群众路线,为提升话语权打牢民心基础;其次,发展中国方案,为提升话语权构建中国话语;再次,开拓交流渠道,为提升话语权搭建传播平台;最后,加强智库建设,为提升话语权提供智力支撑②。

2. 有学者提出要以更加开放的视野发展中国特色社会主义理论。上海师范大学黄福寿认为,发展中国特色社会主义理论体系,需要高度重视和密切关注现代科技革命的影响,任何国家的发展,包括社会主义国家的发展都离不开科学技术的发展,要善于学习、借鉴和利用资本主义文明成果,善于吸收西方发达国家的社会主义运动和实践的经验,以积极开放的心态借鉴国外发展经验,推进中国特色社会主义理论的新发展。党的十八大以来,中国共产党人以更积极开放发展的视野吸收和借鉴人类文明的一切优秀成果,同时,中国特色社会主义理论也为推进当代世界社会主义发展提供中国经验、为人类文明进步作出中国贡献提供了可能,使世界人民深深感受到随着时代、实践和科学的发展而发展着的马克思主义不断超越

---

① 韩庆祥、黄相怀:《中国特色社会主义新时代的哲学理解》,《哲学研究》2017年第12期。
② 许徐琪、孟鑫:《提升中国特色社会主义理论世界话语权的挑战与对策》,《中共福建省委党校学报》2017年第2期。

自身局限的中国逻辑。①

3. 在对内提升中国特色社会主义理论影响力问题上,有学者提出增强中国特色社会主义理论体系普及化、大众化的建议。中共天水市委党校魏丽红、王彦飞认为,当前对载体方法的运用,在适当性、充分性方面仍然存在一定不足。应根据时代发展要求和客观对象的特点,寻求既符合大众思想和心理特性又能坚持中国特色社会主义理论体系科学性的载体方法。要抓好队伍建设,培养大众化所需的理论宣传人才;充分利用宣传文本,准确、鲜明地宣讲理论体系;培育大众话语,通俗易懂地讲清讲透理论体系;重视社会活动,丰富大众化的宣传渠道;重视新型传媒的运用,发挥正能量,推进理论体系的大众化。② 在高校推进中国特色社会主义理论体系大众化的研究上,南通大学的蔡娟、冯美红认为,在高校推进中国特色社会主义理论体系大众化,旨在帮助大学生们树立四个自信。他们认为,由于当前高校推进中国特色社会主义理论体系大众化的方法和渠道还存有诸多局限,所以高校应该着手构建全方位、立体式的大众化途径,通过课内和课外活动、第一课堂和第二课堂等多维度探索新方法,从而使中国特色社会主义理论体系在大学生的头脑中生根发芽。③ 还有学者专门对中国特色社会主义理论体系的社会认同度进行了调查与研究。武汉大学佘双好、李秀、魏晓辉在经过研读大量数据后认为,在大学生、教师、民众、干部四个群体,不同的群体对中国特色社会主义理论体系的知晓度和认同度不同。调查发现,生活满意度、生活态度、人生目标、政治观念、宣传教育等因素对中国特色社会主义理论体系认同度产生显著影响,个体对现实政治的看法可以作为提升中国特色社会主义理论体系中介变量,影响中国特色社会主义理论体系的认同。因此需要针对不同群体特点实施中国特色社会主义理论体系普及计划。④

---

① 黄福寿:《以更加开放的视野发展中国特色社会主义理论》,《理论与现代化》2017 年第 1 期。

② 魏丽红、王彦飞:《中国特色社会主义理论体系大众化载体方法研究》,《天水行政学院学报》2017 年第 3 期。

③ 蔡娟、冯美红:《高校推进中国特色社会主义理论体系大众化的问题境遇与多维对策》,《山东青年政治学院学报》2017 年第 1 期。

④ 佘双好、李秀、魏晓辉:《不同社会群体对中国特色社会主义理论体系认同分析》,《江西师范大学学报》(哲学社会科学版) 2017 年第 2 期。

六 关于新时代中国特色社会主义理论体系重点理论问题的研究

(一) 关于中国特色社会主义政治经济学理论的研究

上海社科院沈开艳认为,中国特色社会主义政治经济学是中国特色社会主义理论体系的重要组成部分。建设中国特色社会主义政治经济学理论体系既要搞清楚理论依据、现实意义和指导思想,又要梳理中国特色社会主义政治经济学的演进过程,还要解决方法论问题,明确其研究对象、研究方法和研究手段。① 黑龙江大学乔榛认为,改革开放取得的经济奇迹孕育了宝贵的经济理论资源。这一理论资源将会为建构中国特色社会主义政治经济学提供理论创新的契机。在他看来,建构中国特色社会主义政治经济学是一个复杂的系统工程。不仅要吸收马克思主义政治经济学的重要思想,还应借鉴西方经济学的有益成果,但更重要的是探究中国特色社会主义道路,构建中国特色社会主义政治经济学理论体系的理论支点和现实依托。②

(二) 关于中国特色社会主义文化理论的研究

党的十八大以来,关于建设社会主义文化强国的目标正式提出,文化作为一个国家软实力的重要载体,其重要性日渐突出。纵观学术界的研究成果,学界的关注热点主要集中于人民主体地位、传统文化、社会主义核心价值观等范畴。

1. 以人民为中心的文化发展观。华中师范大学王建国认为,人民性是中国特色社会主义文化的本质属性,他针对文化的服务对象和文化的评价主体论证了十八大以来习近平关于加强文化建设系列重要讲话中体现出的人民主体性思想。③

2. 文化发展的重大意义。北京大学郭建宁认为,中华优秀传统文化在实现中华民族伟大复兴、中国特色社会主义道路建设和治国理政中发挥着重要作用。④ 中国人民大学肖群忠认为,基于中国优秀传统文化和道德规

---

① 沈开艳:《建设中国特色社会主义政治经济学理论体系的构想》,《毛泽东邓小平理论研究》2017 年第 1 期。
② 乔榛:《中国特色社会主义政治经济学的理论体系构想》,《学习与探索》2017 年第 2 期。
③ 王建国、张崔英:《论文化建设的人民主体性——学习习近平关于加强文化建设的重要论述》,《中国特色社会主义研究》2017 年第 1 期。
④ 郭建宁:《优秀传统文化为治国理政提供丰厚滋养——学习习近平关于中华优秀传统文化的重要论述》,《中国特色社会主义研究》2017 年第 4 期。

范系统所形成的价值观和伦理观的自信是文化自信的核心,文化自信对于人民命运共同体建设和民族精神培养以及中国礼仪之邦的赓续有着重要意义和价值。① 河海大学双传学认为,中华优秀传统文化与中国特色社会主义实践是相互契合而一体相依的,一方面中华优秀传统文化是中国特色社会主义实践的文化根基,另一方面中国特色社会主义实践又是对中华文化的传承弘扬。因此,把中华优秀传统文化融入中国特色社会主义实践就成为必然要求。② 南昌大学曾荣平认为,中国几代中央领导集体运用马克思主义文化发展观的根本立场、基本观点和指导方针,在我国文化创新发展的实践历程中建构了中国特色社会主义文化发展观。习近平关于文化发展问题的一系列新论述,是中国特色社会主义文化发展观的创新性成果。当前推行的文化发展政策供给改革,必将探索形成符合中国实际的创新性政策,既为解决我国文化领域存在的"供需错配"等突出问题提供了可行方案,也为推动中国特色社会主义文化观的新发展奠定了实践基础。③

3. 培育和践行社会主义核心价值观。哈尔滨工程大学马克思主义学院杨威认为,在培育和弘扬社会主义核心价值观进程中,传承和建设中国文化中的优秀家风具有现实指导意义,认为当代家风建设作为社会主义价值观建设的环节,离不开社会主义核心价值观的思想指引和支持。④ 暨南大学陈联俊认为,立足于网络空间存在的认同分化的困境,从认同的必要条件和传播途径出发,提出应重塑社会主义核心价值观在网络空间中作为主流价值的地位和作用,让网络空间清朗起来。⑤ 中国社科院莫纪宏则是采用交叉学科视角,强调把社会主义核心价值观融入社会主义法治建设进程中,在推进法治中国建设中,最大限度地实现"德育"与"德治"。⑥

---

① 肖群忠、杨建强:《价值观与伦理自信是文化自信的核心》,《中国特色社会主义研究》2017年第1期。

② 双传学、阚亚薇:《中国特色社会主义实践的文化根基与传承维度》,《中国特色社会主义研究》2017年第4期。

③ 曾荣平:《中国特色社会主义理论体系中的文化发展观:产生、要义与实践》,《江西财经大学学报》2017年第1期。

④ 杨威、刘宇:《论当代家风"场域—惯习"的运作逻辑——基于社会主义核心价值观视域的思考》,《中国特色社会主义研究》2017年第4期。

⑤ 陈联俊:《网络空间中主流价值认同的分化与重塑》,《中国特色社会主义研究》2017年第1期。

⑥ 莫纪宏:《法安天下 德润人心——把社会主义核心价值观融入法治建设》,《中国特色社会主义研究》2017年第1期。

4. 关于在新时代如何发展中国特色社会主义文化的问题。南昌大学曾荣平认为，发展中国特色社会主义文化应强调以下五点：促进人自由全面发展是文化发展的价值诉求、文化发展会反作用于物质经济建设、特定历史时期文化发展与经济发展具有不平衡性、文化发展是民族性与世界性的有机统一、文化发展是继承和创新的统一。曾荣平认为，长期以来，在文化建设实践中形成了以毛泽东、邓小平、江泽民、胡锦涛、习近平为代表的文化发展思想。包括：（1）建设民族的、科学的、大众的文化；（2）物质文明和精神文明两手抓，两手都要硬；（3）中国共产党要始终代表中国先进文化的前进方向，大力发展社会主义先进文化；（4）建设和谐文化，推动社会主义文化大发展大繁荣；（5）坚定文化自信，推进社会主义文化强国建设①。

（三）关于中国特色社会主义党建理论的研究

打铁还需自身硬。十八大以来以习近平为核心的党中央高度重视党建工作，创新发展了马克思主义党建学说，把全面从严治党纳入"四个全面"战略布局，并在十九大报告中明确表明党的建设作为一项伟大工程在"四个伟大"中起决定作用。学术界就该理论的研究主要表现在以下几个方面。

1. 在规范党内政治生活方面，学术界主要从内涵界定、特征分析、制度设计、廉洁教育等方面开展研究

北京大学王久高在《"党内政治生活"的内涵界定探析》一文中，系统梳理"党内政治生活"的源流，在遵循马克思主义经典作家对党内政治生活的阐述、中国共产党人对党内政治生活的探索与实践、"1980 年准则"与"2016 年准则"和习近平关于严肃党内政治生活的系列论述等四个尺度的基础上，对"党内政治生活"的科学内涵进行界定。②

中共北京市委党校刘汉峰认为，增强党内政治生活的政治性、时代性、原则性、战斗性是新一代党的领导集体对全面从严治党理论的进一步丰富和拓展，标志着以习近平为核心的党中央在党的建设理论，特别是在党内生活理论上形成了科学化、系统化的创新思想和构架。③

中国人民大学杨德山、刘进伟认为，通过对新老准则进行比较研究，

---

① 曾荣平：《中国特色社会主义理论体系中的文化发展观：产生、要义与实践》，《江西财经大学学报》2017 年第 1 期。
② 王久高：《"党内政治生活"的内涵界定探析》，《中国特色社会主义研究》2017 年第 1 期。
③ 刘汉峰：《增强党内政治生活的"四性"》，《中国特色社会主义研究》2017 年第 1 期。

与老准则对比，新准则在目标倾向方面，更加注重"民主基础上的集中"；点明重点群体，强调垂范作用；强调理想信念和党群关系，保持马克思主义政党的本质特征；突出批评和自我批评，弘扬党的优良传统。①

北京大学闫志民在《十八大以来党中央治党的新思路——学习十八届六中全会精神体会》一文中，依据十八届六中全会出台的《准则》和《条例》，主要从依规治党、全面治党、从严治党三个方面阐述了党中央治党新思路。②

广西民族大学唐贤秋、梁罡认为，廉洁教育面向政治生活的价值意蕴在于，廉洁教育是预防政治生活变质的"防腐剂"，是冲刷政治生活污垢的"洗涤剂"，是营造风清气正良好政治生态的"净化剂"；廉洁教育面向政治生活的路径是：将核心价值观融入政治生活，以引导人们在政治生活中树立廉洁价值观；通过制度建设来规范政治生活，以促使人们在政治生活中自觉遵守廉洁规范；通过榜样教育和警示教育相结合来净化政治生活，以推动人们在政治生活中涵养廉洁正直的品质。③

2. 在党的各项具体建设研究中，学术界对于纪律建设、制度建设、思想建设、基层党建等方面进行了深入研究

国务院侨务办公室吴桂韩认为，新时代深入推进党的纪律建设对不断提高党的建设质量具有重要意义，需要从制定层面、执行层面和评估层面来协同抓好纪律建设，推动纪律效力落地生根、发挥最大效应。④

中央民族大学宫玉涛认为，坚持制度治党，推进全面从严治党，需解决好三个方面问题：如何在全党增强制度治党的观念意识；如何在实践中推进制度治党工作；如何使制度治党为党的长治久安提供坚强的制度保障，并提出相应的举措，深刻阐述了习近平制度治党思想。⑤

北京大学王久高认为，思想建党、理论强党是党发展和强大的重要法

---

① 杨德山、刘进伟：《两部党内政治生活准则比较研究》，《中国特色社会主义研究》2017年第1期。
② 闫志民：《十八大以来党中央治党的新思路——学习十八届六中全会精神体会》，《中国特色社会主义研究》2017年第4期。
③ 唐贤秋、梁罡：《廉洁教育面向政治生活的价值意蕴与实现路径》，《中国特色社会主义研究》2017年第1期。
④ 吴桂韩：《全面加强新时代党的纪律建设》，《中国特色社会主义研究》2017年第1期。
⑤ 宫玉涛：《全面从严治党重在制度治党——学习习近平关于党的制度建设的思想》，《中国特色社会主义研究》2017年第1期。

宝，是新阶段新形势新使命的迫切要求，提出以马克思主义中国化最新理论成果建党强党。①

中国社科院田改伟认为，基层党组织主要围绕理顺党组织关系、提高党员的党性修养、严肃党内政治生活展开新的探索，对基层党建工作存在的主要问题进行反思，提出要在探索"两学一做"长效机制、严肃和规范党组织生活、引领农村集体经济发展、切实发挥国有企业领导核心和政治核心作用等方面下功夫。②

3. 在净化党内政治生态、加强党内政治文化建设等方面也取得了一定的研究成果

中国纪检监察学院宫铭、北京大学董学文认为，贯彻落实新时代党的建设总要求、净化党内政治生态要着眼于政治行为主体、政治运行机制、政治文化建设三大要素，多管齐下，共同发力，营造风清气正的政治生态。③重庆邮电大学仰义方、中国社科院戴立兴认为，党内政治文化建设体现的是理论逻辑、历史逻辑和现实逻辑的统一，需要坚持弘扬与创新、批判与吸收、借鉴与坚守、引领与带动的基本原则，提出了进一步提升政治文化建设的具体路径。④中共中央党校王卫兵在《党内政治文化的生成逻辑与发展趋向》一文中，阐述了政治文化的概念界定、生成逻辑和发展趋向，在理论和实践上形成一种"文化自觉"。⑤

（四）关于中国特色社会主义外交理论的研究

面对国际局势发生的新变化新特点，为推动构建合作共赢为核心的新型国际关系，习近平提出打造人类命运共同体的新理念。目前学界对人类命运共同体的研究重点围绕如何推进人类命运共同体建设以及该理论对于中国国家地位的提升的重大作用展开。

1. 关于如何推进人类命运共同体建设的问题。清华大学邹广文、中共中央党校王纵横认为，应当发挥文化在构建人类命运共同体中的重要地位

---

① 王久高：《坚持思想建党与理论强党》，《中国特色社会主义研究》2017年第1期。

② 田改伟：《全面从严治党下基层党建工作创新思考》，《中国特色社会主义研究》2017年第1期。

③ 宫铭、董学文：《全面净化党内政治生态的路径思考》，《中国特色社会主义研究》2017年第1期。

④ 仰义方、戴立兴：《党内政治文化建设的逻辑导向与路径选择》，《中国特色社会主义研究》2017年第1期。

⑤ 王卫兵：《党内政治文化的生成逻辑与发展趋向》，《中国特色社会主义研究》2017年第1期。

和重大作用,在人类命运共同体框架下的文化交往中,推动文化自信心理建构,增强对中华文化的认同。① 南京财经大学郝园园、河海大学双传学认为,立足中华优秀传统文化来发展中国特色社会主义文化,通过重塑国家形象来提升国家文化软实力。而国家文化软实力的提升有助于中国在人类命运共同体的建构中发挥更大更重要的作用。② 有的学者则强调在人类命运共同体的建构进程中的中国担当,就如何推动中国担当这一命题加以讨论和回答。事实上,国家交往就是国与国之间的利益合作,中国人民大学秦宣认为,打造人类命运共同体需要以人类共同价值为基础,共同价值是共同利益的体现,要在全球治理中践行当前为各国普遍认同的价值观。③

2. 关于推进人类命运共同体建设的重大意义问题。中国社科院任晶晶认为,构建人类命运共同体作为习近平新时代中国特色社会主义思想的重要组成部分,是外交实践领域的创新尝试,并为中国的外交实践指明了方向,深刻讨论了中国为推动构建人类命运共同体而开展的外交实践。④ 也有学者提出,人类命运共同体的建设有助于国家地位的提升。安徽师范大学刘桂荣认为,人类命运共同体是对马克思主义、中华优秀传统文化的创新发展,它建构了中国社会科学话语的理论典范,塑造良好的国家形象的同时,提升了中国在国际间的话语权。⑤

(五)关于"四个伟大"问题的研究

"四个伟大"包括"进行伟大斗争、建设伟大工程、推进伟大事业、实现伟大梦想",是习近平近年来多次强调的思想。目前,学界对于这一问题的讨论,主要集中于对其科学内涵、"四个伟大"内部逻辑关系以及理论的意义的研究。

---

① 邹广文、王纵横:《人类命运共同体与文化自信的心理建构》,《中国特色社会主义研究》2017年第1期。
② 郝园园、双传学:《人类命运共同体视域下的国家文化软实力建设》,《中国特色社会主义研究》2017年第1期。
③ 秦宣、刘鑫鑫:《共同价值:打造人类命运共同体的价值观基础》,《中国特色社会主义研究》2017年第1期。
④ 任晶晶:《构建人类命运共同体与当代中国外交的创新性发展》,《中国特色社会主义研究》2017年第1期。
⑤ 刘桂荣:《人类命运共同体思想:理论创新与话语建构》,《中国特色社会主义研究》2017年第1期。

1. 关于"四个伟大"的科学内涵。中共中央党校韩庆祥、厦门大学张艳涛认为,建设中国特色社会主义伟大事业,是党面临夺取中国特色社会主义新的伟大胜利该举什么旗、走什么路的问题进行的伟大实践;在实践中保持什么样的精神状态,党中央提出进行伟大斗争来彰显坚定信心和决心;实现中华民族伟大复兴中国梦这一伟大梦想主要回答了为取得伟大胜利应该担负怎样的历史使命和实现怎样的奋斗目标的问题;伟大工程解决的是夺取伟大胜利的前提性问题,中国共产党是我国的执政党,是中国特色社会主义的领导核心,因此保证党的先进性和纯洁性,为实现中国特色社会主义伟大胜利提供了政治保障。①

2. 关于"四个伟大"的逻辑关系。山东大学孙道壮、山东财经大学赵付科认为,伟大工程起决定性作用,伟大斗争是动力,伟大事业为旗帜,伟大梦想是目标,通过四个伟大间的良性互动,从整体上推动着中国特色社会主义迈向新征程。马克思主义理论学说为其提供价值指引,马克思主义中国化始终内含于其历史发展进程中,而中国特色社会主义的实践则是直接的诞生场域,具有时代内涵。② 东北大学田鹏颖认为,伟大斗争扎根于人类社会发展规律、社会主义建设规律和共产党执政规律。③

3. 关于"四个伟大"的理论意义。中共中央党校韩庆祥、厦门大学张艳涛认为,习近平治国理政思想呈现"四个伟大—治国理政—理论创新—新的飞跃"的总体思路,"四个伟大"是党在中国特色社会主义进入新的发展阶段的理论创新,是马克思主义中国化的新飞跃。④

(作者单位:中国人民大学马克思主义学院)
(说明:中国人民大学马克思主义学院博士生侯耀文、硕士生李艳在资料搜集方面提供了帮助。本文为中国人民大学 21 世纪中国马克思主义研究协同创新中心的阶段性成果。)

---

① 韩庆祥、张艳涛:《论"四个伟大"》,《中国特色社会主义研究》2017 年第 1 期。
② 孙道壮、赵付科:《"四个伟大"彰显中国特色社会主义的时代内蕴》,《中国特色社会主义研究》2017 年第 1 期。
③ 田鹏颖:《进行具有许多新的历史特点的伟大斗争》,《中国特色社会主义研究》2017 年第 1 期。
④ 韩庆祥、张艳涛:《论"四个伟大"》,《中国特色社会主义研究》2017 年第 1 期。

后　　记

　　2017年年底召开的中国共产党第十九次全国代表大会确立了习近平新时代中国特色社会主义思想与马克思列宁主义、毛泽东思想、邓小平理论、"三个代表"重要思想、科学发展观一起作为中国共产党的指导思想，从而为中国特色社会主义进入新时代的论断奠定了思想基础，为中国社会主要矛盾已经转化的判断提供了理论的支撑。全国中国特色社会主义理论研究会于2017年年中在新疆石河子大学召开了以"新时代中国特色社会主义的理论与实践"为主题的学术年会，对十八大以来党的理论创新成果进行了深入的研讨，在党的十九大召开后，又在中国人民大学召开了以"深入学习贯彻党的十九大精神"为主题的小型论坛。我们将两次论坛的成果以及研究会理事一年来对习近平新时代中国特色社会主义思想的研究成果结集出版，作为2017年度研究会的学术任务，也为研究会的宗旨。

　　研究会副会长、石河子大学党委书记夏文斌教授积极筹备和组织研究会本年度年会，并为文集的出版给予了大力的支持。研究会秘书长刘能杰研究员对文集的文字进行了认真的处理。研究会副会长、中共中央党校薛广洲教授通读了全稿，拟定文集的结构框架，并对相关内容做了一些必要的调整和处理。文集由研究会前会长、中共中央党校原副校长李君如研究员担任主编。

　　感谢中国社会科学出版社赵剑英社长和马克思主义理论出版中心田文主任一直以来为全国中国特色社会主义理论研究会年度文集的出版所给予的大力支持和帮助！感谢研究会全体会员和理事对研究会活动开展的支持和参与！

　　文集所刊文章仅代表作者个人的观点和看法，若有不妥，还请见谅！

薛广洲
2018年7月16日